〈제6판〉

교육공학과 수업

박성익 · 임철일 · 이재경 · 최정임 · 조영환 공저

교육과학사

제6판을 내면서

1999년 '교육방법의 교육공학적 이해'라는 이름으로 책을 처음 출간한 이래 어느덧 20여 년 이상의 시간이 훌쩍 지나갔다. 이 책은 그동안 몇 차례의 개정을 거치면서 '교육방법 및 교육공학' 교직 과목의 주 교재로 널리 사랑을 받아 왔다. 저자들은 이 책을 통하여 '교육 방법'의 주된 영역을 교육공학의 학문적 관점에서 조망하면서, 동시에 실제적 지식을 안내하려는 노력을 계속하여 왔다. 그러나 교육공학에서 제공할 수 있는 지식과 관점을 비교적 소상하게 알려준다는 평가와 함께, 몇 가지 분야는 너무 이론적이거나 내용의 난이도가 높다는 지적도 있었다.

작년 2020년 여름 방학 무렵부터 저자들은 책의 전면적 개정 작업에 돌입하였다. 여기에는 무엇보다도 교사 양성을 위한 교직 과정에 학교 현장의 실제와 목소리를 보다 많이 반영할 필요가 있다는 사회적 요구가 큰 몫을 했다. 기존 전통적 교직 과목의 명칭과 세부 내용에 대한 전면적인 재검토가 해당 학문 분야별로 이루어졌으며, 교육공학도 동일한 작업을 통하여 교육과정 표준안을 마련하였다. 저자들은 이 표준안을 검토하면서, 기존 5판의 핵심적인 내용을 근간으로 하면서 동시에 새로운 요구 사항을 반영하는 수정 작업의 필요성에 동의하였다.

이 책은 '교육방법의 교육공학적 이해(제5판)'의 내용을 시대적 학문 조류에 맞추어 전면적으로 개정하여, 제6판으로 발행하면서 책의 명칭도 새롭게 '교육공학과 수업'으로 변경하였다. 이 책의 몇 가지의 변화된 특징을 소개하면 다음과 같다. 첫째, '교육 매체의 활용'과 '수업 설계'라는 두 축을 중심으로 교육공학의 학문적 특성을 안내하면서, '수업체제설계(Instructional Systems Design)'의 기본 개념 및 주요 단계를 상세히 소개하려고 하였다. 수업체제설계의 정의와 특징 그리고 주요 모형을 설명한 다음, 수업 요구분석, 수업목표 설정, 학습과제 분석의 단계를 다루었다.

둘째, 수업체제설계의 근간을 이루는 수업설계를 교수자 중심 수업과 학습자 중심 수업으로 구분하여 제시하였고, 특히 학습자 중심 수업설계는 문제중심 학습, 토의·토론 학습, 프로젝트 기반 학습과 같은 다양한 학습자 중심 수업 방법으로 연결되도록 하였다. 이 점은 특별히 학습자 주도의 참여식 수업에 대한 학교 현장의 요구를 반영하고 있다.

셋째, 수업설계를 바탕으로 수업자료 개발을 위한 모형과 원리를 제시하였다. 수업 매체의 선정, 활용, 설계 원리를 다룬 후, 테크놀로지 활용 수업을 위한 기초 이론과 실제를 소개하였다. 이론적 측면에서는 디지털 리터러시와 테크놀로지 활용 수업 역량을 새롭게 강조하고 있다. 실제적 측면에서는 모바일 러닝, 게임화, 인공지능 활용 수업, 플립러닝, 온라인 학습 등 최신의 교육적 시도들을 포함하려고 하였다.

넷째, 수업자료 개발의 연장선에서 수업 과정안의 설계를 별도의 장으로 만들어서 실제성을 강화하려고 하였다. 수업 과정안 설계의 중요성을 강조하면서 교수자 중심의 수업 과정안 설계와 학습자 중심의 수업 과정안 설계를 구분하여 제시하고, 각각에 이론 및 실제 사례들을 포함하였다. 이 부분은 특별히 이 책이 학교 현장에 적용 가능한 지식과 실제를 반영하려고 노력한 결과 중의 하나이다. 한편 수업 과정안을 가지고 실제 수업을 실행하는 과정을 의사소통의 관점에서 제시하였다. 수업과 의사소통 기술의 기본 이론을 바탕으로 교수자 중심의 수업 실행과 학습자 중심의 수업 실행, 그리고 마이크로티칭 및 성찰과 수업 컨설팅을 소개하고 있다.

마지막으로, 교육공학적 수업의 새 지평 차원에서 4차 산업혁명과 지능정보 사회의 도래에 따른 미래교육의 방향을 제시하고 있다. 4차 산업혁명으로 나타난 사회 환경과 교육 환경의 변화 그리고 이로 인해 새롭게 요구되는 미래 인재의 핵심 역량을 분석하면서, 혁신적인 수업 방법을 교육공학이 어떻게 이끌어낼 수 있는지를 밝히고 있다.

지난해 5월 개정판을 기획하고 최종 작업이 끝나가는 현재까지도 코로나19의 기세는 그칠 줄을 모르고 있다. 비대면 교육, 원격 교육 등이 이제는 어느덧 새로운 교육 일상이 되어 있다. 전통적인 교실 수업으로부터 벗어나서 온·오프라인을 넘나드는 블렌디드 학습, 하이브리드 학습이 이제는 더 이상 낯설지 않게 되었다. 제6판 개정판에는 이러한 변화를 포함하여 교육 현장의 새로운 요구를 최대한 담아내려고 노력했으나, 여전히 부족한 부분이나 제대로 다루지 못한 것이 많으리라고 생각한다. 이 책을 사용하는 교수자와 학생들의 바람과 기대 사항을 향후에 보다 면밀하게 살펴보는 것을 약속하면서 졸저를 내놓아 본다.

책 개정 작업 내내 주말을 마다하지 않고, 여러 차례 온라인 화상 회의를 통하여 의견을 내고 조율하면서 공동 작업을 한 저자 모두에게 서로 감사드린다. 지난 20년의 학문적 선후배 관계가 책 개정 작업을 통하여 지속되는 것도 하나의 즐거움이 아닌가 한다. 끝으로 힘든 개정 작업을 흔쾌히 맡아서 멋지게 책을 만들어 주신 교육과학사 한정주 사장님과 편집실 임직원의 노고에 감사를 드린다.

2021년 5월

필자 일동 씀

차 례

제1장

교육공학과 수업

교직과정을 수강하고 있는 과학교육과의 김소연은 이번 학기의 교직 과목으로 '교육공학과 수업'을 듣게 되었다. '교육학 개론'이나 '교육심리학' 혹은 '교육사회학'과 같은 과목을 수강하면서 교직 전반에 관하여 기본적인 이해를 하고는 있었지만, 곧 다가올 교생 실습에 나가서 어떻게 수업을 할 것인가에 대해서는 그다지 자신이 없는 상태였다. 김소연은 과연 내가 수업을 제대로 준비하여 실시할 수 있을 것인가를 걱정하고 있었다.

그러던 중, 한 선배로부터 '교육공학과 수업' 강좌를 수강하면서 수업에 대한 준비를 어느 정도 할 수 있을 것이라는 이야기를 듣게 되었다. '교육공학과 수업' 강좌를 통해서 파워포인트(PowerPoint)와 같은 소프트웨어를 활용하여 수업을 운영하는 방법도 배우고, 또 '수업 설계(instructional design)'와 관련된 지식도 얻을 수 있다고 선배가 이야기하여 주었다.

파워포인트를 활용하는 수업에 대해서는 금방 이해가 되었다. 자신이 다녔던 중·고등학교에서 많은 선생님들이 파워포인트를 활용하여 수업하시는 것을 경험하였을 뿐만 아니라, 대학에서도 적지 않은 교수들이 파워포인트와 빔 프로젝터를 활용하여 강의하는 것을 직접 볼 수 있었기 때문이다. 파워포인트를 활용하는 중·고등학교 교사의 수업이나 대학 교수의 강의를 들으면서 때로는 도움이 되기도 하지만, 왠지 설명에 제대로 집중하기 어렵다는 것을 느끼곤 하였다. 그래서 이번 '교육공학과 수업' 강좌를 통하여 파워포인트를 효과적으로 활용하는 방법을 배워보자는 생각을 하였다.

그런데 '교육공학과 수업' 강좌를 통하여 '수업 설계'를 배운다는 말은 언뜻 이해가 되지 않았다. 그래서 '수업 설계'가 무엇인지 선배에게 물어보았다. 그랬더니 선배는 '수업체제설계', '학습자 중심 학습환경 설계', '모바일 러닝' 등과 같은 약간 복잡해 보이는 전문 용어들을 언급하면서 설명하려고 애를 썼다. 선배의 설명을 들으면서 교육공학이 적어도 단순히 컴퓨터와 같은 도구나 기계 등을 활용하는 방법에 대해서만 배우는 것이 아니라는 것을 얼핏 느끼게 되었다. “그렇다면 과연 ‘교육공학과 수업’에서 어떤 것을 배우게 될까” 하는 호기심이 나타나게 되었다.

본 장은 앞의 상황을 고려하여 수업을 준비하고 실행하는 데 있어서 교육공학적 접근의 주요 특성을 개괄적으로 제시한다. 수업의 실제로부터 교육공학이 어떤 공헌을 할 수 있는가를 살펴보면서, 교육공학의 역사적 발전 과정을 교육 매체의 활용으로부터 수업 설계 측면에서 설명한다. 끝으로 미래 사회를 준비하는 데 있어서 첨단 기술을 활용하는 교육공학의 역할을 기술한다.

목 표

1. 수업과 교육공학의 관련성을 설명할 수 있다.
2. 교육공학의 역사적 발전 과정을 교육 매체와 수업 설계 측면에서 설명할 수 있다.
3. 미래사회의 교육을 위한 교육공학의 역할을 설명할 수 있다.

제1절 수업과 교육공학

1. 수업의 실제와 교육공학

수업(instruction)

교육공학(educational technology)은 기본적으로 교육을 어떻게 할 것인가를 다루지만, 구체적으로는 수업을 주요 연구 대상으로 삼고 있다. 수업(instruction)은 교육에 있어서 계획을 바탕으로 가르치는 행위를 말하는 것으로서, 일반적인 내용의 전달을 벗어나서 목표의 수립, 도입 기법, 매체 활용, 사례 제시, 평가 제시, 연습 제공, 피드백과 같은 다양한 요소들을 포함한다는 점에서 매우 복잡하고 종합적이다(임철일, 2012). 이러한 수업에 대하여 다양한 학문적 접근이 있어 왔는데, 다음과 같은 구체적인 수업 사례로부터 교육공학이 수업을 어떻게 규정하고 안내하려는가를 살펴본다.

플립 러닝(flipped learning, 거꾸로 학습)

먼저 수업 방법으로서 비교적 최근에 소개된 플립 러닝(flipped learning, 거꾸로 학습)을 살펴보자. 학습자의 적극적 참여와 의미 있는 지식 구성의 경험을 촉진할 수 있는 방법으로 플립 러닝에 대한 관심이 2010년 이후 계속 있어 왔다([그림 1-1] 참조). 플립 러닝은 말 그대로 기존의 교육 방식을 반대로 뒤집어 놓은 교육 방식이다. 여기서는 교실 내에서 이루어지는 교사의 설명은 교실 밖, 정확히는 온라인을 통하여 이루어지며, 학생들은 교실 밖에서 이루어졌던 연습 혹은 과제를 해결하는 활동을 교실 안에서 하게 된다(Bergman & Sams, 2012). 플립 러닝이 진행되는 과정에서 학생들은 사전에 동영상 형태의 강의 자료를 보게 된다. 교실 안에서는 개별 혹은 집단 형태로 문제를 해결하는 경험을 하게 된다.

[그림 1-1] 플립 러닝의 구성
왼편은 일반적인 교육이며, 오른편은 플립 러닝의 모습을 보여주고 있다.

플립 러닝이 대안적 수업 방법으로 주목을 받은 이유는 무엇보다도 교실 안에서 학생들이 보여주는 수동성을 어떻게 해결할 것인가를 다루기 때문이다. 플립 러닝의 교실에서 학생들은 교사의 설명을 듣는 것 대신에 문제의 답을 찾고, 공유하고, 풀어보고, 발표하는 일련의 활동을 주도적으로 하게 된다. 이를 위해서 두 가지를 전제한다. 하나는 학생에게 동영상 형태의 적절한 수업 자료를 사전에 온라인으로 제공해 주어야 하며, 학생은 스스로 이 자료를 사전에 공부하고 교실 내 활동에 참여해야 한다는 것이다. 또 다른 한 가지는 교사가 학생의 의미 있는 참여를 이끌어내는 다양한 활동을 설계해야 한다는 것이다.

한편 2020년 전염성 감염병인 코로나 19로 인하여 각 학교는 [그림 1-2]와 같이 전례 없는 원격 교육을 불가피하게 운영하게 되었다. 이전에는 사이버 대학과 같은 고등 교육 기관에서 원격 교육이 여러 가지 형태로 운영되어 왔으나, 초중등 교육의 경우 몇 개의 방송통신 중·고등학교를 제외하고는 원격 교육이 거의 이루어지지 않았다. 그러나 학생들이 학교에 올 수 없는 상황이 되자 교사들은 교실에서 수업을 온라인으로 진행하고, 학생들은 집에서 학습을 하는 형태의 원격 교육이 이루어졌다. 원격 수업이 운영되고 관리되는 e학습터

원격 교육

학습관리체제 (Learning Management System, LMS)

와 같은 학습관리체제(Learning Management System, LMS)와 실시간 화상 수업을 지원하는 시스템(Zoom 혹은 Meet)을 활용하여 원격 수업이 실행되었다. 또한, 이러한 원격 수업은 '실시간 쌍방향 수업', '콘텐츠 활용 중심 수업', '과제 중심 수업'의 세 가지 방식을 학교 상황에 맞추어 단독 혹은 혼합한 형태로 실행되었다(박상훈, 김은협, 김태우, 유미경, 양선환, 2020).

[그림 1-2] 원격수업을 실행하고 있는 중학교 교실 사례(2020)

출처: https://img5.yna.co.kr/photo/yna/YH/2020/03/30/PYH2020033004570001300_P4.jpg

위의 대표적인 수업의 실제는 크게 두 가지의 의미를 갖는다. 먼저, 교육 혹은 수업 장면에서 매체(media) 혹은 기술(technology)이 중요한 요소로 자리를 차지하고 있다는 점이다. 다른 하나는 기술 이외에도 효과적인 교육을 가능하게 하는 수업 방법을 고려하지 않을 수 없다는 것이다. 플립 러닝의 경우 온라인 동영상 자료를 학습자들이 미리 볼 수 있도록 효과적으로 개발함과 동시에 안내하는 과정이 필요할 뿐만 아니라, 교실 내에서 다양한 참여 활동을 가능하게 하는 수업 설계가 사전에 이루어져야 한다. 원격 수업에서는 교사와 학생이 물리적으로 분리된 원격 상태에서 실시간 화상 강의 및 학습관리체제와 같은 고도의 온라인 도구를 활용하게 된다. 여기에서도 또한 학습자들의 효과적인 참여를 가능하게 하는 교사의 안내와 피드백(예컨대, 온라인 토론방에서 그룹별로 토론을 안내하면서 피드백하는 방법)과 같은 수업 설계가 필요하다.

교육공학(educational technology)은 이처럼 교실 내 그리고 교실 밖에서 이루어지는 다양한 교수학습 활동에서 교사들이 직면하는 매체나 기술을 어떻게 활용할 것인가를 기본적으로 포함한다. 플립 러닝을 운영할 때 태블릿 PC를 교실 내에서 어떻게 활용할 것인지 또는 동영상 강의를 개발할 때 관련 자료를 어떻게 포함할 것인지 등을 다룬다. 그러나 조금만 생각하면 알 수 있듯이 학습자의 동기와 인지적 참여를 이끌고 계속 유지하기 위해서는 매체나 기술의 활용 그 자체만으로는 충분하지 않다. 매체나 기술을 포함하여 여러 가지 요소들을 종합적으로 고려하는 것, 즉 수업 설계(instructional design)(임철일, 2012)가 요구되는 것이다. 교육공학은 이처럼 매체의 활용뿐만 아니라 수업을 어떻게 할 것인가 혹은 수업 설계를 어떻게 할 것인가를 중심으로 체계적인 지식을 다룬다. 다음 절에서는 이러한 교육공학의 정의와 특성을 보다 자세히 살펴본다.

수업 설계
(instructional design)

2. 교육공학의 특성과 정의

교육공학은 매체나 기술을 교육에서 어떻게 활용할 것인가를 다루는 학문 분야이다. 그러나 시청각 매체 혹은 컴퓨터와 같은 멀티미디어 매체의 활용에만 초점을 맞추는 경우 제대로 된 교육적 효과를 가져오지 못한다는 것이 확인되면서, 매체를 포함한 체제 접근(systems approach)으로의 전환이 이루어졌다. 이때 새롭게 주목한 개념이 바로 공학(technology)(Galbraith, 1967)이다. 매체의 교육적 활용을 포함하면서도 궁극적인 교육 목표 획득까지를 포괄하는 개념

체제 접근
(systems approach)

적 틀로 공학에 주목하여 교육공학의 학문적 영역이 탐색되기 시작한 것이다.

교육공학의 개념적 기초 중 하나인 공학은 갤브레이스(Galbraith, 1967)의 정의에 바탕을 두고 있다(Smaldino, Russell, Heinich & Molenda, 2005). 그에 의하면 공학(technology)은 '**실제적 문제를 해결하기 위하여 과학적 지식 또는 조직화된 지식을 체계적으로 적용하는 것**'이다. 이 정의는 크게 세 가지의 구분되는 특성을 포함하며, 각각의 특성이 동시에 존재할 때 공학의 의미가 제대로 드러난다.

공학(technology)

첫째, 공학은 문제 해결에 초점을 맞춘다. 공학과 대비되는 학문 영역으로 우리는 과학을 생각할 수 있다. 과학은 기본적으로 현상에 대한 인과론적 설명에 관심을 가진다. 예를 들면 물리학은 '달이 지구 주위를 회전하는 현상'의 원인을 설명한다. 심리학은 '인간이 특정의 병리적 행동을 나타내는 이유는 무엇인가?' 혹은 '학습에 성공하거나 실패하는 이유는 무엇인가?'와 같은 질문에 인과론적 대답을 모색한다.

반면에 공학은 문제해결에 우선적인 관심을 둔다. 실제적으로 발생한 문제의 해결 방안을 제안하고자 한다. 예를 들면, 건축공학(architecture engineering)[1]은 튼튼하고 실용적이며 경제적인 빌딩을 세우는 문제에 대하여 적합한 대답을 제공한다. 기계공학은 효율적인 엔진의 설계와 같은 문제에 대하여 최적의 해결안을 제시한다. 이러한 의미에서 교육공학도 교육의 문제, 특히 교수 혹은 학습 문제에 대한 최적의 해결 방안이나 처방을 제시하려고 한다.

둘째, 공학은 과학적 지식 및 조직화된 지식에 바탕을 두고 있다. 공학은 사전적 의미로는 '산업상의 목적으로 과학을 응용하는 것'(Houton, 1993)을 말한다. 공학의 이러한 사전적 의미에서 우리가 주목하여야 하는 것은 공학이

1) 공학은 두 가지 영어 단어에 대한 번역어로 쓰이고 있다. 하나는 건축공학과 같이 주로 공과대학에서 사용하는 engineering에 해당하며, 다른 하나는 '과학기술(science and technology)'에서와 같이 기술 혹은 공학에서 사용되는 technology이다. 대체로 technology가 engineering보다 포괄적인 공학의 의미로 사용되고 있으며, 공과대학은 대체로 engineering을 사용하며, 교육공학은 technology를 사용하고 있다.

'과학을 응용'한다는 점이다. 앞에서 예로 제시한 건축공학은 물리학에서 제공하고 있는 각종 과학적 원리(하중의 원리, 지레의 원리 등)를 바탕으로 하지 않고서는 건축 설계의 지식을 구축할 수 없다. 화학, 생리학 등의 기초 지식이 없이는 효과적인 약품을 제조할 수가 없는 것도 같은 이치이다.

수업 혹은 학습의 문제를 공학적인 차원에서 해결하려는 노력도 결국은 인간 학습이나 수업 현상에 관한 과학적 지식의 축적을 바탕으로 하여야 한다. 어떻게 수업을 계획하고, 설계하고, 실행할 것인가에 대하여 '학습에 성공하고 실패하는 이유는 무엇인가', '어떠한 교사가 잘 가르치는가', '아동 혹은 성인 학습자는 어떠한 인지적 특성을 가지고 있는가'에 관한 과학적 설명은 교육공학의 기초적인 지식을 제공하여 준다(양용칠, 2007; Driscoll, 2005).

마지막으로, 공학이 가지고 있는 중요한 개념적 특성 중 하나는 '체계적'이라는 것이다. 체계 혹은 체제(system)[2]는 인간 및 자연 현상을 지적하고 설명하는 데 매우 광범위하게 활용되고 있는 개념이다. '사회 체제', '정치 체제', '교육 체제'라는 말을 우리는 주변에서 쉽게 들을 수 있다. '항온 체계', '신경 체계'라는 말도 그리 어렵지 않게 들을 수 있다.

체계
체제

체제라는 개념은 원래 생물학적 관점에서 나타났다(von Bertalanffy, 1968). 유기체로서 생물은 환경과 상호작용을 한다. 이러한 유기체는 자체 내에 서로 관련이 있는 하위 요소들로 구성되어 있으며, 환경의 변화에 생존하기 위한 노력을 경주한다. 예컨대 인간이 빠른 속도로 달리기를 할 때 신체의 각 기관은 상보적으로 움직이게 된다. 많은 산소를 취하려고 호흡이 빨라지며, 심장은 필요한 혈액을 공급하기 위하여 신속하게 펌프 활동을 하게 된다. 또한 체내에 발생하는 열을 식히기 위하여 땀을 흘림으로써 체외로 열을 발산하게 된다.

2) 본서에서 체제와 체계는 영어 system의 번역어로 혼용하여 쓰기로 한다. 그러나 영어의 systemic에 해당하는 우리말 표현은 '체제적'으로 옮겨지며, 영어의 systematic에 해당되는 우리말 표현은 '체계적'으로 옮겨진다. '체제적'은 체제 요소 간의 상호 연관성, 전체성, 환경과의 상호작용성을 보여주는 데 사용되며, '체계적'은 체제 구성요소의 단계성 혹은 투입, 요소, 산출, 피드백의 현상을 드러내는 데 사용된다.

이러한 모든 반응은 주어진 환경 조건에 적응하기 위하여 유기체가 관련된 하위 요소들을 종합적으로 작동하게 한 것으로 볼 수 있다. 요약하자면 체제란, 특정의 목적을 달성하는 데 기여하는 상호 관련된 요소들의 집합체(a set of interdependent components)이다. 일종의 체제로서 유기체는 외부 환경과의 상호 작용을 통하여 자신의 존재를 유지한다. 이러한 체제의 아이디어는 생물학적 현상을 설명하는 데서 그치지 않고 인간의 사회적 현상, 인지적 현상에 대한 설명은 물론이고 더 나아가서 실제적 문제 해결의 기본적 원칙으로까지 확대되게 되었다.

체제

지금까지 공학에 관한 세 가지 개념적 요소, 즉 '문제해결'을 위하여, '과학적 지식의 적용'을 시도하며, '체계'의 관점을 기반으로 한다는 점에 대하여 살펴보았다. 공학의 이러한 의미는 시청각 교육의 전통을 보다 학문적인 차원으로 발전시키는 데 중요한 역할을 하였다. 단순히 시청각 매체의 개발 혹은 활용과 관련된 문제의 해결이라는 범주에서 벗어나서, 보다 광범위한 교육 활동(주로 교육 방법에 초점을 맞추어서)을 공학적으로 안내하는 학문으로 이를 재규정하려는 노력이 시도되었다.

이상의 관점을 발전시켜 교육공학의 핵심적 정의를 규명하려는 시도가 계속 있어 왔으며, 지난 2008년 미국 교육공학회에서 공식적으로 제안한 교육공학의 정의는 다음과 같다.

교육공학

"교육공학이란 적절한 공학적 과정과 자원을 창출하고, 활용하며, 관리하여 학습을 촉진하고 수행을 향상시키기 위한 연구와 윤리적 실천이다"(Educational technology is the study and ethical practice of facilitating learning and improving performance by creating, using, and managing appropriate technological process and resources)(Januszewski & Molenda, 2008).

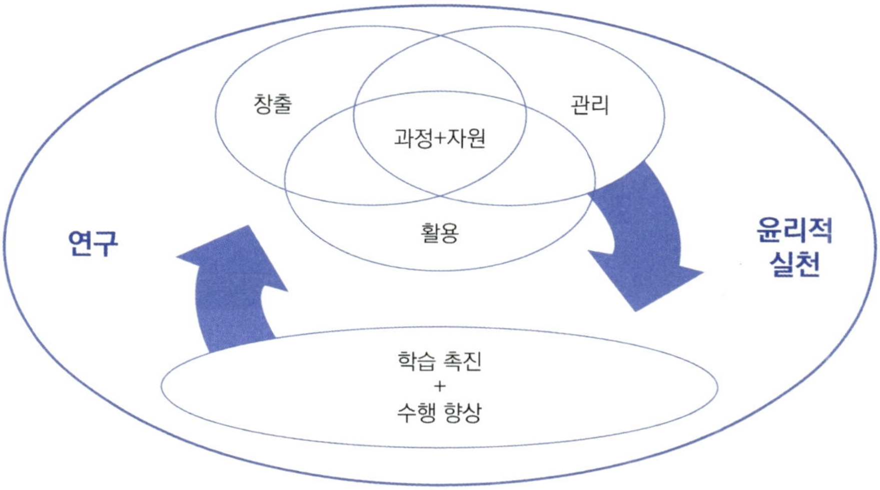

[그림 1-3] 미국 교육공학회 교육공학 정의(2008)의 구성요소 관계 미국 교육공학회

이 정의에 포함되는 특징을 간략하게 살펴보면 다음과 같다. 첫째, 교육공학은 일종의 연구 영역으로서 전통적인 양적 연구 방법론과 대안적인 질적 연구 방법론을 활용하여 이론적 지식의 창출과 관련되어 있다. 둘째, 교육공학은 연구나 학문 분야일 뿐만이 아니라 하나의 실천 영역이라는 점이 강조되어 왔다. 역사적으로 매체의 활용에는 윤리적 측면이 있어 왔는데, 최근에는 디지털 자료의 지적 소유권 문제와 연결되어 특별히 윤리적 실천의 중요성이 더욱 부각되고 있다. 셋째, 교육공학은 학습 촉진을 목표로 한다. 교육공학은 학습에 대한 이론적 접근의 큰 변화를 반영하면서 이런 학습을 가능하게 하는 방법에 관심을 갖는다. 넷째, 학습과 함께 또 하나의 중요한 결과로 수행(performance)을 강조해 왔다. 수행은 학습된 것을 실제 상황에서 활용할 수 있는 능력을 의미한다. 수행을 가능하게 하는 교육 이외의 다양한 방법들에 대해서도 관심을 갖는다. 마지막으로, 교육공학은 교육을 위하여 필요한 자원과 과정을 창출하고, 활용하며, 관리하는 세 가지 측면과 연관된 방법을 다룬다.

제2절 교육공학의 발전

앞에서 밝힌 교육공학의 특성에 대한 구체적 이해를 돕기 위하여 교육공학의 역사적 발전 과정에서 주요 분야로 나타난 교육 매체의 활용과 수업 설계를 간략히 소개한다.

교육 매체

1. 교육 매체의 활용

매체가 교육에서 본격적으로 활용되는 1900년대 초기 미국에서는 시청각 교육(audio visual education)을 중심으로 다양한 연구와 실제가 이루어졌다(Saettler, 1990). 슬라이드, 필름을 시작으로 하여 이후 라디오, 텔레비전, 컴퓨터, 멀티미디어, 일반 프로젝터, 파워포인트(PowerPoint)와 빔 프로젝터(Beam Projector), 이러닝(e-learning), 모바일 도구(mobile device)가 교육에서 활용되었으며, 최근에는 실시간 화상 강의 시스템에 이르는 수많은 매체들이 교육 현장에서 시도되고 있다.

경험의 원추 (Cone of Experience)

매체를 교육에서 활용하는 이유는 여러 관점에서 설명할 수 있다. 그중 데일(Dale, 1969)의 경험의 원추(Cone of Experience)는 오래전에 제시되었지만, 매체의 활용을 학습자의 경험 수준과 간결하고 적절하게 연결하여 줌으로써 지금까지도 의미 있는 설명 체계로 남아 있다.

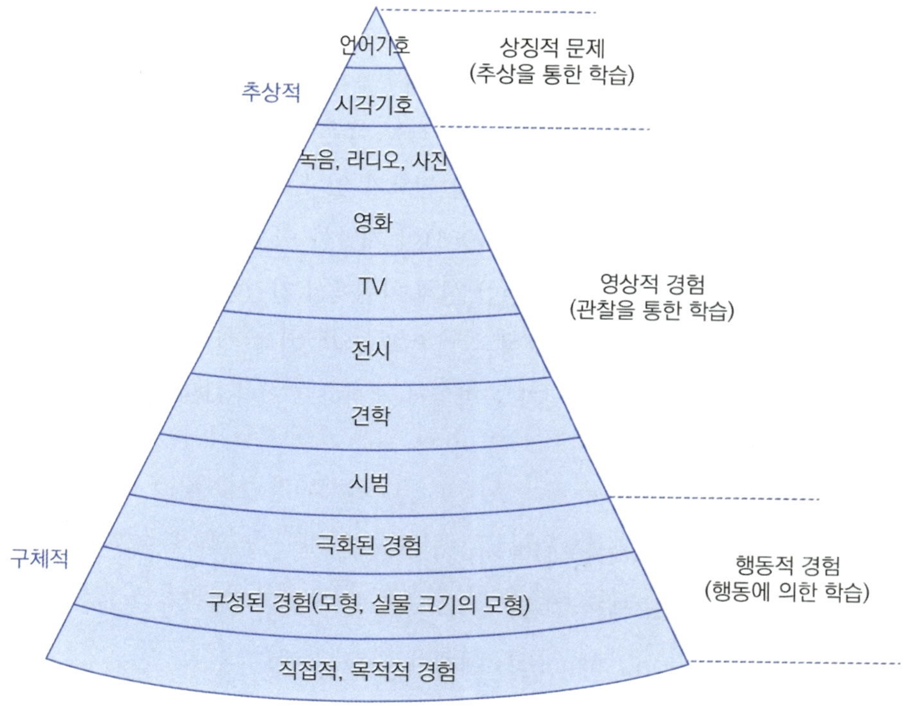

[그림 1-4] 데일(1969)의 '경험의 원추'와 학습의 세 가지 유형

데일의 경험의 원추는 학습자의 경험을 직접적인 참여에 의한 경험으로부터 시작하여 관찰과 같은 간접적인 경험을 거쳐서 최종적으로 언어적인 상징에 이르는 형태로 분류한다. 학습자는 이러한 경험 과정을 통하여 각각 '행동에 의한 학습(learning by doing), 관찰을 통한 학습(learning through observation), 추상을 통한 학습(learning through abstractions)'을 하게 된다. 데일은 이 모형을 통하여 구체적 경험을 바탕으로 할 때만이 추상적 경험이 의미가 있음을 보여주려고 하였다. 즉 수업 활동에서 학습자들이 아래 단계에 있는 보다 구체적인 경험을 하였을 때(예를 들어 시청각적 매체를 활용한 교육적 경험을 하였을 때) 추상적인 학습을 제대로 수행할 수 있다는 관점을 제시하였다.

교육 매체가 구체적인 경험을 제공하여 준다는 이론적 근거를 바탕으로 매체의 효과적 활용 방법에 대한 모색도 계속 이루어졌다. 이 중에서 매체를 독립적으로 두지 않고, 전체 수업을 준비하는 혹은 설계하는 과정의 한 가지 요소로 파악하는 ASSURE 모형을 주목할 필요가 있다. ASSURE 모형은 1980년대 초반 Heinich, Molenda, Russell(1981)이 개발한 이후 지금에 이르고 있는데, 교육용 매체의 개발과 활용을 수업 설계 차원에서 간결하게 명시화하였다는 점에서 의의가 크다. ASSURE 모형은 다음과 같은 매체 선정과 활용의 여섯 단계를 나타내는 용어들의 첫 글자를 합쳐서 제시하고 있다(Heinich, Molenda, Russell, & Smaldino, 2002).

ASSURE 모형

- Analyze learners(학습자 분석)
- State objectives(목표 진술)
- Select media and materials(매체와 자료 선정)
- Utilize media and materials(매체와 자료 활용)
- Require learner participation(학습자의 참여 유도)
- Evaluate and revise materials(평가와 수정)

이 모형에서 매체는 학습자 분석과 목표 진술의 활동 이후에 선정 혹은 개발된다. 교육 상황을 고려한 최적의 매체가 선정되고 이것을 교육 장면에서 활용하게 된다. 이 과정에 학습자의 참여 유도를 별도의 단계로 설정할 만큼 매체의 활용에서 학습자의 참여를 중요하게 고려한다. 일방적인 설명의 용도로만 매체를 사용하는 것에서 벗어나려고 한다. 마지막으로 적절하게 매체를 활용하였는가를 평가하면서 수정 활동을 하게 된다. 의도대로 활용되지 않은 경우가 생길 수 있으므로 이를 반영하여 하나의 하위 단계로 이를 포함한 것이다.

2. 수업 설계

교육에서 매체를 효과적으로 활용하는 방안으로 앞에서 제시한 ASSURE 모형을 제시하는 시도 이외에 본격적으로 수업 설계를 중심에 두고, 매체의 개발과 활용은 그중 하나의 하위 단계로 설정하는 접근이 이루어졌다. 체계적 수업 설계(systematic instructional design) 관점(임철일, 2012)이 구체화된 것이다. 체계적 수업 설계는 교사의 실제적 수업 준비 활동을 대상으로 한다. 학습 및 수업에 관한 과학적 연구 결과를 교사의 수업 준비 및 실행 과정에 체계적으로 적용하려는 시도이다. 체계적 수업 설계 혹은 수업체제설계(instructional systems design)의 대표적 모형으로 딕과 케리의 모형(Dick, Carey, & Carey, 2009)을 들 수 있다.

체계적 수업 설계 (systematic instructional design)

수업체제설계 (instructional systems design)

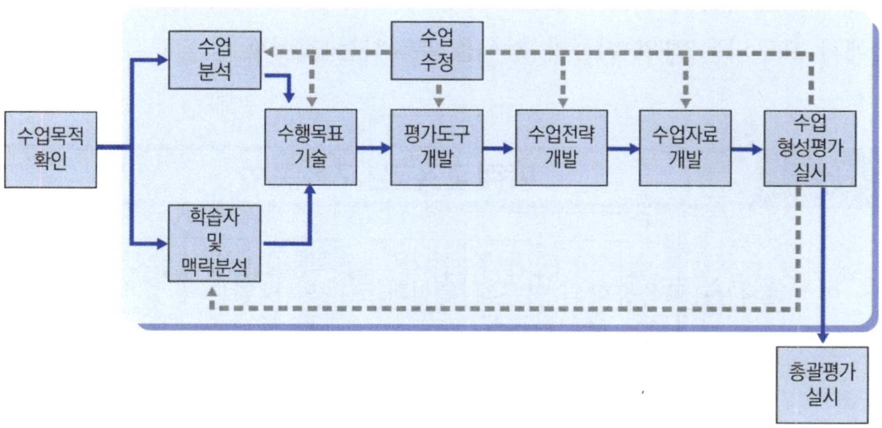

[그림 1-5] Dick과 Carey의 체계적 교수설계 모형

이 그림은 Dick, Carey & Carey(2009)의 제7판의 모형을 보여주고 있다. 1990년대의 앞선 모형과는 용어에 있어서 약간의 차이가 있다.

이 모형은 기존의 교육 및 학습에 관한 다양한 과학적 이론(예컨대 가네(Gagné)의 학습의 조건, 수행 목표의 확인, 평가 도구로서 포트폴리오의 활용 등)을 분석, 설계, 개발 및 평가의 단계에 따라서 체계적으로 활용하는 방법을 제시하고 있다. 이 과정을 통하여 교육의 효과성을 확보하려고 한다. 여기서 교육용 매체는 수업 전략에 따른 수업 자료 개발의 한 가지 하위 요소로 파악된다. 앞 단계에서 이루어진 분석과 설계 활동을 바탕으로 하여 최적의 교육 매체 및 자료를 개발하고 활용하게 되는 것이다.

수업 설계의 절차에 초점을 맞춘 체계적 수업 설계(본서의 2장과 3장이 설명하고 있음)와 구분된 수업 방법 그 자체와 관련된 수업 설계(본서의 4장, 5장, 6장이 설명하고 있음)의 발전도 있어 왔다. 여기서 수업 설계는 가네(Gagné)의 수업의 사태, 켈러(Keller)의 학습 동기 설계 이론뿐만 아니라 구성주의 관점의 다양한 학습자 중심 수업 설계 이론과 모형을 다룬다. 요컨대 교육공학은 수업 설계 관점에서 다양한 교육 및 학습 상황에서 활용할 수 있는 교수 학습 모형에 관한 지식과 실제를 다루고 있다.

제3절 미래교육과 교육공학

이상과 같은 교육공학의 학문적 특성과 교육의 방법론적 실제에 대한 관심으로 인하여 특별히 미래교육을 위한 준비 과정에서 교육공학이 중요한 역할을 하게 된다. 미래교육에 대한 교육공학적 대응 요구는 크게 두 가지로 나타난다(임철일, 2019). 하나는 4차 산업 혁명으로 인하여 미래 사회 인재에게 요구되는 역량을 어떻게 기를 것인가이다. 다른 하나는 미래 사회를 구성하는 사물인터넷(internet of things), 클라우드 컴퓨팅(cloud computing), 빅데이터(big data), 모바일 컴퓨팅(mobile computing), 인공지능(artificial intelligence)을 어떻게 교육에서 활용할 것인가이다.

1. 미래 사회의 교육 목표와 교육공학

미래 사회의 교육 목표

먼저 미래 사회 대응을 위한 교육의 목표 규정과 목표 달성 방법에 대하여 교육공학적 관점에서 검토할 필요가 있다. 미래 사회를 위한 교육 목표에 대한 지금까지의 논의는 전통적인 교과 지식의 획득과 기초적인 문해 능력을 벗어나서, 미래 사회에서 요구하는 일을 잘 할 수 있는 역량의 획득에 초점이 맞추어져 있다. 예컨대, 미래 사회에서 필요로 하는 핵심역량으로 미국의 Partnership for 21st Century Skills(2009)에서 제안한 것은 다음과 같다.

〈표 1-1〉 21세기 미래 학습자 핵심역량

21세기 미래 학습자 핵심역량

핵심역량	하위요소
학습과 혁신 역량	창의성과 혁신, 비판적 사고와 문제해결능력 의사소통과 협력
정보통신기술 역량	정보 리터러시, 미디어 리터러시, ICT 리터러시
생애 역량	유연성과 적응력, 진취성과 자기주도성 사회적·다문화적 상호작용, 생산성과 책무성 리더십과 책임감

여기서는 21세기 미래 학습자의 핵심역량을 '학습과 혁신', '정보통신기술', 그리고 '생애'의 세 가지 측면에서 제시하고 있다. 특히 주목할 것은 이른바 4C로 알려진 창의성(creativity), 비판적 사고(critical thinking), 의사소통(communication), 협동(collaboration)의 역량이 강조되고 있는 점이다. 4C와 더불어 컴퓨팅 사고(computational thinking)까지 포함하여 5C를 강조하기도 한다. 컴퓨팅 사고 혹은 컴퓨터적 사고는 "컴퓨터가 효과적으로 수행할 수 있는 방법으로 문제를 규명하고 그에 대한 해결안을 표현하는 것을 포함하는 일련의 사고 과정"(Wing, 2008)을 의미한다.

우리나라 2015 교육과정에서는 창의·융합형 인재상을 설정하여 교육과정을 통해 학습자가 지식 습득만이 아니라 지식을 활용하고 문제 해결에 적용할 수 있는 능력 배양을 직접적인 교육의 목표로 명시하고 있다(교육부, 2016). 기존의 전통적인 교과 내용을 교과 역량으로 정의하고 별도로 핵심역량을 제시하고 있다. 핵심역량은 교과와 창의적 체험 활동을 통해 학생이 드러내야 할 능력 및 학교 학습을 통해서 기르고자 하는 미래 사회에 요구되는 능력이다. 자기 관리 역량, 지식정보처리 역량, 창의적 사고 역량, 심미적 감성 역량, 의사소통 역량, 공동체 역량이 포함되는 핵심역량은 교과역량과 상호보완적인 관계를 맺는다.

교육공학에서는 미래 사회에서 요구하는 이러한 핵심역량에 대한 이해를 바탕으로 이들 역량을 어떻게 기를 것인가를 탐구할 필요가 있다. 먼저, 창의와 융합이라는 매우 중요한 핵심역량을 기르기 위한 노력 중 하나로 수학이나 과학 교과 교육의 STEAM 교육이 있다. 이 방법은 과학(science), 기술(technology), 공학(engineering), 예술(art), 수학(mathematics)의 다섯 가지 교과 영역을 별도로 가르치기보다는, 통합적으로 다루는 것을 지향한다. 수학이나 과학의 교과 교육에서 주요한 접근 방법으로 탐색되어 오고 있지만, 교육공학 영역에서도 STEAM 교육을 위한 교수설계 원리 개발(최소영, 2017)과 같이 이러한 변화에 대응하는 실제적 연구가 이루어지고 있다.

메이커 교육
(maker education)

미래교육의 핵심역량을 기르기 위한 또 하나의 방법으로 메이커 교육(maker education)을 들 수 있다. 이 방법은 메이커 운동을 학교 현장으로 가져온 것으로, 앞에서 언급한 STEAM 교육과 통합적으로 적용될 수도 있다. 메이커 교육에서 학습자들은 기본적으로 메이커 공간에서 프로토타입을 만들게 된다. 메이킹, 제작, 만들기 과정을 통하여 자연스럽게 지식과 기술을 탐색하고, 적용하고, 통합하게 된다. 문제 정의로부터, 설계, 개발의 단계별 활동을 하면서, 3D 프린터와 레이저 커터 등을 활용하여 시제품을 만드는 경험을 하게 된다. 실과나 기술의 교과 교육과 함께 교육공학에서 최적의 교수 모형을 개발하는 시도

(강인애, 김명기, 2017)와 피지컬 컴퓨팅 도구를 활용하는 메이커 교육 수업 모형 개발 연구(김근재, 임철일, 2019)가 이루어지고 있다.

4차 산업혁명의 도래에 따른 미래사회 대비 교육의 방향으로 주목받는 것 중 하나로 소프트웨어 교육이 있다. 소프트웨어 교육은 말 그대로 소프트웨어 개발 역량을 목표로 하는 교육인데, 여기에는 무엇을 가르칠 것인가와 어떻게 가르칠 것인가 두 가지 요소가 포함된다. 교육공학에서는 전자를 고려하면서 특히 후자, 즉 소프트웨어를 어떻게 가르칠 것인가에 관심을 두고 있다. 단순히 코딩 교육 이상의 것으로 소프트웨어 교육을 파악하는 데 있어서 컴퓨터적 사고(computing thinking)의 개념화가 중요한 역할을 하였다(Wing, 2008). 현실의 다양한 문제들을 컴퓨터적 사고 관점에서 규명하고 문제의 해결안을 찾는 관점이 나름대로 의미를 가지면서, 다른 교과와 통합적 측면에서 소프트웨어 교육을 바라보려고 한다. 예컨대, 사회 교과의 인구 고령화의 문제를 해결하려고 할 때, 컴퓨터적 사고 관점에서 문제의 정의와 해결안을 찾으려는 교육공학적 노력이 이루어지고 있다(임정훈, 2018).

컴퓨터적 사고 (computing thinking)

2. 첨단 기술의 발전과 교육공학

첨단 기술의 발전

다음으로 첨단 기술의 발전을 교육에 적용하려는 시도들이 교육공학 영역에서 이루어지고 있다. 먼저, 인공지능 활용 교육은 인간의 인지 능력을 대신하는 인공지능을 교육적으로 활용하려는 교육 방법 중의 하나이다. 예컨대, 인공지능 스피커를 활용하여 영어 교육에 있어서 실제적인 대화 연습 기회를 제공하는 방법이 시도되고 있다(현주은, 임희주, 2019). 인공지능 활용 교육에 대한 관심은 기본적으로 인공지능이 학습자의 개별 수준과 요구에 따른 맞춤형 수업을 제공할 수 있는 가능성 때문이다. 인공지능 활용 교육의 가능성은 일찍이 지능형 개인교사 체제(intelligent tutoring system)를 통하여 탐색되어 왔는데

(계보경, 박태정, 차현진, 정광훈, 2016), 최근 국내 교육 현장의 경우에는 Khan Academy의 초등학교 수학 교과 내용을 학습자 수준에 따라서 적응형으로 제공해주는 시도가 알려지면서 관심이 높아져가고 있다. 수학 이외에 영어 교과 등에서 개인 수준에 맞는 교육 내용을 제공하고, 평가 결과에 따라서 적응적으로 추가 연습 문제 등이 제공되는 인공 지능 활용 교육에 대한 관심이 높다. 특히 교육 격차 해결이라는 교육적 난제를 해결하는 데 있어서 인공지능이 효과를 발휘할 수 있다는 가능성에 주목하여 향후 많은 연구가 이루어질 것으로 예상하고 있다.

증강 현실 (augmented reality)

가상현실 (virtual reality)

증강 현실(augmented reality)과 가상현실(virtual reality) 활용 교육 또한 학교 교육에 있어서 학습자에게 실재감과 현실감을 제공하여 줄 수 있다는 점에서 교육공학의 지속적 관심과 연구 대상 중 하나이다(류지헌, 유승범, 2016). 실제 현실은 그것이 비록 최고로 풍부하다 하더라도 바로 접근하기 어려우며, 직접 경험하기에는 비용과 위험 요소가 뒤따른다. 예컨대, 초등학교 학생들에게 독도의 생태계를 알려주기 위하여 직접 가는 것 이외에 가상 및 증강 현실을 활용하여 간접적인 체험 활동을 제공하여 줄 수 있다. 우리나라의 경우 디지털 교과서 개발이 이루어지고 있는데, 이 교과서 내에 가상현실과 증강 현실 콘텐츠가 포함되어 있다. 향후 교과의 특성과 요구에 따라서(예컨대, 사회과의 경우 법정에서 일어나는 실제를 가상현실을 통하여 체험하게 된다) 다양한 가상현실 혹은 증강 현실이 개발되어 학습자들이 흥미롭게 교육 및 학습 활동에 참여할 수 있을 것이다.

[그림 1-6] 등고선의 원리를 파악할 수 있는 증강 현실의 사례

출처: https://manchoi.gitbooks.io/smart/content/smart_teach/subject/socialstudy/landscape_ar.html

사물 인터넷

한편, 사물 인터넷은 각종 사물에 센서와 통신 기능을 내장하여 인터넷에 연결하는 기술을 의미하는데, 이를 교육에 활용하는 시도가 이루어지고 있다. 먼저 센서 기술을 활용하여 교실 안과 밖을 연결하는 실제적 학습을 설계할 수 있다. 예컨대 학생들에게 농작물 재배와 관련된 실제적인 경험을 제공하기 위하여 24시간 온실의 환경 정보를 측정하여 실시간으로 해당 정보를 제공하는 시스템을 활용할 수 있다. 여기서 학생들은 농작물 재배와 영향을 주는 요인들과 그 결과에 대하여 보다 깊이 있게 이해하게 되며, 문제 해결에 활용하는 방법을 획득하게 된다(Dirjish, 2017). 사물 인터넷 기술은 교실 내에서 학습자들의 학습 활동과 관련된 행동 데이터를 수집하고 분석하여 적절한 조언을 해주는 시스템 설계에도 활용될 수 있다. 교실 내 학습자들의 협력 학습 관련 활동과 과정 데이터를 수집하여 협력의 수준과 질을 분석함으로써 필요한 도움

이 있는 개인이나 그룹에 교사들이 적절하게 개입할 수 있게 된다. 학습자들의 사생활 보호 측면에 주의하면서 사물인터넷을 활용함으로써 최적의 교육적 개입을 위한 토대를 제공하는 교육공학적 연구가 기대된다.

연습 및 탐구 문제

1. 플립 러닝 관련 교수학습 모형 하나를 선택하여 그 특징을 기술하면서 어떤 점에서 교육공학적 특성을 지니고 있는가 혹은 그렇지 못한가를 분석하여 보시오.

2. 교육공학을 매체의 활용 방법에 관한 지식 체계로 보는 관점이 가지고 있는 제한점을 예를 들어서 논의하시오.

3. 인공지능 스피커를 활용하는 교육이 시도되고 있다. 실제적 사례를 찾아본 후 어떤 점에서 교육공학적 지식이 반영된 것으로 볼 수 있는지를 논의하시오.

참고문헌

강인애, 김명기 (2017). 메이커 활동의 초등학교 수업적용 가능성 및 교육적 가치 탐색. 학습자중심교과교육연구, 17(14), 487-515.

계보경, 박태정, 차현진, 정광훈 (2016). 4차 산업혁명시대 IT 융합 신기술의 교육적 활용 방안 연구. 대구: 한국교육학술정보원.

교육부 (2016). 2015 개정 교육과정. 세종: 교육부.

김근재, 임철일 (2019). 초등학교에서의 피지컬 컴퓨팅 도구를 활용한 메이커 교육 수업 모형 개발 연구. 교육공학연구, 35(3), 687-728.

류지헌, 유승범 (2016). 가상현실 기반 수업 시뮬레이션의 시나리오 내용이 예비교사의 교사효능감과 가상실재감에 미치는 효과. 교육정보미디어연구, 22(3), 633-652.

박상훈, 김은협, 김태우, 유미경, 양선환 (2020). 원격교육 수업 실행 방안. KERIS 이슈리포트(RM 2020-11).

양용칠(역) (2007). **수업설계를 위한 학습심리학**. 서울: 교육과학사.

임정훈 (2018). 소프트웨어 교육의 주요 이슈와 소프트웨어 교육 발전을 위한 교육공학자의 역할. 교육공학연구, 34(3), 679-709.

임철일 (2012). **교수설계이론과 모형(2판)**. 파주: 교육과학사.

임철일 (2019). 미래 사회와 교육을 위한 교육공학 연구 및 실천 영역의 재조명. 교육공학연구, 35(2), 253-287.

최소영 (2017). 초등 STEAM 교육의 창의적 설계 활동을 위한 교수설계 원리 개발 연구. 서울대학교 대학원 박사학위논문.

현주은, 임희주 (2019). 영어학습도구로서 인공지능 스피커의 분석 및 시사점. 영어영문학, 24(1), 201-219.

Bergmann, J., & Sams, A. (2012). *Flip your classroom: Reach every student in every class every day*. Washington, DC: International Society for Technology in Education.

Dale, E. (1969). *Audiovisual methods in teaching*, third edition. NY: Holt, Rinehart and Winston.

Dick, W. & Carey, L, & Carey, J. O. (2009). *The Systematic design of instruction* (7th Ed.). 최수영, 백영균, 설양환(역) (2003). **체제적 교수설계**. 서울: 아카데미프레스.

Dirjish, M. (2017). Agritech initiative improves crop quality, yield, and profitability. Retrieved from https://www.sensorsmag.com/components/agritech-initiative-improves-crop-quality-yield-andprofitability.

Driscoll, M. P. (2005). *Psychology of learning for instruction* (3rd ed.). Needham Heights, MA: Allyn & Bacon.

Galbraith, J. K. (1967). *The New industrial state*. Boston: Houghton Mifflin.

Heinich, R., Molenda, M., Russel, J. D., Smaldino, S. E. (2002). *Instructional media and technologies for learning* (6th ed.). Englewood Cliff, NY: Prentice Hall.

Houton, M. (1993). *The American heritage college dictionary*.

Januszewski, A., & Molenda, M. (2008). *Educational technology: A definition with commentary*. New York: Lawrence Erlbaum Associates. 한정선, 김영수, 강명희, 정재삼(역) (2009). **교육공학: 정의와 논평**. 파주: 교육과학사.

Partnership for 21st Century Skills (2009). P21 framework definitions. Retrieved from http://www.p21.org/storage/documents/P21_Framework_Definitions.pdf.

Saettler, P. (1990). *The Evolution of american educational technology*. Englewood, Colorado: Libraries Unlimited.

Smaldino, S. E., Russell, J. D., Heinich, R., & Molenda, M. (2005). *Instructional technology and media for learning (8th ed.)*. Upper Saddle River, NJ: Pearson Education, Inc. 설양환, 권혁일, 박인우, 손미, 송상호, 이미자, 최욱, 홍기칠(역) (2005). **교육공학과 교수매체**. 서울: 아카데미프레스.

von Bertalanffy, L. (1968). *Applied general systems theory*. New York: Harper & Low.

Wing, J. M. (2008). Computational thinking and thinking about computing. *Philosophical Transactions of the Royal Society A: Mathematical, Physical and Engineering Sciences, 366*(1881), 3717-3725.

제2장

수업체제설계 I

제 1 절 수업체제설계의 정의 및 특징

제 2 절 수업체제설계 모형

김지혜는 장차 훌륭한 교사가 되려는 꿈을 실현하기 위해 열심히 공부하고 있는 예비 교사이다. 그녀는 어릴 때부터 교사가 되고 싶었는데, 초등학교 5학년 때 담임선생님의 영향이 컸다. 담임선생님은 언제나 수업을 열심히 준비하셨고, 학생들 수준을 진단해서 최대한 맞춤식으로 수업하고자 노력하셨다. 정해진 수업 시간 내에 다루어야 할 분량을 조금도 넘치거나 부족함이 없이 반드시 마치셨고, 수업 시간에는 지루하지 않도록 적절히 재미있는 예를 들어 주셨으며, 학생들의 참여도 활발히 이끌어 내셨다. 또한, 일방적으로 강의만 하지 않고, 학생들이 프로젝트나 문제를 풀면서 자기주도적으로 학습하고 성장할 수 있도록 수업하셨다.

김지혜는 얼마 전에 교육실습을 나가서 연구수업을 진행하게 되었다. 항상 존경했던 그 담임선생님을 본받아 열심히 수업을 준비하고 감명 깊은 수업을 하겠다고 굳게 다짐했다. 마침 그녀는 교육실습을 나오기 전에 학교 교직과목을 수강하면서 수업과정안을 작성하고 수업시연을 해 본 경험이 있었다. 그녀는 이 경험을 바탕으로 연구수업을 위한 수업과정안을 작성하기 시작하였다. 먼저, 단원명과 주제, 수업 목표, 지도상의 유의점 등을 자세히 작성하였고, 교수-학습 활동에 따라 수업 시간을 배당하고, 필요한 자료도 구체적으로 열거하였다. 이처럼 수업과정안을 체계적으로 자세히 설계한 덕분에 연구 수업을 성공적으로 마쳤고 좋은 평가를 받을 수 있었다. 그리고 비로소 깨달을 수 있었다. 그녀가 존경했던 어릴 적 담임선생님도 자신처럼 수업 전에 철저히 수업계획서를 작성하셨을 것임을…….

목표

1. 수업체제설계의 정의를 설명할 수 있다.
2. 수업체제설계의 주요 특징을 설명할 수 있다.
3. 주요 수업체제설계모형의 특징을 비교하여 설명할 수 있다.

제1절 수업체제설계의 정의 및 특징

1. 수업체제설계의 정의

교육공학 분야에서 수업체제설계(Instructional Systems Design: ISD)는 매우 중요한 활동이다. 수업체제설계 활동은 수업(instruction)을 '체제(system)'로 보는 관점에서부터 출발한다. 따라서 수업체제설계의 개념과 특징 등을 이해하기 위해서는 체제 및 체제적 접근에 대해 먼저 살펴볼 필요가 있다.

1) 체제 및 체제적 접근

체제(system)

'체제(system)'라는 용어는 그동안 자연과학 및 사회과학 분야에서 매우 활발하게 사용되었고, 여러 문헌에서 체제의 개념 정의와 특성에 대해 유사하게 설명하고 있다. '체제'에 관한 대표적인 정의는 다음과 같다.

- 공통의 목적을 위해서 여러 요소들이 체계적으로 구성된 조직체(Hoban, 1960)
- 최소한 둘 이상의 구성요소들이 관계를 맺고 있는 특정한 단위(Steiner, 1988)
- 정해진 공동의 목적을 달성하기 위해서 협력하는 상호 관련된 구성요소들의 집합체(Dick & Carey, 1996)

체제에 관한 여러 정의의 공통점은 '체제의 구성요소들이 공통의 목적을 달성하기 위해 유기적으로 상호 관련을 맺고 있다'는 것이다. 이와 같이 체제는 구성요소 간의 관계가 핵심이며, 복잡한 중층 구조를 이루고 있다. 또한, 대부분의 열린 체제는 그 체제를 둘러싼 외부 환경과도 지속적이고 역동적으로 상호 작용한다. 따라서 어떤 체제의 특성을 규명하기 위해서는 그 체제 및 외부 환경을 구성하는 요소들을 먼저 확인한 후, 그 구성요소들이 서로 어떤 관계를 맺고 있는지를 파악할 필요가 있다. 또한, 어떤 체제의 특성을 바꾸고 싶다면, 그 체제의 핵심 구성요소 및 요소들 간의 관계성, 외부 환경에 변화를 가하고 통제하면 된다.

체제적 접근 (systemic approach)

이상에서 살펴본 체제의 특징은 '체제적 접근(systemic approach)'의 근간을 이루고 있다. 체제적 접근은 그간 자연과학 및 사회과학에서 사실이나 현상을 기술하고, 설명 혹은 예측하거나 실제적인 처방을 내리기 위한 중요한 접근 방식이었다. '체제적 접근이 무엇인가'에 관해서는 여러 학자들이 논의하고 있지만, 카우프만(Kaufman, 1972)과 하이니히 등(Heinich et al., 1996)의 '체제적 접근' 정의가 주로 인용된다.

- 요구에 의한 문제 분석, 문제해결을 위한 목표 설정, 대안적인 해결 방안과 전략의 선정, 실행, 평가, 수정을 거치는, 일련의 논리적이고 합리적인 과정(Kaufman, 1972)
- 체제를 구성하는 모든 구성요소들의 관계를 검토하고, 목표를 명세화한 후, 과업을 수행하고, 그 결과를 목표에 비추어 평가하고 수정하는 체계적 방법(Heinich et al., 1996)

이와 같이 체제적 접근에서는 체제의 문제를 체제의 '현재 상태(what is; As-Is)'와 '바람직한 상태(what should be; To-Be)' 간의 '차이(gap)'로 정의하고, 이를 해결하기 위한 여러 대안을 마련하며, 이 중에서 최상의 해결책을 선택하여 실행하고, 그 효과를 평가하여 수정 보완하는 등의 절차를 거친다. 이 체제적 접근은 문제 해결을 위한 과학적 방법론으로서 커다란 영향을 미쳤다. 교육 분야에서도 교육 현상을 교육 체제로 간주한 후, 이 체제적 접근에 입각하여 특성을 분석하고, 문제 해결을 위한 처방을 내리고자 하였고, 효과성과 효율성의 측면에서 많은 실효를 거두었다.

2) 수업에 대한 체제적 접근

수업에 대한 체제적 접근
(systemic approach of instruction)

'수업에 대한 체제적 접근(systemic approach of instruction)'은 1950년대와 1960년대 초에 시작되었다. 수업에 대한 체제적 접근이란 최적의 수업을 위해서는 기본적으로 ① 수업과 관련된 문제의 정의, ② 문제의 분석, ③ 문제를 해결하는 방안의 설계 및 개발, ④ 해결 방안의 실행, ⑤ 평가와 교정의 다섯 활동이 유기적으로 상호작용해야 한다는 입장이다(Romiszowski, 1981). 특히, 이 다섯 활동은 서로 순차적이고 직선적이며 절차적인 관계를 맺고 있기보다는 유기적이고 총체적인 관계를 맺고 있다고 강조한다.

딕과 케리(1996)는 수업에 대한 체제적 접근이 효과적인 이유를 다음과 같이 밝히고 있다. 첫째, 수업 설계의 초기부터 명확한 목표에 초점을 두기 때문에, 후속 계획 및 실행 단계를 효과적으로 이끌 수 있다. 둘째, 수업 설계의 각 단계들을 유기적으로 연관시키므로, 목표 달성에 가장 적절하고 효과적인 수업 전략이나 학습 조건들을 고안할 수 있다. 마지막으로, 실험적이고 반복적이기 때문에, 초기 설계 과정에서의 오류를 지속적으로 수정·보완함으로써 더 효과적인 수업 프로그램으로 완성할 수 있다.

2. 수업체제설계의 특징 및 영역

1) 수업체제설계의 주요 특징

앞에서 설명한 체제 및 체제적 접근의 의미, 그리고 수업에 관한 체제적 접근의 특징에 입각하여, 수업체제설계의 특징을 정리하면 다음과 같다.

수업체제설계의 특징
문제해결 지향적

첫째, 문제해결 지향적이다. 수업체제설계는 수업과 관련된 문제를 포착하고 해결하는 것을 목적으로 한다. 이 문제는 주로 수업체제의 현재 상태와 바람직한 상태 간의 격차인 '요구(needs)'로 표시되며, 이 요구에 기초하여 체제의 목적이 구체적으로 설정된다.

총체적인 접근

둘째, 총체적인 접근이다. 수업체제설계는 문제의 원인을 규명하고 해결 방안을 고안할 때, 수업체제 내의 어느 특정 구성요소를 부각시키기보다는 여러 구성요소를 포괄적으로 바라보며, 이들 간에 형성된 유기적인 관계의 속성에 주목한다.

맥락을 중시

셋째, 맥락을 중시한다. 체제는 탈맥락적이고 독립적으로 존재하는 것이 아니라, 외부 환경과의 지속적인 상호작용 속에서 역동적으로 변화한다. 따라서 수업체제설계에서도 수업체제가 사회문화적 혹은 역사적인 맥락 속에서 어떤 영향을 주고받는가를 고려하고, 이를 문제 분석 및 해결 과정 전반에 반영한다.

가치 지향적

마지막으로, 가치 지향적이다. 한 체제의 속성은 관점에 따라서 다르게 분석될 수 있고, 수업체제설계도 그 과정과 결과에 있어서 수업설계자나 관련 이해집단의 가치판단이 상당히 개입되기도 한다. 가령, 수업 문제의 원인 분석과 해결안 선정 등을 할 때, 관련 개인 혹은 집단의 가치에 영향을 받기도 하며, 때로는 상충하는 가치들로 인하여 갈등을 겪기도 한다. 수업체제설계에서는 이러한 가치 갈등을 배제하거나 무시하기보다는 적극적으로 수용하여 수업체제설계에 통합하려고 한다.

수업체제설계의 영역

2) 수업체제설계의 영역

'수업체제설계(instructional systems design)'는 교육목표 달성에 효과적인 수업체제를 설계하기 위하여 조직적이고 구조화된 형태로 이루어지는 활동을 총칭하는 용어로서, '수업체제개발(instructional systems development)'이라고도 불린다. 수업체제설계는 다음과 같이 문제 분석, 해결안 설계 및 개발, 활용, 관리, 평가의 세부 활동으로 구성된다.

수업체제개발 (instructional systems development)

- 학습할 내용을 결정하기 위한 분석
- 그 학습을 성취시킬 수 있는 방법을 구체화하는 설계
- 학습 자료를 실물 형태로 제작하는 개발
- 개발된 교재와 전략을 실제 상황에서 사용하는 실행
- 교육 프로그램을 수정·보완하고, 가치를 판단하는 관리 및 평가

수업체제설계의 다섯 가지 세부 활동은 교육공학의 최근 정의에서는 창출(creating), 활용(using), 관리(managing)의 세 활동으로 다시 범주화되었다. 각 활동은 상호의존적이지만, 나름대로 고유한 특징을 지니고 있다. 분석, 설계 및 개발, 평가로 나누어 각 영역의 주요 특징을 살펴보면 다음과 같다.

(1) 분석

분석

분석의 핵심은 '수업 요구분석(needs analysis of instruction)'에 있다. 먼저, 여러 문제 중에서 학습 및 수행 문제와 관련하여 교육이 필요한 영역을 선정한다. 다음, 학습자 특성, 수업 조건, 수업 자원 등에 대한 분석을 수행하고, 향후 수업 설계 일정을 수립한다. 일반적으로 수업 요구를 분석할 때에는 가장 바람직한 상태(what should be; To-Be)와 현재의 상태(what is; As-Is) 간의 차이(gap)를 확인하고, 이 차이의 발생 원인을 규명한 후에, 이 원인을 토대로 다양한 해결 방안을 제안하게 된다.

(2) 설계 및 개발

설계 및 개발

① 설계

수업 요구분석 결과에 근거해서 수업 문제를 해결할 수 있는 가장 시급하고 중요한 해결 방안이 선정되면, 설계에서는 이 해결 방안을 더욱 구체화하는 활동을 수행한다. 즉, 수업 목표를 수립하고, 이 목표를 가장 잘 달성할 수 있는

최적의 수업 내용, 수업 방법 및 전략, 수업 전달 매체를 선정한다. 특히 학습위계 분석이나 내용 및 주제 분석 등을 통해 수업 내용을 범주화하고 세분화한 후에, 수업 내용들의 가르칠 순서나 위계를 정한다.

② 개발

수업 설계 결과를 바탕으로, 수업 자료나 매체 등 교육 프로그램의 개발이 이루어진다. 개발 활동에는 기존 자료를 선정 혹은 수정하거나, 아예 새로운 자료를 제작하는 경우가 해당된다. 수업 자료나 매체를 새로 개발할 경우에는 수업 자료나 평가 자료 등의 초안(prototypes)을 먼저 개발한 후, 수정·보완을 통해 자료의 질을 높이는 것이 바람직하다.

평가

(3) 평가

평가란 개발 중이거나 개발된 수업 자료나 프로그램을 활용함으로써 그 적절성이나 효과성을 평가하는 것이다. 주로 학습 목표에 따른 준거지향 검사, 학생 설문지, 학생 면접 등의 방법을 사용한다. 이러한 검사 결과 및 자료를 근거로, 수업의 어느 부분이 어떻게 수정되어야 하는지, 행정상의 결함이나 기타 문제가 어디에서 발생하는지에 관한 정보를 얻게 된다.

형성평가 (formative evaluation)
총괄평가 (summative evaluation)

평가 활동의 하위 단계는 초안의 검증, 결과 분석, 실행 및 반복 수정으로 이루어진다. 딕과 케리(1996)는 평가를 '형성평가(formative evaluation)'와 '총괄평가(summative evaluation)'로 구분하고 있다. 형성평가란 초안에 대해 수업 목표, 내용 및 전략의 적절성을 알아보는 것이다. 이에 비해 총괄평가란 최종 완성된 수업 자료 및 프로그램의 효과성과 효율성을 알아보는 것이다.

제2절 수업체제설계모형

수업체제설계모형(ISD model)이란 효과적인 수업체제를 개발하기 위해서, 개발에 관련된 주요 요소들과 그들 간의 관계를 중심으로 개발 과정 및 절차를 도식화한 절차적 모형이다. 1960년대 중반 이래 성행한 수업체제설계모형은 실제 수업 프로그램을 개발하는 프로젝트를 어떻게 계획하고 관리하며, 교과전문가나 관련 집단과의 협업 속에서 수업 내용과 활동을 어떻게 조직하는가에 관한 의사결정에 도움을 주고자 하였다.

수업체제설계모형
(ISD model)

수업체제설계모형은 수업체제를 설계하는 '과정(process)' 그 자체를 체제적 관점에서 접근하는 것이므로, '체제적 수업설계모형'이라고도 불린다. 체제적 수업설계모형은 상호의존적이고 상호작용하는 구성요소들로 이루어져 있다. 이 요소들은 '무엇이 행해져야 하는가' 그리고 '어떻게 행해야 하는가'에 주로 관련된다. 그동안 다양한 수업체제설계모형이 제시되었지만, 이들은 설계과정에서 '어느 단계를 더 강조하는가'에 차이가 있을 뿐 유사한 점이 많다. 또한, 어떤 모형이 다른 모형보다 더 뛰어나다는 증거는 없으며(Gentry, 1994), 학교, 기업체, 군대 등과 같이 교수-학습의 상황과 조건에 따라서 적합한 모형이 달라진다.

체제적 수업설계모형

이하에서는 체제적 수업설계 모형의 특징을 먼저 살펴본 후에, 수업체제설계 모형의 대표적인 예로서 ADDIE 모형, 딕과 케리(2015)의 모형, RPISD 수업체제설계 모형에 관해 살펴보고자 한다.

1. 체제적 수업설계모형의 특징

체제적 수업설계모형의 특징

수업설계 과정에 대한 체제적 접근에서는, 분석, 설계, 개발, 활용, 관리, 평가 등과 같은 수업설계 및 개발의 각 활동이 공통의 목적을 달성하기 위해서 서로 투입과 산출의 관계를 맺으며, 피드백에 의해 수정·보완되고, 체제의 외부 환경과 상호작용하는 것으로 간주된다. 체제적 수업설계 모형들의 공통적인 특징은 다음과 같다(임철일, 1998; Hannum & Briggs, 1980).

첫째, 수업프로그램의 계획, 개발, 전달, 평가 과정이 체제이론에 입각하며, 환경 분석을 토대로 목적이 도출된다. 둘째, 수업목표는 관찰 가능한 행동용어로 표현되며, 학습자 분석의 중요성을 강조한다. 마지막으로, 수업전략 계획과 매체 선정을 중요시하며, 평가를 설계와 수정 과정의 한 분야로 포함하고, 학습자에 대한 측정으로 학습자 간 규준지향 평가보다는 준거지향 평가를 실시한다.

제2차 세계대전 중 군사 훈련을 위해 주창된 체제적 접근은 이후 기업 훈련과 교육에도 활발히 도입되었다. 구스타프슨(Gustafson, 1991)은 다양한 체제적 수업개발 모형들을 다음과 같이 교실수업 모형(classroom model), 자료제작 모형(product model), 체제 모형(system model)으로 범주화하였다.

구스타프슨(Gustafson)

교실수업 모형

교실수업 모형: 교사들이 일선 현장에서 부딪히게 되는 빈약한 자원, 설계 및 개발 시간의 제한 등을 고려한다. 이 유형에 속하는 수업체제설계 모형들은 교사, 학생, 교육과정, 시설 등이 이미 존재한다는 전제 아래, 새로운 수업자료를 개발하기보다는 기존 자료를 선정하여 적용하는 것을 강조한다.

자료제작 모형

자료제작 모형: 고객이나 시장 상품화를 위해 특정 수업자료를 제작하는 것에 초점을 두고 있다. 인쇄물보다는 공학매체를 활용하여 만들어진 패키지가 더 성행하며, 대부분 자율학습 자료의 형태를 띤다.

체제 모형

체제 모형: 자료제작 모형이 한 가지의 패키지를 주로 다루는 데 반해, 체제 모형은 여러 개의 수업자료가 동시에 통합된 수업체제를 개발하는 것에 초점을 두고 있다. 수업자료, 장비, 관리 계획, 강사양성 계획 등이 포함된다.

딕과 케리(1996)의 모형이 그 대표적인 예이다.

2. ADDIE 모형

ADDIE 모형

ADDIE 모형은 수업체제설계의 기본 모형으로서, 수업체제설계(ISD)의 기본과정인 분석(Analysis), 설계(Design), 개발(Development), 실행(Implementation), 평가(Evaluation)의 앞 글자를 따서 ADDIE 모형으로 불리게 되었다. ADDIE 모형에 포함된 다섯 과정과 절차는 대부분의 ISD 모형에서 발견되는 핵심 내용이며, 다양한 ISD 모형의 기초가 된다고 할 수 있다. ADDIE 모형의 각 단계는 다음과 같다.

1) 분석(Analysis) 단계

분석(Analysis)

분석 단계에서는 수업 설계의 초기에 설계를 위한 조직적인 계획을 결정하는 활동을 수행한다. 일반적으로 요구분석, 학습자 특성 분석, 환경 및 맥락 분석, 학습 과제 분석 및 출발점 수준 진단 등이 실시된다. 설계의 목적, 비전, 범위, 가능성은 이 단계에서 결정되어야 한다.

2) 설계(Design) 단계

설계(Design)

설계 단계에서는 이전 단계인 분석 과정에서 나온 산출물을 토대로 효과적이고 효율적인 수업 프로그램을 개발하기 위하여 합리적이면서도 창의적으로 수업 프로그램의 세부 요소들을 기획하는 활동을 수행한다. 즉, 학습 목표의 명세화, 수업 평가 전략 및 평가도구의 설계, 수업 내용의 계열화, 수업전략 및 매체의 선정 등을 기획함으로써 전반적인 수업의 청사진 또는 수업 설계안을 만들어낸다.

개발(Development)

3) 개발(Development) 단계

개발 단계에서는 이전 단계인 분석 및 설계 단계에서 만들어진 수업의 청사진에 따라, 수업에서 사용할 다양한 유형의 자료들을 실제로 개발하고 제작하는 활동을 수행한다. 간혹 이러한 개발 과정을 거치면서 이전 설계 단계의 결과물, 즉 수업 설계안이 수정·보완되기도 한다.

실행(Implementation)

4) 실행(Implementation) 단계

실행 단계에서는 이전 단계에서 개발된 수업 프로그램을 실제 수업 현장에 사용하거나 교육과정에 반영하면서 계속 유지하거나 필요한 경우 수정·보완하는 등의 활동을 수행한다. 또한 새로 개발된 수업 프로그램이 혁신적인 것이라서 쉽게 수용되기 어려운 상황이라면 혁신적인 변화를 관리하는 활동을 수행하기도 한다.

평가(Evaluation)

5) 평가(Evaluation) 단계

평가 단계에서는 수업 개발의 전반적인 과정 및 결과물의 효과성과 효율성, 가치 등을 평가하는 활동을 수행하며, 형성평가와 총괄평가로 구분된다. 형성평가는 수업 프로그램을 개발하는 과정에서 발생하는 오류를 수정·보완하면서 완성도를 높이기 위해 실시하며, 총괄평가는 완성된 수업 프로그램의 효과성과 효율성, 가치 등을 최종적으로 평가하기 위해 실시한다.

ADDIE 모형에서 제시된 각 단계의 기능, 세부적인 활동과 산출결과의 관계는 다음 〈표 2-1〉과 같다.

〈표 2-1〉 ADDIE 모형의 단계별 특징

ADDIE 모형의 단계별 특징

수업 설계의 과정	역할(기능)	세부단계(활동)	산출결과
분 석	학습내용(what)을 정의하는 과정	요구, 학습자, 환경, 과제 분석	요구, 교육목적, 제한점, 학습과제
설 계	수업방법(how)을 구체화하는 과정	성취행동목표 진술, 평가도구 개발, 수업전략 및 매체 선정	성취행동목표, 수업전략 등을 포함한 설계명세서
개 발	수업자료를 제작하는 과정	수업자료의 제작, 형성평가의 실시 및 수업자료의 수정	완성된 수업자료
실 행	수업자료를 실제 상황에 적용하는 과정	수업자료의 사용 및 관리	실행된 수업자료
평 가	수업자료의 효과성, 효율성을 결정하는 과정	총괄평가	프로그램의 가치와 평가 보고서

3. 딕과 케리(Dick & Carey)의 수업체제설계모형

딕과 케리(Dick & Carey)의 수업체제설계모형

딕과 케리의 수업체제설계 모형은 체제적 접근에 입각하여 수업 설계, 수업 개발, 수업 실행, 수업 평가의 과정을 제시하는 대표적인 모형이다. 절차적 모형이며, 효과적인 수업프로그램을 개발하는 데 필요한 일련의 단계들과 그 단계들 간의 역동적인 관련성에 초점을 맞추고 있다. 1978년에 최초 모형이 개발되었으며, 이후 수정을 거듭하여 현재 제8판의 저서(Dick, Carey, & Carey, 2015)에서는 [그림 2-1]과 같이 제시되어 있다.

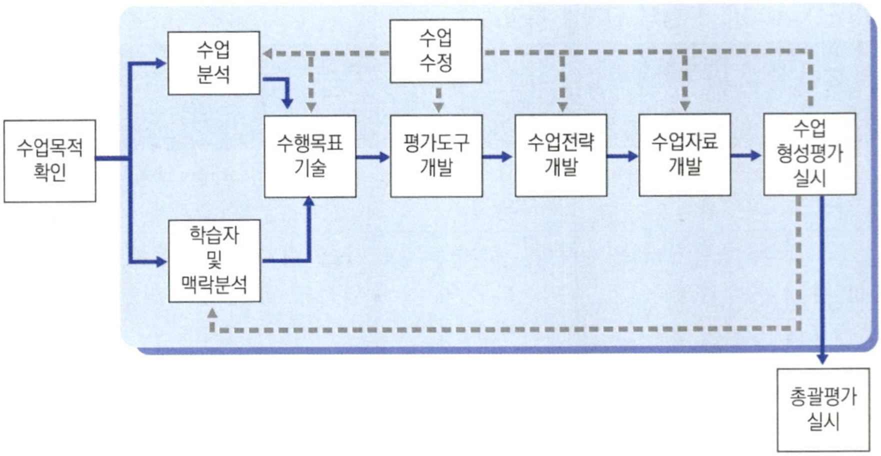

[그림 2-1] Dick & Carey의 체계적 수업설계 모형(Dick, Carey, & Carey, 2015)

수업 목적 확인

1) 수업 목적 확인

이 단계는 '학습을 마친 후에 학습자가 무엇을 할 수 있게 되기를 원하는가'를 결정하는 것이다. 수업 목적은 교과의 학습 목표 혹은 요구분석 결과 등으로부터 추출되며, 수행목표보다는 더 포괄적인 용어로 진술된다. 일반적으로 학교 수업에서 이 수업 목적은 이미 정해진 상태이므로, 교사는 해당 수업의 목적이 무엇인지를 확인함으로써 수업설계를 시작하게 된다.

수업 분석

2) 수업 분석

수업 목적이 설정되면, 학습자가 그 목적에 도달하기 위해 단계별로 무엇을 어떻게 수행할 것인가를 결정해야 한다. 수업 분석(instructional analysis)이란 수업 내용 및 절차를 분석하는 것이다. 즉, 수업 목적을 성공적으로 달성하기 위해서 학습자가 학습해야 하는 하위 기능들을 분석하고, 그 기능들이 어떤 절차로 학습되어야 하는가를 규명하는 것이다. 수업을 시작하기 전에 학생들에게 어떤 출발점 행동(지식, 기능, 태도)이 요구되는지도 결정한다. 그리고 이들 간의 관계를 일목요연하게 정리해서 제시한다.

3) 학습자 및 맥락 분석

학습자 및 맥락 분석

이 단계에서는 학습자 특성과 학습 상황, 학습자가 학습한 것을 활용하게 될 맥락을 분석한다. 이 단계에서 수집된 학습자의 현재 수준, 기능, 선호하는 취향, 태도 등을 포함한 정보들은 이후에 수업전략을 수립하는 데 영향을 준다.

4) 수행목표 기술

수행목표 기술

수행목표(performance objectives) 기술이란 수업분석 및 출발점 행동 진술에 입각하여, '학습이 종결되었을 때 학습자가 무엇을 할 수 있을지를 구체적으로 진술하는 것'이다. 이 수행 목표는 학습될 '성취 행동(기능)', 그 성취 행동이 실행될 '조건', 그 수행의 성공 여부를 판단하는 '준거'의 세 요소로 구성된다.

5) 평가도구 개발

평가도구 개발

목표에서 가르치고자 했던 기능을 학습자가 성취했는가를 확인할 수 있는 검사 문항을 개발하는 것이다. 이때, 문항에서 측정하고 있는 것과 목표의 성취 행동은 반드시 일치해야 한다.

6) 수업전략 개발

수업전략 개발

수업전략의 개발이란 수업 프로그램의 최종 목표를 성취하기 위해서 활용하고자 하는 전략을 설정하는 것이다. 수업의 사전 활동, 정보 제시, 연습 및 피드백, 시험, 후속 활동 등에 관한 수업전략이 나와야 한다. 이런 전략들은 현대 학습이론, 학습에 관한 연구결과, 수업 매체의 특성, 가르칠 내용의 특성, 학습자의 특성에 바탕을 두어야 한다. 이 특성들은 자료 개발 혹은 선정, 상호작용적 교실수업을 위한 전략 개발에 활용된다.

수업자료 개발 및 선정

7) 수업자료 개발 및 선정

수업자료의 개발 및 선정이란 이전 단계에서 수립한 수업전략에 따라서 수업에 관련되는 모든 형태의 자료를 만드는 단계이다. 수업자료는 학습자용 지침서, 수업 자료, 검사, 교사용 지침서, 비디오테이프, 컴퓨터 기반 멀티미디어, 원격학습용 콘텐츠 등 다양한 형태로 개발할 수 있다. 또한 수업자료를 새로 개발하는 대신에 기존 자료를 선택해서 수정하여 사용할 수도 있다.

수업 형성평가 실행

8) 수업 형성평가 실행

수업 프로그램의 초안이 완성된 후, 프로그램의 질을 개선하는 데 필요한 자료를 수집하는 평가를 의미한다. 여기에는 일대일 평가, 소집단 평가, 현장평가가 있다.

수업 프로그램의 수정

9) 수업 프로그램의 수정

수업 프로그램의 수정이란, 형성평가의 결과를 바탕으로 하여 수업프로그램의 결점을 수정·보완하는 것이다. 주로 수업 분석의 타당성, 학습자의 출발점 행동 및 특성 분석의 정확성, 성취 목표 진술의 적절성, 검사 문항의 타당성, 절약의 효과 등을 검토하여 수정·보완하는 활동을 한다.

총괄평가 실행

10) 총괄평가 실행

총괄평가의 실행이란, 수업 프로그램의 절대적 혹은 상대적 가치를 평가하기 위해 실시하는 것이다. 총괄평가는 형성평가가 완료되고 충분한 수정이 이루어진 후에 실시된다. 보통 외부의 평가자에게 의뢰한다.

딕과 케리의 모형에 나타난 수업 설계 단계들은 투입과 산출의 관계로 서로 밀접히 관련되어 있으며, 효과적이고 효율적인 수업프로그램을 만들기 위해서 역동적으로 상호작용한다. 즉, 계획, 실행, 평가, 수정의 과정이 하나의 통합된 체제 속에서 파악된다. 이 모형은 수업 목적을 정할 수 있는 단계가 준비된 이후에 사용하는 것이 더 바람직하다.

4. RPISD 수업체제설계모형

RPISD 수업체제설계모형

앞서 소개한 ADDIE 모형과 딕과 케리의 모형은 대표적인 수업체제설계 모형으로서 그동안 학교 및 기업 등의 교육 분야에서 수업을 설계할 때 널리 활용되어왔다. 그러나 일각에서는 교육 현장에서 실제로 사용하기에는 ADDIE 모형은 너무 일반적이고, 딕과 케리의 모형은 너무 복잡하고 이론적이라는 지적도 있다.

수업체제설계모형이 교육현장을 반영해야 한다는 전제 속에서 임철일, 최소영, 홍미영(2010)은 수업 설계 활동에 영향을 주는 초등학교 교육 현장의 네 가지 주요 조건들을 제시하고 있다. 첫째, 초등학교 현장에서는 수업 설계의 초기 조건으로서 기본 내용이 존재한다. 딕과 케리 모형(Dick, Carey, & Carey, 2015)에서는 요구사정, 수업 분석, 학습자 및 상황 분석을 한 다음에 수업 전략을 개발하고 수업 자료 개발 및 선정을 하게 되지만, 교사들은 교과서에 나오는 내용을 필수 내용으로 인식하고 기본적으로 이를 꼭 가르쳐야 한다고 생각한다는 것이다. 이러한 인식은 '이미 이수해야 할 내용과 차시가 거의 정해져 있고, 교사의 재량을 발휘할 권한과 시간이 주어져 있지 않기 때문에 요구분석, 과제 분석, 학습자 분석, 환경 분석을 하기 어렵다'라는 현장 연구 결과와도 일맥상통한다(박기용, 2007).

초등학교 교육 현장의 네 가지 주요 조건

둘째, 단원의 설계가 수업 설계 활동의 주요 결과가 된다는 것이다. 초등학교 교사용 지도서 각론에는 단원별로 차시별 활동과 교사에게 필요한 자료들이 제시되어 있다. 단원은 유사한 성격의 내용과 목표를 담고 있는 것으로서 교사가 수업 설계를 할 때에 크게 단원(unit)의 설계가 중심이 된다고 할 수 있다(변영계, 김영환, 손미, 2007).

셋째, 수업 설계 과정에 참고할 수 있는 디지털 형태의 자원 및 자료가 풍부하다는 점이다. 초등학교 현장의 교사들에게는 기존의 교과서, 교사용 지도서 이외에 교육청 등 국가 차원의 기관에서 제공하는 각종 디지털 자원과 자료뿐만 아니라, 사설 교육 기관에서 개발한 각종 이러닝 콘텐츠들이 제공되고 있다. 교사가 수업에서 활용할 수 있는 이러한 자원과 자료는 초등학교 교사의 수업 설계 과정에 긍정적, 부정적으로 많은 영향을 미치고 있다(한미경, 2009).

넷째, 정보통신 기반의 교실 및 학교 환경이 조성되어 있다. 현재 초등학교 교실은 도시와 농촌 혹은 지역적인 차이에도 불구하고, 대체로 정보통신 기반의 환경을 보여주고 있다. 교사가 컴퓨터 및 인터넷의 자료를 대형 모니터 혹은 빔 프로젝터를 통해 보여줄 수 있는 것은 물론이고, 전자 칠판 등의 도입이 지속적으로 이루어지고 있다.

한편, 이상의 현실 조건들을 고려하면서 임철일과 연은경(2015)은 ADDIE 모형과 딕과 케리 모형 등 전통적인 수업체제설계 접근을 발전시키되, 이론적·실천적인 측면에서 이들이 갖고 있는 한계를 극복하고자 RPISD 모형을 제시하였다. 이 모형은 실제 교육프로그램의 설계 과정이 단계에 따라 순차적으로 진행되지 않고 상황에 따라 동시에 이루어지거나 순서가 바뀌기도 한다는 점에 주목하였다.

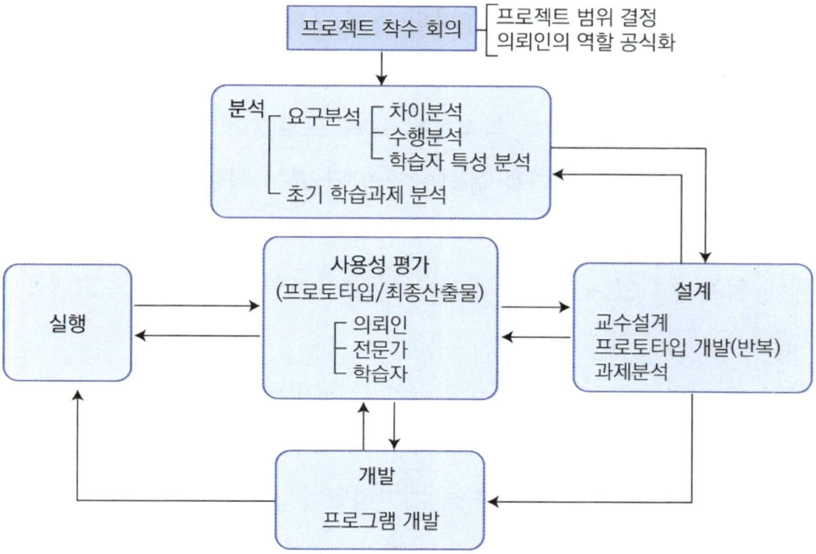

[그림 2-2] 수업체제설계를 위한 래피드 프로토타입(RPISD) 모형(임철일, 연은경, 2015)

래피드 프로토타입(RPISD) 모형

RPISD 모형의 주요 특징

RPISD 모형의 주요 특징은 다음과 같다(임철일, 연은경, 2015). 첫째, 이 모형은 정해진 교육과정에 따라서 운영되는 학교교육과는 달리 새로운 교육 프로그램을 지속적으로 개발해야 하는 기업 교육 맥락을 두고 개발되었다. 그러나 초기에 빠르게 프로토타입(prototype)을 설계한 후 사용자의 의견을 반영하여 수정하는 기본 접근은 학교교육의 맥락에도 적용될 수 있다(임철일, 최소영, 홍미영, 2010). 특히 최근 학교 단위 혹은 개별 교과를 담당하는 교사 차원에서 자율적으로 수업을 설계하는 기회가 많아지는 것을 고려할 때 RPISD 모형의 확대 적용이 가능하다.

둘째, 분석 단계는 일반 ISD 모형과 유사하나 요구분석과 초기 학습과제 분석이 동시에 이루어지는 점에서 차이가 있다. 왜 교육을 제공해야 하는가와 어떤 내용이 포함되어야 하는가의 분석이 동시에 이루어지며, 이 부분은 초기 프로토타입 설계로 바로 이어진다.

셋째, 설계 단계는 초기 프로토타입(주요 교육 목표, 내용, 방법)의 개발과 사용성 평가 그리고 이후 반복되는 설계와 사용성 평가가 이루어진다. 이 과정을 통하여 현장에서 요구되는 최적화된 교육 프로그램의 설계가 이루어진다.

마지막으로, 사용성 평가를 통하여 확인된 요구 사항을 반영한 교육 프로그램이 개발되고, 실행의 단계를 거치게 된다. 이 과정에서 여전히 전체 모형의 가운데에 위치하고 있는 사용성 평가가 이루어지면서 실제적 프로그램을 개발하게 된다.

한편, 임철일 등(2010)은 이상의 RPISD 모형의 기본 원리와 과정을 초등학교 교육 상황에 적용하여 초등학교 교사의 수업 설계 상황을 고려한 ETISD (Elementary Teacher's ISD) 모형을 개발하였다. 이 모형은 ISD의 기본 원칙과 RPISD의 프로토타입에 대한 사용성 평가를 반영하면서도 다음과 같은 초등교육의 맥락을 고려하고 있다.

ETISD(Elementary Teacher's ISD) 모형

첫째, 수업 자원의 분석을 강조한다. 기존의 수업체제설계 모형은 수업 전략의 설계를 통해 수업 자원을 개발하는 과정을 제안하고 있다. 그러나 학교 현장에서는 수업 자원이 이미 많이 존재하고 있기 때문에, 이러한 수업 자원에 대한 분석 활동이 수업 설계에 영향을 미치는 상황을 반영하고 있다.

둘째, 수업 설계의 사용성 평가 혹은 형성 평가를 초기 단원 설계 이후 실시하게 된다. 이 과정에서 특히 경력 교사의 피드백이 매우 중요한 기능을 한다. 왜냐하면, 설계에 영향을 미치는 학습자 특성 등 다양한 변인들에 대한 분석이 용이하지 않기 때문에 현장 경험이 많은 경력 교사의 피드백을 활용하게 되기 때문이다.

셋째, 단원 설계 후 차시 설계를 한다. 단원은 수업 설계의 기본 단위로, 단원의 학습 목표를 중심으로 차시 학습 설계가 이루어진다. 따라서 각 차시를 중심으로 설계하기보다는 단원 전체의 설계를 기반으로 차시 설계를 하여 학습의 전, 후 단계가 유기적으로 연결되도록 한다.

마지막으로, 학습 목표 및 내용 분석을 시작하면서 동시에 단원의 수업 전략 설계와 평가 방법을 계획한다. 기존의 수업체제설계 모형에서는 학습자와 학습환경 분석을 별도로 설정하여 초기에 실시하는 것으로 되어 있다. 그러나 학기 초 이루어지는 진단 평가와 매일 이루어지는 수업을 통하여 학생들의 학습 능력과 학습환경 분석은 이미 교사의 정신 구조 속에 존재한다. 따라서 이 모형에서는 학습 목표 및 학습 내용 분석이 이론적으로나 실제적으로 초기 단계로 설정되어 있다.

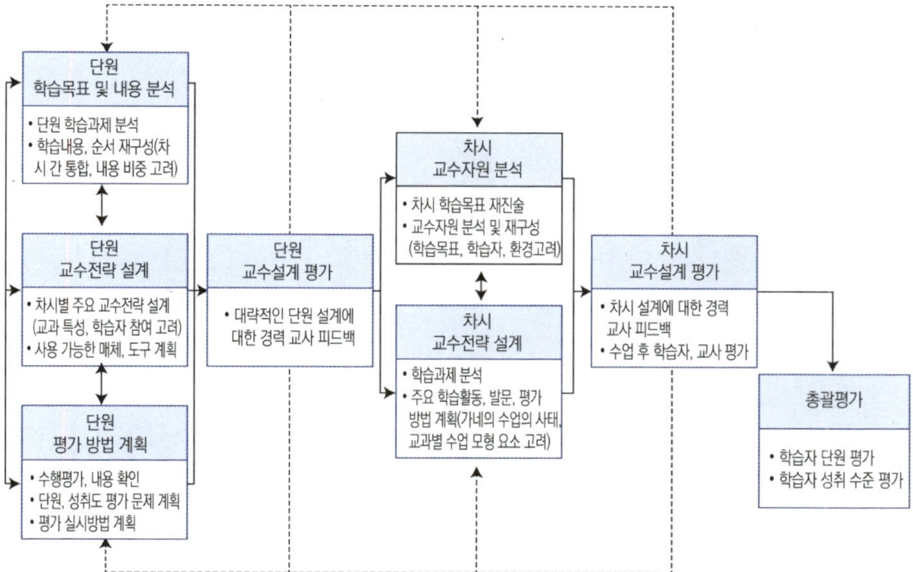

[그림 2-3] 초등학교 교사를 위한 수업체제설계(ETISD) 모형

초등학교 교사를 위한 수업체제설계(ETISD) 모형

이상에서 살펴본 수업체제설계모형들은 수업체제설계라는 프로젝트를 수행하기 위해서 '무엇을' '어떻게' 수행해야 하는가에 대해 안내하는 역할을 하고 있다. 실제 수업 현장에서는 이와 같은 수업체제설계 모형의 지침을 참고하면서 현장의 수업 상황에 따라 유연하게 적용할 필요가 있다. 또한 구스타프슨

등(1991)의 지적과 같이, 최첨단 정보 통신 기술의 발전은 정보의 제시 형태, 제시 속도, 상호작용 방식에 변화를 가져오기 때문에, 수업체제설계에서도 계속적인 변화는 불가피할 것이다. 나아가 학습자 위주로의 교육패러다임 전환으로 인해 수업체제설계에서도 새로운 패러다임에 입각한 새로운 학습체제개발 모형들이 나타나게 될 것이다.

연습 및 탐구 문제

1. 체제적 수업체제설계 모형을 적용하여, 1차시(40분) 분량의 수업과정안을 작성하시오.

2. 1970년대를 전후하여 수업설계 혹은 수업개발 과정에 왜 체계적 접근이 시도되었는가를 체계의 의미와 당시 학습 이론 및 수업 이론의 한계점, 그리고 체계적 접근의 특징을 중심으로 간략히 설명하시오.

참고문헌

박기용 (2007). 교수설계 모형과 실천 간의 차이와 원인 분석. 한국교육공학회, 23(4), 1-30.

박성익 (1997). **교수·학습 방법의 이론과 실제**. 서울: 교육과학사.

변영계, 김영환, 손미 (2007). 교육방법 및 교육공학. 서울: 학지사.

임철일 (1998). 교수개발의 체제적 접근. **교육공학사전**. 한국교육공학연구회.

임철일, 연은경 (2015). 기업교육 프로그램 개발과 교수체제설계. 서울: 교육과학사.

임철일, 최소영, 홍미영 (2010). 초등학교 초임 교사를 위한 교수체제설계 모형의 개발 연구. 교육공학연구, 26(4), 121-147.

한미경 (2009). 초등학교 과학수업에서의 동영상자료 활용에 대한 교사와 학생들의 인식 조사. 한국교육원대학교 대학원 석사학위 논문. 미간행.

Dick, W. & Carey, L. (1996). *The Systematic Design of Instruction*. Harper Collins Publishers.

Dick, W., Carey, L., & Carey, J. (2015). *The systematic design of instruction* (8th ed.). Addison-Wesley Educational Publishers Inc.

Gagné, R. M. (1985). *The conditions of learning* (4th ed.). NY: Holt, Rinehart & Winston.

Gentry, C. G. (1994). *Introduction to instructional development*. Belmont, CA: Wadsworth Publishing Co.

Gustafson, K. L. (1991). *Survey of instructional development models*. ERIC Clearinghouse on Information Resources, Syracuse, NewYork: Syracuse University.

Hannum, W. H. & Briggs, L. J. (1980). *How does instructional systems design differ from traditional instruction?* Chapel Hill, North Carolina: University of North Carolina.

Heinich, R., Molenda, M., Russell, J. D., & Smaldino, S. E. (1996). *Instructional media and technologies for learning*. Englewood Cliffs, NJ: Educational Technology Publications.

Hoban, C. F. (1960). The Usable Residue of Educational Film Research, In Institute for Communication Research (ed.), *New Teaching Aids for the American Classrooms*, California: Stanford University.

Kaufman, R. A. (1972). Educational system planning. Englewood Cliffs, M.J.: Prentice-Hall, Inc.

McKillip, J. (1987). *Need analysis: Tools for the human services and education*. Newbury Park, CA: Sage Pub.

Romiszowski, A. J. (1981). *Designing instructional systems*. London: Kogan Page Ltd.

Steiner, E. (1988). *Methodology of theory building*. Educology Research Associates.

제3장

수업체제설계 Ⅱ

유시원은 초등학교에 부임한 지 1년이 채 되지 않은 초임교사이다. 어린 시절부터 소망했던 교사의 꿈을 이루었다는 기쁨도 컸지만, 학교에 와서 학생들을 가르치며 생활지도를 하기 위해서는 많은 노력을 기울여야 했다. 특히, 반 전체 학생들이 흥미를 갖고 몰입할 수 있는 수업을 하려고 했지만, 학생들의 선행 수준이 다르고, 관심사가 각양각색이어서 어디에 초점을 두어야 할지 막막하기만 하였다.

한동안 고민하던 유 선생님은 주위 경력교사들의 조언과 대학에서 배웠던 수업설계 모형을 기반으로 수업 요구분석을 하기로 하였다. 다만, 학교에서 배웠던 이론과 실제 교육현장은 다소 차이가 있었다. 가령, 주어진 교재와 내용, 차시도 정해져 있는 상태에서 교사인 자신이 자유재량으로 운영할 수 있는 여지는 많지 않았기 때문이다.

그럼에도 불구하고, 유시원 선생님은 학생들의 특성을 조사하고 출발점 수준을 파악해서 최대한 맞춤식으로 수업 내용을 다시 구조화하였다. 특히 한 차시 단위로 학생들이 도달해야 하는 학습목표를 명확하게 설정한 후에, 가장 효과적인 수업 전략을 구상하려고 노력하였다. 그 덕분이었을까. 시간이 지날수록 학생들의 수업 태도가 눈에 띄게 개선되고 있었다. 이에 자신감을 갖게 된 유 선생님은 다음에는 정규수업만이 아니라 창의체험시간에 학생들의 요구를 최대한 반영한 체험식 활동을 계획하고 있다.

목 표

1. 수업 요구분석의 정의 및 필요성, 기법을 설명할 수 있다.
2. 수업목표를 명확하게 작성할 수 있다.
3. 학습과제 분석의 의미를 설명할 수 있다.
4. 여러 가지 학습과제 분석 기법의 특징을 비교하여 설명할 수 있다.

제1절 수업 요구분석

1. 수업 요구분석의 정의와 기법

1) 수업 요구분석의 정의

수업 요구분석의 정의

수업 요구분석은 수업에서 교수-학습의 문제가 발생했을 때 그 원인을 분석하고 최적의 해결방안을 도출하는 것이다. 이 문제는 현재 피상적으로 감지된 것일 수도 있고, 실제 발생하여 곤란을 야기하는 것일 수도 있으며, 장차 일어날 조짐이 보이는 것일 수도 있다. 수업 요구분석은 이렇게 불확실한 교수-학습 문제의 본질(원인)을 규명하면서, 그 문제를 해결하는 가장 적절한 방안을 제안하려고 하는 활동이다. 따라서 수업 요구분석은 어떤 수업이나 교육 프로그램을 왜, 어떻게 설계하고 개발해야 하는지에 대한 의사결정을 할 때 매우 중요한 근거 자료를 제공해 준다.

수업 요구분석

수업에서 흔히 나타나는 대표적인 문제 상황은 학습자의 지식, 기술, 태도 측면에서 교사나 학부모가 기대하는 학습자의 바람직한 수준과 현재 수준 간의 차이를 들 수 있다. 이 차이가 클수록 수업 요구는 크다고 해석된다. 그리고 이 차이가 왜 발생하는지 그 원인들을 찾아서 최적의 해결 방안을 제시하는 것이 수업 요구분석이다.

메이거와 파이프(Mager & Pipe, 1984)는 기대되는 수행과 실제 수행 간의 차이인 '수행 문제(performance problem)'에 초점을 맞추어 요구분석의 의의를 다음과 같이 함축적으로 표현하고 있다.

메이거(Mager)
파이프(Pipe)

수행 문제
(performance problem)

> "사람들이 행한 행동과 그들에게 기대된 행동 간의 차이로 인해 문제가 발생했을 때, … 문제의 본질을 가장 잘 분석한 사람이 그 문제에 대한 가장 성공적인 해결책을 처방할 수 있게 된다…(Mager & Pipe, 1984)."

원래는 문제 발생의 원인에 대한 요구분석을 먼저 수행한 후에, 그 문제를 해결하기 위한 교육 필요가 있다고 결정되면 수업 요구분석을 실시하지만, 학교 상황에서는 일차적인 요구분석은 이미 이루어진 상황이기 때문에, 교사는 수업 요구분석부터 실시하면 된다.

수업 요구분석은 적절한 수업목표를 수립하고, 효과적인 수업 내용과 수업 방법을 선정하며, 적합한 평가 전략 등을 개발하기 위해서 반드시 선행되어야 하는 중요한 활동이다. 학교 상황에서 수업 요구분석은 크게 학습자의 특성 분석과 수업 맥락 분석으로 이루어지며, 대개 수업체제설계의 초기 단계에서 실시된다.

수업 요구분석 기법

2) 대표적인 수업 요구분석 기법

수업 요구분석을 할 때는 상황이나 목적 등에 따라 양적 또는 질적 기법 등을 적절히 사용할 수 있다. 이 기법들은 일종의 도구이다. 목적에 따라 가장 적합한 도구를 골라 쓰거나 혹은 여러 도구를 함께 사용하듯이, 수업 요구분석에서도 분석 목적, 가용 시간, 인력, 예산, 기타 자원에 따라 가장 적합하다고 판단되는 분석 기법을 선택하여 사용할 수 있다. 요구분석에 관한 선행 문헌들(허운나, 1993; McKillip, 1987; Ulschak, 1983)을 참조하여, 대표적인 수업 요구분석 기법들과 그 특징을 정리하면 다음과 같다.

설문 조사

① 설문 조사

설문 조사(survey)는 관심 집단의 작은 표본을 대상으로 다양한 정보를 수집하기 위해서 실시된다. 설문 조사는 응답의 다양성을 보려는 데에 초점이 있지만, 응답의 범위가 분명할 때는 대표성 표집보다는 하위집단의 특성을 기준으로 한 목적성 표집이 좋다. 목적성 표집은 비용이나 시간을 고려하여 표집되는 사람의 수가 한정될 때도 좋다.

설문 조사에서 개방형 질문은 아이디어를 조사하고 만들어 내기 위해 널리 이용되고 있다. 이 경우 응답자가 자신의 용어나 범주를 자유롭게 사용한다는 특징이 있다. 다만, 분석하기 전에 자유 응답을 분석과 요약이 가능하도록 몇 가지 범주로 부호화할 필요가 있다.

설문 조사에서 보편적으로 널리 이용되는 방법으로는 우편 설문 조사, 전화 설문 조사 등이 있다. 우편 대신에 기관과 직접 접촉하는 시점에 설문지를 응답자에게 제시할 수도 있다. 최근에는 전자메일을 이용한 설문 조사도 활발히 이용되고 있다. 우편 설문 조사

우편으로 질문지를 배포하여 실시하는 설문 조사는 큰 집단을 대상으로 정보를 수집할 때 유용하다. 이 방법은 전화 설문 조사나 직접 면담에 비해 비용이 훨씬 적게 들면서 많은 사람의 정보를 수집할 수 있고, 응답자의 익명성을 보장할 수 있을 뿐만 아니라, 응답자가 응답에 대해 생각할 시간을 갖는다는 점에서 많은 장점이 있어서 널리 이용되고 있다.

그러나 설문의 목적에 부합하는 좋은 문항을 작성하는 것은 결코 쉬운 일이 아니다. 특히 인쇄된 설문지는 고칠 수 없으므로, 본 조사에 앞서서 반드시 여러 차례에 걸친 사전 검토를 거쳐야만 한다. 또한, 실시한 후에도 회수율이 문제가 되기도 하므로, 조사의 신뢰도와 타당도를 높이기 위해 노력해야 한다.

② 면담

면담

면담(interview)은 가장 널리 쓰이는 요구분석 도구로서, 직접 관련된 사람을 찾아가 대화를 통해 필요한 정보를 얻는 방법이다(임철일, 연은경, 2015). 언어를 사용한 동시적이고 상호작용적인 의사소통방식이며, 일반적으로 수업체제설계의 초기 단계에 실시하는 요구분석 기법이다. 면담은 사람들과 직접 접촉할 수 있는 기회를 주고, 아이디어를 교환하고, 문제 해결을 위한 대화의 기회를 제공한다. 특히 면담은 몸짓, 자세, 목소리, 억양 등의 단서를

통해, 언어로는 표현하기 어려운 복잡한 상황에 관한 이해를 도와준다. 가령, 학교 상황에서 특정 학생의 학업 문제가 발생했을 때, 직접 당사자 혹은 학부모 등 이해 관계자와 직접 면담하여 문제 원인을 파악하고 최적의 해결안을 도출할 수 있다.

면담을 체계적으로 진행하기 위해서 사전에 작성된 질문지를 활동하는 방식을 '구조화된 면담'이라고 부른다. 구조화된 면담 질문지를 작성할 때는 먼저 면담을 통해 달성하고자 하는 목표를 명확하게 정한 후에, 그에 해당하는 질문을 작성하는 것이 매우 중요하다. 자칫 시간만 소비하고 정작 필요로 했던 정보를 얻지 못하고 면담이 끝나는 경우도 종종 있기 때문이다.

구조화된 면담

'개방형 면담'은 구조화된 면담에 비해 더 많은 준비와 주의가 필요하다. 면담 과정에서 응답자의 반응은 새로운 질문으로 이어질 수 있으므로, 면담자는 정보를 잘 이해해야 한다. 그렇지 않으면 면담의 취지로부터 금방 벗어날 수 있다. 면담은 고도의 기술을 필요로 하는 방법이다. 그 이유는 응답자의 반응이 어떤 방향으로 진행될지 예측하기 어렵고, 상대방의 특성에 맞추어야 하기 때문이다. 면담은 비용이 너무 많이 든다는 단점이 있다.

개방형 면담

③ 초점 집단 인터뷰

초점 집단 인터뷰

FGI

초점 집단 인터뷰(focus group interview)는 흔히 약자인 FGI로 불리며, 관심을 두는 대상(target) 집단 중에서 해당 사안을 가장 적절하게 대변할 수 있는 사람들을 선발하여 그룹을 편성한 후에 집단 면담을 실시하는 기법이다. 이 초점 집단은 특정 사안에 대해 대상 집단의 관점을 대표해서 제공해 주는 역할을 한다.

초점 집단 인터뷰는 개방적인 면담과 유사하며, 참여자들을 집단으로 동시에 면담하기 때문에 개별 면담보다 훨씬 더 빠르게 정보를 얻을 수 있고, 개별 면담에 드는 시간과 비용을 절감할 수 있다는 장점이 있다. 초점 집단 인터뷰를 활용한 수업 요구분석의 예로는, 수학이나 영어, 과학 등 특정 과목의 학습에 어려움을 겪는 학생들을 집단 면담하여 학습 애로 사항의 원인이 무엇인지 파악하고, 최적의 해결 방안을 도출하는 것이 있다.

초점 집단을 이용한 요구분석 방법은 수업 요구분석뿐만 아니라 다양한 분야에서 널리 활용되고 있다. 가령, 마케팅 분야에서 특정 제품에 대한 소비자의 반응을 알아보기 위해 이용되기도 하고, 제안된 해결책의 수용도나 접근 가능성을 탐색하거나, 사회적 지표 분석이나 이용 분석으로 나온 가정들을 검증하는 데 이용되기도 한다.

④ 명목 집단 기법

명목 집단 기법

명목 집단 기법(nominal group technique)은 흔히 약자로 NGT로 불리며, 집단 회의에 참여한 사람들에게 회의 안건에 대해 생각할 시간을 주고 나서, 그 생각을 순서대로 먼저 발표하게 한 후에 집단 토론을 하여 결론이나 합의에 도달하도록 하는 회의 기법이다. 이 명목 집단 기법에서 주의할 점은 각 사람이 순서대로 먼저 발표할 때 다른 사람들은 아무 논평을 가하지 않고 경청만 해야 한다는 것이다. 이렇게 함으로써 참여자들은 자신의 생각을 다른 사람의 간섭 없이 충분히 발표하게 되고, 자신과 견해가 다른 사람들의 생각도 골고루 들을 수 있게 된다.

NGT

명목 집단 기법은 소집단 회의에서 종종 발생하는 집단 역학의 문제를 극복하려는 방안으로 제시되었다. 즉, 특정인이 자신의 지위나 권한 등을 이용해서 회의를 독점하는 폐해를 방지하고, 참여자들이 서로 다른 다양한 생각을 충분히 제시하고 비교 검토할 수 있다는 장점이 있다. 가령, 1, 2, 3학년 학생들이 함께 모여 회의를 진행할 때 충분한 토의 없이 3학년 학생들의 의견에 편중되는 것을 방지하기 위해 먼저 명목 집단 기법을 실시할 수 있다.

학교 상황에서는 주로 학생, 교사, 학부모, 학교 행정가 등이 모여 명목

집단 기법을 활용하여 수업이나 학교 운영 방침에 관련된 문제를 확인하거나 해결책을 제시할 수 있다. 명목 집단은 특정 사안에 따라 한시적으로 특별히 구성될 수도 있고, 정기적인 회의를 통해 모일 수도 있다.

델파이 패널 조사

⑤ 델파이 패널 조사

델파이 패널(delphi panel) 조사는 동일한 참여자들을 대상으로 같은 질문을 여러 차례 반복하면서 참여자들이 자신의 의견을 유지 혹은 수정하는 과정을 거쳐 종국에는 전체적인 합의에 이르도록 하는 방법이다. 델파이 패널 조사는 특정 사안에 관련된 사람들이나 전문가들을 대상으로 익명으로 서로 합의에 이르거나 해결책을 구하기 위해 주로 사용된다. 델파이 조사 과정에서 나온 단계별 피드백을 응답자들에게 제공해서 중간에 자신의 의견을 수정할 기회도 준다. 델파이 패널은 응답자들이 원격지에 흩어져 있더라도 융통성 있게 참여시킬 수 있다는 장점이 있다.

관찰

⑥ 관찰

관찰(observation)은 실제 현장을 방문하여 당사자의 실제 수행 정도 및 그를 둘러싼 환경의 제약 조건이나 실태를 파악하는 것이다. 실제 현장에서 이루어지는 관찰은 현장과 떨어져서 이루어지는 설문 조사, 면담, 소집단 회의 등에 비해 현장에서 발생하는 문제의 실상을 파악하기에 용이하고, 당사자나 관련자들로부터 언어적 혹은 비언어적인 실제 정보를 수집할 수 있다.

학교 상황에서 교수-학습 문제가 발생했을 때 직접 수업을 참관하거나 학생의 학습 행동이나 태도를 직접 관찰함으로써 문제의 원인을 찾고 최적의 해결안을 제시할 수 있다. 관찰은 다른 요구분석 기법에 비해 융통성이 있으며, 말보다 훨씬 깊은 정보를 제공해 준다. 관찰을 통해 문제를 감지했을 때, 추가로 심층 관찰하거나 면담이나 회의 등 다른 요구분석 기법을 실시하기도 한다.

2. 학습자 특성 분석

학습자 특성 분석

수업 설계를 위한 요구분석 활동에서 가장 먼저 필수적으로 해야 하는 것은 해당 수업의 대상 학습자의 특성이나 역량 수준 및 학습에 영향을 미치는 인지적, 정의적, 심동적 측면의 주요 학습자 특성을 분석하는 것이다. 특히, 학업 성취도 측면에서 교사나 전문가가 학습자에게 기대하는 수행 수준과 현재 수행 수준 간의 차이를 분석해야 한다. 학습자의 수행 수준 및 학습에 관련된 주요 특성들을 분석한 결과는 본격적인 수업 설계에 반영되어야 한다. 가장 이상적으로는 개별 학습자의 특성이나 요구에 일대일 맞춤식으로 적응해 실시하는 수업일 것이지만, 교사는 최대한 교실 내 다수 학습자의 특성과 요구를 분석하여 수업을 설계해야 한다.

학습자 특성

학습자 특성은 크게 학습자의 수행 수준과 학습 관련 주요 특성으로 구분될 수 있다. 첫째, 교사나 전문가가 학습자에게 기대하는 수행 수준과 현재 수행 수준 간의 차이가 어느 정도인가를 파악하는 것이 가장 중요하다. 학교에서는 주로 시험이나 과제 등의 수행 평가 결과, 수업 시간에 이루어지는 관찰, 면담 자료 등을 통해 학습자의 수행 문제와 그 심각성의 정도를 파악할 수 있다.

둘째, 수업과 학습에 영향을 끼치는 주요 학습자 특성들은 해당 수업이나 학습이 진행되는 맥락에 따라 달라질 수밖에 없다. 기본적으로 학습자의 성, 연령, 학습능력, 학습 동기, 관심사, 교육 인원 등을 살펴보게 된다. 다음은 수업 설계를 위해 기본적으로 분석하는 학습자 특성의 대표적인 예이다.

학습자 특성의 대표적인 예

- 성(gender): 여학생과 남학생의 구성 분포는?
- 연령: 학습자의 연령대는?
- 학년: 1학년(혹은 저학년)인가, 고학년인가?
- 학업 능력: 우수 학생들과 부진 학생들의 편차는? 그 분포는?
- 선수학습 지식 혹은 기술: 어떤 선수 과목을 수강하였는가? 이 수업을 시작하기 위해 반드시 습득해야 하는 선수 개념들에 대한 이해 정도는 어떠한가?
- 전공 계열: 문과인가? 이과인가? 예체능인가?
- 어학 능력: 영어 혹은 수업 관련 외국어(회화, 독해, 작문 등) 수준은 어느 정도인가?
- 공유할 수 있는 경험: 수업 주제와 관련된 사전 경험은?
- 공통적 관심사: 수업 주제와 관련된 궁금증이나 관심사는? 장래 진로희망은?
- 자기 효능감 혹은 학습 동기: 학업에 대한 학생들의 자신감은? 학습하고자 하는 동기는 어느 정도인가?

학교에서 학습자 특성들에 대한 분석은 주로 학기 초, 특히 첫 시간에 이루어진다. 그러나 성공적인 수업을 위해서는, 학생들의 관심사와 학습 동기는 학기 초뿐만 아니라 학기 중에도 수시로 분석하고, 그 결과를 수업 개선 활동에 반영할 필요가 있다. 이런 분석이 제대로 실시되지 않고 수업을 설계하게 되면 그 수업은 학습 효과 측면에서는 실패하는 경우가 많다.

수업 맥락 분석

3. 수업 맥락 분석

수업 맥락은 학습이 이루어지는 상황으로서, 대면 수업일 경우에는 주로 교실, 실습실, 운동장, 다양한 체험 학습 현장 등이고, 비대면 수업일 경우에는 주로 가정이나 실시간 화상 수업 시스템과 같은 다양한 온라인 학습 플랫폼이 된다. 수업 맥락에 대한 분석 결과는 본격적인 수업 설계에 반영되어야 한다. 교사들이 학생들의 학습 상황을 사전에 고려하지 않은 채 수업 설계를 했다가 실제 수업할 때 낭패를 보기도 한다. 다인수 학급에서 토론 활동을 계획한 경우, 토론 및 발표 시간이 충분히 확보되지 않으면 심각한 어려움을 겪게 된다. 이때에는 학습자 특성에 따른 팀 편성 계획, 토론 및 발표 활동 및 소요 시간 분배 등에 관해 미리 철저히 계획된 수정안이 필요하다.

수업을 설계하기 위해 사전에 기본적으로 실시하는, 학습 상황 분석의 예는 다음과 같다. 학습 상황 분석의 예

- 가능한 수업매체: 컴퓨터, 인터넷, 프로젝터, 디지털교과서, AR/VR 등을 사용할 수 있는가? 사용의 편이성은 어떠한가? 개별 혹은 팀별로 이용 가능한가? 팀별 토의 내용을 즉석에서 작성하거나 정리할 수 있는 매체가 있는가?
- 학생 수: 수강 학생 인원은? 소규모(20명 이내), 중규모(21~50명), 대규모(51명 이상)인가?
- 교실의 크기: 학생 수용력이 어느 정도인가?
- 교실의 형태: 좌우로 넓은 강의실인가? 세로로 긴 강의실인가?
- 책상 배치 형태: 전면 배치인가? 팀별 배치인가? 이동식 책상인가?
- 칠판과 스크린의 크기 및 위치: 녹색 칠판인가? 화이트보드인가? 전자칠판인가? 스크린은 어느 정도 크기인가? 스크린이 칠판 중앙, 혹은 좌·우에 있는가?
- 마이크 시설: 마이크를 사용할 수 있는가? 마이크 음질 상태는? 유선 혹은 무선인가?

수업목표 설정

제2절 수업목표 설정

수업목표 설정의 필요성 및 절차

1. 수업목표 설정의 필요성 및 절차

수업 요구분석을 통해 학습자의 수행 문제 및 그 원인이 파악되고 나면, 이를 해결하기 위해 구체적으로 수업 설계를 하는 단계로 나아가게 된다. 수업 설계의 첫 단계는 구체적인 수업목표의 설정이다.

수업목표를 구체적으로 설정하는 이유는 수업 과정과 활동에 대한 의사소통의 객관성을 유지하고, 수업 후에 학습의 결과를 정확하게 판단하는 기초가 되기 때문이다. 또 가르칠 내용이 무엇인지, 어떤 전략과 기법을 활용해서 가르쳐야 하며, 가르치고 난 후에 평가할 대상이 무엇인지를 확인할 수 있다. 나아가 수업 시간을 적절하게 관리하고 통제할 수 있는 근거도 제공해 준다.

수업목표를 설정할 때의 절차

수업목표를 설정할 때의 절차는 다음과 같다. 먼저, 요구분석의 결과를 토대로, 이들 요구를 우선순위대로 분류해야 한다. 이 분류에 사용할 수 있는 준거로는 시간, 자원의 이용 정도, 수행의 요구 빈도, 학습자의 가용성 등이 있다(Nadler & Nadler, 1994). 요구의 분류 과정을 거쳐 적절한 요구가 선정되면, 그 요구는 목표로 전환된다. 흔히 목표는 지식, 기술, 태도의 세 가지 영역으로 분류되기도 하고, 혹은 인지적인 목표, 정의적인 목표, 심체적인 목표로 분류되기도 한다.

다음, 수업목표의 해당 영역을 확인한 후에는 일반적인 수준에서 수업목표를 진술하게 된다. 수업목표는 학습자가 수업을 마친 후 어떤 능력을 갖게 되는가에 관하여 명시한 것이다. 이 수업목표는 성취 목표보다는 일반적인 것이 특징이다. 대개의 교사용 지침서에는 이 수업목표를 제시함으로써, 그 교육 프로그램이 어떤 지식과 기능을 길러 주고자 하는 것인지 혹은 전체 교육과정이나 교과과정에 비추어 어느 시기에 활용해야 하는 것인지 등에 대한 정보를 제공해 주고 있다.

일반적인 수업목표의 선정

일반적인 수업목표의 선정은 목표 목록, 특정 교육과정의 요구분석 결과, 문제의 관찰, 전문가의 성취 행동 분석 결과, 새로운 교육 프로그램에 대한 요구 사항들을 고려해서 이루어진다. 여기에서 주의할 사항은 학습자의 요구 그 자체가 목표는 아니지만, 목표는 학습자의 요구를 기초로 하여 설정하게 된다는 점이다(Nadler & Nadler, 1994). 따라서 수업 설계자는 수업목표에 대한 합의를 해당 조직과 학습자들로부터 도출할 수 있어야 한다. 교육과정에서 목표를 어떤 형태로 진술할 것인가는 학습자, 조직, 혹은 사용될 학습 자료 등과 같은 여러 요인에 의해 영향을 받는다. 일반적인 수업목표의 예로는 '곱셈에서 교환 법칙을 이해한다.' 또는 '한국어의 문장 구조를 알 수 있다.' 등을 들 수 있다. 이 일반적인 수업목표는 여전히 애매모호하게 진술되는 경향이 있다.

수행 목표 (performance objectives)

따라서 다음 단계에서는 일반적인 수업목표가 가진 애매성을 탈피하여 더 명백하게 목표를 제시할 필요가 있다. 수행 목표(performance objectives)란 구체적이고 명시적인 수업목표를 통해 의사소통을 원활히 하고, 수업의 내용과 전략을 선택하고, 또한 정확한 평가를 계획·실행하는 데 도움을 주려는 것이다. 목표가 구체적일수록 그 목표에 비추어 학습과 수행 정도를 평가하는 것은 더 수월해진다. 수행 목표를 사용하면 "학습이 끝났을 때 학습자가 '구체적으로' 할 수 있는 것이 무엇인가?"를 규명할 수 있다.

2. 수업목표 분류

수업목표 분류

1) 블룸의 교육목표 분류

블룸의 교육목표 분류

블룸(Bloom)

다양한 수업목표의 유형을 범주화하고 분류하는 노력은 블룸(Bloom, 1956)에 의해 시작되었다. 블룸은 교육목표를 크게 인지적(cognitive), 정의적(affective), 심체적(psychomotor) 영역으로 범주화한 후에, 각 영역에 속하는 하위 행동과 능력을 단계적으로 다시 구분하였다. 인지적 영역은 교과에서 다루는 일반적인 지식영역을 뜻하며, 정의적 영역은 가치나 태도와 관련되어 있고, 심체적 영역은 신체의 움직임과 관련되어 있다.

블룸의 교육목표 분류학

블룸의 교육목표 분류학에 의하면, 인지적 영역의 교육목표는 지식(knowledge), 이해(comprehension), 적용(application), 분석(analysis), 종합(synthesis), 평가(evaluation)의 하위능력으로 구분되었고, 각 능력을 대표하는 행동 동사들이 교육목표 진술에 사용되었다. 가령, '이해' 능력을 대표하는 행동 동사는 '설명할 수 있다'이며, '포유류의 특징을 분석해서 제시할 수 있다'는 '분석' 능력을 나타내는 교육목표 진술의 예이다. 인지적 영역을 구성하는 여러 하위능력은 서로 위계 관계에 있기 때문에, 하위의 지식, 이해, 적용 능력을 갖추지 않은 상태에서 상위의 분석, 종합, 평가 능력을 숙달하는 것은 어렵다.

인지적 영역

지식(knowledge)
이해(comprehension)
적용(application)
분석(analysis)

① **지식(knowledge):** 인지나 재생에 의하여 아이디어나 자료 또는 사상을 기억해 내는 행동을 말한다. 여기에는 특수 사상에 관한 지식, 용어에 관한 지식, 특수 사실에 관한 지식, 특수 현상을 다루는 방법과 수단에 관한 지식 등이 포함되어 있다.

② **이해(comprehension):** 어떤 자료의 내용에 포함되어 있는 뜻을 해득하는 능력으로서, 번역, 해석과 추론 능력이 포함된다.

③ **적용(application):** 특정한 구체적 사태에 추상적 개념을 사용할 수 있는 능력이다.

④ **분석(analysis):** 자료를 상대적인 위계가 뚜렷해지거나 표시된 아이디어가 분명해지도록 구성요소나 부분으로 나누는 능력이다. 여기에는 요소를 분석하는 능력, 관계를 분석하는 능력, 조직 원리를 분석하는 능력이 포함된다.

종합(synthesis)
평가(evaluation)

⑤ **종합(synthesis):** 전체를 구성하는 요소나 부분을 하나로 모으는 능력이다. 여기에는 독창적인 의사 전달 방법의 생성, 계획 및 계획 실행의 단계 생성, 추상적 관계를 도출하는 능력이 포함된다.

⑥ **평가(evaluation):** 어떤 목적에 비추어 자료와 방법의 가치를 판단하는 능력이다. 여기에는 내적 준거에 의한 판단, 외적 준거에 의한 판단 능력이 포함된다.

2) 앤더슨과 크랫소울의 교육목표 분류

앤더슨과 크랫소울의 교육목표 분류

앤더슨(Anderson)
크랫소울(Krathwohl)

블룸이 1956년에 제안했던 교육목표 분류는 2001년에 앤더슨과 크랫소울(Anderson & Krathwohl)에 의해 인지과학의 연구결과를 반영하여 일부 수정되었다. 이들은 인지과정의 최상위 단계에 '창안하다(create)'를 새로 포함시켜서 창의성을 강조하였다(임철일, 임정훈, 이동주, 2011).

블룸(1956)	⇨	수정(2001)
평가(evaluation)		창안하다(create)
종합(synthesis)		평가하다(evaluate)
분석(analysis)		분석하다(analyze)
적용(application)		적용하다(apply)
이해(comprehension)		이해하다(understand)
지식(knowledge)		기억하다(remember)

[그림 3-1] 블룸의 교육목표 분류(1956)와 수정된 교육목표 분류(2001)

특히 앤더슨과 크랫소울(2001)은 〈표 3-1〉에 제시된 바와 같이, '내용'이라는 용어를 사용하는 대신에 '사실적 지식', '개념적 지식', '절차적 지식', '메타인지 지식'의 지식 차원을 제시하였고, '행동'이라는 용어 대신에, '기억하다',

지식 차원

인지과정 차원

'이해하다', '적용하다', '분석하다', '평가하다', '창안하다'와 같은 인지과정 차원을 제시하였다. 지식 차원의 교육목표 분류와 인지과정 차원의 교육목표 분류에 대한 상세 내용은 〈표 3-2〉과 〈표 3-3〉에 각각 제시되어 있다(임철일, 임정훈, 이동주, 2011).

앤더슨과 크랫소울의 교육목표 분류

〈표 3-1〉 앤더슨과 크랫소울의 교육목표 분류

지식 차원	인지과정 차원					
	1. 기억하다	2. 이해하다	3. 적용하다	4. 분석하다	5. 평가하다	6. 창안하다
A. 사실적 지식						
B. 개념적 지식						
C. 절차적 지식						
D. 메타인지 지식						

앤더슨과 크랫소울의 '지식' 차원의 교육목표 분류

〈표 3-2〉 앤더슨과 크랫소울의 '지식' 차원의 교육목표 분류

주요 유형 및 하위 유형	예시
A. 사실적 지식	교과나 교과의 문제를 해결하기 위해 숙지해야 할 기본적 요소
AA. 전문용어에 대한 지식	전문용어, 음악부호
AB. 구체적 사실과 요소에 대한 지식	주요 자원, 신뢰로운 정보원
B. 개념적 지식	요소들이 통합적으로 기능하도록 하는 상위 구조 내에서 기본 요소들 사이의 상호관계
BA. 분류와 유목에 대한 지식	지질학연대, 기업소유 형태
BB. 원리와 일반화에 대한 지식	피타고라스 정리, 수요와 공급의 법칙
BC. 이론, 모형, 구조에 대한 지식	진화론, 의회조직
C. 절차적 지식	어떤 것을 수행하는 방법, 탐구방법, 기능을 활용하기 위한 준거, 알고리즘, 기법, 방법
CA. 교과에 특수한 기능과 알고리즘에 대한 지식	수채화를 그리는 기능, 정수 나눗셈 알고리즘

주요 유형 및 하위 유형	예시
CB. 교과에 특수한 기법과 방법에 대한 지식	면접기법, 과학적 방법
CC. 적절한 절차의 사용 시점을 결정하기 위한 준거에 대한 지식	뉴턴의 제2법칙이 포함된 절차의 적용시점을 결정하기 위한 준거, 사업비용 추정방법의 실현 가능성을 판단하기 위한 준거
D. 메타인지 지식	지식의 인지에 대한 인식 및 지식과 인지 전반에 대한 지식
DA. 전략적 지식	교재단원의 구조를 파악하기 위한 수단으로서 개요를 작성하는 지식, 발견법 활용에 대한 지식
DB. 인지 과제에 대한 지식	특정 교사가 실시하는 시험유형에 대한 지식, 과제의 인지적 요구에 대한 지식
DC. 자기-지식	논문을 비판하는 것은 개인적 강점이지만 논문을 작성하는 것은 개인적 약점이라는 지식, 자신의 지식수준에 대한 인식

〈표 3-3〉 앤더슨과 크랫소울의 '인지과정' 차원의 교육목표 분류

앤더슨과 크랫소울의 '인지과정' 차원의 교육목표 분류

인지과정 유목	관련 용어	예시
1. 기억하다	장기기억으로부터 관련된 지식을 인출한다.	
1.1. 재인하기	확인하기	제시된 자료와 일치하는 지식을 장기기억 속에 넣기(예: 미국사의 주요 사건들의 날짜를 재인한다.)
1.2. 회상하기	인출하기	장기기억으로부터 관련된 지식을 인출하기(예: 미국사의 주요 사건들의 날짜를 회상한다.)
2. 이해하다	구두, 문자, 그래픽을 포함한 수업 메시지로부터 의미를 구성한다.	
2.1. 해석하기	명료화하기 바꿔 쓰기 표현하기 번역하기	하나의 표현 형태(예: 숫자)를 다른 표현 형태(예: 단어)로 바꾸기(예: 주요 연설문이나 서류를 바꿔 쓴다.)
2.2. 예증하기	예를 들기 실증하기	개념이나 원리의 구체적인 예나 범례 찾기(예: 다양한 미술양식의 예를 든다.)

인지과정 유목	관련 용어	예시
2.3. 분류하기	유목화하기 포섭하기	사물이 특정 유목(예: 개념이나 원리)에 속한다는 것을 결정하기(정신적으로 정리되지 않은 것이 관찰되거나 기술된 사례를 분류한다.)
2.4. 요약하기	추상하기 일반화하기	일반적 테마나 요점을 요약하기(예: 비디오테이프에 나타난 사상들에 대한 짧은 요약문을 쓴다.)
2.5. 추론하기	결론짓기 외삽/내삽하기 예언하기	제시된 정보로부터 논리적인 결론을 도출하기(예: 외국어 학습에서 여러 사례로부터 문법적 원리를 도출한다.)
2.6. 비교하기	대조/도식화/결합하기	두 개의 아이디어, 대상들 간에 일치점을 탐색하기
2.7. 설명하기	모델 구성하기	인과관계체제 모델 구성하기(예: 프랑스의 18세기 주요 사건들의 원인을 설명한다.)
3. 적용하다	특정한 상황에 어떤 절차들을 사용하거나 시행한다.	
3.1. 집행하기	시행하기	어떤 절차를 유사한 과제에 적용하기
3.2. 실행하기	사용하기	어떤 절차에 친숙하지 못한 과제에 적용하기(예: 뉴턴의 제2법칙을 적절한 상황에 활용한다.)
4. 분석하다	자료를 구성부분으로 나누고, 그 부분들 간의 관계와 부분과 전체 구조나 목적과의 관계가 어떻게 되어 있는가를 결정한다.	
4.1. 구별하기	변별/식별/초점화/선정하기	제시된 자료를 관련된 부분과 관련되지 않은 부분으로, 중요한 부분과 중요하지 않은 부분으로 구분하기
4.2. 조직하기	발견/통합하기 정합성 찾기 윤곽 그리기 해부/구조화하기	요소들이 구조 내에서 어떻게 기능하는지를 결정하기(예: 역사적으로 기술된 증거들을 특정한 역사적인 해설에 대한 찬반의 증거로서 구조화한다.)
4.3. 귀속하기	해체하기	제시된 자료를 기반으로 하고 있는 관점, 편견, 가치, 혹은 의도를 결정하기(예: 저자의 정치적인 관점에 따라 그의 관점을 결정한다.)

인지과정 유목	관련 용어	예시
5. 평가하다	준거나 기준에 따라 판단한다.	
5.1. 점검하기	조정/탐지/모니터하기	과정이나 산출물 내부의 오류나 모순을 탐지하기, 과정이나 산출물의 내적 일관성 여부를 결정하기, 절차가 실행될 때 그 효과성을 탐지하기(예: 과학자들의 결론이 관찰된 데이터로부터 도출되었는지를 결정한다.)
5.2. 비판하기	판단하기	어떤 결과와 외적 기준 간의 불일치 여부를 탐지하기, 어떤 결과가 외적 일관성을 가졌는지를 결정하기, 특정 문제에 대한 절차의 적절성을 탐지하기(예: 두 가지 방법 중 어느 것이 주어진 문제를 해결하는 최상의 방법인지를 판단한다.)
6. 창안하다	요소들을 일관되거나 기능적인 전체로 형성하기 위해 함께 둔다. 요소들을 새로운 패턴이나 구조로 재조직한다.	
6.1. 생성하기	가설 세우기	준거에 기반을 둔 대안적인 가설을 제안하기(예: 관찰된 현상을 설명하기 위해 가설을 설정한다.)
6.2. 계획하기	설계하기	어떤 과제를 성취하기 위한 절차를 고안하기(예: 특정한 역사적 토픽에 관한 연구보고서를 계획한다.)
6.3. 산출하기	구성하기	어떤 절차를 만들어 내기(예: 어떤 특정한 목적을 위한 거주지를 건설한다.)

3) 가네의 학습능력 유형 분류

가네의 학습능력 유형 분류

앞에서 살펴본 블룸은 교육목표를 크게 인지적(cognitive), 정의적(affective), 심체적(psychomotor) 영역의 세 가지로 구분하였다. 이에 비해, 가네(Gagné)는 학습을 통하여 길러지게 되는 학습된 능력의 유형을 언어 정보(verbal information), 지적 기능(intellectual skills), 인지 전략(cognitive strategies), 태도(attitude), 운동 기능(motor skills)의 다섯 가지 영역으로 나누었다. 이를 표로 제시하면 다음과 같다(임철일, 2012).

가네의 인간 학습능력 유형

〈표 3-4〉 가네의 인간 학습능력 유형(임철일, 2012)

학습능력의 유형	의미	사례
언어적 정보	사실, 이름과 같은 저장된 정보를 인출하는 능력	산성의 특성을 진술하기 태양계의 혹성을 나열하기
지적 기능	환경을 개념화하는 정신적 조작 능력	어떠한 사례를 산성의 예로 구분하기 이차방정식 문제를 해결하기 수업지도안을 설계하기
인지 전략	학습자의 사고와 학습 과정을 조정하는 능력	사실의 기억 전략을 개발하기 정보를 분류하는 전략을 개발하기
태도	대상에 대한 긍정적 혹은 부정적 입장의 선택	복도에서는 큰 소리를 지르지 않기 외화 대신 방화 혹은 연극을 보러 가기
운동 기능	신체적 동작을 수행하기 위한 능력	지도 그리기 라디오 조립하기

언어 정보

(1) 언어 정보

언어 정보(verbal information)는 주로 기억에 의존하는 단편적인 사실이나 사건, 명제에 관한 지식이다. 이는 주로 기억으로 학습되며, 다른 학습을 위한 기본이 된다. 예를 들면 '대한민국의 수도는 서울이다.' 또는 '홍길동의 전화번호는 333-9999이다.', '동의보감의 저자는 허준이다.' 등이 해당된다.

지적 기능

(2) 지적 기능

지적 기능(intellectual skills)은 상징적 부호를 사용해서 인간이 환경과 상호작용함으로써 습득되는 대부분의 학습 기능이다. 이들 기능은 하위 기능부터 변별, 개념, 원리, 문제해결 학습으로 분류되어 위계적으로 형성되어 있다.

변별

① **변별:** 사물 간의 특징적인 물리적 속성을 구별하는 능력으로서, 사물 간의 차이점에 주목하여 식별한다. 이는 개념학습을 위한 바탕이 된다.

개념

② **개념:** 사물들의 공통적인 속성에 의해 사물들을 분류하는 능력으로서 사물들의 공통점에 주목한다. 물리적 속성에 따른 구체적 개념과 관찰

될 수 없는 추상적 개념으로 구분된다. 개념은 원리 학습을 위한 바탕이 된다.

③ **원리**: 다양한 구체적 상황에 규칙적으로 나타나는 법칙으로서 두 개 이상의 개념들을 사용하여 자연과 사회 현상에 내재되어 있는 법칙과 규칙을 설명하는 것이다. 예를 들면, 일식의 원리, 수요 공급의 법칙 등이 이에 해당된다. 이러한 원리 학습은 문제해결을 위한 조건이 된다. 원리

④ **문제해결**: 한 가지 이상의 원리를 다양한 문제 상황에 적용하여 해결 방안을 찾는 능력이다. 문제해결

(3) 인지 전략

인지 전략

인지 전략(cognitive strategies)은 학생이 기억하고, 사고하며, 학습하는 방법이나 기법에 관한 기능이다. 예를 들면, 효과적인 노트 정리 방법, '태정태세문단세…' 등과 같이 첫 글자만 따서 암기하는 방법, 추상적인 용어를 구체적인 사례와 연상해서 암기하는 방법 등이 있다.

(4) 태도

태도

태도(attitude)는 어떤 대상에 대해 학생이 지니는 마음 상태로서, 무엇을 선택하는 경향성을 나타낸다. 가령, '무단 횡단하지 않는 행동'이나 '노인에게 자리를 양보하는 행동', '도서관에서 조용히 공부하는 행동', '전화가 걸려 왔을 때 친절히 응대하는 행동' 등이 태도에 속한다.

(5) 운동 기능

운동 기능

운동 기능(motor skills)은 인지 활동을 수반하는 근육 운동에 관련된 학습 영역이다. 예를 들면, '지도 그리기', '타원 그리기', '컴퓨터 프로그램을 이용하여 그림 그리기', '수영하기', '타자하기', '라디오 조립하기' 등과 같은 기능이

여기에 해당된다. 이 운동 기능은 블룸의 심동적 영역과 동일한 학습 능력이다.

수업목표의 진술 방식

3. 수업목표의 진술 방식

블룸의 교육목표 분류는 수업목표의 명세화에 많은 영향을 주었다. 즉, 교육의 성과를 제시함에 있어서 단지 내용만이 아니라 학습자가 도달해야 하는 목표 수준을 구체적이고 명확한 성취동사로 표현하도록 강조한 것이다. 이와 같이 수업목표를 구체적이고 명확하게 진술하는 방식을 체계화시킨 대표적인 학자는 메이거와 가네이다. 메이거와 가네의 수업목표 진술 방식을 소개하면 다음과 같다.

메이거(Mager)의 수업목표 진술

1) 메이거(Mager)의 수업목표 진술

메이거(Mager, 1984)에 의하면, 단위 수업에서 달성하려는 수업목표는 학습자(Audience), 학습자가 수행하게 될 행동(Behavior), 학습 행위가 일어나게 되는 조건(Condition), 그리고 학업의 달성 수준을 판정할 수 있는 정도(Degree)의 네 가지 ABCD 요소로 구분될 수 있다(임철일, 임정훈, 이동주, 2011).

ABCD 요소

학습자(Audience)

① 학습자(Audience)

수업목표는 학습자가 보여주어야 할 것을 다루어야 한다. 만약 수업목표를 '민주사회의 시민권에 대해 설명한다.'와 같은 문장으로 진술한다면, 이는 학습자가 아니라 교수자의 수업 활동을 기술한 것이기 때문에 부적절하다.

행동(Behavior)

② 행동(Behavior)

수업목표는 학습이 종료되었을 때 학습자가 보여주어야 하는 구체적인 행동 혹은 수행 수준을 포함하고 있어야 한다. 행동은 '학습이 끝난 다음 학습자가 무엇을 할 수 있을까?'를 나타낸 것으로서, 관찰이 가능하고 측정할 수 있는 용어로 진술되어야 한다. 이 경우, 성취행동에 초점을 두고 있기 때문에, 수업 내용, 수업전략, 혹은 수업방법 등과 같은 다른 요소를 포함하지 말아야 한다 (Nadler & Nadler, 1994). 행동 동사의 예로는 '열거한다', '설명한다', '비교한다' 등이 있다. 다음은 인지적(cognitive) 목표 진술을 위한 행동 동사의 예이다.

행동적 수업목표의 종류(예시)

〈표 3-5〉 행동적 수업목표의 종류(예시)

학습자에게 기대하는 수준	기대하는 학습자 행동 기술		
수준 1: 지식/이해 사물을 기억하고 인식한다.	•분류하다 •설명하다 •인식하다 •명명하다	•정의하다 •파악하다 •환언하다 •선정하다	•예를 들다 •연결하다 •열거하다 •진술하다
수준 2: 적용 상황을 구체화하기 위해 정보를 활용한다.	•택하다 •작용하다 •각색하다 •실증하다	•계산하다 •수행하다 •해석하다	•조립하다 •예견하다 •활용하다
수준 3: 분석 자료를 기본적 단위로 분석하거나 분해한다.	•분석하다 •구분하다 •대조하다 •표시하다	•분류하다 •구별하다 •비평하다	•비교하다 •시험하다 •분리하다
수준 4: 종합 분석된 요소들을 새로운 구조나 조직으로 종합한다.	•정렬하다 •논의하다 •설정하다 •조직하다 •표시하다	•결합하다 •공식화하다 •요약하다 •모으다	•구성하다 •일반화하다 •쓰다 •관련시키다

③ 조건(Condition)

조건(Condition)

수업목표는 학습자들이 행동을 보일 때의 환경과 상황 등을 포함할 수 있다. 조건은 수행이 일어날 상황에서 학습자가 처하게 될 한계 혹은 제약 조건을 의미한다. 제약 조건은 학습 상황의 제약 조건이 아니라, 최종 수행 행동이 직면하게 될 상황의 제약 조건을 뜻한다는 점에 유의해야 한다. 제약 조건이 실제 수행 환경을 반영한다면, 학습과 실제 수행 사이에 발생할 수 있는 괴리를 줄일 수 있을 것이다. 만약 수행이 시간 제약을 받는다면, 시간도 목표 진술문에 반영되어야 한다. 조건의 예로는, '줄자를 활용해서', '현미경을 사용해서', '지도를 보고' 등이 있다.

정도(Degree)

④ 정도(Degree)

수업목표는 목표의 달성 여부를 판단할 수 있는 정도, 기준, 준거 등을 포함할 수 있다. 정도란 수락될 수 있는 수행 수준을 진술한 것이며, 양과 질을 모두 포함할 수 있다. '학습자의 수행이 교육목표를 제대로 달성했는지' 여부는 준거에 비추어 판별할 수 있다. 준거는 목표를 달성한 학습자와 달성하지 못한 학습자를 나눌 수 있는 일종의 '잣대' 역할을 한다. 준거를 포함한 성취 목표 진술의 예로는 '수업을 마쳤을 때, 학생은 지도를 보면서 미국의 각 주의 주도 이름을 48개 이상 맞힐 수 있다.' '10문제를 주면 6문제 이상 정확히 풀 수 있다.' 등이 있다.

메이거의 수업목표 진술 예

메이거의 수업목표 진술 예

- 고려시대 지도를 보고(조건) 고려의 3경의 변화를 정확하게(준거) 서술할 수 있다(행동).
- 영어 형용사가 6개 포함된 문장에서(조건), 4개 이상(준거)의 형용사를 정확하게 골라낼 수 있다(행동).
- 연대표를 참고하여(조건) 갑오개혁의 발생 원인을 3개 이상(준거) 제시할 수 있다(행동).

가네(Gagné)의 수업목표 진술

2) 가네(Gagné)의 수업목표 진술

가네(Gagné, 1985)에 의하면 수업목표를 진술하는 데 필요한 요소에는 성취 상황, 학습된 능력, 성취 내용, 성취 행동, 도구·제한점·조건이 있다.

① 성취 상황

성취 상황

성취 상황이란 학습 행동을 수행하게 될 환경적인 조건이며, 메이거식 목표 진술에서 '조건'에 해당한다. 예를 들면 '운동장에서', '계산기를 가지고', '10개의 사과와 5개의 바나나를 주면' 등이 성취 상황에 해당된다.

② 학습된 능력

학습된 능력

학습된 능력이란 가네의 학습 유형, 즉 언어 정보, 지적 기능, 인지 전략, 태도, 운동 기능을 말한다. 학습된 능력을 나타내는 동사는 어느 학습 유형에 해당하는지에 따라 좌우된다. 예를 들어, 언어 정보 학습은 '말한다', 지적 기능 학습 중에서 변별 학습은 '구별한다', 개념 학습은 '분류한다', 원리 학습은 '예증한다', 문제해결 학습은 '창안한다'가 주로 사용된다. 태도 학습은 '선택한다'라는 동사를 사용하며, 운동 기능 학습은 '실행한다'라는 동사를 주로 사용한다.

③ 성취 내용

성취 내용

성취 내용이란 학생이 학습하게 되는 내용이며, 정보, 지식, 기능을 모두 포함한다. 예를 들면, '민주주의의 이념을 열거할 수 있다'에서 '민주주의의 이념'이나, '삼국시대의 영토를 지도 위에 표시하여 설명할 수 있다'에서 '삼국시대의 영토'가 성취 내용에 해당한다.

④ 성취 행동

성취 행동

성취 행동이란 학습된 능력을 관찰할 수 있는 행동 동사이다. 성취 행동은 학습 유형에 상관없이 다양한 동사를 사용할 수 있지만, 학습된 능력을 나타내는 동사는 중복해서 사용하지 않는 것이 좋다. 성취 행동의 예를 들면, '민주주의의 이념을 열거할 수 있다'에서 '열거'나, '삼국시대의 영토를 지도 위에 표시하여 설명할 수 있다'에서 '표시'가 성취 행동에 해당한다.

성취 도구, 제한점, 조건

⑤ 성취 도구, 제한점, 조건

성취 도구, 제한점, 조건은 성취 행동이 수행될 상황에서의 성취 정도와 범위를 더욱 명확하게 만든다. 예를 들면, '줄자를 사용해서(도구)', '지도를 주면(조건)' 등이 있다.

가네의 수업목표 진술 예

가네의 수업목표 진술 예

- 고려시대 지도를 보고(성취 상황) 고려 3경의 변화를(성취 내용) 색연필로(도구) 표시하여(성취 행동) 설명할 수 있다(학습된 능력).
- 영어 형용사가 6개 포함된 소설책에서(성취상황) 사전을 참조하여(도구) 형용사를 (성취 내용) 골라내어(성취 행동) 분류할 수 있다(학습된 능력).
- 야산에서(성취 상황) 식물도감을 참조하여(도구) 도감에 나와 있는 야생화를 채취하고(성취 행동) 주요 특징을(성취 내용) 설명할 수 있다(학습된 능력).

행동적 수업목표 진술의 장 · 단점

3) 행동적 수업목표 진술의 장 · 단점

행동적 수업목표

'행동적 수업목표'란 수업을 마친 후에 학습자가 수행하기를 기대하는 외현적 혹은 명시적 행동을 행위 동사를 사용하여 목표로 진술한 것이다. 따라서 행동적 수업목표 진술에서는 생각한다, 감상한다, 이해한다, 안다 등의 관찰 불가능한 동사는 사용하지 않는다. 그 대신 쓰다, 조립하다, 진술하다 등과 같은 구체적이고 외현적인 행동 동사를 사용한다. 행동적 수업목표 활용에 대한 교육적 이점과 부정적인 측면들은 다음과 같다(박성익, 1997).

행동적 수업목표의 이점

먼저 행동적 수업목표를 활용할 경우의 이점은 다음과 같다. 첫째, 전개될 수업 활동에 대하여 분명하게 사고하고 파악할 수 있는 단서가 된다. 행동적 목표를 통해 교사들은 수업 전개를 보다 구체화할 수 있고 수업 효과를 보다 타당하게 판단할 수 있다.

둘째, 수업 설계의 기초 정보가 된다. 행동적 수업목표는 수업 내용과 방법의 계열화를 조직할 수 있는 위계적 구조를 파악하는 데 도움을 주며, 따라서 수업 설계의 기초 정보가 된다.

셋째, 수업 개선을 위한 교육과정 평가 및 수업 효과 평가의 기초가 된다. '목표-내용-평가'의 체제적 과정에서 학습자의 목표 행동을 행동 용어로 진술하면 교육 효과를 정확하게 측정 평가할 수 있고, 그 결과에 의해 전 단계의 수업 계획, 목표 선정, 내용 조직, 수업방법 등의 효율성을 점검할 수 있다.

마지막으로, 교사, 학생, 전문가 등 교육 참여자들 간에 의사소통의 정확성을 기할 수 있게 된다. 행동 용어로 진술하면 교육과정 개발이나 수업 활동에 참여한 사람들 간에 공통의 수행목표를 정확하게 전달하며, 맡은 영역의 활동을 성공적으로 수행할 수 있게 해 준다.

행동적 수업목표의 단점

한편 행동적 수업목표 활용에 대한 부정적 측면도 있다. 첫째, 행동적 수업목표 추출의 근간이 불명확하다. 목표를 명세화할수록 목표 추출의 근원을 파악하는 데 교사들 간의 의견 일치를 찾아보기가 힘들다.

둘째, 수업 설계와 수업 처방의 단편성을 들 수 있다. 명세적으로 세분된 행동적 수업목표는 수업 실제에서 낱개의 목표를 중심으로 수업이 진행될 가능성이 높으므로 총체적인 지식의 체계를 파악하기 어려울 수 있다.

셋째, 학습위계 구조와 학습자 정보처리 과정 간에 불일치가 나타날 수 있다. 선험적으로 분석된 학습위계 구조를 학습자의 정보처리양식에 비추어 볼 때 그 효용성이 어느 정도인지에 대한 실증적 연구결과를 찾아보기 힘들다.

넷째, 교과 영역에 따라 행동적 수업목표의 적용이 적절하지 않을 수 있다. 인문 교과나 예술 교과의 학습은 단번에 목표를 달성할 수 있는 것이 아니라 장기간에 걸쳐서 판단력, 비평 능력 등을 기르고자 한다.

마지막으로, 실질적인 교육 효과의 평가 활동에 제약을 가져오게 된다. 수업목표를 행동적 용어로 진술했더라도 평가 문항의 내용타당도와 구인타당도를 밝히지 못하는 경우도 있다.

학습과제 분석

제3절 학습과제 분석

학습과제 분석의 정의

1. 학습과제 분석의 정의

과제 분석(task analysis)

일반적으로 과제 분석(task analysis)이란 가르쳐야 할 모든 종류의 지식이나 기능을 분석함으로써 수업내용에 관한 정보를 제공하기 위한 것이다(Reigeluth, 1983). 따라서 학교 상황에서는 과제 분석과 학습과제 분석이 같은 의미로 사용될 수 있다.

학습목표 분석
하위 기능 분석

학습과제 분석은 크게 '학습목표 분석'과 그 목표를 구성하는 '하위 기능 분석'의 두 단계로 이루어진다. 학습목표 분석은 진술된 학습목표가 어떤 학습 유형에 속하는지를 규명하고, 그 목표의 학습 과정을 정보처리 단계로 분석하는 것이다. 다음, 하위 기능 분석은 분석된 정보처리의 단계별로 각 단계의 학습에서 요구되는 하위 기능과 지식을 분석하는 것이다.

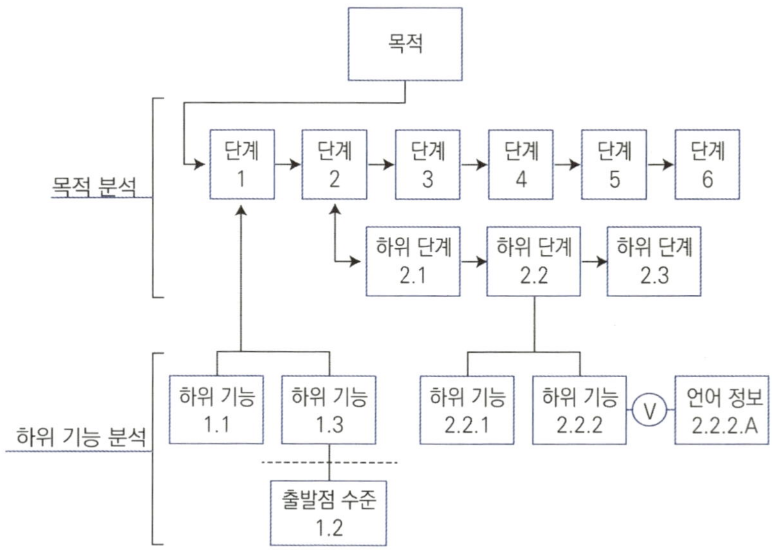

수업분석 과정의 요소들

[그림 3-2] 수업분석 과정의 요소들(Dick, Carey, & Carey, 2015).

학습과제 분석에서는 학습자가 목표를 달성하기 위해서 먼저 학습해야 하는 과제를 기술하고, 학습에 필요한 다양한 행동들을 세목화하고, 그 행동들이 일어날 수 있는 조건을 확인하고, 성취나 행동 수행의 평가 준거를 개발하는 일을 한다. 따라서 학습과제 분석이 적절하게 이루어지지 않으면 교수자의 입장에서는 학습자들에게 무엇을 가르쳐야 할지 파악하기가 어렵고, 최적의 수업 전략도 수립할 수 없게 된다(박성익, 1997). 요컨대 학습과제 분석이란 설정된 목표 수준이나 선정된 과제를 숙달하는 데 필요한 과정이나 절차를 알아보는 방식 또는 설정된 목표를 달성하기 위하여 무슨 일을 해야 할 것인가를 알아보는 방법이다.

학교 현장에서 실제 학습과제 분석은 일반적으로 '단원의 학습목표 및 내용 분석', 즉 단원의 학습목표와 학습내용을 학습자와 학습환경에 비추어 분석하는 과정에서 이루어진다. 이 학습과제분석 과정을 더 상술하면 다음과 같다(임철일, 최소영, 홍미영, 2010). 학습과제분석 과정

먼저, 교사용 지도서와 교과서로 학습 목표와 학습 내용을 확인하면서 학습자와 학습환경에 대한 분석을 기초로 학습목표와 학습내용을 해당 학교와 학습자의 환경과 여건에 맞는 형태로 수정한다. 차시 간 통합이나 교과 간 통합을 계획할 수 있으며, 단원을 이루는 차시의 순서를 바꿀 수도 있다. 이렇게 분석을 한 결과는 단원에서 가르쳐야 하는 핵심적인 학습 주제의 관계를 분석한 '단원 구조도'로 나타난다.

학습과제 분석은 수업 설계에 다음과 같은 도움을 준다(박성익, 1997). 교육에서 성취하려는 지식이나 기능 등 모든 성취 목표를 확인할 수 있다. 또 교육요소나 목표들 중에서 불필요한 것은 제거할 수 있다. 그리고 논리적으로 계열화되고 조직화된 수업에 의해 학습과 파지의 효율성을 증가시킬 수 있으며, 교육 프로그램을 개발하는 전문가들이나 연구원들 간에 의사소통을 개선시켜 줄 수 있다. 마지막으로 교육 비용을 절감할 수 있고, 부적절한 수행을 개선시켜 줄 수 있다.

학습과제 분석의 주요 기법

2. 학습과제 분석의 주요 기법

학습과제의 유형별로 수업 내용 분석 기법 및 수업 방법 등에 차이를 두어야 한다는 관점은 가네(Gagné)에 의해 본격적으로 제기되었다. 가네의 학습과제 분석은 기본적으로 앞에서 다룬 인간학습 능력의 다섯 가지 유형에 근간하고 있다. 즉 어떤 학습과제가 인간 학습능력인 언어 정보, 지적 기능, 인지 전략, 태도, 운동 기능 중에서 어느 유형에 해당하는지를 먼저 판별한 후에, 그 학습과제의 세부 분석을 진행해야 한다는 입장이다. 과제 분석 기법은 여러 가지로 분류할 수 있지만, 분석해야 할 과제의 성격이나 분석 영역의 특성에 따라서 위계 분석(hierarchical analysis), 군집 분석(cluster analysis), 통합 분석 등을 주로 다루고 있다. 딕, 케리, 케리(2015)는 학습목표 및 단계의 유형별로 하위기능 분석의 유형을 다음과 같이 제시하고 있다.

학습목표 및 단계의 유형에 따른 하위기능 분석의 유형

〈표 3-6〉 학습목표 및 단계의 유형에 따른 하위기능 분석의 유형

학습목표 및 단계의 유형	하위기능 분석의 유형
지적 기능	위계적*
심동적	위계적
언어 정보	군집
태도	위계적 그리고/혹은 군집

위의 〈표 3-6〉에서 위계분석은 절차적 단계의 계열을 포함할 수 있다. 각 분석 기법의 특징과 절차를 간략히 소개하면 다음과 같다.

위계 분석

1) 위계 분석

위계 분석은 과제의 학습 유형이 지적 기능이나 운동 기능일 경우에 주로 사용한다. 위계 분석은 과제 달성에 필요한 여러 기능을 상위 기능과 하위 기능으로 분석한다. 하위 기능은 상위 기능을 학습하기 위해서 반드시 숙달해야

하는 선행 학습이며, 그 분석 절차는 다음과 같다(최동근 외, 2005).

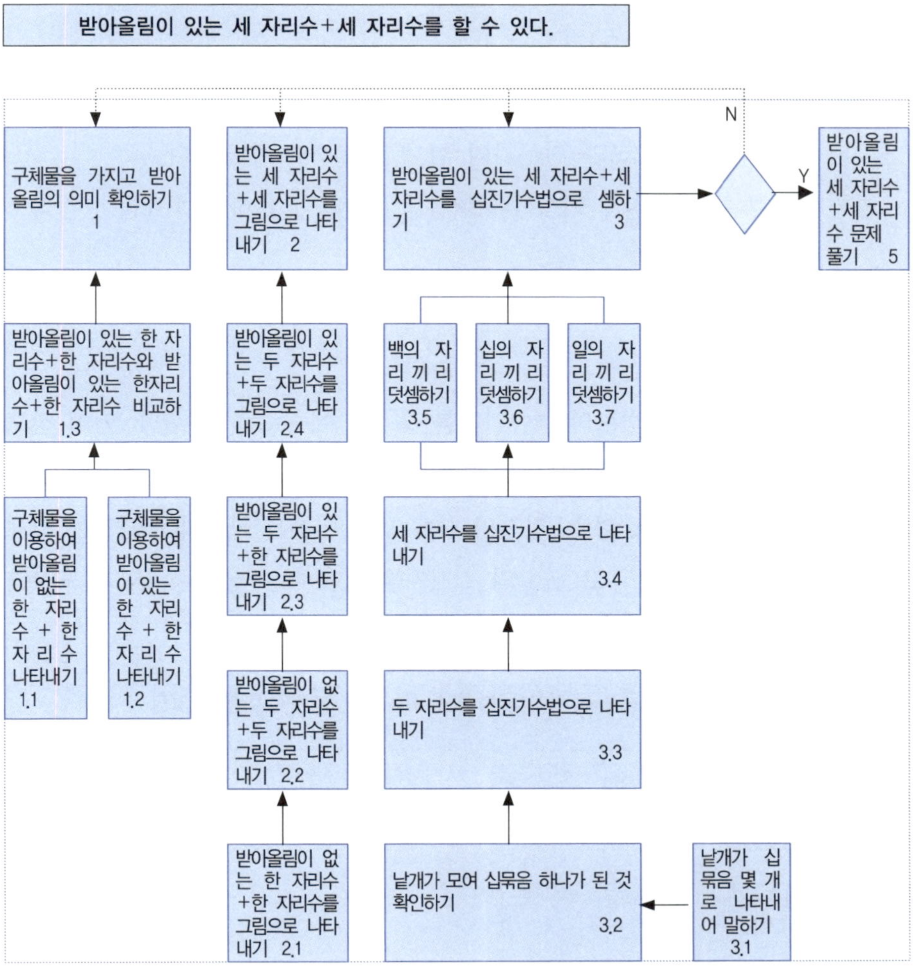

[그림 3-3] 위계 분석의 예

위계 분석의 예

① 정보처리 단계 분석을 다시 검토하여 학생이 그 목표를 달성하는 데 무리 없이 학습이 진행될 수 있는지를 확인한다.

② 수업목표에서 분석된 단계별로 '이 단계를 학습하는 데 필수적인 기능은 무엇인가?'를 계속해서 질문한다.

③ 각 단계에서 필수적인 기능이나 지식을 최하위 수준까지 분석한다.

④ 지적 기능에 속하는 지식은 위에서부터 문제해결, 원리, 개념, 변별 학습의 순서로 분석한다.

⑤ 분석한 기능이나 지식을 위계적 또는 순서적으로 배열한다.

⑥ 분석된 내용을 교과 전문가와 함께 검토하여 수정한다.

⑦ 학습할 학생의 현재 지식이나 기능의 수준을 고려하여 목표를 잠정적으로 결정한다.

군집 분석

2) 군집 분석

군집 분석은 언어 정보의 학습과제를 분석할 때 주로 사용한다. 언어 정보는 상·하위의 위계적 관계가 없으므로, 주요 정보를 효과적으로 묶는 방식을 분석하는 것이 적절하다. 가령, 인간의 신체 부위 이름을 학습하는 과제는 신체 부위별로 묶을 수 있고, 주요 사찰의 소재지를 학습하는 과제는 지역과 도시를 군으로 묶을 수 있다.

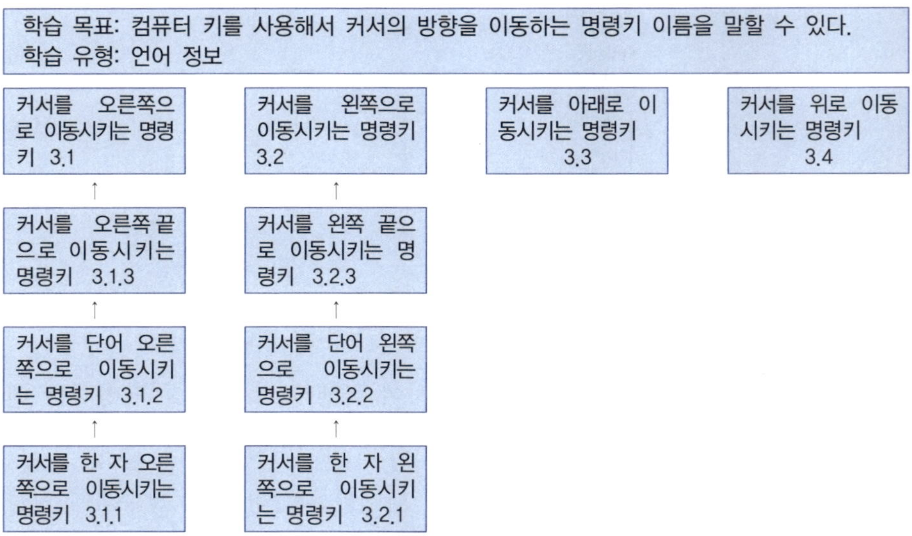

군집 분석의 예

[그림 3-4] 군집 분석의 예

3) 통합 분석

통합 분석

통합 분석은 위계 분석과 군집 분석을 동시에 사용하며, 주로 태도학습 목표 분석에 이용된다. 태도학습은 어떤 행위를 선택하는 것이지만, 선택하기 위해서는 지적 기능이나 운동 기능 또는 언어 정보를 수반하는 경우가 일반적이다. 즉 태도학습에서도 그것에 선행하는 특정 하위 기능을 알거나 수행할 수 있어야 한다.

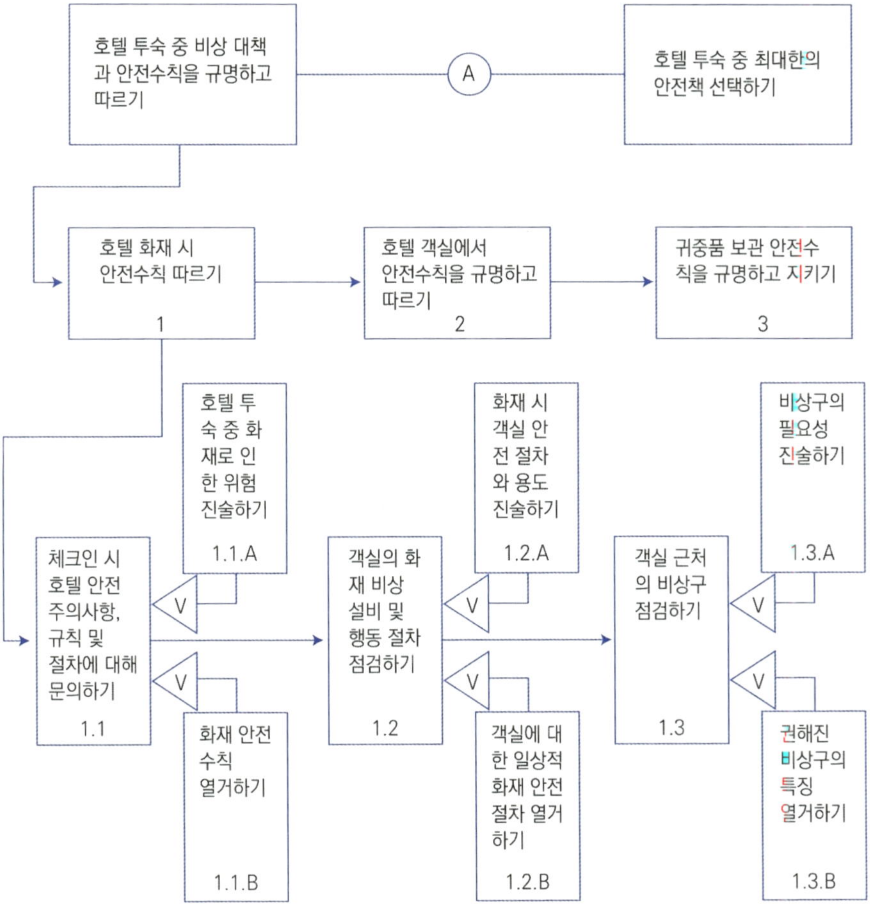

[그림 3-5] 태도 목표를 위한 통합 분석의 예(Dick, Carey & Carey, 2015).

태도 목표를 위한 통합 분석의 예

연습 및 탐구 문제

1. 수업체제설계에서 요구분석이 왜 필요한지를 논하고, 주요 기법을 설명하시오.

2. 메이거와 가네의 목표진술 방식에 의거하여 예를 각각 하나씩 드시오.

A. 메이거의 목표진술 예	B. 가네의 목표진술 예

3. 가네의 학습과제 분석 기법에 따라 예를 제시하시오.

참고문헌

박성익 (1997). **교수·학습 방법의 이론과 실제**. 서울: 교육과학사.

임철일 (1998). 교수개발의 체제적 접근. **교육공학사전**. 한국교육공학연구회.

임철일 (2012). 교수설계 이론과 모형. 서울: 교육과학사.

임철일, 임정훈, 이동주 (2011). 교육공학. 서울: 한국방송통신대학교출판부.

임철일, 최소영, 홍미영 (2010). 초등학교 초임 교사를 위한 교수체제설계 모형의 개발 연구. 교육공학연구, 26(4), 121-147.

최동근, 양용칠, 박인우 (2005). **교육방법의 공학적 접근**. 서울: 교육과학사.

허운나 편 (1993). **산업교육 요구분석**. 서울: 배영사.

Bloom, B. S. (1956). Taxonomy of Educational Objectives, Handbook: The Cognitive Domain. David McKay, New York.

Dick, W., Carey, L., & Carey, J. (2015). *The systematic design of instruction* (8th ed.). Addison-Wesley Educational Publishers Inc.

Mager, R. F. (1984). *Preparing instructional objectives*. Bermont, CA: Lake Publishing Co.

Mager, R. F. & Pipe, P. (1984). *Analyzing performance problems*. Bermont, CA: Lake Publishing Co.

McKillip, J. (1987). *Need analysis: Tools for the human services and education*. Newbury Park, CA: Sage Pub.

Nadler, L. & Nadler, Z. (1994). *Designing training programs: the critical events model*. Houston, TX: Gulf publishing Co.

Reigeluth, C. M. (1983). *Instructional design theories and models*. Hillsdale, NJ: Lawrence Erlbaum Associates.

Ulschak, F. (1983). *Human Resource Development: The theory and practice of need assessment*. Reston, Virginia: Reston Publishing Co.

제4장

교수자 중심 수업과 수업설계

학습목표를 결정하고 학습과제 분석이 끝나면, 다음 단계는 어떻게 가르칠 것인가를 결정해야 한다. 다시 말하면, 학습목표를 효과적으로 달성하기 위한 수업 전략을 수립해야 하는 것이다. 일반적으로 교수자들은 수업 준비를 할 때 어떻게 가르칠 것인가에 대해서 가장 많은 관심과 노력을 기울인다. 그러나 가르치는 방법에 대해 이론적이고, 체계적인 접근을 시도하기보다는 개인적인 경험에 의존하는 경우가 많다. 이 경우 숙련되고 가르치는 기술이 뛰어난 교수자의 경우에는 좋은 수업을 할 수 있겠지만, 그렇지 못한 경우에는 많은 시행착오를 겪게 된다. 그렇다면 이런 실수를 방지할 수 있는 방법은 무엇일까?

가장 좋은 방법은 수업 전략에 대한 이론이나 모형에 기초하여 수업을 설계하는 것이다. 물론 수업의 효과는 그 방법을 실행하고 전달하는 교수자의 능력과 수업 상황, 과제의 특성, 대상 학습자의 특성 등에 따라서 달라지기 때문에 이들 원리나 모형이 완벽한 수업을 보장하는 것은 아니다. 하지만 이들 원리나 모형은 효과적인 수업 설계를 위한 기초적인 틀을 제공해 준다. 이에 여기에서는 수업 전략 수립에 도움이 되는 수업설계이론들을 살펴보고자 한다.

목 표

1. 가네와 켈러의 수업설계이론의 특징을 구별할 수 있다.
2. 각 수업설계이론의 주요 개념과 원리를 설명할 수 있다.
3. 학습목표와 학습내용에 따라서 적절한 수업설계이론을 선택하고, 효과적인 수업 전략을 설계할 수 있다.

제1절 수업설계이론의 특징

수업설계이론(Instructional design theory)이란 인간의 학습과 발달을 촉진하는 보다 나은 방법에 대해 명확한 지침을 제공하는 이론을 말한다(Reigeluth, 1999). 전체 수업을 준비하고, 설계하는 과정에 대한 지침을 제공하는 수업체제이론(ISD)과 달리 수업설계이론은 단위 수업을 진행하는 데 고려해야 할 구체적인 전략과 방법을 준비하는 데 도움이 된다. 수업설계이론은 수업의 목적과 조건을 어떤 관점에서 보느냐에 따라 다양한 접근이 가능하지만 일반적으로 다음과 같은 공통적인 특징을 갖는다(Reigeluth, 1999).

수업설계이론 (Instructional design theory)

첫째, 일반적인 이론들은 설명 지향적인 데 비해 수업설계이론은 설계 지향적이다. 보통의 이론들은 특정한 사건이 발생했을 때 그 결과나 현상이 발생하는 과정을 있는 그대로 설명하는 데 관심을 갖기 때문에 기술적(descriptive)인 특징을 갖는다. 이에 비해 수업설계이론은 수업 목표를 달성하기 위한 방법에 관심을 갖고 목표를 달성하기 위한 직접적인 지침을 제공하기 때문에 처방적(prescriptive)이다.

처방적(prescriptive)

둘째, 수업설계이론은 수업의 방법 및 그 방법들이 사용되어야 하는 상황을 알려준다. 수업 상황은 학습내용, 학습자, 학습환경 등과 같은 다양한 조건들과 수업을 통해 기대하는 결과(효과성, 효율성, 매력성)에 따라 달라질 수 있다. 따라서 수업설계이론은 모든 상황에 적합한 유일한 방법을 제시하는 것이 아니라 수업의 조건과 상황에 적절한 처방을 제공하고자 한다.

수업 상황

셋째, 수업설계이론은 수업 방법을 세분화된 하위요소로 나누어서 제시하기 때문에 교수자들에게 유용한 지침을 제공한다. 너무 일반적인 이론은 그 원리를 실천하는 데 다양한 방법이 있기 때문에 실천가들에게는 실질적인 도움이 되지 못할 수 있다. 이에 비해 수업설계이론은 비교적 구체적인 수준에서

유용한 지침

방법을 제시하기 때문에 적용하기 쉽다. 더불어 수업설계이론은 일반적인 이론에서부터 매우 구체적인 이론에 이르기까지 다양한 수준의 지침을 제공하기 때문에 실천가들에게 더 유용할 수 있다.

확률적

넷째, 이 수업 방법들은 결정론적인 것이 아니라 확률적이다. 이는 수업설계이론에서 제시하는 방법들이 목표의 달성을 보장하는 것이 아니라 목표 달성의 기회를 증가시켜 주는 것임을 의미한다. 수업활동에 영향을 미치는 요소들은 다양하기 때문에 의도된 상황에 완벽히 맞는 수업방법은 없을 수 있다. 하지만 수업설계이론은 주어진 환경에서 기대하는 결과를 달성하기 위한 최선의 방법을 제공하는 것을 목적으로 한다.

주어진 상황에서 최적의 수업방법을 제공하고자 하는 노력은 다양한 연구자에 의해 진행되어 왔으나 이 장에서는 가장 대표적인 수업설계이론으로 가네와 켈러의 이론을 살펴보고자 한다. 가네의 이론과 켈러의 이론은 전통적인 수업의 관점에서 기대하는 수업 결과를 달성하기 위해 교수자 중심의 수업을 어떻게 진행할 것인지에 초점을 맞추고 있다.

제2절 가네(Gagné)의 수업설계이론

1. 이론적 배경

가네(Gagné)

가네(Gagné)는 행동주의와 인지주의 원리를 절충하여 가장 효과적인 교수자 중심의 수업을 위한 원리를 제시하였다. 가네는 수업의 목적은 학습자의 학습을 도와주기 위한 것이므로, 수업 활동을 통해 외부에서 주어지는 일련의 사태들은 학습자의 내부에서 진행되는 인지 과정과 밀접한 관계를 가져야 한다고 주장하였다. 즉 학습자의 학습을 촉진하기 위해서는 학습자 내부에서 발생하는 학습 과정(learning process)을 이해하고, 이를 촉진하기 위한 바람직한 수업사태(instructional events)들을 제공해야 한다는 것이다. 따라서 가네의 이론은 ① 학습자가 유의미한 자료를 학습하는 동안 겪는 내적인 인지 과정과 ② 학습을 성공적으로 수행하는 데 요구되는 외적인 교수 사태, ③ 다양한 학습의 결과에 초점을 둔다. 즉, 교수자는 각 사태에서 요구되는 수업의 사태와 조건을 통합함으로써 다양한 학습 결과를 촉진할 수 있다는 것이다. 학습 과정 수업사태

가네는 인지이론에 기초한 학습의 과정을 수용한다. 인지이론에 의하면 학습은 자극의 수용에서부터 행동이라는 결과가 나타나기까지 일련의 인지 과정을 거쳐 발생하게 된다([그림 4-1] 참조). 인지이론

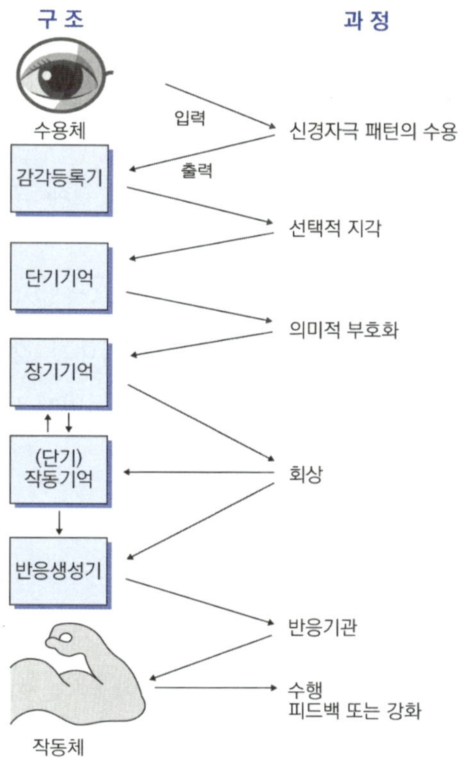

[그림 4-1] 학습의 구조와 과정의 관계(Gagné, 1985)

주의

1) 주의

학습을 시작하기 위해서는 자극을 받아들여야 하는데, 자극이 수용되기 위해서는 학습자가 자극에 주의를 기울여야 한다. 만약 학습자가 수업에 주의를 기울이지 않는다면 자극이 받아들여지지 않고, 따라서 학습이 일어날 수 없다. 예를 들면 교수자가 설명을 하는 동안 학습자가 친구와 이야기를 하게 되면 학습자는 그 설명을 인식하지 못하게 되고, 따라서 학습에 참여하지 못하게 된다. 따라서 교수자는 수업을 시작하기 전에 학습자의 주의를 유도해야 한다. 이를 위해서 교수자는 목소리를 변화시키거나 손을 흔들거나, 주의를 하라는 지시를 사용할 수 있다.

동기화

2) 동기화

학습과정의 초기 단계에서는 동기화가 이루어져야 한다. 동기는 학습자들이 정해진 목표를 달성하도록 노력하게 하고, 그로 인해 그 학습목표를 성취하게 하는 원동력이 된다.

특정한 목표를 달성하도록 자극하는 동기를 부여하기 위해서는 학습자들이 수업에 참여한 결과로 얻게 될 결과에 대해 기대를 갖게 해야 한다. 이는 교수자가 학습자들에게 학습이 끝나면 무엇을 할 수 있게 되는지, 즉 학습 목표를 알려줌으로써 성취될 수 있다.

선택적 지각

3) 선택적 지각

학습이 일어나기 위해서는 학습자들이 단순히 제시된 정보를 수용하는 것이 아니라 새로운 정보의 특징에 주의를 기울여야 한다. 이러한 주의력은 목표나 기대에 근거하여 선택적으로 일어난다.

일단 핵심적인 특징을 선택적으로 지각하면, 지각된 정보를 단기 기억 장소에 저장해야 한다. 정보가 저장되기 위해서는 저장이 가장 용이하고 이후에 인식하기 쉬운 형태로 변형되어야 한다. 이때, 문제는 단기 저장 장소는 저장할 수 있는 용량에 시간과 공간의 제한이 있다는 것이다. 단기저장소에는 약 20초 정도만 정보 저장이 가능하고, 저장될 수 있는 정보 단위도 7±2로 제한된다. 시간의 제한을 극복하기 위해서는 저장된 자료를 반복해서 되새겨야 하는데, 이를 시연(rehearsal)이라 부른다. 공간의 제한을 극복하기 위한 방법은 항목을 집단이나 단위로 묶어서 기억함(chuncking)으로써 단기 기억의 용량을 확장하는 것이다.

시연(rehearsal)

chuncking

4) 의미적 부호화

의미적 부호화

새로운 정보가 장기 기억에 저장되기 위해서는 다시 변형의 과정을 거쳐야 한다. 새로운 정보를 더 잘 기억하기 위해서 유의미하게 조직하는 과정을 의미적 부호화(semantic encoding)라고 한다. 정보를 장기 기억 장소에 저장하기 위해서는 연습이나 반복이 아니라 정보를 유의미하고 목적 지향적으로 연결된 의미망(semantic networks)으로 변형시켜야 한다. 의미망은 아이디어나 요소들이 상호 연결되어 있어서 한 아이디어가 다른 아이디어의 기억을 자극할 수 있는 것을 의미한다. 이는 장기 기억 속에 존재하는 정보들이 서로 분리되어 있지 않고 관련성을 맺고 상호 연결되어 있다는 것을 강조한다.

5) 장기 기억에 저장

장기 기억에 저장

의미적으로 부호화된 새로운 정보는 이제 장기 기억 장소로 들어간다. 그것은 한동안 기억되었다가 망각되거나, 그 다음에 들어온 정보에 의해 간섭을 받게 된다. 장기 기억 장소에 정보가 오래 유지되도록 돕기 위해서는 복습이나 연습이 필요하다.

탐색과 회상

6) 탐색과 회상

어떤 사람이 장기 기억 장소에 저장된 정보를 다시 사용할 필요가 있을 때는 저장된 모든 정보 속에서 그 정보를 찾아야 하고, 일단 찾으면, 그것을 회상해야 한다. 기억의 회상을 돕기 위해서 단서가 제공될 수 있다.

수행

7) 수행

수행은 실제 학습한 결과를 행동으로 나타내는 것이다. 수행은 학습이 일어났는지를 확인하고 피드백을 제공하기 위한 단계이다. 학습이 발생했는지를 확인하기 위해서는 한 가지 이상의 수행을 요구하는 것이 필요하다.

또한 학습자들이 다양한 맥락에서 학습한 것을 적용할 수 있도록 하기 위해서는 학습 상황과 다른 상황에서 수행을 하도록 요구하는 것이 중요하다. 다양한 상황에서 수행할 수 있는 능력을 '전이'라고 하며, 이 또한 중요한 학습 목표가 된다.

피드백

8) 피드백

학습자들이 자신의 수행 결과가 주어진 상황의 요구 조건이나 목표를 만족시켰는지를 확인하는 것은 매우 중요하다. 그럼으로써 그들은 초기에 형성된 기대를 확인할 수 있다. 피드백은 주어진 수행의 적절성 또는 부적절성에 대한 정보를 제공한다. 또한 그것은 스키너가 말한 강화의 역할을 하기도 한다.

9가지 수업사태

2. 9가지 수업사태

학습자들이 어떻게 학습하는가에 대한 지식은 그들을 어떻게 가르쳐야 하는지를 결정하는 데 기초적인 자료가 된다. 가네는 학습이 일어나는 내적 과정은 외적인 조건이나 상황에 의해 유발될 수 있다고 보고, 효과적인 학습을 유발하기 위해서는 학습이 이루어지는 내적 인지 과정을 촉진할 수 있는 일련의 사태들을 수업에 포함해야 한다고 주장하였다. 가네는 내적 학습 과정을 유발하기 위한 외적 상황을 9가지로 제시하였다. 내적 과정과 외적 사태 간의 관계가 〈표 4-1〉에 제시되어 있다.

내적 학습 과정

외적 사태

〈표 4-1〉 내적 학습과정과 수업사태 간의 관계

내적 학습 과정	외적(수업) 사태
주의	1. 주의 획득
동기화	2. 수업목표 제시
선택적 지각	3. 선수학습 회상 4. 자극 제시
의미적 부호화 장기 기억에 저장	5. 학습안내 제공
탐색과 회상 수행	6. 수행 유도
피드백	7. 피드백 제공 8. 수행 평가 9. 파지와 전이 촉진

• **사태 1: 주의 획득.** 수업을 시작할 때 우선적으로 이루어져야 하는 일은 바로 학습자들의 주의를 획득하는 것이다. 주의를 획득하기 위해서는 다양한 방법을 사용할 수 있다. 가장 흔히 사용하는 방법으로는 “이건 중요해”, “특히 여기에 주의를 집중해”, “이건 꼭 알아야 돼”와 같은 말로 주의력을 획득하는 것이다. 소리나 빛과 같은 강한 자극을 사용하거나, 시청각 매체와 같은 주의 획득 도구를 사용할 수도 있다.

주의 획득

주의 획득은 또한 학습자의 흥미를 유발함으로써 이루어질 수도 있다. 예를 들면 나뭇잎과 관련된 수업을 시작할 때 “나무에서 잎이 왜 떨어지는 걸까요?"와 같은 질문을 함으로써 학습자의 흥미를 유발할 수 있다. 다른 예로 수업에서 백분율을 가르치는 경우 "야구 선수들의 타율을 어떻게 계산하는 걸까요?"라고 질문을 할 수도 있다.

수업목표 제시

• **사태 2: 수업목표 제시.** 이 단계는 학습이 끝났을 때의 조건이 무엇인지에 대해 기대감을 주는 것이다. 학습자들에게 "이 단원이 끝나면 여러분은 다음과 같은 것을 할 수 있을 것입니다"와 같이 수업의 목표를 말해주는 것은 그러한 기대감을 형성하는 데 도움을 준다. 수업 목표의 예로는 '도청소재지를 말할 수 있다', '가스의 부피를 측정할 수 있다' 혹은 '시를 분석할 수 있다'를 들 수 있다. 목표가 무엇이든지 그것을 미리 알려주었을 때 학습자들은 학습을 더 잘 하는 경향이 있다.

수업시간의 학습 활동이 목표와 어떤 관련성이 있는지를 명확히 알려주면 학습자들은 그 목표를 달성하기 위해 더욱 노력하게 된다. 학습자들이 자신에게 기대되는 최종적인 행동이 어떤 것인지를 모르면 언제 학습이 완료되는지, 언제 만족감을 느끼게 되는지를 알 수 없게 된다. 수업목표는 학습자들에게 기대되는 최종 행동을 알려주는 것이다.

선수학습 회상

• **사태 3: 선수학습 회상.** 세 번째 단계는 학습자가 새로운 정보를 학습하는 데 필요한 기능을 확인하는 것이다. 새로운 학습의 성공은 필요한 선수 학습이 이미 완료되어 있는지에 달려 있다. 이러한 수업의 사태를 달성하기 위해, 교수자는 먼저 새로운 학습과 관련된 선수 학습이 무엇인지를 확인해야 하고, 그 다음 그것을 지적해 주거나 다시 회상시켜야 한다. 만약 학습자들이 선수학습이 제대로 되어 있지 않으면 새로운 학습을 시작하기 전에 이전의 내용을 다시 가르쳐야 한다.

자극 제시

• **사태 4: 자극 제시.** 이 단계는 학습자에게 학습할 내용을 제시하는 것이

다. 학습은 새로운 정보의 제시를 요구한다. 새로운 정보의 제시는 새로운 자극의 독특한 특징이 무엇인지를 지적해 주는 것일 수도 있고, 개념이나 규칙의 형태를 띨 수도 있으며, 무엇을 하는 방법에 대한 지식일 수도 있다. 어떤 경우이든 교수자의 과제는 새로운 자극의 독특한 특징을 제시해 줌으로써 학습자들이 기억하기 쉽도록 도와주는 것이다. 예를 들면 개념이나 규칙을 제시할 때는 다양한 예들을 사용해야 하며, 그 개념 또는 규칙이 적용되는 상황을 구별할 수 있도록 도와주어야 한다.

학습 안내 제시

• **사태 5: 학습 안내 제시.** 이 단계는 학습할 과제의 모든 요소들을 통합하는 방법을 제시하는 것이다. 학습자들은 이전 정보와 새로운 정보를 적절히 통합하고, 그 결과를 장기 기억에 저장할 수 있도록 도움이나 지도를 받아야 한다. 이러한 도움은 통합된 정보가 유의미하게 부호화되는 데 초점을 두어야 한다. 이를 위한 방법은 학습자들이 과제를 적절히 수행하기 위해 필요한 모든 정보를 사용할 수 있는 규칙이나 모델을 제공하는 것이다. 예를 들면, 예나 시연, 도표 등은 모두 학습자들이 목표를 수행하는 데 적합하도록 모든 정보를 통합하고, 저장하고, 회상하는 것을 돕는 기능을 한다.

단서
힌트

교수자는 학습자들이 주어진 과제를 수행할 수 있도록 안내하기 위해서 어떤 기법을 사용할 것이며, 그러한 기법을 어떻게 제시할 것인지를 계획해야 한다. 때로는 학습자들이 과제를 수행하기 위해서 그들이 직접 정보를 사용하는 방법을 발견하도록 하는 것도 바람직하다. 어떤 경우에는 '단서'나 '힌트'가 요구될 수도 있다. 교수자는 상황에 따라 하나 이상의 접근 방법을 계획할 수 있다.

수행 유도

• **사태 6: 수행 유도.** 수행 유도는 통합된 학습의 요소들이 실제로 학습자에 의해 실행되는 단계이다. 이전의 단계들은 학습자가 학습을 하고, 새로운 정보나 기능이 장기 기억에 저장되는 것을 도와주는 데 비해, 이 단계에서는 학습자가 실제로 새로운 학습을 했는지를 증명할 수 있는 기회를 제공한다.

수행을 유도하기 위한 방법은 학습자들에게 연습 문제를 작성하거나, 숙제를 하거나, 수업시간의 질문에 대답하거나, 실험을 완료하거나, 배운 것을 실습하도록 할 수 있다.

피드백 제공

• **사태 7: 피드백 제공.** 이 단계에서는 수행이 얼마나 성공적이었고 정확했는지에 대한 결과를 알려주는 것이다. 수행 이후에는 피드백이 제공되어야 한다. 성공적인 수행에는 긍정적인 피드백이 제공되며, 그것은 수행을 강화하는 기능을 한다. 피드백을 통해서 학습자들은 그들이 최초의 목표를 달성했는지를 알게 되고, 수행의 개선이 필요한 학습자들은 얼마나 더 많은 연습이 필요한지를 알게 된다.

수행 평가

• **사태 8: 수행 평가.** 이 단계에서는 다음 단계의 학습이 가능한지를 결정하기 위한 평가를 실시한다. 앞 단계에서는 수행에 대한 연습과 강화가 주어졌다면, 이제는 수행에 대해 평가를 실시하는 것이다. 이를 통해서 학습자들이 다음의 새로운 학습을 위한 준비가 되었는지를 결정하게 된다. 시험은 단순한 암기가 아니라 이해가 이루어졌는지를 점검해야 하며, 이를 위해서는 수업이나 연습의 단계에서 주어진 것과 유사한 문제 상황을 제공해야 한다.

파지와 전이 촉진

• **사태 9: 파지와 전이 촉진.** 마지막 단계에서는 새로운 학습이 다른 상황으로 일반화되거나 적용될 수 있는 경험을 제공해야 한다. 이를 위해서 사용될 수 있는 전략은 반복과 적용이다. 자료를 다시 점검하는 것은 기억을 확실히 하는 데 도움을 준다. 학습한 내용을 다양한 상황과 문맥에 적용하는 것은 전이(transfer)를 도와준다. 전이를 위해서는 학습한 지식이나 기술이 처음에 학습한 상황을 넘어서 새로운 상황에 사용될 수 있도록 해야 한다. 예를 들면 분수와 혼합된 수의 덧셈을 추상적으로 학습한 경우 이 지식을 강아지 집을 짓기 위해 목재의 길이를 측정하는 것과 같은 실제 상황에 적용하도록 할 수 있다.

전이(transfer)

이와 같이 전이를 촉진시키기 위해서는 교수자는 학습자들에게 새롭게 배운 기능을 언제, 어떻게 적용할 수 있는지를 가르쳐야 한다.

제3절 켈러(Keller)의 학습동기 설계이론

켈러(Keller) 학습동기 설계이론

1. 이론적 배경

학습자의 학습 능력은 학습자 특성과 수업 사태뿐만 아니라 그들의 동기 수준과도 밀접한 관련이 있다. 학습자들은 자신이 좋아하는 과목에서는 높은 학업 성취도를 보이며, 싫어하는 과목에서는 낮은 성취도를 보인다. 더욱이 학업의 결과는 다시 동기 수준에 영향을 미치기 때문에 한번 흥미를 잃어버린 과목은 계속 동기가 저하되는 악순환이 계속된다. 이와 같은 동기와 학업 성취도와의 관련성에 대해서는 누구도 의문을 제기하지 않는다. 그러나 이렇게 동기가 학업 성취에 커다란 영향을 미침에도 불구하고, 학습에 대한 동기 요소의 역할에 대해서는 별로 관심이 주어지지 않았다.

행동주의나 인지주의 심리학자들은 교수이론 발달에 큰 도움을 주었으나, 주로 인간이 '어떻게' 배우는가에만 초점을 맞추어 왔고 '왜' 배우느냐에 대해서는 거의 관심을 가지지 않았다. 그러나 학습의 결과는 학습자들이 학습 상황에 보다 의미를 부여하고, 보다 흥미를 느낄 때 더 높은 성취도를 보일 수 있다. 따라서 단순히 효과적, 효율적인 교수 상황을 학습자에게 제공하기 위한 방법이 아니라 어떻게 학습 상황을 보다 흥미 있게 만들 수 있느냐에 관심을 둘 필요가 있다. 켈러의 이론은 학습 동기의 중요성을 체계적으로 제시하고자 하는 시도로 학습동기 설계를 위한 구체적인 전략을 제공한다. 켈러는 행동주의 이론과 인지주의 이론의 원리들을 학습동기 연구와 통합하여 어떻게 하면 보다

학습동기

효과적이고 효율적인 수업 상황을 제공할 수 있는가를 제시해 주고 있다.

켈러의 이론을 논의하기 전에 그의 이론의 바탕이 되는 학업 성취와 동기와의 관계를 이해할 필요가 있다. 이를 위해서는 '노력'과 '수행'을 명확히 구분해야 한다(Keller, 1979; 1983). '수행'이란 실제적인 성취를 의미하는 반면에, '노력'은 개인이 과제 달성을 위한 활동에 참여하는 여부를 말한다. 수행은 동기뿐만 아니라 학습자의 능력, 학습의 기회 및 환경 등 다른 요소의 영향도 받기 때문에 수행보다는 노력이 학습 동기의 직접적인 지표가 된다. 켈러는 '수행'과 '결과'도 명확하게 구별해야 한다고 주장한다. 수행은 겉으로 드러나는 실제적인 성취인 반면에 결과는 개인에게 귀속되는 내적·외적인 산물, 즉 학습자의 정의적 반응, 사회적 및 물질적 보상을 포함한다. '결과'는 인지적 평가와 연결되기 때문에 이후의 학습자의 노력에 직접적으로 영향을 주게 된다.

수행
노력
결과

켈러 이론에 의하면 '한 개인의 행동은 개인적 특성(Person)과 환경(Environment)의 상호작용에 의하여 나타난 결과'로, B=f(P & E)라는 공식으로 표현될 수 있다. 이 공식은 개인적 특성과 환경이 노력, 수행, 결과에 미치는 영향을 설명해 주고 있다([그림 4-2] 참조).

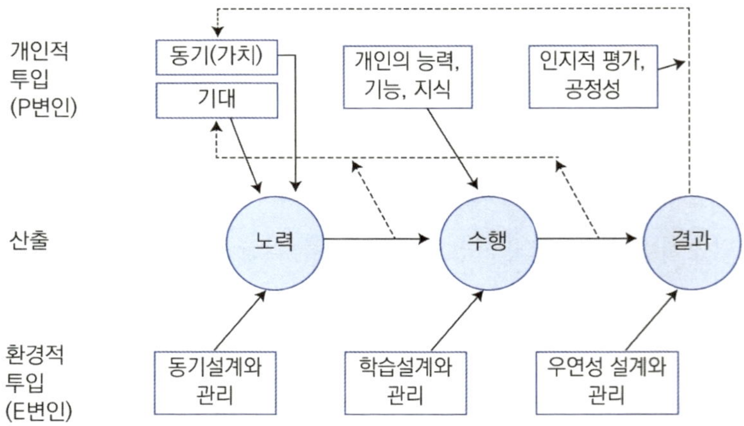

[그림 4-2] 학습동기와 수행에 대한 거시적 이론 틀(Keller, 1979; 1983)

학습자의 노력에 우선적 영향을 미치는 요소는 개인(P) 변인의 '동기(가치)'와 '기대'이다. '동기(가치)'와 '기대'는 '기대-가치 이론'으로 알려진 동기 이론의 주요 변인이다. 이 이론에 의하면 한 개인의 동기는 그가 어떤 일에 부여하는 '가치'와 그 일을 성공적으로 수행할 수 있을 것인지에 대한 '기대'가 복합적으로 상호작용한 결과이다.

동기(가치)
기대
기대-가치 이론

'가치'와 '기대'가 개인의 동기특성을 설명해 주는 가장 중요한 요소이지만 '강화'라는 외적 특성도 주요 요인이 된다. 한 개인이 어떤 과제를 '수행'한 뒤 나타나는 '결과(상, 벌 등의 외적인 보상)'도 긍지, 절망, 기쁨, 안도 등의 감정적 반응과 그것에 대한 '인지적 평가'에 영향을 주고, 이는 다시 개인이 지닌 가치나 기대에 영향을 준다는 것이다.

강화
수행
결과

결론적으로 켈러의 학습 동기에 관한 이론은 한 개인이 어떤 과제를 해결하려는 '노력'과 실제로 행하는 '수행', 그 수행의 '결과'에 영향을 미치는 개인 특성 변인(P변인)과 환경 변인(E변인)을 통합한 거시적(macro) 이론이라고 볼 수 있다. 특히 이 이론은 환경 변인으로 세 가지 형태의 수업설계, 즉 동기 설계, 학습 설계, 우연성 설계를 소개하고 있다.

노력
우연성 설계

'동기 설계'는 학습자가 학습 과제에 쏟는 노력을 증가시키기 위해 직접적으로 학습자의 동기를 유발하는 것으로 긍정적인 피드백이나 칭찬을 사용하는 것이 예가 될 수 있다. '학습 설계'는 학습내용 자체를 바꾸거나, 학습자의 동기 수준에 따라 적절한 학습 내용을 선택하고, 추천하는 것을 말한다. '우연성 설계'는 학습자가 노력과 수행이 결과와 밀접하게 결합되어 있다는 확신을 갖게 하는 것을 말한다. 학습자에게 학습절차에 대해 알리거나 성공의 원인이 되는 특성을 알려주는 것 등이 예가 될 수 있다.

동기 설계
우연성 설계

켈러는 우수한 교수·학습 자료를 개발하기 위해서는 이 세 가지 요소를 이해하고 활용해야 한다고 주장하면서, 이를 기초로 한 미시적인 설계 지침으로 ARCS 모형을 제시하였다.

ARCS 모형

2. ARCS 모형

주의(Attention)
관련성(Relevance)
자신감(Confidence)
만족감(Satisfaction)

ARCS 모형은 주의(Attention), 관련성(Relevance), 자신감(Confidence), 만족감(Satisfaction)의 첫 글자를 따서 만든 것으로 동기 유발을 위해서는 수업에 이 네 가지 요소가 포함되어야 함을 의미한다(Keller, 1979).

주의(Attention)

1) 주의(Attention)

학습 동기의 첫 번째 요소는 '주의'이다. 학습동기가 유발되기 위해서는 주어진 학습 자극에 학습자의 주의가 집중되어야 하고, 일단 집중된 주의는 유지되어야 한다. 주의는 호기심, 주의환기, 감각 추구 등의 개념들과 관련된다. 학습자의 호기심을 유발하는 것은 크게 두 가지로 나뉜다. 신기한 사건이나 사실을 제시해서 학습자의 호기심이나 주의를 유발시키는 '지각적 주의환기(perceptual arousal)'와, 학습자들이 스스로 새로운 정보를 추구하고 문제해결을 하도록 계속적으로 주의나 호기심을 유지시키는 '인식적 주의환기(epistemic arousal)'가 있다.

지각적 주의환기

(1) 지각적 주의환기

지각적 주의환기는 새롭고, 놀라우면서, 기존의 것과 모순되거나 불확실한 사건 또는 정보를 수업에 사용함으로써 학습자의 주의를 유발하고 유지하는 전략이다. 이를 위해서는 세 가지 방법이 사용될 수 있다. 첫 번째 방법은 시청각 매체를 활용하는 것이다. 시청각 매체는 단순한 그림이나 그래프, 도표를 사용하는 것에서부터 각종 애니메이션이나 소리, 반짝임, 다양한 글자체를 사용하는 것이 포함된다. 두 번째 방법은 수업 과정에 일상적이지 않은 내용이나 사건들을 활용하는 것으로, 역설이나 학습자의 경험과는 전혀 다른 사실, 괴상한 사실, 믿기 어려운 통계 등을 제시하는 것이다. 예를 들면 며칠 전에 교통안

시청각 매체

전 표지판을 보지 못해서 트럭과 자가용이 충돌한 사고에 대한 이야기로 교통안전 표지판에 대한 학습을 시작할 수 있다. 이것은 학습자의 주의를 집중시킴과 동시에 학습내용을 소개하는 역할을 할 수 있다. 세 번째는 위의 두 가지 방법을 사용하되 너무 많은 자극은 주의를 분산시킬 수 있으므로 이들 방법을 남용하는 것은 피하는 방법이다.

(2) 인식적 주의환기

인식적 주의환기

인식적 주의환기는 학습자의 호기심과 탐구심을 자극하여 학습에 대한 기대감을 갖게 하는 것이다. 이 전략에 속하는 구체적 방법으로 세 가지를 생각해 볼 수 있다.

비유

질의응답

첫째, 학습자에게 드문 비유를 해보게 하거나, 스스로 학습 내용과 관련된 상상을 하게 할 수 있다. 또는 질의응답을 통해 적극적인 사고를 유도할 수도 있다. 예를 들면 지구의 자전과 공전과 관련된 내용을 학습하기에 앞서 학습자들에게 다음과 같은 질문을 할 수 있다. "여러분, 한 달 동안 해가 뜨지 않는다면 어떻게 될까요? 또는 해가 지지 않는다면 어떻게 될까요? 실제로 그런 곳이 있을까요?"

문제해결 활동

둘째, 문제해결 활동을 만들어 보게 하는 것이다. 이는 학습자에게 스스로 문제를 내어서 풀어보게 한 후, 적절한 피드백이나 결과를 제시하여 줌으로써 학습자가 자신의 지적 호기심을 계속 유지하도록 도와주는 방법이다. 학습자에게 그들의 호기심을 충족시키는 학습과제나 숙제, 프로젝트 등을 선택하게 하는 것도 좋은 방법이다.

신비감

셋째, 학습자에게 신비감을 주는 방법으로, 문제 상황을 제시하면서 필요한 지식은 부분적으로만 제공해 주는 것이다.

다양성

(3) 다양성

다양성은 수업의 요소를 변화시킴으로써 학습자의 흥미를 지속시키는 것이다. 이 전략에는 네 가지 방법이 포함된다.

첫째는 수업의 단위를 간결하고 짧게 구성하되 학습자의 주의집중 시간에 따라 정보제시, 연습, 평가 등의 다양한 형태를 적절히 사용하는 방법이다. 둘째는 강의 형태로 이루어지는 일방적인 정보 제시와 토론식 수업과 같은 상호작용적 수업의 기회를 혼합하는 것이다. 예를 들면, 어떤 사례를 소개하기 위해 처음에는 비디오를 보여주면서 간략하게 강의를 한 다음, 학습자들에게 연습의 기회를 제공할 수 있다. 그러나 너무 많은 수업 전략을 사용하는 것은 학습자에게 혼돈을 줄 수 있으므로 각각의 교수 전략은 일관성이 유지되어야 한다. 셋째는 수업 자료의 형태와 관련된 것으로 수업 자료의 각 페이지 혹은 각 화면마다 공백, 그림, 표, 다른 글자 형태 등을 사용하여 적절히 변화를 주는 것이다. 마지막으로는 어떤 다양성의 방식을 사용하든지 그 방식은 교수목표 및 수업의 내용과 기능적으로 통합되어야 한다는 것이다. 예를 들면 수업에 사용된 그림이 독립적으로 있을 때는 의미가 없으나, 수업목표와 연결되어 수업의 핵심 내용에 주의를 집중하도록 도와준다면, 이때 그림은 수업과 기능적으로 통합되었다고 말할 수 있다.

관련성(Relevance)

2) 관련성(Relevance)

'관련성'의 원리란 '이 과제가 나의 개인적 흥미나 목적과 어떻게 관련되는가에 대한 긍정적인 해답을 찾아보고자 하는 노력'을 말한다.

결과

관련성에는 '결과'와 '과정'의 두 가지 측면이 있다. '결과' 측면은 학습자가 수업의 내용이 자신의 장래에 도움이 된다고 인지할 때 더욱 높은 학습 동기를 유지하게 된다는 것이다. 전통적으로 많은 교육자들은 현재 가르치는 내용이

당장에는 소용이 없을지라도 미래에는 도움이 될 것이라는 입장을 취해 왔다. 하지만 이와는 달리 켈러는 결과 측면에서의 관련성은 미래에 초점을 맞추기보다는 학습자의 '현재'의 흥미와 목적, 경험 등과 연결되는 것이 바람직하다고 주장한다.

'과정' 측면에서 본 관련성은 학습자의 성취욕구를 충족시켜 주는 것이다. 과정
성취욕구란 학습자가 주어진 과제를 빨리, 잘 하고자 하는 욕구와 과제 성취를 방해하는 요인을 극복하면서 보다 어려운 과제를 잘 해결하려고 하는 욕구를 말한다. 학습의 과정이 성취욕구를 충족시켜 준다면 학습자들은 학습과정에 대해 강한 동기를 느낄 것이다. 이러한 결과 및 과정의 측면에서 '관련성'을 높이기 위한 구체적인 전략으로 세 가지를 들 수 있다.

(1) 친밀성

친밀성

이 전략은 학습자의 경험이나 가치와 관계가 있는 구체적 용어, 보기, 개념 등을 사용하는 것이다. 인지주의적 관점에서 보면, 사람들은 새로운 과제가 이미 알고 있거나 이미 가지고 있는 지식, 정보, 기술, 가치 및 경험에 바탕을 두고 제시될 때, 기존의 인지구조와 새 것과의 관계를 더 잘 이해할 수 있으며 구체적인 이미지를 구성할 수 있다. 친밀성의 전략을 구체화시키는 방법으로는 다음의 세 가지를 들 수 있다.

첫째, 개인적으로 친밀한 이름이나 인물, 그림 등을 사용하여 학습의 친밀도를 높일 수 있다. 수업에서 학습자의 이름을 불러 주거나, 수업 자료에 친밀한 사람이 포함되는 그림을 제시하는 방법 등이 도움이 된다.

둘째, 추상적이고 새로운 개념을 가르치기 위하여 구체적인 그림을 사용한다. 학습자에게 친숙한 그림을 사용하여 새로운 정보를 구체화시킴으로써 학습과제의 친밀도를 높일 수 있다.

셋째, 학습자들에게 친밀한 예문이나 배경지식을 사용하는 것이다. 예를

들면 초등학교 학습자들에게 뺄셈의 개념을 가르칠 때 상점에 가서 과자를 사는 상황과 관련된 예를 사용하는 것이다.

목표지향성

(2) 목표지향성

이 전략은 성취를 위한 목표를 제시하거나 학습자들이 그 목표를 정의하게 함으로써 이루어질 수 있다. 이 전략을 위한 방법은 다음과 같다.

첫째, 학습과제의 중요성이나 실용성에 중점을 둔 목표를 제시한다. 사람들은 그들이 지금 어디로 가고 있고, 왜 그곳에 가야 하는지를 분명히 알 때, 그곳에 가려고 노력을 하게 될 것이다. 특히 학습목표가 미래의 실용성 및 중요성과 관련이 있다고 인식되면 '목표지향성' 전략은 쉽게 성취될 수 있다.

둘째, 목적이나 실용성 등을 분명히 제시하기 어려운 과제일 경우는 학습활동 자체의 목적을 제시해 줄 수 있는 게임, 시뮬레이션 등의 학습 형태를 이용하는 것이 좋다. 그 이유는 게임, 시뮬레이션 등은 그 자체로 목적을 지향하는 학습 형태이기 때문이다.

셋째, 다양하게 제시된 목적 중에서 학습자가 자신에게 적합한 목적을 선택하게 한다. 어떤 목적을 달성하기 위한 학습 방법 및 순서 등을 학습자 스스로 선택하도록 도움을 주는 방법도 유용하다.

필요나 동기와의 부합성

(3) 필요나 동기와의 부합성

이 전략은 학습자들의 필요나 동기와 결합되는 수업전략을 사용하는 것이다. 켈러는 학습자의 필요 중 성취욕구와 소속감의 욕구를 강조하면서 이들을 충족시킬 수 있는 구체적인 방법을 네 가지로 제시하고 있다.

첫째, 학습의 목적을 다양한 수준으로 제시하여 학습자가 본인의 능력이나 특성에 따라 적절한 수준을 선택하도록 하는 것이다. 이는 학습자의 성취욕구를 자극하기 위한 방법으로, 학습자에게 책임감 및 학습에의 권리 등을 스스로 이행하도록 하는 것을 말한다.

둘째 방법은 첫 번째 것과 연관된 것으로 학습자가 자신에게 적절한 수준의 학습과제를 수행해 나가는 과정에서 필요한 피드백을 제공해 주는 것이다. 학습자의 학업성취 여부를 계속적으로 기록하고 그에 따라 적절한 피드백을 제공함으로써 학습자의 성취욕구 충족 여부를 확인시키면서 동시에 새로운 과제에 대한 성취욕구를 자극시키는 것이다.

셋째, 높은 수준의 과제를 성취할 때, 위험부담이 적고 치열한 경쟁도 없는 학습 상황을 선택할 수 있는 기회를 주는 것이다. 학습자에 따라서는 학업성취의 수준을 높게 정하되, 경쟁적 학습환경을 피하고 싶어 하는 경우도 있다. 이러한 학습자는 높은 소속감의 욕구를 갖고 비경쟁적, 협력적 관계 속에서 학습하기를 좋아한다. 비경쟁적 학습환경을 선택할 수 있도록 수업을 설계하면 학습자의 필요나 동기에 부합될 수 있으므로 수업의 관련성을 높일 수 있다.

비경쟁적 학습상황

넷째, 비경쟁적 학습상황과 관련하여 학습자가 전혀 위험성을 느끼지 않고 학습과정에 몰두하게 하는 협동적 상호학습상황을 제시한다면 소속감의 욕구가 충족될 수 있을 것이다.

3) 자신감(Confidence)

자신감(Confidence)

동기유발 및 유지를 위해서 학습자는 학습에의 재미와 필요를 느껴야 하고 이와 더불어 성공의 기회가 있다는 것을 인식할 수 있어야 한다.

자신감과 관련된 측면은 '지각된 능력', '지각된 조절감', '성공에의 기대'의 세 가지로 구분될 수 있다. '지각된 능력'이란 자신에게 어떤 일을 성공시킬 수 있는 능력이 있음을 느끼는 것을 말한다. 학습에 대해 높은 동기를 느끼기 위해서는 자신이 학습에 성공할 수 있는 능력이 있다고 느낄 수 있어야 한다. 따라서 이를 위해 적절한 수준의 도전감을 줄 필요가 있으며, 자신의 능력을 최대로 발휘했을 때 성공할 수 있도록 수업이 구성되어야 한다.

지각된 능력

지각된 조절감

'지각된 조절감'은 자신이 결정한 선택이나 자신의 노력이 행동의 결과에 직접적으로 영향을 미친다고 믿는 것이다. 어쩔 수 없다는 무력감이나 운, 다른 외부 요인이 인생에 우선적인 영향력이 있다고 느끼는 것은 지속적인 학습을 방해할 수 있다. 개별 학습자가 결과를 통제할 수 있다는 느낌을 주는 수업은 학습자의 자신감과 지속성을 개발하는 데 도움이 된다.

성공에의 기대감

'성공에의 기대감'은 사람들이 어떤 일을 할 때, 그 일에 대한 성공에의 확신이 있을 때 더욱 그 일을 위해 노력하고, 그럼으로써 실제 성공률도 높아진다는 것이다. 이러한 자신감의 세 가지 측면을 높이기 위해서 다음의 전략을 사용할 수 있다.

학습의 필요조건 제시

(1) 학습의 필요조건 제시

이 전략은 학습자에게 수행에 필요한 조건과 평가 기준을 제시해 줌으로써 학습자가 성공의 가능성을 짐작하도록 도와주는 것이다.

학습목표

첫째, 학습목표와 수업의 전체적인 구조를 분명하게 제시한다. 학습자가 자신에게 요구되는 것이 무엇인지를 알고 학습과정에서 무엇을 해야 할지를 알 때, 학습에 대한 자신감이 높아지며, 성공에의 기회도 증대된다.

평가 기준

둘째, 평가 기준을 분명히 제시하면서 수업목표를 달성할 수 있도록 연습의 기회를 제공하는 것도 도움이 된다. 이때 학습자의 반응에 따라 적절한 피드백을 제공하는 것이 바람직하다.

선수능력

셋째, 학습자의 성공을 돕기 위해 미리 선수지식이나 기술, 태도 등을 진술해 주어야 한다. 학습자는 진술된 선수능력을 미리 알고 자신의 것을 검토, 보완함으로써 주어진 과제에 대한 성공 가능성을 높일 수 있다.

시험의 조건

넷째, 학습자에게 시험의 조건들을 알려주어야 한다. 이는 시험문제 수나 그 성격, 시간제한 등을 학습자에게 미리 말해 줌으로써 학습자가 학업수행의 필수요건이 무엇인지를 인식하도록 도와주는 것을 말한다.

(2) 성공의 기회 제시

성공의 기회 제시

성공의 기회는 학습과정과 수행 조건에서 성공을 경험할 수 있도록 적절한 수준의 도전감을 제공하는 것을 말한다.

첫째, 쉬운 내용에서부터 어려운 내용으로 수업을 조직하고 강화를 준다. 특히 수업의 첫 단계에서는 성공의 기회를 최대한으로 주기 위해 수업내용이나 연습을 쉬운 것부터 시작한다.

강화

둘째, 사전지식과 기능을 고려하여 너무 지나친 도전이나 나태를 방지한다. 즉 학습자의 수준에 맞는 적절한 난이도를 유지해야 한다.

적절한 난이도

셋째, 사전에 학습자의 수준을 평가하기 위한 시험을 치르고, 학습자의 수준에 맞는 내용을 선택적으로 제시한다.

넷째, 어느 정도 학습이 이루어진 후에 연습이나 적용의 과정에서 다양한 사례들을 제시하여 도전감을 준다.

다양한 사례

다섯째, 다양한 수준의 난이도를 제공하여 시간, 학습 속도, 상황의 복잡성 등을 학습자가 조절하게 한다. 이 방법은 학습자 스스로 의미 있는 도전의 수준을 정하고 자신감을 높일 수 있는 기회를 제공한다.

(3) 개인적 조절감 증대

개인적 조절감 증대

성공에 대한 개인의 능력요인을 지원해 줄 수 있는 피드백과 통제의 기회를 제공한다. 성공이 외부의 운이나 과제의 난이도 등에 기인한다고 생각하는 학습자에게는 성공 자체가 자신감을 높여주지 못한다. 따라서 이러한 학습자들에게는 평가나 피드백을 사용하여, 성공의 내적 요인(능력이나 노력)을 부각시킴으로써 학습자가 개인적 조절감을 갖도록 도와주어야 한다.

첫째, 학습자들이 언제든지 학습상황에서 빠져나갈 수 있고 다시 돌아올 수 있으며, 복습을 위해 학습의 전 상황으로 돌아갈 수 있게 해야 한다. 이는 컴퓨터나 기타 시청각매체를 사용한 학습에서는 더욱 필요하다.

둘째, 학습자가 스스로 자신의 학습 속도를 조절하도록 하는 것으로, 이는 가장 기본적인 '개인적 조절감'의 방식이다.

개인적 조절감

셋째, 학습자가 학습하고자 하는 부분으로 쉽게 이동할 수 있게 하는 것이다. 필요 없는 부분을 반복하도록 하면 동기가 저하될 수 있다.

넷째, 다양한 학습과제와 난이도를 학습자 스스로 선택하게 하는 방법이다. 교수자나 프로그램에 의해 고정된 학습과제와 난이도 수준은 학습자에게 '개인적 조절감'을 박탈하여 학습에 대한 자신감을 저하시킬 수 있다.

마지막으로, 학습자의 성공을 그의 노력이나 능력으로 돌리도록 유도하는 피드백을 제공한다. 이는 학습자가 자신이 성공한 이유가 무엇일까를 생각하게 해주면서 그 이유를 자신의 노력이나 능력에서 찾도록 도와주는 역할을 한다. 또한 학습자가 현재 자신의 노력이나 능력으로는 해결할 수 없는 문제에 부딪혔을 때, 적절한 피드백을 제공하여 당면한 과제를 해결하거나 다른 과제를 선택할 수 있는 능력을 기르도록 유도한다.

만족감(Satisfaction)

4) 만족감(Satisfaction)

ARCS 모형의 네 번째 요소는 만족감이다. 만족감에 영향을 미치는 요소는 크게 학습의 내적 결과와 외적 결과로 구분할 수 있다. 내적 결과에는 학습자의 학업수행과 결과에 대한 '인지적 평가'와 기타 내적 보상이 포함되며, 외적 결과에는 강화와 피드백이 포함된다. 강화를 적절히 사용하면 주어진 과제에 대한 학습자의 학습 동기를 유지시킴으로써 바람직한 행동을 계속하도록 도와준다.

내적 결과
인지적 평가
내적 보상
외적 결과
강화와 피드백
외적 보상

동기와 관련된 연구들에 의하면(Condry, 1977; Deci, 1975), 외적 보상이 학습의 자연스런 결과가 아니고 누군가에 의해 조작되고 있다는 것을 인식하게 되면, 학습자의 동기는 오히려 감소될 수 있다. 개인에 따라서는 학습과제 자체에서 흥미를 찾고 외적 보상에는 관심이 없을 수 있다. 따라서 외적 보상은 학습자의 특성과 내적 보상, 환경 요인을 고려하여 신중하게 사용해야 한다.

내적인 만족감과 관련되어 있는 '인지적 평가'는 '기대의 측면에서 결과를 평가하는 학습자의 내적 과정'을 말한다. '인지적 평가'는 정의적 측면과 지적인 측면을 모두 포함한다. 인지적 평가

(1) 자연적 결과

자연적 결과

이 전략은 학습자의 내적 동기를 유지시키는 것으로 새롭게 습득한 지식이나 기능을 실제 또는 모의 상황에 적용해 볼 수 있는 기회를 제공하는 것을 말한다. 이러한 적용의 기회는 학습이 끝난 직후 되도록 빨리 제공해 주어야 한다. 실제 상황에서 습득한 지식이나 기능을 사용해 보기 어려울 때에는 모의 상황을 사용할 수도 있는데, 이때는 여러 가지 조건이 실제 상황을 반영하고 있어야 한다. '자연적 결과'의 전략을 구체화하는 방법은 다음과 같다.

첫째, 새로 습득한 지식 및 기능을 적용해 볼 수 있는 연습문제를 제시한다. 둘째, 새로 습득한 지식이나 기능이 다음 후속 학습 상황에서 적용될 수 있도록 수업을 설계한다. 셋째, 수업의 끝에 학습한 기능이나 지식을 적용해 볼 수 있는 모의 상황이나 게임 등을 첨가하여 적용의 기회를 증가시킨다.

이러한 '자연적 결과' 적용 전략은 '관련성' 전략과 유사하나 수업 끝에 활용한다는 점에서 관련성 전략과 다르다. 예를 들면 습득한 지식을 적용해 볼 관련성 전략
수 있는 모의 상황을 수업 끝에 제시하는 것은 동기의 '만족성'을 높이기 위한 만족성
전략이고, 수업을 시작하는 시점에서 학습자에게 그러한 모의상황이 수업 끝에 제시된다고 알리는 것은 '관련성' 전략에 해당된다.

(2) 외적 보상

외적 보상

이 전략은 바람직한 행동을 계속 유지시킬 수 있는 강화와 피드백을 제공하는 것을 의미한다. 예를 들면 좋은 수업 태도를 보이고, 성취 검사에서도 만족할 만한 결과를 보인 학습자에게는 컴퓨터 게임을 할 수 있는 기회를 주는

것이다. 외적 보상을 사용하기 위한 구체적인 전략은 다음과 같다.

첫째, 새로운 지식이나 기능을 배우는 단계에서는 학습자의 반응 뒤 매번 긍정적인 피드백이나 보상을 해 주고, 학습자가 배운 지식이나 기능을 적용해 보는 연습 단계에서는 간헐적인 강화를 사용한다.

간헐적인 강화

둘째, 학습자의 수준에 알맞고 의미 있는 강화를 제공하는 것이다. 너무 쉬운 문제나 과제에 대하여 긍정적 보상을 자주 하는 것은 동기를 저하시킬 우려가 있다.

긍정적 보상

셋째, 옳은 반응에만 긍정적인 외적 보상을 하고, 틀린 반응에는 어떤 보상도 주지 않아야 한다. 외적 보상에는 스티커, 재미있는 그림, 게임 등이 포함될 수 있다.

넷째, 외적 보상이 실제 수업 상황보다 더 흥미를 끄는 것이어서는 안 된다. 특히 어려운 과제를 공부하는 도중에 주어지는 외적 보상은 학습자의 관심이 보상에만 쏠리게 하기 쉽기 때문에 외적 보상은 조심스럽게 사용해야 한다.

다섯째, 학습자에게 보상의 종류를 선택하게 한다. 이는 학습자에 따라 잦은 외적 보상이 주어지는 경우, 교수자에 의해 조절당하고 있다고 느끼거나 학습자가 지닌 내적 동기가 저하되는 부정적인 영향을 줄이는 방법이 될 수 있다.

공정성

(3) 공정성

일관성

공정성 전략이란 학습자의 학업성취에 대한 기준과 결과를 일관성 있게 유지시키는 것을 말한다. 공정성의 원리는 몇 가지 방법으로 구체화될 수 있다.

첫째, 수업의 내용과 구조를 제시된 수업목표와 일관성 있게 제시해야 한다. 목표와 내용이 일관성 있게 제시될 때 학습자는 자신이 목표를 보고 세웠던 기대가 학습내용에 의해 충족됨을 느낄 수 있게 된다.

둘째, 학습 중에 연습한 내용과 시험의 내용을 일치시켜야 한다. 학습자는 수업 시작 단계에서 무엇을 성취하도록 기대하는가를 알고, 그 기대를 충족시킬 수 있는 기회가 일관성 있게 제시될 때 만족감을 유지할 수 있다. 만족감

〈표 4-2〉 켈러의 ARCS 동기유발 모형에 따른 미시 전략

동기요소	동기유발 전략	
주의 (Attention)	A.1. 지각적 주의환기	1) 시청각 매체의 활용 2) 비일상적인 내용이나 사건 제시 3) 주의 분산 자극 지양
	A.2. 탐구적 주의환기	1) 능동적 반응 유도 2) 문제해결 활동의 구상 장려 3) 신비감 제공
	A.3. 다양성	1) 간결하고 다양한 교수형태 사용 2) 일방적 수업과 상호작용적 수업의 혼합 3) 수업자료의 변화 추구 4) 목표-내용-방법의 기능적 통합
관련성 (Relevance)	R.1. 친밀성	1) 친밀한 인물 혹은 사건 활용 2) 구체적이고 친숙한 그림 활용 3) 친밀한 예문 및 배경지식 활용
	R.2. 목표지향성	1) 실용성에 중점을 둔 목표 제시 2) 목적지향적인 학습형태 활용 3) 목적의 선택 가능성 부여
	R.3. 필요나 동기와의 부합성	1) 다양한 수준의 목적 제시 2) 학업성취 여부 기록체제 활용 3) 비경쟁적 학습상황 선택 4) 협동적 상호학습상황 제시
자신감 (Confidence)	C.1. 학습의 필요조건 제시	1) 수업의 목표와 구조 제시 2) 평가기준 및 피드백 제시 3) 선수학습능력 판단 4) 시험의 조건 확인
	C.2. 성공의 기회 제시	1) 쉬운 것에서 어려운 것으로 과제 제시 2) 적정 수준의 난이도 유지

동기요소	동기유발 전략	
		3) 다양한 수준의 시작점 제공 4) 무작위로 다양한 사건 제시 5) 다양한 수준의 난이도 제공
	C.3. 개인적 통제감	1) 학습의 끝을 조절할 수 있는 기회 제공 2) 학습 속도의 조절 가능 3) 원하는 부분으로의 빠른 회귀 가능 4) 선택 가능하고 다양한 과제와 난이도 제공 5) 노력이나 능력에 성공귀인
만족감 (Satisfaction)	S.1. 자연적 결과 강조	1) 연습문제를 통한 적용 기회 제공 2) 후속 학습상황을 통한 적용 기회 제공 3) 모의상황을 통한 적용 기회 제공
	S.2. 긍정적 결과 강조	1) 적절한 강화계획 활용 2) 의미 있는 강화 제공 3) 정답을 위한 보상 강조 4) 외적 보상의 신중한 사용 5) 선택적 보상체제 활용
	S.3. 공정성 강조	1) 수업목표와 내용의 일관성 유지 2) 연습과 시험의 일관성 유지

연습 및 탐구 문제

1. 현재 학교에서 사용되고 있는 교수자 중심의 수업계획서를 가네의 9가지 수업사태의 단계로 분석해 보고 그 특징을 논의해보시오.

2. 켈러의 동기 이론 중 학습자의 호기심을 유발할 수 있는 주의집중 전략의 사례를 찾아보시오.

3. 켈러의 동기 이론의 관점에서 볼 때 현재 학교교육에서 이루어지고 있는 일반적인 수업의 경우 어떤 측면이 제대로 구현되지 못하고 있는지 논의해보시오.

참고문헌

Bruner, J. (1960). *The process of education*. Cambridge, MA: Belknap.

Condry, J. (1977). Enemies of exploration: Self-initiated versus other-initiated learning. *Journal of Personality and Social Psychology, 35*, 459-477.

Deci, E. L. (1975). *Intrinsic motivation*. New York: Lawrence Erlbaum Pub.

Gagné, R. M. & Briggs, L. (1979). *Principles of instructional design* (2nd ed.). New York: Holt, Rinehart & Winston.

Gagné, R. M. (1985). *The conditions of learning(4th)*. New York: Holt, Rienhart and Winston.

Keller, J. M. (1979). Motivation and instructional design: A theoretical perspective. *Journal of Instructional Development, 2,* 26.

Keller, J. M. (1983). Motivational design of instruction. In Reigeluth, C. M. (Ed.), *Instructional Design theories and models: An overview of their current status(pp. 383-433)*. Hillsdale, NJ: Lawrence Erlbaum Associates.

Reigeluth, C. M. (1983). Instructional design: What is it and why is it? In Reigeluth, C. M. (Ed.), *Instructional Design theories and models: An overview of their current status(pp. 3-36)*. Hillsdale, NJ: Lawrence Erlbaum Associates.

Reigeluth, C. M. (1999). What is instructional design theory and how is it changing? In C. M. Reigeluth (Ed.) *Instructional design theories and models (Vol.2)(pp. 5-30)*. Hillsdale, NJ: Lawrence Erlbaum Associates. 최욱 외(역) (2005). 교수설계 이론과 모형. 서울: 아카데미프레스.

제5장

학습자 중심 수업과 수업설계

제 1 절 학습자 중심 수업의 이론적 배경

제 2 절 학습자 중심 학습환경설계 모형

제 3 절 학습자 중심 수업 평가설계

제 4 절 학습자 중심 학습지원환경설계

사범대학 4학년에 재학 중인 석훈이는 중학교로 교생실습을 나갔다. 석훈이는 어릴 때부터 교사가 꿈이었기 때문에 전공 공부도 열심히 했고, 학교 수업에서 발표나 수업 시연도 여러 번 해 본 경험이 있기 때문에 나름 수업 준비에 자신이 있었다. 무엇보다 이제 예비교사로서 학생들을 만나서 직접 가르치게 된다는 점에서 교생실습에 대해 기대감을 가지고 있었다.

그런데 그 기대감은 얼마 가지 못했다. 석훈이는 중학교 2학년 수업을 맡게 되었는데 석훈이의 강의가 시작된 지 얼마 되지 않아 학생들은 장난을 치거나 딴짓을 하기 시작했다. 심지어 처음부터 책상에 엎드려 잠을 자는 학생도 있었다. 석훈이는 학생들의 주의를 끌기 위해 질문을 시도했으나 학생들은 친구들을 웃기기 위해 일부러 오답을 하거나 짓궂은 농담을 하기도 하였다. 학교에서 수업시연을 할 때에는 같은 과 친구들이 학생 역할을 해서 대답도 잘하고, 협조를 잘 해줘 수업진행에 어려움이 없었다. 그러나 실제 수업을 해 보니 학생들은 기본적인 용어도 몰랐고, 대답도 잘 하지 않았다.

첫 수업을 힘들게 진행하는 것을 본 교생지도 선생님은 요즘 아이들은 강의에 오래 집중하기 힘들어하니 학습자 중심 수업을 준비해 보라고 조언을 하셨다. 그러나 전공 수업도 주로 강의로 진행이 되었고, 수업시연도 주로 강의식으로 해 보았기 때문에 석훈이는 학습자 중심 수업을 어떻게 준비해야 하는지 난감하기만 했다.

최근 중등학교에서는 학습자 중심 수업이 널리 진행되고 있다. 이 장에서는 학습자 중심 수업에 대한 이해를 돕고 학습자 중심 수업을 설계하기 위한 방법을 모색해 보고자 한다.

목 표

1. 학습자 중심 수업의 이론적 배경을 설명할 수 있다.
2. 학습자 중심 수업의 특징을 설명할 수 있다.
3. 학습자 중심 학습환경을 설계할 수 있다.
4. 학습자 중심 수업 평가를 설계할 수 있다.

학습자 중심 수업

제1절 학습자 중심 수업의 이론적 배경

인식론 / 구성주의 이론 / 객관주의

학습자 중심 수업을 이해하기 위해서는 우선 학습자 중심 수업의 개념이 도출된 이론적 배경을 이해하는 것이 필요하다. 왜냐하면 학습자 중심 수업은 전통적인 수업의 문제점에 대한 고민에서부터 출발한 인식론에 근거하고 있어서 전통적인 수업과는 매우 다른 관점을 가지고 있기 때문이다. 학습자 중심 수업은 구성주의 이론에 근거하고 있다. 구성주의는 지식이란 무엇이며 지식이 어떻게 구성되는지에 대해 관심을 갖는 철학적 접근이다. 구성주의와 대비해서 전통적으로 이루어진 교수·학습에 대한 가정을 객관주의라 부른다. 구성주의는 객관주의에 대한 대안적인 이론이기 때문에 객관주의의 특성과 비교할 때 더 쉽게 이해할 수 있다. 이에 여기에서는 먼저 객관주의와 구성주의의 특징을 살펴보고자 한다.

1. 객관주의 대 구성주의

객관주의

1) 객관주의

사실주의 / 행동주의

객관주의는 전통적인 교수·학습 방법이 기초하고 있는 인식론으로서 사실주의와 행동주의에 그 뿌리를 두고 있다. 객관주의는 인간의 외부에 실세계가 존재하며, 그 실세계는 인간의 경험과는 독립적으로 존재한다고 가정한다. 인간이 추구하는 지식은 실세계에 대한 실재와 속성, 원리를 아는 것이며, 지식은 개인의 정신과 독립적으로 존재하며 외부에서 내부로 전달된다. 이는 모든 사람은 똑같은 이해에 도달하게 된다는 결론을 도출하게 된다. 따라서 비록 개인의 사전 지식이나 경험에 따라 지식에 대한 이해의 정도는 차이가 있지만, 그 지식의 본질적인 속성은 같으므로 완벽한 이해를 추구하는 것이 궁극적인 목표가 된다.

이러한 인식론적 가정은 교수·학습 방법에 중요한 시사점을 제공한다. 객관주의에 의하면 세계는 구조화되어 있고, 이론적인 모델에 의해 설명될 수 있다. 가르침이란 이미 존재하는 지식이 그 지식을 알고 있는 교수자에 의해 학습자에게 전달되는 과정이며, 학습이란 전달되는 지식을 수동적으로 받아들이는 과정이 된다. 따라서 가르침의 목적은 학습자들이 지식의 구조를 있는 그대로 반영할 수 있도록 돕는 것이며, 학습자의 역할은 스스로 세계에 대한 의미를 해석하기보다는 교수자로부터 배운 것을 그대로 받아들이는 것이다. 또한 수업의 목적은 학습자에게 가장 효과적이고 효율적인 방법으로 지식을 알리거나 전달하는 것이 되며, 수업 활동의 중심은 교수자가 된다(Bednar et al., 1991). 객관주의적 입장에 의하면 수업설계는 학습자의 객관적인 이해를 이끌어내기 위한 수업 활동에 초점을 두며, 가르칠 지식을 선정하고 분석하는 것이 주된 활동이 된다.

교수·학습 방법

객관주의

가르침

수업설계

객관주의는 지식이 수업과 독립적으로 존재한다고 가정하기 때문에 수업과 분리된 평가를 강조한다. 즉 학습자가 무엇을 학습했는가를 측정하기 위한 평가는 지식이 획득되었는가를 증명하기 위해서 가르치는 활동과 분리될 수 있다는 것이다. 더욱이 모든 사람이 똑같은 기본적인 정보를 획득했다면 그것은 객관적으로 측정 가능하다고 전제한다. 전통적으로 학교에서 보편적으로 실시하고 있는 표준화 검사 유형들이 바로 이러한 객관주의적 인식에서 비롯된 것이다(Duffy & Jonassen, 1991).

표준화 검사

2) 구성주의

구성주의

외부적인 지식의 실재를 강조하는 객관주의에 비해 구성주의에서는 지식은 개인의 경험에 의한 해석이고, 지식을 가진 사람의 마음에 존재하는 것이라고 가정한다. 즉 세계에 대한 의미는 인간에 의해 부과되는 것이지, 인간과 독립적으로 존재하는 것이 아니라는 것이다. 객관주의는 우리가 알고 있는 객체를 강조하는 반면에 구성주의는 우리가 지식을 구성하는 방법에 관심을 둔다. 지식은 사전 경험과 정신 구조, 사물과 사건을 해석할 때 사용하는 개인의 신념에 의해 구성된다.

개인적인 해석

구성주의에 의하면 학습은 학습자가 지식의 내적인 표상을 구축하는 과정으로 경험에 의해 개발되는 개인적인 해석이다. 그러므로 세계에 대한 객관적이고 절대적인 지식은 존재하지 않고, 개인에 따라 다양한 의미나 관점이 존재하게 된다.

구성주의에 의하면 우리가 추구해야 할 가르침의 목적은 학습자가 사실이나 개념, 원리 등 어떤 지식의 요소를 알도록 하는 것이 아니라 학습자에게 세상을 해석하는 방법을 보여주는 것이다. 그 방법은 교수자가 미리 정해놓을 수는 없으며, 학습자와 함께 개발해 나가는 것이다. 의미는 경험에 기초하므로 학습을 위해 경험을 설계하는 것은 매우 중요하다. 개인이 한 아이디어를 이해하고, 그것을 사용할 수 있기 위해서는 필수적으로 그 아이디어가 포함되어 있는 경험이 제공되어야 한다.

실세계의 맥락

구성의 과정이 학교나 교실 밖으로 전이되기 위해서는 반드시 실세계의 맥락을 반영하는 풍부한 맥락 안에서 학습이 이루어져야 한다(Duffy & Jonassen, 1991; Winn, 1993). 구성주의적 관점에 의하면 정보를 실제 생활의 맥락과 분리시키는 것은 불가능하다. 하지만 현재 학교에서 제공되고 있는 경험은 실세계에서 접하는 경험과는 매우 다르며, 이것이 학교에서 배운 지식을 실세계에 적용하는 데 실패하는 가장 중요한 요인이다(Resnick, 1987).

촉진자
코치
수업설계

구성주의에 의하면 학습은 개인의 경험에 의한 의미를 구성하는 과정이므로 학습의 중심은 교수자가 아니라 학습자가 된다. 교수자는 학습자가 의미를 구성할 수 있도록 보조하는 보조자나 촉진자, 코치의 역할을 하며, 의미를 구성하는 방법을 보여주는 모델이 된다. 모든 학습환경은 학습자들이 문제를 해결하고, 의미를 구성할 수 있는 풍부한 환경을 제공해야 하며, 수업설계는 교수

활동보다는 학습자들의 문제 해결 활동과, 문제 해결을 도와줄 수 있는 환경을 설계하는 데 관심을 두게 된다. 이 환경에서 학습자들은 자신들이 구성한 의미를 적용하고, 사용함으로써 지식을 실제 문제에 전이할 수 있는 능력을 기르게 되는 것이다. 전이

〈표 5-1〉 객관주의와 구성주의의 차이 비교

	객관주의	구성주의
철학	세계는 우리의 경험과는 별도로 외부에 객관적으로 존재	세계는 인간의 해석. 우리가 경험하는 세계는 존재하나 그 의미는 인간에 의해 부여되고 구성되는 것임
교수	교수자에 의해 기존의 진리가 전달되는 것	학습자가 세상에 대한 의미를 구성하도록 보조, 지원하는 것 세계에 대한 의미 구성 방법을 보여주는 것
학습	외부의 절대적인 진리가 학습자의 내부세계로 전이되는 것	개인적인 경험에 근거해서 의미를 개발하는 능동적인 과정
수업설계	결정된 내용을 효과적으로 전달하는 것	학습이 일어날 수 있는 환경 설계
학습의 조건	절대적 진리 자체는 상황과 분리되어 가르칠 수 있음	어떤 사실과 기술도 그것이 사용되는 문제 상황과 독립적으로 해석될 수 없으므로 풍부하고 실세계를 반영하는 상황이 제공되어야 함
학습의 결과	모든 사람이 같은 이해에 도달	구성된 실제의 모습이나 의미는 개인에 따라 다름
수업의 중심	교수자	학습자
교수자의 역할	진리 전달자	학습 보조자, 학습 촉진자, 코치
주된 수업방법	강의식	문제 중심, 토의식, 발견학습

2. 인지적 구성주의 대 사회적 구성주의

구성주의는 지식 구성 과정에 영향을 주는 요소를 무엇으로 보느냐에 따라 다양한 접근이 존재하는데, 이들을 구별하는 기준의 하나가 인지적 구성주의와 사회적 구성주의이다. 이러한 구분의 기준은 지식을 구성하는 주요 요인으로 개인의 인지적 작용을 강조하느냐 혹은 개인이 참여하고 속해 있는 사회, 문화, 역사적 상황을 강조하느냐에 달려 있다. 인지적 구성주의는 개인이 지식을 구성해나가는 과정과 인지 작용에 주요 관심이 있는 반면에 사회적 구성주의는 개인에 의해 형성된 의미가 어떻게 사회, 문화적 지식을 형성하는가에 보다 관심이 있다. 두 접근은 기본적으로 지식이 개인적인 구성의 과정임은 인정하지만 그 구성에 영향을 미치는 주요한 요소로 인지적 구성주의는 개인의 활동을, 사회적 구성주의는 사회적인 상호작용을 강조하는 것이다. 이러한 인식의 차이는 결국 학습과 수업 방법에서도 차이를 가져온다.

인지적 구성주의

1) 인지적 구성주의

피아제(Piaget)

인지적 구성주의는 지식의 구성을 개인의 정신적 활동에 근거한다고 전제하는 것으로, 피아제(Piaget)의 인지발달이론에 그 이론적 근거를 두고 있다(강인애, 1995; Fosnot, 1992). 피아제는 인간의 인지 발달은 생물학적으로 결정되는 발달 과정의 틀 안에서 동화와 조절의 과정을 거치면서 능동적으로 발달해 간다고 보았다.

[그림 5-1] 피아제

평형(equilibrium)

피아제는 인간은 평형(equilibrium)을 유지하려는 본능을 가지고 있다고 가정하였다. 평형이란 외부세계에 대한 개인의 이해와 해석이 그가 가지고 있는 인지구조에 비추어 모순이 없을 때를 말한다. 만약 모순이 발견되어 인지적 혼란이 생기면 외부세계를 기존의 인지구조로는 이해하거나 해석할 수 없으며, 개인은 다시 평형을 이루기 위해 노력한다. 평형은 동화와 조절이라는 두 가지의 활동을 통해 유지된다. 동화(assimilation)란 새로운 정보 혹은 새로운 경험을 접할 때, 그러한 정보와 경험을 이미 자신에게 구성되어 있는 지적 도식[1](schema)에 적용시키려는 경향성을 의미한다. 이에 비해 조절(accomodation)이란 새로운 정보 혹은 새로운 경험을 인식하기 위해 기존의 도식을 수정하는 것이다. 피아제는 이러한 동화와 조절의 과정을 거쳐 인지 발달이 일어난다고 설명하였다.

동화(assimilation)

지적 도식(schema)

조절(accomodation)

피아제에 따르면, 학습이란 인지적 혼란이나 모순을 겪었을 때 동화와 조절을 통해 인지구조를 변화시키는 과정이며, 효과적인 교수·학습은 적절한 인지발달 단계에 맞는 자극이 주어질 때 발생한다. 따라서 인지적 갈등이나 모순은 지적 발달을 촉진하는 매개체가 된다. 동화와 조절의 과정은 인간이 수동적으로 지식을 전달받는 것이 아니라 인간이 스스로 능동적으로 정보를 내면화시킴을 보여준다. 인지적 구성주의는 이러한 인지적 활동이 지식 구성에 핵심적인 역할을 한다고 전제하고, 동화와 조절을 촉진할 수 있는 방법에 관심을 갖는다.

2) 사회적 구성주의

사회적 구성주의

[그림 5-2] 비고츠키

사회적 구성주의는 비고츠키(Vygotsky)의 심리발달이론에 기초를 두고, 학습에 영향을 미친 사회적 요소에 관심을 갖는다(Fosnot, 1992). 사회적 구성주의에서는 인간의 인지 발달과 기능은 사회적 상호작용이 내면화된 것으로 보고 있다. 아동은 자신의 세계를 스스로 구조화하고 이해하는 존재라고 생각한 피아제와는 달리 비

비고츠키(Vygotsky)

1) 우리가 세계를 이해하고, 반응하고 기능하기 위해 사용하는 지식이나 절차, 관계 등이 구조화된 형태

고츠키는 인지적 발달을 사회적인 상호작용의 결과로 보고 있다. 즉 그는 아동이 타인과의 관계에서 영향을 받으며 성장하는 사회적 존재임을 강조함으로써, 인간에 대한 이해에 있어서 사회·문화·역사적인 측면을 강조한다. 그에 따르면 인간의 정신은 독립적인 활동이 아니라 사회 학습의 결과이며, 학습은 사회적으로 맥락화된 지식을 자신의 시각에 의하여 내면화하는 과정이다. 이 과정은 동료들이나 주변 인물들과의 상호작용을 통하여 촉진된다.

근접 발달 영역 (Zone of Proximal Development)

그는 사회적 상호작용의 중요성을 아동의 '근접 발달 영역(Zone of Proximal Development)'을 통해 설명하고 있다. '근접 발달 영역'은 아동이 스스로 문제를 해결할 수 없지만 성인이나 뛰어난 동료와 함께 학습하면 성공할 수 있는 영역을 의미한다(Woolfolk, 1993). 비고츠키는 인지발달이 아동과 어른 혹은 더 능력 있는 동료들과의 상호작용을 통해 발생한다고 믿었다. 근접발달 영역에 속하는 아동에게는 구조화를 할 수 있는 단서를 제공하거나, 세부사항과 단계를 기억할 수 있도록 도움을 주고, 꾸준히 노력하도록 격려하는 것이 필요하다. 이러한 도움과 격려는 성인이나 더 능력 있는 동료들에게서 제공될 수 있다. 이 영역이 바로 가르침이 필요한 단계이며, 진정한 학습이 가능한 단계이다. 아동이 지적으로 성장하는 데 필요한 요소를 지원하는 도움을 스캐폴딩(scaffolding)이라고 하며, 이는 궁극적으로 아동이 자신의 힘으로 문제를 해결할 수 있는 단계에 도달할 때까지 제공되는 도움이나 보조를 의미한다.

스캐폴딩(scaffolding)

이 근접 발달 영역은 인지 발달이 사회적 상호작용의 결과로 발전한다는 사실을 강조하고 있으며, 아동의 인지발달에 교수자나 성인이 적극적으로 도움을 줄 수 있는 이론적 근거를 제공한다. 이러한 비고츠키의 이론은 인지적 도제(Brown et al., 1989; Rogoff, 1990), 합법적 주변참여(Lave & Wenger, 1991), 구성영역에서의 의미 협상(Newman, Griffin, & Cole, 1989) 이론 등으로 발전하였다.

인지적 도제
합법적 주변참여
의미 협상

사회적 구성주의와 인지적 구성주의 모두 학습과 발달의 과정에서 활동의 중요성을 인정한다. 그러나 인지적 구성주의는 개별 학습자의 활동을 우위에 두는 반면, 사회적 구성주의는 개인의 인지과정에 영향을 주는 사회·문화적 과정을 강조한다(Fosnot, 1992). 사회적 구성주의는 학습은 학생들이 문화적 실천에 공동으로 참여할 때 발생한다고 본다. 따라서 개인의 인지 과정이나 개념 구조보다는 학생들을 사회의 전문 활동에 참여시키고자 노력한다(Hanks, 1991). 사회적 구성주의

인지적 구성주의와 사회적 구성주의는 인지발달을 초래하는 상호작용의 본질에 대해서는 관점이 다르지만 중요한 공통점은 어떠한 상황이나 문화 속에서의 상호작용을 관찰하지 않고서는 개인의 인지구조를 완전히 이해할 수는 없다는 것이다(Fosnot, 1992). 또한 문화적 지식은 개별 구성원의 인지작용의 결과이다. 따라서 학습이란 결국 문화적인 실제에 참여하면서 타인과의 빈번한 상호작용을 통해 일어나는 문화화의 과정임과 동시에 자기 조직의 과정이라고 할 수 있다(Cobb et al., 1992). 이러한 측면에서 인지적 구성주의와 사회적 구성주의는 상호보완적이며, 사회적 구성주의는 지식은 전적인 개인의 경험에 의존하며, 모든 사람은 똑같은 이해에 도달할 수 없다는 극단적 구성주의의 한계점을 보완해 준다. 결국 구성주의 이론에 의하면 지식의 구성은 개인 내면의 인지 작용과 함께 사회·문화적인 상호작용이 통합적으로 이루어지는 역동적인 과정이라고 할 수 있다. 인지적 구성주의

3. 구성주의적 수업설계 원리

구성주의적 수업설계 원리

구성주의적 사고는 수업설계 원리에 많은 변화를 준다. 구성주의 이론은 교수·학습 과정뿐만 아니라 학습환경 설계에 여러 가지 대안들을 제시한다.

학습자 중심의 학습환경

1) 학습자 중심의 학습환경

구성주의에서는 학습이란 객관적으로 존재하는 지식이 전달되는 것이 아니라 개인의 경험에 의해 구성되는 과정이므로 학습의 주체는 학습자임을 강조한다. 구성주의에 의하면 유의미한 학습은 학습자들이 능동적으로 학습 과정에 참여하여 의미를 구성할 때 가능하다. 전통적인 수업에서는 교수자의 활동이 강조되는 반면에 구성주의에서는 학습자의 활동이 주된 관심의 대상이 된다. 학습자는 더 이상 주어진 내용을 그대로 받아들이는 수동적인 존재가 아니라 자신이 선택하거나 자신에게 필요한 영역에서 발생하는 문제를 능동적으로 해결하는 주체이다.

구성주의적 입장에서 수업설계는 수업의 과정을 구조화하는 것이 아니라 학습을 촉진하는 환경을 설계하는 것이다. 여기에서 환경은 지식 전달이 중심이 아니고, 실제와 같은 역동적인 상황과 문제가 제시되며, 다양한 관점을 개발할 수 있는 기회와 학습에 대한 안내가 주어지는 환경을 말한다. 교수자는 수업 전에 학습할 내용을 결정하고, 그 내용을 중심으로 가능한 한 학습자들이 참여할 수 있는 풍부한 연습의 기회를 준비해야 한다. 따라서 수업설계의 초점은 수업의 내용과 계열을 조직하는 것에서 학습자의 이해를 돕기 위한 환경을 설계하는 것으로 바뀌게 된다(Brown & Duguid, 1993).

실제적 과제와 맥락 강조

2) 실제적 과제와 맥락 강조

구성주의는 맥락에서 분리된 사실적 정보 대신에 지식이 사용되는 실제적인 과제와 맥락을 강조한다. 즉 지식은 실제로 사용되는 맥락과 분리되어서는 안 되고, 유의미한 학습이 이루어지기 위해서는 지식이 실제로 사용되는 맥락과 함께 제공되어야 한다는 것이다. 지식이 제공되는 맥락은 복잡하고, 비구조화된 실제 상황과 유사한 것이어야 하며, 그 속에서 학습자들이 다루는 과제도

실제적(authentic)이어야 한다. 학습자들은 일상생활에서 발견할 수 있는 실제적인 과제를 다룸으로써 과제를 쉽게 이해하고, 의미를 구성하며, 지식의 기능을 이해하게 됨으로써 실제 문제 상황이 생겼을 때 그 지식을 적용할 수 있게 된다. 이러한 맥락 안에서 학습이 이루어졌을 때 지식의 전이의 문제가 해결될 수 있다. 학습자들이 학교에서 배운 지식을 실제 문제 상황에 적용하지 못하는 이유는 바로 지식과 맥락을 분리하여 학습하였기 때문이며, 또한 지식이 적용되어야 하는 상황과 지식이 실제로 적용되는 방법을 학습하지 못했기 때문이다. 실제로 지식이 사용되는 맥락에서 실제적인 과제를 통해 학습할 때 지식을 실제 상황에 적용할 수 있게 되는 것이다.

3) 문제 해결 중심의 학습

문제 해결 중심의 학습

구성주의적 학습환경에서는 지식이 적용될 수 있는 문제를 중심으로 학습을 제공함으로써 문제 상황에 대한 이해와 관련 정보를 회상하는 능력, 문제 해결 과정에 대한 초인지적 능력, 전문가들이 실세계의 문제해결에서 경험하는 사고력을 촉진하고자 한다(Winn, 1993).

실생활에서 접할 수 있는 실제적인 지식은 대부분 문제 해결을 통해서 이루어진다. 문제 상황은 학습자의 학습동기를 유발하고, 관련 지식들을 점검하고, 습득하게 하며, 지식의 적용을 유도한다. 구성주의에서 문제 해결을 통한 학습에 대해 큰 관심을 보이는 이유는 문제가 학습자의 흥미를 유발하고, 유지하는 기능을 하기 때문이다(Schank, 1992). 문제는 학습자의 기존 경험이나 인지구조와 상충되는 특성이 있다. 즉 기존의 인지구조나 경험으로는 주어진 문제가 이해되지 않으며, 더 나아가서 문제에 적절한 해결안을 도출할 수 없게 된다. 여기서 학습자는 흥미, 관심, 그리고 목표의식이 생기게 되며 학습의 과정에 보다 적극적이고 주도적으로 참여하게 된다. 문제 상황에서는 학습자가 학습의 중심이 되고, 문제를 해결하기 위한 다양한 전략들을 도출하게 된다.

따라서 문제 해결 중심의 학습 방법은 구성주의적 아이디어를 적용하기에 가장 적합한 방법으로 인식되는 것이다.

교수자 역할-코치, 촉진자

4) 교수자 역할-코치, 촉진자

구성주의적 접근에 따른 교수자의 역할은 전통적인 수업에서의 역할과 전혀 다르다. 구성주의에 의하면 교수자는 학습자가 의미를 구성하는 과정을 도와주는 보조자나 촉진자가 되어야 한다(Bednar et al., 1991; Duffy & Jonassen, 1991; Winn, 1993). 교수자는 단순히 지식을 전달하기보다는 학습자의 흥미를 유발하고, 질문을 유도하며, 지속적인 피드백과 도움을 제공함으로써 학습자 스스로 문제를 해결해 나갈 수 있도록 도와야 한다. 이러한 보조자와 촉진자의 역할은 직접적인 강의에 비해 많은 시간과 노력을 요구하므로 교수자들에 대한 여러 가지 보조 자료와 지원이 제공되어야 한다.

협동학습의 강조

5) 협동학습의 강조

사회적 구성주의에 의하면 개인은 사회와 독립적으로 존재하는 것이 아니라 끊임없이 사회와 문화의 영향을 받기 때문에 학습에서 사회적 상호작용의 역할이 중요해진다. 따라서 구성주의적 학습환경에서는 협동학습이 강조된다. 협동학습을 통한 공동체와의 상호작용은 개인의 지적 발달을 촉진시켜준다. 공동체 내에서 서로 아이디어를 공유할 때, 개인은 다양한 관점을 접하게 되고, 때로는 모순과 불일치를 경험하게 된다(Fosnot, 1992). 이러한 다양성과 불일치를 통해 개인은 인지적 도전을 받게 되며, 자신의 관점을 재해석하거나 변형하게 된다. 또한 타인의 입장에서 좀 더 반성적인 사고를 하며, 공유된 의미를 갖고자 노력하게 된다. 이러한 관점에서 공동체 내에서의 상호작용은 반성적 사고를 유발하고, 학습을 촉진하게 된다.

6) 평가의 의미 및 원리 변화

평가의 의미 및 원리 변화

구성주의적 아이디어는 평가의 전통에 대해 근본적인 변화를 요구한다. 구성주의적 학습환경은 개인의 인지 과정과 지식의 전이에 초점을 두므로 평가도 학습자들의 역동적인 학습과정과 지식의 전이를 반영해야 한다(McLellan, 1993).

학습과정
지식의 전이

전통적인 평가는 주로 학습의 결과에 초점을 두었지만 구성주의에서의 평가는 학습의 결과뿐만 아니라 학습의 과정도 중시하게 된다. 구성주의에서의 학습은 현실 세계와 같은 복잡한 문제 상황에서 이루어지므로 학습 목표 달성을 위해서 문제 해결 과정 속에서 자연스럽게 평가가 이루어지게 된다. 따라서 구성주의적 학습환경에서는 평가가 학습과 분리된 전통적인 수업과는 달리 평가가 문제 해결 자체에 자연스럽게 포함되며 학습결과뿐만 아니라 학습의 과정까지 반영하게 된다. 또한 평가의 초점은 주로 국지적이고 가까운 전이의 과제에서 문제 해결과 보다 복잡한 전이의 과제로 이동되어야 한다.

제2절 학습자 중심 학습환경설계 모형

여기에서는 구성주의 아이디어를 수업설계에 적용할 수 있는 대표적인 모형으로 조나센(Jonassen)의 '구성주의 학습환경(Constructivist Learning Environment: CLE) 설계 모형'을 살펴보고자 한다. 구성주의적 접근에 의하면 학습은 외부에서 전달된 지식을 습득하는 것이 아니라 학습자 개인이 경험을 통해 세계를 이해하고 해석하는 것이다. 따라서 수업설계는 이러한 학습을 촉진하기 위한 학습자 중심의 학습환경을 개발하는 것이며, 조나센(1999)의 모형은 이러한 환경을 어떻게 설계해야 하는지를 보여주고 있다.

조나센(Jonassen)
구성주의 학습환경
설계 모형

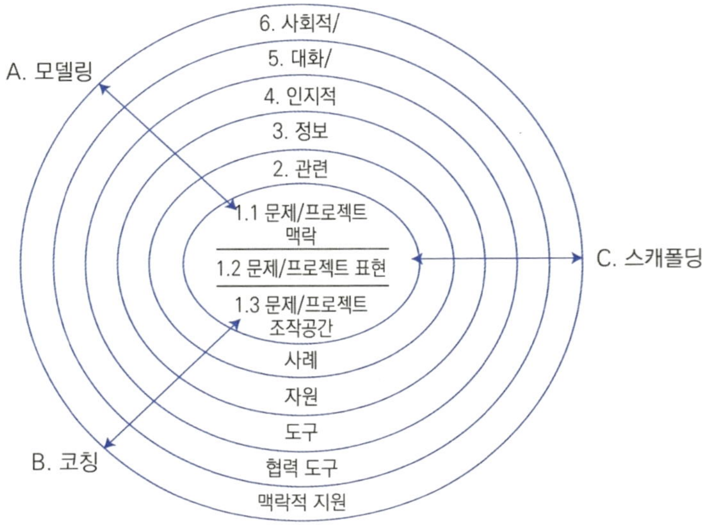

구성주의 학습환경설계 모형

[그림 5-3] 구성주의 학습환경설계 모형(Jonassen, 1999, p. 218)

[그림 5-3]은 구성주의 학습환경설계 모형의 핵심요소를 보여주고 있다. 구성주의 학습환경설계 모형은 '질문/문제/또는 프로젝트'를 중심으로 하고 있으며, 그 주변으로 다양한 지원체제로 구성되어 있다. 학습자의 주요 목표는 문제를 해결하거나 프로젝트를 완성하는 것이고, 이러한 목표를 달성하기 위해 관련 사례나 자원, 도구들이 지원되고 설계되어야 한다는 것이다. 각 핵심 요인들의 특징을 구체적으로 살펴보면 다음과 같다.

질문 문제 프로젝트

1) 질문 · 문제 · 프로젝트

모든 구성주의 학습환경은 학습자가 해결해야 하는 질문이나 문제, 프로젝트가 중심이 된다. 문제가 예로 사용되는 객관주의적 수업과는 달리 구성주의 학습환경에서는 문제가 학습을 주도한다. 구성주의 학습환경은 질문 기반, 주제 기반, 사례 기반, 프로젝트 기반, 또는 문제 기반 학습을 지원하도록 구성될 수 있다. 문제 기반 학습은 불분명하거나 논쟁의 여지가 있는 문제의 해답을

문제 기반 학습

찾게 하는 것으로 시작하는 것이고, 사례 기반 학습은 학생들이 사례를 요약하고, 분석하면서 필수적인 지식과 기술을 습득하게 하는 방법이다. 프로젝트 기반 학습은 상대적으로 장기적이고, 통합된 수업단위에 사용되며, 학습자들은 여러 사례로 구성된 복잡한 프로젝트에 참여하게 된다. 사례 기반, 문제 기반, 프로젝트 기반 학습은 복잡성의 정도는 다르지만 모두 활동적, 구성적, 실제적 학습이라는 공통점을 가지고 있다. 여기에서 사용되는 문제들은 비구조적(ill-structured)이고 정답이 한정되지 않은(ill-defined) 문제이어야 한다.

사례 기반 학습

프로젝트 기반 학습

비구조적

구성주의 학습환경에서 사용되는 문제에는 다음의 세 가지 요소들이 포함되어야 한다.

가. 문제 맥락(problem context): 문제를 표현할 때 문제의 맥락에 대한 설명이 제시되어야 한다. 문제 맥락은 크게 수행환경에 대한 맥락과 수행자와 관련된 맥락으로 나눌 수 있다. 수행환경에 대한 맥락은 문제를 둘러싼 물리적, 사회문화적, 조직적 환경에 대해 서술하는 것을 말한다. 예를 들면, 문제가 발생한 상황, 일시, 장소 등이 해당된다. 수행자와 관련된 맥락은 관련된 사람들의 가치, 믿음, 사회문화적 기대, 관행 등에 대한 정보를 말한다. 예를 들면, 문제 상황에 있는 주인공의 직업, 배경, 과제 등에 대한 정보가 해당될 수 있다. 이런 정보들은 이야기의 형식이나 참가자들과의 인터뷰 형식으로 제시될 수 있다.

문제 맥락
(problem context)

나. 문제 표현(problem representation): 문제 표현은 학습자의 관심을 끌면서 학습자가 문제를 매력적으로 느끼고, 몰입할 수 있게 문제를 제시하는 것을 말한다. 문제를 제시하는 효과적인 방법은 이야기 형식으로 제시하는 것이다. 이야기는 텍스트로 제시될 수도 있고, 음성이나 비디오로 제시될 수도 있다. 이때 제시되는 문제는 실제적(authentic)이어야 한다.

문제 표현
(problem representation)

다. 문제 조작공간(problem manipulation space): 유의미한 학습이 발생

문제 조작공간
(problem manipulation space)

하기 위해서는 학습자들이 사물을 조작하고 환경과 상호작용할 수 있는 활동에 참여해야 한다. 문제 조작공간은 학습자가 환경을 조작하는 데 필요한 대상, 신호, 도구를 제공함으로써 정확히 그런 활동의 기회를 제공하는 것을 말한다. 문제 조작공간은 학습자들이 물체를 변화시킴으로써(혹은 시뮬레이션) 자신이 한 조작의 효과를 검증할 수 있게 하거나, 문제에 대한 자신의 해결안을 지지하기 위한 논리적인 증거를 제시하도록 하는 것이 될 수 있다.

관련 사례

2) 관련 사례

인지 모형(mental model)

어떤 문제를 이해하기 위해서는 문제를 경험하고 문제에 대한 인지 모형(mental model)을 구성해야 한다. 인지 모형은 어떤 사물이나 현상이 현실 세계에서 어떻게 작동하는지를 설명하는 사고과정을 말한다. 예를 들면, 수요와 공급은 경제가 어떻게 작동하는지를 이해하는 데 도움을 주는 인지 모형이다. 인지 모형은 학습자의 인지와 추론, 결정에 영향을 주며, 학습자들은 사례를 통하여 문제에 내재되어 있는 논점을 이해하게 된다. 관련 사례는 학습자가 이러한 인지 모형을 형성하는 데 도움을 주고 다른 관점과 해석을 제공해 줌으로써 학습자의 인지적 유연성을 길러준다.

정보 자원

3) 정보 자원

정보는 학습자가 문제를 확인하고 가설을 설정하는 데 필요하다. 구성주의 학습환경을 설계할 때는 학습자들이 문제를 이해하기 위해서 어떤 정보가 필요한지를 결정하고, 필요한 정보를 시기적절하게 제공해야 한다. 이러한 정보는 텍스트, 그래픽, 음성, 비디오, 애니메이션 등 다양한 형태로 제시될 수 있다.

4) 인지 도구

인지 도구

구성주의 학습환경에서는 새롭고 복잡한 과제들이 제공되고, 학습자 스스로 문제를 해결해야 하기 때문에 학습에 어려움을 겪을 수 있다. 이때 학습자들의 수행을 도와주기 위해 인지 도구를 활용할 수 있다. 인지 도구란 학습자들이 생각을 시각화하거나 조직하는 것을 도와주기 위해 개발된 컴퓨터 소프트웨어들을 말한다. 이들 인지 도구는 시각화 도구, 모델링 도구, 수행지원 도구, 검색 도구 등 다양한 형태가 포함된다.

시각화 도구
모델링 도구
수행지원 도구
검색 도구

5) 대화와 협력 도구

대화와 협력 도구

구성주의 학습환경에서 문제해결은 팀 기반으로 이루어지는 경우가 많다. 이상적인 팀 기반 학습을 위해서는 학습자들이 협력해서 사회적으로 공유된 지식을 구성할 수 있는 도구를 지원해야 한다. 다른 사람들과 정보를 공유하고 지식을 구축할 수 있도록 돕는 도구로는 온라인 게시판, 이메일, 채팅, 소셜 미디어 등이 있다. 또한 학습자들의 협력적 지식 구성을 위해 지식 공동체 또는 학습 공동체의 형성을 육성하고 지원할 수 있다.

소셜 미디어
학습 공동체

6) 사회/맥락적 지원

사회/맥락적 지원

사회/맥락적 지원은 구성주의 학습환경을 성공적으로 실행할 때 고려해야 하는 환경적 요소를 의미한다. 혁신이 실패하는 대부분의 원인은 혁신이 적용되는 환경적, 맥락적 요인들을 수용하지 않기 때문이다. 혁신이 성공하기 위해서는 혁신이 실행되는 환경의 물리적, 조직적, 문화적인 측면을 고려해야 한다. 따라서 구성주의 학습환경이 성공하기 위해서는 그것이 실행될 수 있는 물리적 환경을 지원하고, 교수자와 학습자가 우호적인 태도를 가지고 학습을 할 수 있도록 훈련하는 것이 필요하다.

7) 학습지원을 위한 교수활동

구성주의적 학습환경 모형에서 학습자들의 수행을 지원하기 위해 교수자가 제공해야 할 교수활동은 다음과 같다.

모델링(modeling)

A. 모델링(modeling)

모델링은 구성주의 환경에서 학습자들이 가설을 설정하고 학습 대상을 탐색하는 학습 활동 초기에 유용한 전략이 될 수 있다. 모델링은 외현적 행동에 대한 행동모델링과 내재적 인지과정에 대한 인지모델링의 두 가지로 분류할 수 있다. 행동에 대한 모델링은 바람직한 수행의 사례를 보여 주는 것으로 수행에 포함되는 세부 활동과 의사결정 과정에 대한 정보를 제공해 주는 것이다. 인지과정에 대한 모델링은 전문가가 과제 수행 시 사용하는 추론과 의사결정을 위한 인지과정을 보여주는 것이다. 예를 들면, 교수자가 시연을 보이면서 생각을 소리 내어 말하거나 중요한 행동이나 과정에 대한 단서를 설명하는 것을 통해 모델링을 제공할 수 있다.

코칭(coaching)

B. 코칭(coaching)

모델링이 전문 수행자의 수행에 초점을 맞춘다면 코칭은 학습자의 수행에 초점을 둔다. 코칭은 개인이 학습을 하거나 과제를 수행하는 동안 그들을 관찰하고 돕는 것을 말한다(Brandt, Farmer, & Buckmaster, 1993). 이를 위해 코칭은 학습자에게 동기를 부여하고, 학습자의 수행을 분석하며, 피드백을 제공하고, 학습 내용에 대한 반성적 사고와 명료화를 유도한다.

스캐폴딩(scaffolding)

C. 스캐폴딩(scaffolding)

모델링과 코칭에 비해 스캐폴딩은 과제, 환경, 교수자에 초점을 맞추며 학습자를 지원하는 보다 체제적인 접근이다. 스캐폴딩은 학습자가 자신의 능력

이상의 과제를 수행할 있도록 지원하기 위한 방법이다. 코칭이 학습자의 과제 수행에 초점을 두는 반면 스캐폴딩은 수행되는 과제의 특성에 초점을 둔다. 따라서 스캐폴딩은 1) 학습자에 맞는 과제 난이도 조절하기, 2) 부족한 사전지식을 보완할 수 있도록 과제 재구성하기, 3) 기존과는 다른 평가의 기회 제공하기와 같은 형태로 제공될 수 있다. 이러한 도움은 학습자가 스스로 과제를 수행할 수 있는 단계가 되면서 점차 소멸되어야 한다.

구성주의 학습환경설계 모형은 학습자의 의미구성을 촉진하기 위한 학습환경을 구성하기 위해서 학습과제, 물리적 도구 및 환경을 어떻게 설계하고, 교수자는 어떠한 역할을 해야 하는지에 대한 개괄적인 지침을 제공한다. 그러나 이러한 요소를 고려한 학습자 중심 수업을 준비하기 위해서는 좀 더 구체적인 방법에 대한 정보가 필요하다.

구성주의 학습환경에서 중요한 학습과제(문제/사례/프로젝트)를 설계하고 활용하는 방법은 6장에서 별도로 다루도록 하고 이 장에서는 학습자 중심 학습에서의 평가 방법과 물리적 학습환경 및 테크놀로지를 이용한 지원환경 설계에 대해 좀 더 구체적으로 살펴보고자 한다.

제3절 학습자 중심 수업 평가설계

1. 학습자 중심 수업 평가의 특징

학습자 중심 수업 평가

구성주의

구성주의 원리에 기초한 학습자 중심 수업에서는 전통적인 교수자 중심 수업과는 근본적으로 다른 학습 과정과 학습결과를 요구하므로 평가의 목적과 방법도 달라져야 한다. 학습자 중심 수업에서의 평가는 다음과 같은 몇 가지 주요 원리를 반영해야 한다(Choi & Hannafin, 1997).

1) 학습자 중심 수업에서 중요한 목적은 지식을 재구성하고, 그 지식과 기능을 관련된 문제에 유연하게 적용하는 것이다. 따라서 평가는 정형화된 지식의 회상이 아니라 고차적 사고능력의 유연성을 강조해야 한다. 평가는 학생들의 사고를 촉진하고, 새로운 상황에 대한 지식의 적용을 요구하며, 자신 및 다른 사람들의 학습 결과에 대해 의사소통하는 능력을 촉진해야 한다.

고차적 사고능력

2) 학습자 중심 수업에서의 평가는 다양한 기준을 반영해야 한다. 학습자의 사고를 이해하기 위해서는 학습자들이 문제해결에 사용하는 전략과 상황을 이해하고, 학습자들이 직접 문제에 대해 가능한 해결책을 만들어내는지, 그 해결책에 대해 논리적으로 정당화할 수 있는지를 관찰할 수 있어야 한다. 따라서 평가는 학습자의 사고와 행동 또는 수행과 관련된 다양한 기준과 표준을 포함하는 다면적인 과정이 되어야 한다.

다양한 기준

3) 학습자 중심 수업에서의 평가는 단순히 최선의 정답을 요구하기보다는 아이디어의 생성과 계획, 수행과 같은 문제해결 과정의 표현을 강조해야 한다. 즉, 학습자 중심 수업에서의 평가는 정답의 선택이 아니라 지식이나 기능을 적용하여 새로운 것을 만들어 내도록 요구해야 한다.

문제해결 과정

4) 평가는 학습 과정에 통합되어야 하고 실제적이어야 한다. 평가는 실제적인 과제에 참여할 때 자연적으로 발생한다. 문제가 해결되었다는 것은 관련된 지식과 기능을 적절하게 사용하고 적용했다는 것을 의미하므로 평가는 문제해결과 분리된 것이 아니라 문제해결 과정에 내재된 것이다. 따라서 평가는 수업이 이루어진 후 발생되는 분리된 활동이나 최종적인 활동이 아니라 학습의 과정에 통합되어야 한다. 이로 인해 결과적으로 평가는 일회적이 아니라 지속적이고 내재적인 과정이 된다.

실제적

학습의 과정에 통합

2. 과정 중심 평가

과정 중심 평가

구성주의적 관점이 반영되어 최근 학교 현장에서 적용되고 있는 평가 방법의 하나가 과정 중심 평가이다. 이에 여기에서는 과정 중심 평가의 개념 및 설계 방법을 살펴보고자 한다.

1) 과정 중심 평가의 정의

과정 중심 평가의 정의

과정 중심 평가는 과정 평가와 결과 평가를 모두 아우르는 개념으로, 기존에 주로 시행되어 온 결과 중심 평가에 비해 학생의 학습 과정에서의 평가를 좀 더 강조하고자 하는 의미를 담고 있다(한국교육과정평가원, 2018). 또한 과정 중심 평가는 교육과정의 성취기준에 기반한 평가 계획에 따라 교수학습 과정에서 학생의 변화와 성장에 대한 자료를 다각도로 수집하여 적절한 피드백을 제공하는 평가이다.

과정 중심 평가의 주요 특징을 정리하면 다음과 같다(한국교육과정평가원, 2017; 김대현, 김석우, 2020).

가. 과정 중심 평가는 평가의 패러다임 확장이다. 기존의 평가는 학습결과에 대한 의사결정을 강조하는 '학습결과에 대한 평가(assessment of learning)'인 데 비해 과정 중심 평가는 평가 자체가 학습의 한 과정으로서 학생 스스로의 진단과 성찰 활동으로 연계되는 '학습으로서의 평가(assessment as learning)'와 학습의 개선에 초점을 둔 '학습을 위한 평가(assessment for learning)'로 확장됨을 의미한다.

학습결과에 대한 평가 (assessment of learning)

학습으로서의 평가 (assessment as learning)

학습을 위한 평가 (assessment for learning)

과정 중심 평가는 평소 수업과 연계된 평가를 지향한다. 즉 학생의 학습과정과 수행과정을 모두 평가 대상에 포함시키며, 평가 결과를 다시 학습을 위한 도구로 활용한다. 따라서 수업 중 가르친 내용을 단순히 점검만 하는 것이 아니라, 학습활동을 적극적으로 유도하고 학생에게 맞춤형 피드백을 제공함으로써 학생의 성장과 발달을 돕고자 하는 시도이다.

문제해결 과정에 중점

나. 과정 중심 평가는 결과와 함께 과정을 중시하는 평가이다. 과정 중심 평가는 학생이 지식을 알고 있는지에 대한 여부를 평가하는 결과 중심적인 평가와 대비하여 학생의 문제해결 과정에 중점을 둔다. 또한 인지적 영역만이 아니라 정의적 영역까지 모두 평가할 수 있는 수행을 통해 학생이 가지고 있는 지식, 기능, 태도 등의 능력을 평가하는 방법이다.

교육과정-수업-평가의 연계

다. 과정 중심 평가는 교육과정-수업-평가의 연계를 추구한다. 교육과정의 성취기준에 의해 수업 및 평가를 수행하고 수집된 다양한 자료를 통해 학생에게 상시적인 피드백을 제공한다. 수업과 평가의 연계는 시간과 내용의 연계를 모두 의미한다. 시간적 연계는 평가를 수업의 한 부분으로 포함하여 진행한다는 의미이다. 중간·기말고사처럼 평가를 위한 시간을 별도로 운영하지 않고 평가가 수업과정에서 함께 이루어진다. 내용적 연계는 수업내용과 평가의 연계를 의미한다. 예를 들면, 수업에서 토론이 이루어지는 경우 기존의 수업에서는 토론이 끝난 후 토론의 정의, 방법 등 이론에 대해 별도의 시험이 이루어졌다면 과정 중심 평가에서는 수업 중 토론을 하는 과정에서 평가가 이루어지는 것이다. 과정 중심 평가의 특징을 기존의 결과 중심 평가와 비교하면 〈표 5-2〉와 같다.

〈표 5-2〉 결과 중심 평가와 과정 중심 평가

결과 중심 평가와 과정 중심 평가

	결과 중심 평가	과정 중심 평가
평가목표	• 선발, 분류, 배치 • 학습자의 최종적인 성취기준 달성 정도 평가	• 지도, 조언, 개선 • 학습자 피드백을 위한 정보를 다각도로 수집
평가방향	• 학습에 대한 평가 • 학습의 결과 중시	• 학습을 위한 평가/학습으로서의 평가 • 학습의 결과 및 과정 중시
평가방법	• 지필평가 중심 • 정기평가 • 교수자 중심의 평가	• 지필평가, 수행평가 등 다양한 방법 적용 • 수시평가 • 교수자평가, 동료평가, 자기평가 등 평가 주체자의 다양화
교수 · 학습	• 인지적 성취 영역 위주 • 교수자 중심	인지적, 정의적 특성 영역 학습자 중심
결과 활용	• 피드백의 부재	• 즉각적이며 수시적인 피드백

출처: 김대현, 김석우(2020), p. 337

2) 수행평가

학습자 중심 수업을 위한 평가는 학습 과정과 학습 전략의 개선, 학습 태도 등 다양한 측면을 평가하기 때문에 기존의 표준화된 평가와는 다른 평가 방법을 필요로 한다. 이러한 특징을 반영하는 대표적인 평가 방법으로 수행평가를 들 수 있다.

수행평가
(performance assessment)

수행평가(performance assessment)는 원래 행동특성을 평가하기 위하여 예체능 분야에서 주로 사용하던 평가방법으로 학습한 지식이나 기능을 얼마나 잘 수행하느냐를 판단하는 평가방법이다(성태제, 2010). 수행평가는 일반적으로 관찰에 의존해서 수행의 과정과 결과를 종합적으로 판단하므로 학습자에게 학습한 지식이나 기능을 사용하는 과제를 수행하게 하거나 그를 활용한 산출물을 만들어내도록 요구한다(Choi & Hannafin, 1997).

좋은 수행평가는 실세계의 상황에서 기대되는 것과 유사한 역할을 수행하도록 요구해야 하고 실세계의 다양한 측면을 동시에 측정할 수 있어야 한다. 예를 들면, 과학에서의 평가는 실험기구의 취급, 가설 검증을 위한 실험의 설계, 실험 결과에 대한 논리적 해석 등 다양한 요소로 구성될 수 있다. 이러한 수행평가를 통해 학습자들은 광범위한 능력을 시연할 기회를 갖게 된다.

수행 과제

수행평가는 지식이나 기능에 의한 정답 여부에만 관심이 있는 것이 아니라 수행과정과 그 결과를 총체적으로 파악한다. 따라서 수행 과제는 단순한 지식의 회상이 아니라 적용을 요구하는 것이어야 하며, 학습자의 수행 과정이 드러나야 한다(Bergen, 1993; 교육부 · 한국교육과정평가원, 2017). 수행의 과정에는 학생의 사고과정, 문제해결 과정, 모둠활동 과정, 성장과정 등 다양한 측면이 있을 수 있다.

수행평가 방법

수행평가 방법은 평가 주체와 평가 활동에 따라 다양한 유형으로 구분될 수 있다(강대일, 정창규, 2019; 교육부 · 한국교육과정평가원, 2017). 평가 주체에 따라 자기평가, 동료평가, 교수자 평가, 평가 활동에 따라 구술, 면접, 실험 · 실습, 토의 · 토론, 프로젝트, 포트폴리오 등으로 분류될 수 있다(〈표 5-3〉 참고). 어떠한 유형의 수행평가를 적용할 것인가는 학습목표와 과제의 유형에 따라 선택하게 된다.

수행평가의 분류

〈표 5-3〉 수행평가의 분류

분류 기준	평가 방법	
평가 주체	자기 평가, 동료 평가, 교수자 평가	
평가 영역	지식, 기능, 가치 · 태도	
평가 활동	실기형	구술, 면접, 토의 · 토론, 실험 · 실습, 역할극 등
	산출물	프로젝트, 포트폴리오, 보고서, 논술 등

3) 루브릭

가. 루브릭의 정의

루브릭(rublic)이란 학습자가 과제를 수행하면서 보이는 반응을 평가자가 관찰하거나 그 수준에 대한 판단을 내릴 때 사용하는 수행기준을 의미한다(Arter, 1994). 일반적으로 수행평가는 관찰과 판단에 의한 평가이기 때문에 명확한 평가 기준이 제공될 필요가 있다. 이때 수행 결과를 평가하기 위해 제공되는 서술식 채점척도가 루브릭이다. 루브릭(rublic)

루브릭은 수량화된 점수로 표시되는 전통적인 평가 방법과 달리 다음과 같은 특징이 있다(김영천, 2016). 첫째, 평가 준거(criteria)가 세부적으로 제시된다. 예를 들면, 글쓰기 능력을 평가하는 경우 훌륭한 글쓰기가 갖추어야 하는 준거로 글의 조직, 결론 도출, 맞춤법, 흥미도 등이 준거가 된다. 둘째, 학습 결과는 점수가 아니라 단계로 표현된다. 학습자의 수행 결과가 점수로 표현되는 것이 아니라 1·2·3, 상·중·하와 같은 단계로 표현된다. 이 경우 일반적으로 1은 가장 낮은 수준을, 3은 가장 높은 수준을 의미한다. 셋째, 각 단계에는 학습자의 수행이 갖는 질적인 특징을 서술적으로 설명해 놓은 진술문(descriptors)이 제시된다. 이 진술문은 평가자가 정확하고 객관적인 판단을 내릴 수 있도록 관찰 가능하고, 측정 가능한 증거나 용어, 행동으로 진술된다. 이 진술문이 자세히 만들어질수록 점수로 표현되기 어려운 학생의 수행의 특징을 측정하는 데 도움을 준다. 평가 준거(criteria) 진술문(descriptors)

루브릭은 평가의 내용을 상세화함으로써 평가자가 학습자의 수행 과정 혹은 수행 결과를 정확히 평가하는 데 도움을 준다. 그러나 또한 학습자들에게도 상세한 평가 준거를 제공함으로써 학습자의 자기조절 능력을 길러 줄 수 있다. 학습자는 평가 이전에 자신이 어떻게 평가를 받을 것인지 알고 있기 때문에 평가 준거에 비추어 스스로 과제나 평가 상황을 준비할 수 있다. 또한 평가 이후에도 자신이 어떤 성취를 하였으며, 어떤 수준에 있는지를 이해할 수 있기 때문에 루브릭이 효과적인 피드백의 도구가 된다. 이를 통해 학습자는 다음에 수행을 어떻게 개선해 나가야 하는지, 자신에게 무엇이 필요한지를 판단할 수 있다.

피드백의 도구

루브릭 설계 방법

나. 루브릭 설계 방법

루브릭은 일반적으로 (1) 과제제시, (2) 성취단계, (3) 평가요소, (4) 평가 준거의 4개의 기본적인 요소로 구성되어 있다(김영천, 2016).

과제제시

(1) 과제제시: 기본적으로 학생들이 수행해야 할 과제를 제시한다.

성취단계

(2) 성취단계: 성취단계는 주어진 과제들을 얼마나 잘 해결하였는지를 몇 가지 수준(3~5)으로 구분하는 것이다. 성취단계는 1, 2, 3과 같이 숫자로 표현될 수도 있고 수준을 구별할 수 있는 용어(예: 우수, 보통, 기초 또는 훌륭한, 능숙한, 중간의, 초보의)로 표현될 수도 있다.

평가요소

(3) 평가요소: 과제가 어떤 구성요소로 세분화될 수 있는지를 구분할 수 있다. 예를 들면, 지식, 기능, 태도와 같은 수행의 영역으로 표시할 수도 있고 종합적인 성취도를 판단하기 위한 세부과제 요소(주제의 적합성, 토론 활동 등)로 구분할 수도 있다.

평가 준거

(4) 평가 준거: 각 평가요소별 성취단계의 평가 기준을 개발한다. 즉 평가요소의 세부과제별로 성취수준을 달성하기 위해서는 어떤 행동을 나타내야 하는지 행동 준거를 기술하는 것이다.

〈표 5-4〉 루브릭 설계 사례 1

과제: 문제 상황에 맞는 토의 주제를 정하고 해결 방안 모색하기			
평가요소	**우수**	**보통**	**기초**
주제의 적합성	공동의 문제 상황에서 여러 가지 해결 방안이 제시될 수 있는 적절한 토의 주제를 정하였다.	토의 주제가 공동의 문제가 아니거나 여러 가지 해결 방안이 나올 수 없는 토의 주제를 정하였다.	적절한 토의 주제를 정하지 못하였다.
토론 활동	문제 상황과 관련 있는 해결방안을 적절한 이유와 함께 제시하였다.	토론에서 자신의 역할을 알고, 수행하였다.	문제 상황에 맞는 해결 방안을 제시하지 못하였다.
참여도	서로의 의견을 듣고, 메모하면서 최선의 해결방안을 찾기 위해 노력하였으며, 서로를 배려하고 존중하면서 토의에 적극적으로 참여하였다.	해결 방법을 찾기 위해 서로를 배려하고 존중하면서 토의에 참여하였다.	토의에 참여하였으나 적극성이 부족하였다.

출처: 강대일, 정창규(2019)

〈표 5-5〉 루브릭 설계 사례 2

발표자료 평가표			
평가요소	**훌륭함**	**적절함**	**미흡함**
내용	중요한 정보가 모두 포함되며, 상세한 설명이 제공된다.	중요한 정보가 포함되었으며, 비교적 상세한 설명이 제공된다.	중요한 정보가 빠져 있으며, 상세한 설명이 부족하다.
의사소통	발표가 논리적이며 설득적이다.	발표의 핵심이 명확하지만 설득력이 부족하다.	발표의 핵심이 명확하지 않고 설득력이 부족하다.
매체 자료	발표 내용과 자료가 연계되고 잘 제작되었다.	잘 제작되었지만 발표 내용과 잘 통합되지 못했다.	자료가 이해를 증진시키지 못하고 혼란을 주었다.
발표력	발음이 명확하고 이해하기 쉬웠으며, 동작과 표정이 자연스러웠다.	발음은 이해하기 쉬웠으나 동작과 표정이 부자연스러웠다.	발음이 이해하기 어렵고 동작과 표정이 부자연스러웠다.

출처: 김영천(2016).

제4절 학습자 중심 학습지원환경설계

학습지원환경설계

1. 학습지원환경설계의 중요성

공간 및 기자재 구성

학습자 중심 교육이 효과적으로 운영되기 위해서는 전통적인 교실과는 다른 공간 및 기자재 구성이 필요하다. 학습자가 중심이 되어서 다양한 형태의 참여가 이루어지기 위해서는 기존 교실의 책상과 의자 배치 방식을 벗어나야 한다. 예컨대, 특정 교과 수업만이 실행되는 전담 교과교실의 사회과 탐구식 수업에서([그림 5-4] 참조) 팀별 문제 해결 활동을 진행하기 위해서는 4~5명의 학생들이 벌집 형태의 이동형 책상을 조합하여 한 팀을 구성하게 된다. 또한 인터넷에 접속되는 노트북이나 태블릿 PC가 팀별로 제공된다(임철일, 홍현미, 최소영, 2010). 학교에 따라서 주어진 여건에 차이가 있겠지만, 기본 공간 및 기자재를 바탕으로 추가적인 설계와 장비의 효과적 활용이 가능하다. 대부분의 학교는 인터넷 접속이 가능한 일반 교실, 실습과 체험 등이 가능한 특수 공간 및 다양한 디지털 기자재를 활용할 수 있는 몇 개의 교과 교실들을 가지고 있다. 이런 상황은 교사로 하여금 교실 공간의 구성과 기자재 활용 방식에 대하여 한층 체계적인 준비를 요구한다. 왜냐하면 주어진 공간과 기자재를 바탕으로 변형 및 추가를 할 경우 효과적인 활용이 가능하기 때문이다.

[그림 5-4] 전형적인 사회과 교과 교실

이 사회과 교과 교실에서 학습자 참여형 탐구 수업이 운영된다. 4~5명의 학생이 한 그룹을 구성하여 교사의 지도하에 노트북에 연결된 인터넷을 통하여 탐구 문제를 해결하고, 그 결과를 발표하게 된다. 노트북 이외에 별도의 모니터가 하나씩 추가되어, 그룹의 다른 학생들이 자료를 공유할 수 있게 되어 있는 것이 특징이다.

학습자 중심 교육을 위한 학습지원환경은 크게 교실 및 학교 공간을 어떻게 구성할 것인가와 기자재를 어떤 식으로 준비할 것인가로 구성된다. 교실 및 학교 공간은 교사와 학생들에게 기본적으로 주어진다. 그러나 학습자 중심 교육이 강조되면서 학습자의 흥미를 유지하고 참여를 유도하는 교실 및 학교 공간 설계와 구성이 강조되고 있다. 대표적으로 국내 중·고등학교에서 교과교실제가 확산되면서 사회과 교실, 영어과 교실, 기술과 교실, 과학과 교실 등이 학교 현장에서 나타나게 되었고, 각 교과에 맞는 학습자 참여형 수업을 위하여 교사의 공간 설계 참여가 이루어졌다.

교실 및 학교 공간

교과교실제

교수자의 교실 및 학교 공간 설계 과정은 크게 두 단계로 이루어진다. 하나는 초기 교실 및 학교 공간을 구축할 때 최적의 학습 경험을 위한 설계안을

교실 및 학교 공간 설계

제시하는 것이다. 학교 공간 설계 과정에 교사와 학습자가 참여하는 사용자 참여형 설계가 강조된다(임철일, 박태정, 한형종, 김근재, 권혜성, 이지연, 2019). 다른 하나는 주어진 교실 공간 내에서 학습자 중심 교육에 적합하게 공간을 활용하는 것이다. 예컨대, 과학실의 경우 개별 활동과 그룹 활동이 원활하게 이루어질 수 있도록 책상과 의자의 배치를 변경하거나, 학습자의 흥미를 유발할 수 있도록 자신들의 산출물들을 공유할 수 있는 물리적 공간(작품 게시용 선반과 같은 것)을 확보하는 것이다. 이 부분은 주어진 여건하에서 교사가 어떻게 공간을 설계하는가에 따라서 결과가 다르게 나타난다.

사용자 참여형 설계

기자재

교실 및 학교 공간의 설계는 필요한 기자재를 어떻게 준비하는가와 연결되면서 학습 효과를 가져올 수 있다. 정보통신기술의 발전은 학교 교실에서 다양한 소프트웨어와 기자재를 자연스럽게 활용하게 한다. 스마트 교육의 도입 이래로 디지털 기술을 지속적으로 학교 교실 내 다양한 교육 활동에 통합하려는 시도가 이루어지고 있다. 지금까지는 교사가 중심이 되어 파워포인트를 활용한 자료 제시 및 웹 사이트를 통한 정보와 지식 제공이 주가 되었다. 그러나 이제는 개별 학습자가 태블릿 PC 등을 활용하여 자료 찾기, 탐구 활동을 하는 실제가 강조되고 있다. 2020년을 기점으로 하여 원격교육을 위한 학습관리체제(learning management system), 줌(ZOOM)과 같은 화상강의 도구, 구글 닥스(Google Docs)와 같은 협업용 문서 도구, 미로(Miro)와 같은 팀활동 지원 도구를 활용하여 학습자의 참여를 지원하여 주고 있다([그림 5-5] 참고).

스마트 교육

태블릿 PC

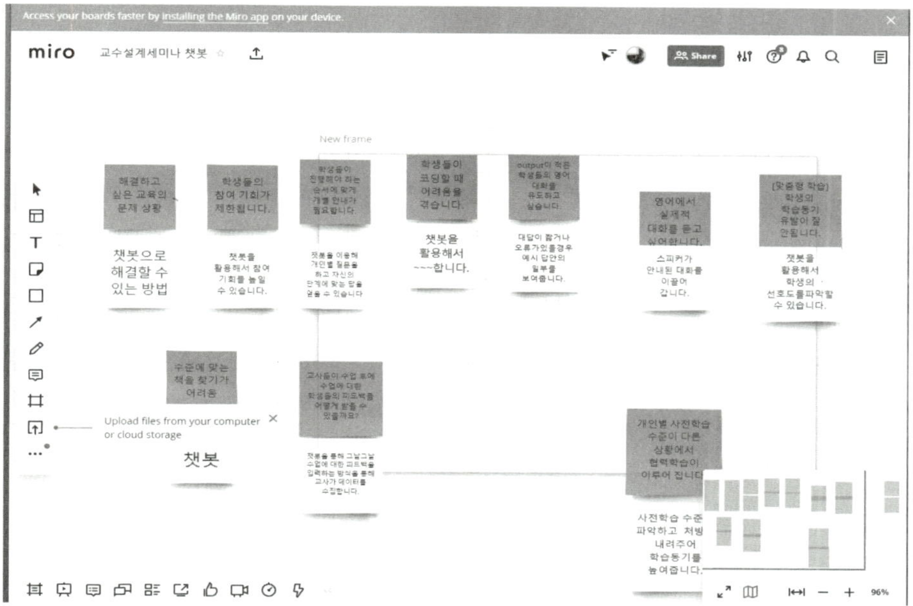

[그림 5-5] 팀활동으로 브레인스토밍(Brainstorming)을 도와주는 교육용 앱 미로(Miro)

학습자 중심의 교육이 가능하기 위해서는 무엇보다도 수동적으로 읽거나 듣기보다는 노트북이나 태블릿 PC 등을 활용하여 자료를 탐색하고, 이해한 바를 표현하고, 발표 및 공유하는 활동을 설계해야 한다. 예컨대, 패들렛(Padlet)이나 미로(Miro)와 같은 앱 혹은 소프트웨어는 학습자들의 확산적 사고를 위한 브레인스토밍(brainstorming) 활동에 사용할 수 있는 유용한 도구이다. 이 도구를 개별적으로 사용하게 할지 아니면 3~4명이 하나의 팀으로 사용하게 할지를 결정하고, 관련된 활동을 설계하게 된다. 이 과정에 기자재의 최적 활용 방식에 대한 이해가 필요하며, 일반 교과 교사와 학교 내 에듀테크(edutech) 전담 직원과의 협업이 이루어져야 한다.

패들렛(Padlet)

미로(Miro)

브레인스토밍 (brainstorming)

교실 공간 설계

2. 교실 공간 설계

학습자 중심 교실 공간의 설계 혹은 구성을 위해서는 다양한 원칙을 고려할 수 있다. 임철일 외(2019) 연구에서는 교실 공간 설계 시 고려해야 할 요소로 ① 교수학습 활동 특성을 고려한 유연성, ② 교과 간 융합을 위한 연계성, ③ 학습과정에서 도출된 산출물의 공유, ④ 학습자 개별 특성을 고려한 적응성을 반영하는 종합적 설계 원칙을 제시하고 있다.

첫째, 다양한 교수학습 활동을 지원하여 줄 수 있는 공간을 확보하여 학습 주제별, 활동별 특성에 따라서 구획을 달리하여 사용한다. 예컨대 과학실의 경우 이론 및 수업 공간, 실험 실습 공간, 교사 공간 등을 구획화하고 각 영역별로 학습 활동의 성격에 맞는 학습이 효과적으로 이루어질 수 있도록 해야 한다([그림 5-6] 참조)(조진일 외, 2017). 효과적 실험 실습을 위해서는 교수자의 실험, 실습 시범을 효과적으로 관찰할 수 있도록 중앙에서 교수자가 시범을 할 수 있는 형태로 조정할 필요가 있다.

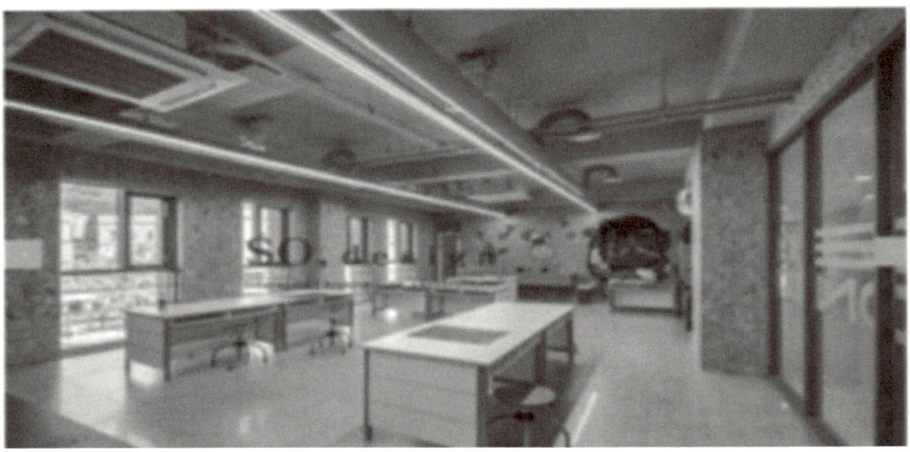

교과교실

[그림 5-6] 맞춤형 교수학습 지원을 위한 교과교실 활용의 예: 횡성 현천고등학교

출처: 조진일, 최형주, 이윤서, 신화주(2017)

둘째, 교과 간 융합을 지원하는 교실 공간을 구축한다. 학습 주제나 학습 활동별로 관련성이 높은 주제나 활동이 이루어지는 공간의 경우 인접하여 배치하고 그것을 기반으로 학습 활동을 설계한다. 학교 현장에서 점차로 보급되고 있는 메이커 스페이스(maker space), 과학 실험실, STEAM 교실을 인접하여 배치하고 교실과 교실 사이에 교과 간 융합을 위한 프로젝트 교실을 구축할 수 있다. 교과별로 연관성 있는 교실을 인접하게 배치한 후 별도의 출입문을 사이에 만들어 필요시 교실들을 통합하여 운영할 수 있다. 이러한 공간 설계를 통하여 학습자들은 자연스럽게 융합 경험을 하게 된다.

교실 공간

메이커 스페이스
(maker space)
STEAM 교실

셋째, 학습 과정에서 도출된 산출물을 공유하는 공간을 확보한다. 미래 사회 핵심역량 중 협력적 과제 수행을 통해 스스로 지식을 구성하고 결과물을 공유하는 과정이 강조되고 있다(조영환 외, 2015). 이를 위하여 교실 공간도 설계될 필요가 있다. 예컨대, 교실 벽면과 공용 공간에 학습 과정 중에 도출한 성과물이 게시될 수 있도록 자석 기능이 있는 타공판과 작품 게시용 선반을 마련할 수 있다. 또한 학교 전체 및 교실별 플랫폼을 운영하여 온라인 공간에서도 산출물 공유가 이루어지게 할 수 있다.

마지막으로 학교 공간 및 시설이 학습자의 발달 상황을 반영하여 적응적 형태로 구성될 필요가 있다. 학습자의 개별적 특성을 고려하여 충분한 공간의 개인 사물함, 높낮이를 조절할 수 있는 책상과 의자를 확보하도록 한다. 또한 교실 내 혹은 독립된 공간으로서 학습자만의 다락방, 아지트 공간을 마련하여 또래 커뮤니티 형성 및 친목이 가능하게 한다.

3. 교육용 기자재

교육용 기자재

학습자 중심의 수업 및 학습 활동이 운영되는 과정은 개별 학습자가 활용할 수 있는 모바일 장치(mobile device), 특히 태블릿 PC가 매우 중요한 역할

모바일 장치
(mobile device)
태블릿 PC

태블릿 PC

미러링(mirroring)

전자 칠판

을 한다. 인터넷의 각종 자원과 자료들에 손쉽게 접근해서 분석, 종합, 평가를 거치는 문제해결 활동을 하기 위해서는 개별 학습자들이 태블릿 PC 혹은 스마트폰을 사용할 수 있도록 준비를 해야 한다. 이를 위해서는 개별 문제 해결 활동을 그룹별로 혹은 교실 전체에서 공유할 수 있는 기술을 활용해야 한다. 개별 화면을 팀 내에서 공유하기 위해서 별도의 모니터나 단초점 프로젝터를 통하여 해당 화면을 공유하는 미러링(mirroring) 기능을 활용하게 된다. 전체 교실 내에서 공유하기 위해서는 전자 칠판을 활용할 수도 있다. 전자 칠판은 컴퓨터 및 태블릿 PC 화면을 공유하는 것은 물론이고 전통적인 판서 기능을 지원하는 점에서 유용하다.

원격교육

원격 수업

교실 내 수업을 벗어나서 원격교육에 대한 요구가 보다 강조되면서 이와 관련된 기자재의 설계도 해야 한다. 일반 교실 내에서 원격 수업을 준비하고 실행할 수 있으며, 별도의 원격 수업 지원 시설을 활용할 수도 있다. [그림 5-7]에서 알 수 있듯이 실시간 원격수업을 효과적으로 운영하기 위해서는 기본적으로 두 개의 모니터를 활용하는 것이 효과적이다. 학습자와 전체 소통 및 기본 자료를 공유하는 모니터 이외에도 채팅, 토론방, 협업 활동을 위한 도구(예컨대 Google Docs)를 활용하기 위해서는 별도의 모니터가 있으면 효율적이다. 또한 학습자가 보게 되는 화면을 확인하기 위해서 별도의 추가 디바이스를 통한 접속도 필요하다.

[그림 5-7] 원격수업을 운영하는 교사의 기자재와 장비 사례

2020년 가을 학기 서울 지역 중학교 교사가 활용하는 사례: 다수의 컴퓨터, 모니터, 그리고 Google Classroom, ZOOM 회의실 기능을 활용하고 있다.

온라인 원격 수업에서 학습자의 참여를 지원하는 다양한 도구들이 존재한다. 기본적으로 대부분의 학습관리체제는 온라인 토론을 지원하는 토론방(discussion forum)을 활용하면 된다. 또한 실시간 화상 강의 도구는 그룹별로 활동할 수 있는 기능(예컨대, Zoom의 회의실 기능)이 있는데 이를 활용하여 그룹별 문제해결 활동이 가능하다. 온라인상에서 그룹으로 문서를 작성하는 것을 지원하는 도구(예컨대, Google Docs)를 활용할 수도 있다. 요컨대, 교사는 학생들의 다양한 문제해결 활동을 지원하는 각종 기자재 및 소프트웨어를 확인한 후 학습 활동에 맞게 설계하여 제공할 수 있다.

원격 수업

토론방

실시간 화상 강의 도구

연습 및 탐구 문제

1. 구성주의 관점을 적용하고 있다고 판단되는 학교교육의 실천 사례 한 가지를 기술하고, 그 사례를 선정한 이유를 논하시오.

2. 수행평가를 위한 과제를 설계하고 평가 기준 루브릭을 작성하시오.

3. 자신이 마음에 드는 학습자 중심 수업을 위한 공간 설계 사례를 찾고, 그 이유를 설명해보시오.

참고문헌

강대일, 정창규 (2019). 수행평가란 무엇인가. 서울: 에듀니티.

강인애 (1995). 인지적 구성주의와 사회적 구성주의에 대한 간략한 고찰. **교육공학연구**, 11(2), 3-20.

계보경, 김현진, 서희전, 정종원, 이은환, 고유정, 전소은, 김영애 (2011). 미래학교 체제 도입을 위한 Future School 2030 모델 연구. KERIS 연구보고 KR 2011-12.

계보경, 김현진, 서희전, 정종원, 이은환, 고유정, 전소은, 김영애 (2011). 미래학교 체제 도입을 위한 Future School 2030 모델 연구. KERIS 연구보고 KR 2011-12.

교육부·한국교육과정평가원(2017). 과정을 중시하는 수행평가 어떻게 할까요? 중등. 한국교육과정평가원 연구자료 2017-19-2.

김대현, 김석우(2020). 교육과정 및 교육평가(5판). 서울: 학지사.

김영천 (2016). 수행평가 이론과 실제. 서울: 아카데미프레스.

성태제(2010). 교육평가의 기초. 서울: 학지사.

임규혁 (1996). **교육심리학**. 서울: 학지사.

임은진, 한동균, 김원예, 서지연, 조경철 (2018). 사회과 활동중심수업과 과정중심평가(2판). 파주: 교육과학사.

임철일, 박태정, 한형종, 김근재, 권혜성, 이지연 (2019). 미래학교 공간 구축 및 개선을 위한 핵심 설계요소에 대한 탐색적 연구. 교육공학연구, 35(2), 589-619.

임철일, 홍현미, 최소영 (2010). 교과교실제 기반의 사회과 수준별 탐구학습을 위한 교수설계 모형 개발에 관한 연구. 한국교원교육연구, 27(4), 167-195.

조영환, 박현정, 김정연, 석유미, 이신혜 (2015). 온라인 토론 촉진을 위한 피드백의 역할 탐색. 아시아교육연구, 16(2), 289-313.

조진일, 최형주, 이윤서, 신화주 (2017). EDUMAC 교육시설 해외연수 자료집. 세종: 한국교육개발원.

Bednar, A. K., Cunningham, D., Duffy, T. M., & Perry, J. D. (1991). Theory into practice: How do we think? In G. J. Anglin (Ed.), *Instructional technology: Past, present, and future* (pp. 88-101). Englewood, CO: Libraries Unlimited.

Brown, J. S., & Duguid, P. (1993). Stolen knowledge. *Educational Technology, 33*(3), 10-15.

Brown, J. S., Collins, A. S., & Duguid, P. (1989). Situated cognition and the culture of learning. *Educational Researcher, 18*(1), 32-42.

Chance, P. (1999). *Learning and Behavior*. CA: Brooks/Cole Publishing Company.

Choi, J. I., & Hannafin, H. (1995). Situated cognition and learning environments: Roles, structures, and implications for design. *Educational Technology Research & Development, 43*(2), 53-70.

Cobb, P., Wood, T., Yackel, E., & McNeal, B. (1992). Characteristics of classroom mathematics traditions: An interactional analysis. *American educational research journal, 29*(3), 573-604.

Duffy, T. M., & Jonassen, D. H. (1991). Constructivism: New implications for instructional technology? *Educational Technology, 31*(5), 7-12.

Fosnot, C. T. (1992). *Constructing Constructivism.* In T. M. Duffy & D. H. Jonassen (Eds). *Constructivism and Theory of instruction(pp. 167-176)*. Hillsdale, NJ: Lawrence Erlbaum.

Hanks, W. F. (1991). Foreword. In J. Lave & E. Wenger (Eds.), *Situated learning: Legitimate peripheral participation* (pp.13-26). Cambridge: Cambridge University Press.

Köhler, W. (1924). *The mentality of apes*. Oxford: Harcout, Brace.

Lave, J., & Wenger, E. (1991). *Situated learning: Legitimate peripheral participation*. Cambridge University Press.

McLellan, H. (1993). Evaluation in a situated learning environment. *Educational Technology, 33*(3), 39-45.

Meyer, B. J. F. (1975). *The organization of prose and its effect on memory*. New York: American Elsevier.

Newman, D., Griffin, P., & Cole, M. (1989). *The construction zone: Working for cognitive change in school*. Cambridge University Press.

Resnick, L. B. (1987). Learning in school and out. *Educational Researcher, 16*(9), 13-20.

Rogoff, B. (1990). *Apprenticeship in thinking: Cognitive development in social context*. NY: Oxford University Press.

Skinner, B. F. (1953). *Science and human behavior*. NY: Simon and Schuster.

Tuckman, B. W. (1991). *Educational psychology: From theory to application*. FL, Orlando: Harcourt Brace Jovanovich.

Wertheimer, M. (1959). *Productive thinking*. NY: Harper.

Winn, W. (1993). Instructional design and situated learning: Paradox or partnership? *Educational Technology, 33*(3), 16-21.

Woolfolk, A. E. (1993). *Educational psychology*. MA, Needham Heights: Allyn and Bacon.

제6장

학습자 중심 수업방법

여러분은 앞으로 한 달 동안 중학교에서 교육실습을 할 예정이다. 교육실습을 위한 오리엔테이션에서 지도 교사는 여러분에게 대표 수업을 맡길 테니 미리 준비를 하도록 요청하였다. 특별히 대표 수업을 할 때 단지 설명식 강의만 하지 말고 학생들의 참여를 높이고 동기를 유발할 수 있도록 창의적인 수업을 해 달라고 요청하였다.

여러분은 대학에서 다양한 교수-학습 방법에 대해 이미 학습한 상태이다. 지도 교사가 원하는 학습자 중심의 수업 방법으로는 문제 중심 학습, 토의·토론식 수업, 프로젝트 기반 학습과 같은 방법들을 배운 기억이 떠올랐다. 이 중에서 어떤 방법을 선택해야 할지 고민이 되기 시작했다. 또 막상 이들 방법을 적용해서 수업을 설계하려니 구체적으로 어떻게 지도안을 작성해야 할지 부담이 되었다.

이에 여러분은 친한 친구를 불러서 함께 아이디어를 내기로 하였다. 그 친구는 여러분보다 먼저 교육실습을 이수했고, 수업에서 디자인 씽킹(design thinking)을 활용한 프로젝트 수업 방법을 적용하여 매우 긍정적인 평가를 받았었다. 여러분은 그 친구에게서 효과적인 전략과 노하우를 배워서 성공적으로 대표 수업을 할 것이라고 다짐하였다.

목 표

1. 문제 중심 학습을 수업 설계에 적용할 수 있다.
2. 토의 · 토론 학습을 수업 설계에 적용할 수 있다.
3. 프로젝트 기반 학습과 디자인 씽킹(design thinking) 과정을 수업 설계에 적용할 수 있다.

제1절 문제 중심 학습

1. 문제 중심 학습의 정의[1)]

문제 중심 학습의 정의

문제 중심 학습

배로우스

문제 중심 학습(Problem-Based Learning: PBL)은 종전의 강의법을 지양하고 문제를 중심으로 학습을 시작하는 교수설계모형이다(Barrows, 1985; Duffy & Cunningham, 1995; Savery, 2006). 이 모형은 1950년대 중반에 캐나다의 한 의과대학에서 개발되었다. 이 방법을 창시한 배로우스(Barrows, 1985)는 의과대학 학생들이 오랜 시간 동안 매우 힘든 교육을 받으면서도, 인턴이 되어서는 실제 환자들을 진단하는 데 어려움을 겪는 것을 보고, 전통적인 의대교육에 문제점이 있다고 판단하였다. 이에 그는 좋은 의사가 되기 위해 학생들이 갖추어야 할 지식이나 기능이 무엇인지를 분석하였다.

의대생들이 대학을 졸업한 후 환자와 직면하였을 때 수행해야 하는 상황은 단순히 정보를 기억하는 것뿐만 아니라 훨씬 고차원의 다양한 문제 해결 기능이 요구된다. 의사가 환자의 문제를 효과적으로, 효율적으로 다루기 위해서는 환자가 제시하는 문제 상황을 정확히 분석하고 적절한 처방을 제공해야 한다. 환자의 상태에 대한 정확한 진단을 내리기 위해서는 다양한 기본지식뿐만 아니라 가설의 설정, 가설 검토를 위한 자료의 수집, 자료의 분석, 종합, 최종진단과 처방제시와 같은 복잡한 문제해결을 위한 추론 능력이 필요하다. 그러나 전통적인 교육 방식은 지식 기반의 획득만을 위한 교육이 실시되고 있다는 점에서 문제점이 있었다.

자기주도적 학습 기능

또한 의사들에게 요구되는 또 하나의 주요 기능은 자기주도적 학습 기능(self-directed learning skill)이다. 의사들은 자신들이 경험하지 못한 독특한

1) 이 절에서 문제 중심 학습은 학습자 관점에서 사용된 용어이며, 교수자 관점에서는 문제 중심 학습을 활용한 수업을 의미한다.

환자의 문제나 새로운 진료 체제에 적응해야 하며, 수없이 쏟아져 나오는 새로운 지식들을 이해해야 한다. 이러한 요구는 끊임없는 학습과정을 통해서 해소될 수 있으며, 따라서 스스로 학습을 할 수 있는 자기주도적 학습 기능은 매우 중요한 것으로 간주된다. 이러한 요구사항들을 반영하기 위해 배로우스는 의사들이 직면하는 실제적인 문제를 기반으로 하는 PBL 방식을 개발하게 된 것이다.

PBL

PBL은 의과대학의 독특한 교육적 요구 상황에 대응할 수 있도록 개발된 학습환경이지만 그 기본 이념은 학습자 중심과 문제 중심의 학습을 강조하는 구성주의적 이념을 잘 드러내고 있다. 또한 그 효과성과 시사점은 의과대학뿐만 아니라 경영, 교육, 법률 등 다양한 분야에서도 공통적으로 나타나고 있다.

구성주의

2. 문제 중심 학습의 특징

문제 중심 학습의 특징

PBL의 특징은 의과대학의 PBL 수업 과정에 잘 나타나 있다(Duffy & Cunningham, 1995). PBL은 '환자의 증상 진단'과 같이 실제 문제를 중심으로 학습이 일어나며, 모든 학습 내용을 학습자 스스로 찾아서 학습하는 학습자 중심의 환경이다. 수업은 그룹 활동을 통해 문제를 해결하는 협동 학습과 자기 스스로 학습하는 자기주도학습의 두 가지 유형으로 이루어진다. 이 과정을 통해 학생들은 정보 자료를 확인하고, 찾고, 평가하는 방법을 배울 뿐만 아니라 그 자료들을 문제 해결의 도구로 사용하는 것을 배운다. 학습의 결과는 학생들이 환자의 증상을 정확히 진단하고, 그 진단을 정당화하는 것이며, 문제 해결이 끝나면 평가가 실시된다.

PBL의 일반적인 특징

PBL의 일반적인 특징은 '문제', '학생', '교사'의 측면에서 다음과 같이 정리할 수 있다(조연순, 우재경, 2003).

문제로부터 시작

① 문제 중심 학습은 문제로부터 시작한다. 이때 문제는 '2+2는?'이나 '브라질의 수도는?'과 같이 정답이 분명하고, 단편적이며, 너무 쉽게 해결

되는 것이 아니다. 문제 중심 학습에서 사용되는 문제는 지식 간의 관계가 복잡하게 연결되어 있으며, 다양한 접근이 가능하며, 실생활에서 경험할 수 있는 비구조화되고 실제적인 문제이다. 또한 다양한 개념을 배운 후 연습을 위하여 사용되는 문제가 아니라, 학습의 시작 단계에서 사용하며, 학습의 필요성을 일깨워줄 수 있는 유의미하고, 포괄적인 문제로부터 학습이 시작된다.

비구조화되고 실제적인 문제

② 문제중심학습은 학습자 중심 학습환경이다. 학생들은 문제해결자로 학습에 참여하게 되는데, 문제를 해결하는 과정을 통해 관련된 개념과 원리를 학습하게 되며, 필요한 정보를 수집하고, 분석하며, 정보처리 능력을 배양하게 된다. 또한 수집된 정보를 종합하고, 정리함으로써 문제해결 능력을 기르게 된다. 전체적인 학습 과정은 학습자 스스로 주도하며, 학습자 자신이 학습에 대한 책임을 맡게 된다. 또한 소그룹을 통한 협동학습과 자기주도적 학습을 병행함으로써 실제적인 학습 과정을 거치게 된다.

학습자 중심 학습환경

③ 문제중심학습은 교사의 역할을 '지식 전달자'에서 '학습 진행자 또는 촉진자'로 전환시킨다. 학습의 과정은 학습자 중심으로 진행되므로, 교사는 학생들의 학습을 설계하고, 보조하며, 촉진하는 촉진자의 역할을 하게 된다. 교사는 교육과정 설계자로서 문제를 설계하고, 학습 자원을 준비하고, 계획하며, 학습 그룹을 조직하고, 평가를 준비한다. 또한 교사는 촉진자로서 학생들에게 적당한 긴장감을 제공하고, 안내자로서 학생들에게 보편적인 관점을 제공하며, 평가자로서 형성평가를 통한 피드백을 제공하고, 전문가로서 지식의 중요도를 점검함으로써 학생들이 균형을 유지하도록 도와준다.

교사의 역할
학습 진행자
촉진자

문제 중심 학습의 절차

3. 문제 중심 학습의 절차

PBL의 절차는 실제적인 문제가 제시되고 문제의 원인과 해결안을 탐구하는 과정으로 구성된다. 각 단계에서 학생들은 교사, 조교 그리고 다양한 자료의 도움을 받으며, 그룹 학습 및 개별 학습을 병행한다. 배로우스와 마이어스(Barrows & Myers, 1993)가 제시한 PBL의 진행 절차는 강좌 소개 단계, 문제 제시 단계, 문제 재확인 단계, 발표 단계, 문제 결론 단계로 구성된다(〈표 6-1〉 참조). 이 중에서도 문제 제시 단계 및 문제 재확인 단계에서 학습자들이 수행하게 되는 문제 분석(생각/가설, 사실, 학습과제, 향후 계획)은 PBL 수업에서 핵심적인 학습 활동이며, 교수자는 학습자가 문제 분석을 잘 수행할 수 있도록 촉진자의 역할을 수행해야 한다.

배로우스 마이어스 PBL의 진행 절차

문제 분석(생각/가설, 사실, 학습과제, 향후 계획)

PBL 진행 절차

〈표 6-1〉 PBL(Problem-Based Learning) 진행 절차(Barrows & Myers, 1993)

강좌 소개

1. 안내
2. 강좌 분위기 조성(교사·조교의 역할 소개)

문제 제시

1. 문제 제시
   - 문제에 대한 주인(소유)의식을 느끼도록 한다(학생들이 문제를 내재화하도록).
   - 마지막에 제출할 과제물에 대해 소개한다.
2. 과제
   - 그룹 내 각자의 역할을 분담한다(한 학생은 칠판에 적고, 다른 학생은 그것을 노트에 적으며, 다른 학생은 그룹의 연락책을 맡는다).

생각(가설)	사 실	학습과제	실천계획
주어진 문제에 대한 학생들의 생각을 기록한다: 원인과 결과, 가능한 해결안 등	개인 혹은 그룹학습을 통해 제시된 가설을 뒷받침할 지식과 정보를 종합한다.	주어진 과제를 해결하기 위해 학생들 자신이 더 알거나 이해해야 할 사항을 기록한다.	주어진 과제를 해결하기 위해 취해야 할 구체적인 실천 계획을 수립한다.

3. 주어진 문제의 해결안에 대해 깊이 사고한다: 칠판에 적힌 사항에 관하여 과연 나는 무엇을 할 것인가를 생각해 본다.

확대 · 집중시킨다.	종합 · 재종합한다.	규명화 · 정당화한다.	계획을 공식화한다.

4. 가능한 해결안에 대한 생각을 정리한다(비록 학습해야 할 것이 많이 남아 있는 상태지만).
5. 학습과제를 규명하고 분담한다.
6. 학습자료를 선정한다.
7. 다음 모임을 결정한다.

문제 재확인(그룹활동)

1. 활용된 학습자원을 종합하고 그에 대한 의견을 교환한다.
2. 주어진 문제에 대해 다시 새로운 접근을 시도한다. 다음 사항에 대하여 나는 무엇을 할 것인지를 생각해 본다.

생각(가설)	사 실	학습과제	실천계획
수정한다.	새로 얻은 지식을 활용하여 재종합한다.	(만일 필요하다면) 새로운 과제 규명과 분담을 한다.	앞서 세웠던 실천안을 재설계한다.

발 표

문제 결론

1. 배운 지식의 추상화(일반화)와 정리작업(정의, 도표, 목록, 개념, 일반화, 원칙들을 개발)
2. 평가(자신, 동료, 교사)
   - 지식의 획득
   - 문제해결/논리성
   - 자기주도학습
   - 협동학습

한편, 〈표 6-1〉에서 제시한 배로우스와 마이어스의 PBL 진행 절차는 1) 문제 제시, 2) 문제 확인, 3) 문제해결을 위한 자료 수집, 4) 문제재확인 및 해결안 도출, 5) 문제해결안 발표, 6) 학습결과 정리 및 평가([그림 6-1] 참조)의 여섯 단계로 정리될 수 있다(최정임, 장경원, 2015).

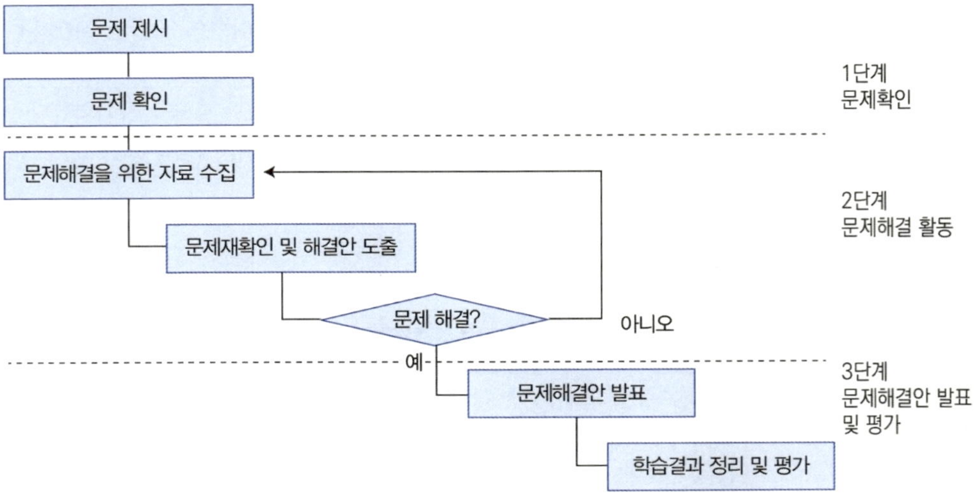

PBL 진행 절차

[그림 6-1] PBL 진행 절차(최정임, 장경원, 2015)

문제 제시

1) 문제 제시

PBL은 해결해야 할 문제가 제시되면서 시작된다. 교수자는 미리 수업에 사용할 문제를 준비해 수업 시간에 학생들에게 제시한다. PBL에서의 문제는 텍스트뿐만 아니라 비디오, 모의실험, 역할극, 컴퓨터 시뮬레이션 등 다양한 형태로 제시될 수 있다(Barrows, 1988). 문제는 학습자들에게 학습을 위한 관련성과 동기를 제공한다. 문제를 이해하기 위한 시도를 통해서 학습자들은 그들이 전공영역에서 무엇을 학습해야 하는지 알게 되고, 학습 활동에 대한 주인의식을 갖게 된다. 그러므로 문제는 실세계에서 경험할 수 있는 것과 같은 방법으로 제시되어야 한다.

문제 확인

2) 문제 확인

문제가 제시되면 학습자들은 해결해야 하는 문제가 무엇인지를 확인하고, 해결안을 찾기 위한 방법을 모색해야 한다. 문제 확인 단계에서 학습자들은 소그룹별로 문제에서 요구되는 해결안이 무엇인지를 파악하기 위해 문제를 상세히 검토한다. 문제해결을 위해 학습자들은 문제를 검토하는 과정을 '생각', '사실', '학습과제', '향후계획'의 네 가지 단계를 거치면서 문제를 검토한다(Barrows & Myers, 1993).

'생각(ideas)'은 문제의 원인, 결과, 가능한 해결안에 관한 학습자들의 가설이나 추측을 검토하는 것이다. 또한 문제에서 무엇을 요구하고 있는지, 학생들이 해결해야 할 문제가 무엇인지, 그 결과물은 어떤 형태가 될 수 있는지 등 문제를 이해하는 데 필요한 아이디어들을 검토할 수 있다. 생각

'사실(facts)'은 두 가지 측면에서 검토가 가능하다. 즉 문제에 제시되어 있는 사실과 이미 학습자들이 알고 있는 문제해결과 관련된 사실을 확인하는 것이다. 문제에 제시되어 있는 사실을 검토하는 것은 문제를 명확히 이해하고, 문제에서 빠져 있는 중요한 단서가 무엇인지를 파악하는 데 도움이 된다. 사실

'학습과제'는 문제를 해결하기 위하여 학생들이 알아야 할 필요가 있는 학습내용을 말한다. 마지막으로 향후 계획은 문제를 해결하기 위하여 학생들이 이후에 해야 하는 일 또는 '실천계획'을 수립하는 것이다. 이 과정을 통해 학생들은 역할분담을 하고 개별 학습계획을 세우며, 자기주도적 학습을 진행하게 된다. 학습과제 실천계획

〈표 6-2〉 문제 확인 단계 문제 확인 단계

생각 (Ides)	사실 (Facts)	학습과제 (Learning issue)	실천계획 (Action Plan)
• 문제 이해 (내용, 요구사항, 결과물 등) • 해결책에 대한 가설, 추측	• 문제에 제시되어 있는, 문제해결에 필요한 사실 • 학습자가 알고 있는 사실	• 문제해결을 위해 알아야 할 학습내용	• 문제해결을 위한 이후의 계획 (역할분담, 정보 및 자료검색 방법, 시간계획 등)

자기주도적 학습

3) 자기주도적 학습

문제확인을 위한 그룹 활동이 끝나면 학생들은 자신에게 주어진 학습 과제를 해결하기 위해 자기주도적인 개별 학습을 한다. 일반적으로 개별 학습은 문제의 규모에 따라 2~3일이 걸릴 수도 있고, 1~2주가 걸릴 수도 있다. 학생들은 이 과정을 통해 자기주도적으로 정보를 찾고, 지식을 학습하는 평생학습 능력을 기르게 된다. 개별 학습에서 학생들이 사용하는 자료는 전공서적, 인터넷, 학술지 논문, 비디오와 같은 매체뿐만 아니라 동료, 선배, 전문가와의 면담과 같은 인적 자료를 사용할 수도 있다.

문제 재확인 및 문제해결안 도출

4) 문제 재확인 및 문제해결안 도출

이 단계에서는 문제 제시 단계에서 확인된 자료를 중심으로 문제에 대한 재평가를 실시한다. 학생들은 개별 학습 후 다시 팀별로 모여 학습 결과를 발표하고 종합하여 첫 단계에서 확인된 아이디어, 사실, 학습과제, 향후 과제의 사항을 재조정한다. 이 단계는 확인된 자료를 중심으로 문제를 재평가함으로써 최적의 진단과 해결안을 도출하게 된다. 만약 이 과정에서 최종적인 해결안이 도출되지 못하면, 새로운 학습과제를 모색하고, 최종 해결안에 도달할 때까지 몇 번의 문제 재확인 과정을 반복한다.

문제해결안 발표

5) 문제해결안 발표

발표 단계에서는 팀별로 진행된 공동 학습 및 최종 결론을 전체 학생 앞에서 발표함으로써 다른 팀들의 대안적 아이디어와 자신들의 것을 비교하고, 전체적으로 최종 해결안을 모색한다.

6) 학습 결과 정리 및 평가

학습 결과 정리 및 평가

마지막 단계는 자신들의 학습 결과를 정리하며 학습 결과 및 수행에 대한 평가를 실시하는 단계이다. 학습자들은 학습 결과 발표를 통해 공유된 해결안을 정리하고, 교수자는 문제해결안과 관련된 주요 개념을 요약, 정리하거나 필요한 경우 간단한 강의를 제공할 수도 있다. 학생들은 자신의 수행에 대한 평가를 스스로 실시하거나 동료에 의한 평가를 받게 된다.

이런 PBL의 절차는 다시 1) 문제 확인, 2) 문제해결 과정, 3) 문제해결안 발표 및 평가의 3단계로 요약될 수 있다. PBL을 수업에 적용할 경우 문제의 크기, 수업 여건에 따라 적용하는 차시가 달라질 수 있다. 예를 들면, 일반적으로는 각각의 단계에 따라 1차시로 구성하여 하나의 PBL 문제당 3차시로 운영할 수 있다. 그러나 2단계인 '문제해결 과정'을 수업 시간 외의 과제나 활동으로 구성하는 경우는 2차시로 진행할 수도 있고, 만약 문제해결 과정에 좀 더 많은 시간이 필요하다면 4차시 이상의 수업으로 구성할 수도 있다.

적용사례

PBL 문제 사례

PBL 문제 사례

대상: 초등학교 6학년

학습목표: 우리 몸에 필요한 영양소의 기능과 특징을 알고, 영양소가 들어 있는 음식은 무엇인지 이해하며, 영양소와 관련된 일상생활 문제를 해결할 수 있도록 한다.

〈비만탈출〉

요즘 초등학생 네 명 중 한 명이 비만이라고 합니다. 금년에 우리 학교의 경우도 10~20%의 학생들이 비만으로 판정되었으며, 해마다 그 비율이 증가하고 있는 실정입니다. 이것은 우리 학교에도 비만 학생이 꽤 많다는 이야기지요. 소아비만이 되면 생활하는 데도 많이 불편할 뿐만 아니라 건강에도 해롭다는 것을 여러분도 잘 알 것이라고 생각합니다.

만일 당신이 학교 식당의 영양사라면 비만 학생이 생기지 않도록 영양소의 균형을 고려하여 맛있는 식단을 계획해야겠지요. 맛있기는 하지만 그 음식만 매일 먹는다면 어떨까요? 질리지 않을까요? 그래서 식단도 매일 다르게 짜야겠죠. 또 계절에 맞는 음식들이 들어가도록 해야 합니다. 이외에도 건강한 식단을 만들기 위해서는 어떤 것들이 필요할까요?

자, 이제부터 여러분은 학교 식당의 영양사가 되어서 다음 달 일주일분의 식단을 계획해 보세요. 여러분이 만든 식단 중에 잘된 것은 우리 학교 영양사 선생님께 보내어 여러분의 의견을 반영하도록 할게요. 여러분의 멋진 식단을 기대합니다.

출처: 조연순(2006). 문제중심학습의 이론과 실제. p. 236

문제 중심 학습의 평가

4. 문제 중심 학습의 평가

문제 중심 학습이 끝나면 학습 결과에 대한 평가가 필요하다. PBL에서의 평가는 일반적인 교수자 중심 수업에서의 평가와는 다른 성격을 갖는다. 일반적인 수업에서는 수업이 끝나고 시험의 형태로 평가가 이루어지지만 PBL에서는 수업과 평가가 분리된 것이 아니라 수업이 진행되는 과정에서 지속적으로 이루어진다. PBL에서는 문제해결안을 성공적으로 도출하면 충실한 학습이 일어난 것이므로 별도의 시험이 필요 없다. 또한 효과적인 문제해결안이 도출되기 위해서는 문제해결 과정이 충실하게 이루어져야 하기 때문에 문제 중심 학습에서의 평가는 결과물에 대한 평가뿐만 아니라 학습 과정도 주요한 평가 대상이 된다.

또한 PBL에서는 단순한 지식의 습득뿐만 아니라 문제해결력, 자기주도적 학습능력, 협동학습 능력, 의사소통 능력 등 다양한 능력을 육성하는 것이 목표이므로 이러한 능력에 대한 평가도 이루어져야 한다. PBL에서는 문제해결 과정을 통해 다양한 형태의 산출물이 만들어지게 되므로 이들 산출물을 통해 다양한 능력의 성취 여부에 대한 평가가 가능해진다(〈표 6-3〉, 〈표 6-4〉, 〈표 6-5〉 참고). 따라서 PBL에서의 평가는 다양한 결과물을 이용하는 수행평가의

문제해결 과정

수행평가

형태로 진행이 되고, 교수자뿐만 아니라 자기평가, 동료평가 등 다양한 주체들이 평가에 참여하게 된다.

자기평가
동료평가

〈표 6-3〉 PBL 활동 결과물

PBL 활동 결과물

PBL 단계	활동	결과물
문제제시	PBL 활동을 위한 문제 시나리오 제시	문제 시나리오
문제확인	생각, 사실, 학습과제, 실천계획을 이용한 문제이해 및 분석	과제수행계획서[2)]
문제해결을 위한 자료수집	개별학습을 통한 문제해결안 모색	개별학습 결과물
문제재확인 및 해결안 도출	개별학습결과 통합 및 그룹 토의, 최종 해결안 모색	그룹 활동지, 과제수행계획서
문제해결안 발표	최종 해결안 발표, 전체토론 및 평가	발표자료 문제해결안 평가지
학습결과 정리 및 평가	학습결과, 개별활동 평가, 학습내용 정리	그룹활동 평가지, 성찰일지

〈표 6-4〉 평가 목표에 따른 평가 대상 및 내용

평가 목표에 따른 평가 대상 및 내용

평가목표	평가대상	평가내용
학습내용 평가	• 최종 문제해결안(발표) • 그룹 활동 보고서 • 성찰일지	• 전문지식의 습득 • 문제해결 기술 • 의사소통 능력
학습과정 평가	• 자기주도학습 결과물 • 그룹활동 보고서 • 그룹활동 평가지 • 성찰일지	• 자기주도적 학습 능력 • 협동학습 능력 • 그룹활동 참여도 • 문제해결 과정

출처: 최정임, 장경원(2015)

2) 과제수행계획서: 문제 이해를 위해 '생각', '사실', '학습과제', '실천계획'의 각 단계에서 도출된 아이디어들을 정리하도록 설계된 워크시트. 교수자는 과제수행계획서를 점검함으로써 학습자들이 문제를 제대로 이해했는지 파악하고, 문제해결안이 잘못된 방향으로 진행되지 않도록 도와줄 수 있음.

문제해결안 평가지(예시)

〈표 6-5〉 문제해결안 평가지(예시)

내용		매우 부족	부족	보통	우수	매우 우수
문제 해결 역량	문제에 포함된 주요 개념, 절차, 원리 등을 분명히 이해했다.	1	2	3	4	5
	발표 내용이 논리적으로 잘 조직되었다.	1	2	3	4	5
	문제해결을 위한 자료가 충분히 검토되었다.	1	2	3	4	5
	실천가능한 해결안을 제시하였다.	1	2	3	4	5
합계		/20				
의사 소통 역량	발표 자료가 매력적으로 구성되었다.	1	2	3	4	5
	발표 자료가 이해하기 쉬웠다.	1	2	3	4	5
	발표 내용 구성과 전달 방법이 참신하였다.	1	2	3	4	5
	발표 내용을 분명하게 전달하였다.	1	2	3	4	5
합계		/20				

MeMo

• 평가 근거 및 의견

제2절 토의 · 토론 학습

토의 · 토론 학습

최근 학교 현장은 교수자의 일방향적인 설명 위주의 수업에서 탈피하여 학습자의 능동적인 참여와 소통을 통해 수업 효과를 달성하려는 방향으로 변화하고 있다. 이에 따라 토의 · 토론은 수업내용을 수동적으로 받아들이지 않고 특정 논제에 대해 학습자가 자신의 관점을 적극적으로 제시하고 서로 비교하면서 이해의 폭을 넓히고 학습을 심화시킬 수 있기 때문에 학습자 중심 수업 방법으로 자주 활용되고 있다. 이에 본 절에서는 토의 · 토론의 의미를 먼저 살펴보고, 이를 활용한 수업 설계 및 운영 전략에 대해 다루고자 한다.

1. 토의와 토론의 정의[3]

토의와 토론의 정의

1) 토의의 정의

토의의 정의

토의와 토론은 서로 다른 개념임에도 불구하고, 서로 바꾸어 부적절하게 사용하는 경우가 있다. 물론 실제 수업 장면에서는 토의를 하다가 토론이 되기도 하고, 토론을 하다가 토의를 하는 등, 토의와 토론을 함께 사용하는 경우가 많지만, 토의와 토론은 그 의미가 서로 다르기 때문에 개념상 혼동하지 않도록 주의해야 한다.

토의

토의(discussion)란 어떤 주제에 대해서 여러 사람들이 정보와 의견을 교환하여 그 주제에 대해 학습하거나 문제를 해결하려는 말하기 듣기 활동이다(정문성, 2004). 즉 일정한 규칙 없이 자유롭게 의사를 개진하고 집단적인 사고, 다양한 논의와 협의과정을 통해 해결책을 모색하려는 것이다. 비공식적인 대화와는 달리, 토의에서는 서로 다른 문제나 의견들을 조정하여 하나의 합일

3) 이 절에서 토의 · 토론 학습은 학습자 관점에서 사용된 용어이며, 교수자 관점에서는 토의 · 토론 학습을 활용한 수업을 의미한다.

된 결과를 도출하고자 하며, 가능한 한 열린 마음으로 문제해결책을 찾는 데 주력한다.

토의 구성 요소

토의에 포함된 요소를 정리하면 다음과 같다(정문성, 2013).

- 토의를 위해 모인 사람들의 공통된 주제가 있어야 한다.
- 반드시 두 명 이상의 사람이 있어야 한다.
- 참여자들이 정보를 교환하고 의견을 나누는 활동이 있어야 한다.
- 단순한 대화와는 달리, 학습이나 문제해결의 목적이 있어야 한다.
- 말하기와 듣기 활동이 모두 있어야 한다.

토론의 정의

2) 토론의 정의

토론

토론(debate)이란 어떤 주제에 대해 서로 다른 주장을 하는 사람들이 논증과 실증을 통해 규칙에 따라 자기 주장을 정당화하여 다른 사람을 설득하려는 말하기 듣기 활동이다(정문성, 2004). 즉 쟁점이 되는 논제에 대해 찬반 혹은 다른 관점을 가진 사람들이 정해진 규칙에 따라 논거에 의한 주장, 검증, 반박의 과정을 통해 이성적이고 합리적인 판단을 내리는 것이다. 따라서 토론에서는 서로 다른 의견들이 존재한다는 것을 인정하고, 사실, 논거, 근거에 의해 자기의 주장을 전개하고 상대방을 설득하고자 한다. 특정한 문제에 설득력 있는 논변을 통해 상대로 하여금 자기 의견에 동의하도록 유도하는 것이다.

토론 구성 요소

토론에 포함된 요소를 정리하면 다음과 같다(정문성, 2013).

- 토론을 위해 모인 사람들이 공통적으로 인식한 주제가 있어야 한다.
- 여러 사람이 참여하되, 주장이 달라야 한다. 각자의 결론은 이미 정해져 있고, 그 결론이 옳다고 주장하기 위해 토론을 하는 것이다.
- 각자의 주장을 정당화하기 위해서 논증과 실증이 전개되어야 한다.
- 참여자들에게 공평한 기회를 제공하도록 납득할만한 토론 규칙이 있어야 한다.

• 말하기와 듣기 과정이 모두 있어야 한다.

〈표 6-6〉 토의와 토론의 차이(정문성, 2013)

토의와 토론의 차이

토의	구분	토론
정의가 필요한 주제	주제의 성격	선택이 필요한 주제
최선의 결과 도출	목적	대안의 우열을 가림
주장이 같아도 됨	참석자(2명 이상)	주장이 달라야 함
정보나 의견 교환	상호작용	논증과 실증
규칙이 없거나 느슨함	규칙	엄격한 토론 규칙
특별한 제한 없음	말하기와 듣기	공평성을 위해 제한
창의성	필요한 능력	논리성

2. 토의 · 토론 학습의 효과

토의 · 토론 학습의 효과

토의와 토론은 학습자의 자율성과 능동성을 강조하기 때문에 학습자 중심 수업 방법의 일환으로 널리 활용되고 있다. 토의 · 토론 학습은 학습의 결과뿐만 아니라 학습 과정에서 다양한 교육적 효과를 나타낸다. 교수자와 학습자, 학습자와 학습자 간의 다양한 상호작용을 촉진할 뿐만 아니라, 학습자들의 비판적 사고력 개발, 문제해결력과 의사소통 기술 향상, 집단토의 활동을 통한 협력학습 기술과 지도력 등의 사회적 기술을 습득할 수 있게 도와준다(조용개, 심미자, 이은화, 이재경, 손연아, 박선희, 2009). 정문성(2012)도 토의 · 토론 학습에서는 여러 사람이 함께 의사결정 경험을 통해 문제 해결 능력을 기를 수 있고, 교육목표 중에서도 적용, 분석, 종합, 평가와 같은 고차원적인 사고력을 기를 수 있다고 강조한다. 요컨대, 학습자들은 다른 학습자들과 의견을 상호 교환하고 관점을 비교하는 과정 속에서 상호 협력과 자기주도성을 함양할 수가 있고, 논제에 대한 심화 학습을 할 수 있게 된다.

그러나 토의·토론 학습을 활용하기 위해서는 교수자는 준비, 계획, 진행 단계에서 강의식 수업에 비해 많은 시간과 노력을 기울여야 한다. 자칫 토의·토론의 목적에서 벗어난 산만하고 피상적인 대화를 하는 상황이 발생할 수도 있으며, 일부 학생들에 의해 토의나 토론이 주도되는 경우도 있기 때문이다(박삼열, 2012). 토의·토론 학습의 장점과 단점을 정리하면 다음과 같다(조용개 외, 2009).

토의·토론 학습의 장점과 단점

① 장점

- 의사표현 능력을 길러준다.
- 문제해결력을 향상시킨다.
- 복잡한 수업목표의 달성에 효과적이다.
- 논쟁이 심한 분야의 태도 변화에 효과적이다.
- 의견의 합일점이 낮은 분야의 학습에 적합하다.
- 타인의 의견 존중과 협력 태도를 길러 준다.
- 즉각적인 피드백이 가능하다.
- 선입견과 편견을 수정할 수 있다.

② 단점

- 정보 전달이 느리다.
- 교수자의 인내심과 참을성이 필요하다.
- 합일점이 높은 분야(수학, 자연과학, 공학)에서는 강의법보다 비효과적이다.
- 시간이 많이 소요된다.
- 주제에서 이탈할 가능성이 높다.
- 참여하는 학습자만 발언하게 된다.
- 토의과정에서 감정적으로 흐르기 쉽다.

- 돌발 상황이 발생할 수 있다.
- 사전에 충분한 준비가 필요하다.
- 효과적인 토의를 위해서는 인원이 제한적이다.

3. 토의 학습의 절차

토의 학습의 절차

토의 학습에서는 학습자들이 서로 상호 간의 의사교환을 통해서 가치 있는 결론을 이끌어내는 방식으로 절차가 진행된다. 일정한 규칙 없이 자유롭게 의사를 개진하고, 집단적인 사고와 다양한 논의와 협의과정을 통해 해결책을 모색하려는 것이다. 특히, 서로 다른 문제나 의견들을 조정하여 하나의 합일된 결과를 도출하는 것이 목적이기 때문에, 토의 학습에서는 가능한 한 열린 마음으로 문제 해결책을 찾는 데 주력해야 한다.

토의 학습은 일반적으로 주제 부여, 역할분담, 방법 선택, 발표 및 평가의 단계로 진행된다. 토의 학습을 진행하기 위한 세부 단계를 살펴보면 다음과 같다(정문성, 2013).

1) 토의의 주제 부여

토의의 주제 부여

토의의 주제는 학습목표에 따라 교사가 정해주는 것이 바람직하지만, 필요한 경우에는 큰 주제는 교사가 정하고, 하위 주제들은 학생들이 정할 수도 있다. 다음은 토의 주제의 영역 및 사례들이다.

토의 주제의 영역 및 사례

- 개념의 의미나 관계 등을 분석하는 주제
  - '성차이'와 '성차별'의 다른 점은 무엇인가?
- 원리나 법칙을 발견하고 증명하는 주제
  - 주어진 자료를 가지고 한국 농업의 미래를 예측해 보자.
- 감정과 느낌을 자유롭게 발표하는 주제

- 다음 그림이 주는 이미지는 무엇인가?
- 새로운 아이디어를 창출해내는 주제
  - 가출청소년의 우범화 방지 대책을 세워보자.
- 인간존재의 여러 측면에 관한 주제
  - 이 시에 등장하는 인간은 어떤 존재적 특징을 보이는가?

역할 분담

2) 역할 분담

교사의 역할

(1) 교사의 역할

토의 학습이 학습자 중심으로 진행되지만, 실제 토의 학습의 효과를 충분히 달성하기 위해서는 여전히 교수자의 역할은 중요하게 남아있다. 교사는 앞에 서서 학생들의 토의 방향을 이끌어주기 위해 설명하고, 정의하고, 질문하고, 시범도 보여야 한다. 그리고 적절한 때에 주도권을 학생들에게 넘겨주어야 한다. 결국 토의 활용 수업의 궁극적인 책임은 교사에게 있다고 할 수 있다. 교사가 토의 활용 수업에서 해야 할 역할은 다음과 같다.

- 관리자(manager): 토의 학습은 교사가 많은 부분을 학생에게 위임하기 때문에 수업을 더 정교하게 계획하고 조정, 관리할 필요가 있다.
- 안내자(guide): 토의 학습은 종류가 많고 학생들이 많은 역할을 담당하기 때문에 상세하고 친절한 안내가 사전에 이루어져야 한다.
- 제안자(initiator): 교사는 토의 주제를 제시하고, 그것을 원하는 방향으로 이끌고 가도록 제안하는 역할을 한다. 특히 학생들의 호기심을 잘 유도해서 좋은 출발을 하도록 하는 책임이 있다.
- 촉진자(facilitator): 교사는 학생들이 토의에 적극 참여하도록 촉진하는 역할을 한다. 교사의 격려는 학생들의 참여도를 높이는 가장 큰 영향 요인이다.
- 요약정리자(summarizer): 교사는 토의 과정이나 끝날 때, 과정과 결론에

대해 요약하며 정리하는 역할을 담당한다.

- 평가자(judge): 학생들도 토의 과정에 대해 평가할 기회를 갖는 것이 좋지만, 궁극적인 평가자는 교사이다.

(2) 토의자의 역할

토의자의 역할

일반적으로 학습자는 토의 학습에 참여할 때 특별한 역할이 없이 자연스럽게 참여하게 되거나, 혹은 의도적으로 기대하는 역할을 부여받아서 참여하게 된다. 후자의 경우가 참여동기를 자극하는 데 더 효과적이다. 통상적인 사회자나 기록자의 역할 외에도, 토의에 참여하는 학습자가 맡을 수 있는 역할은 다양하다. 가령, 비판자(criticizer of idea)는 무조건 비판만 하는 역할을 부여받는다. 특히 평소에 항상 비판적인 학생이 있다면 매우 적절한 역할이 될 것이다. 다른 학생들이 비판자의 무지막지한 비판에 대해 거부감이 없을 것이기 때문이다. 또한 관찰자(observer)는 바람직한 행동을 관찰하여 지적해 주고, 요약자(summarizer)는 모둠의 결과물을 요약하며, 탐구자(prober)는 주장된 의견을 보다 깊이 탐구할 수 있도록 심화 질문을 한다. 이와 같이 역할만 잘 부여해도 학생들의 참여 정도는 매우 높아진다.

3) 토의 방법의 결정

토의 방법의 결정

토의 학습을 진행하는 방법은 매우 다양하므로 학습 목표에 맞는 방법을 선택한 다음에 수업 전체 또는 부분에 적용하도록 한다. 토의 학습의 다양한 유형을 정리하면, 문제해결 및 탐구 중심의 분담 토의하기, 워크숍을 위한 토의하기, 돌려가며 짝지어 토의하기, 버즈 분단 토의, 브레인스토밍 토의, 게임 및 모의실험 토의, 패널 토의, 포럼 토의, 심포지엄 등이 있다(엄경흠, 엄이섭, 2016).

이하에서 일반적으로 많이 활용되는 토의 방법에는 원탁토의(round table), 어항식 토의(fish bowl), 포럼(forum), 패널(panel), 심포지엄(symposium),

명목집단기법(Nominal Group Technique), 하브루타(Havruta) 및 생각 나누기(Think-Pair-Share), 직소(Jigsaw) 등이 있다.

(1) 원탁토의, 패널, 심포지엄, 포럼, 세미나 토의

원탁토의 세미나 토의 패널 배심 토의

원탁토의는 가장 흔히 접하는 토의 방법으로서 둥근 탁자에 둘러앉아 참가자 모두가 자유롭게 발언하는 것이다. 패널(panel)은 배심 토의라고도 불리며, 주제 관련 분야의 전문가 4~6명의 패널이 모여 청중 앞에서 주제에 대해 토의하는 방법이다. 수업에서는 전문가 역할을 할 학생들을 정한 후에 토의 내용을 준비하도록 한다.

심포지엄

심포지엄(symposium)은 패널과 유사한 구조이지만, 그 규모가 확대된 형태이다. 일반적으로 비교적 큰 학술대회에서 주로 활용되며, 여러 가지 주제에 대해 많은 전문가들이 발표하고 지정 토론자들이 토론하는 방식이다. 포럼(forum)은 저명한 전문가를 초청해서 발표를 듣고, 청중들이 질문을 하거나 초청된 관련 전문가들이 대신 질문을 하는 형태이다. 세미나(seminar)는 비교적 적은 규모의 학술모임이며, 주로 몇 명의 주제 발표자들이 발제하고 지정 토론자나 청중들이 질의나 토론을 하는 것이다.

포럼

세미나

토의 방법의 유형(예시)

〈표 6-7〉 토의 방법의 유형(예시)

토의 유형	특징
원탁토의(round table)	• 1인 사회자 중심의 토의 • 참가자 모두가 자유롭게 발언
패널(panel)	• 의견이 다른 4~6명이 문제해결을 위해 토의 • 토의 후에 청중이 패널 지명하여 질문
포럼(forum)	• 공개 토의 • 전문가 1~2명이 강연, 청중이 질문, 의견 제시
심포지엄(symposium)	• 패널과 유사한 구조이지만 규모가 더 확대된 형태
세미나(Seminar)	• 비교적 적은 규모의 학술 모임 • 소수의 주제발표자가 발제, 지정토론자나 청중이 질문

(2) 명목집단기법(Nominal Group Technique: NGT)

명목집단기법

토의 학습에서 소극적인 학습자의 참여를 독려할 수 있는 방법으로 명목집단기법(Nominal Group Technique: NGT)이 널리 활용되고 있다. 명목집단기법이란 토의나 토론 시작 전에 참가자 각자가 다른 사람과 얘기하지 않고, 침묵 속에서 주어진 세부 주제에 대한 자신의 생각을 노트나 분임토의 양식, 카드 등에 정리할 수 있도록 일정한 시간을 부여하는 방법이다. 명목상으로는 집단이지만, 실제로는 개인으로 작업하므로 NGT[명목(상의) 집단법]라고 불린다.

명목집단기법은 정제된 단어와 문장 사용을 통해 토의나 토론 시간을 절약할 수 있으며, 모든 구성원의 적극적 참여를 유도하고 다른 학생들의 의견을 경청하는 것이 가능하므로, 토의할 때 효과적으로 활용될 수 있다.

명목집단기법을 도입할 때에는 포스트잇을 사용하는 것이 의견을 적은 종이를 이동하기 용이하므로 회의를 더 잘 진행할 수 있다. 이때에는 한 장에 한 가지 아이디어를 적어서 분류하기 쉽도록 하고, 읽기 쉽게 인쇄체를 사용하고, 보기 쉽게 굵은 펜을 사용하는 것이 좋다.

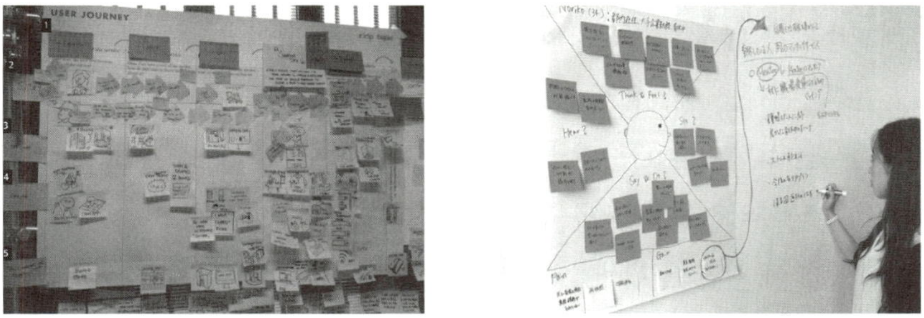

[그림 6-2] 포스트잇을 활용한 명목집단회의(예시)

포스트잇을 활용한 명목집단회의(예시)

(3) 하브루타(Havruta) 및 생각 나누기(Think-Pair-Share)

하브루타

하브루타(Havruta)는 유대인들의 토의·토론 방식을 지칭하며, 끊임없이 "왜"라고 묻고 생각하게 하는 교육 방식이다. 보통 두 명이 짝을 지어 공부하는데, 두 명씩 짝을 지어야 발언할 수 있는 기회가 가장 많기 때문이다. 하브루타는 대화, 토론, 논쟁의 과정 속에서 사물에 대한 자신의 견해를 분명히 하고 새로운 내용을 더 학습하게 한다. 또한 정답을 추구하기보다는 왜 그렇게 생각하는지를 설명하는 논리적인 근거를 더 강조한다.

하브루타는 서로 가르치고 배우는 논쟁식 학습 방식이기 때문에, 비판적 사고와 정보 및 자료의 비판적 평가, 비판적 듣기가 매우 중요하다(전성수, 양동일, 2014). 이 과정에서 질문하기는 매우 중요한 핵심 요소이다. 이 질문과 토론이 피상적으로 진행되지 않기 위해서는 학습자는 철저한 사전 준비와 내용에 대한 이해, 그리고 상대방의 논리 파악이 선행되어야 한다.

짝과 생각 나누기

한편, 유대인의 하브루타와 같이, 짝을 활용한 2인 1조의 토의·토론 학습 기법으로는 '짝과 생각 나누기(Think-Pair-Share)'가 있다. 이는 수업시간에 학생들이 2인 1조가 되어 수행하는 활동으로서, '짝과 생각 나누기' 활동의 수업 사례를 제시하면 다음과 같다.

① 교수자가 먼저 그때까지의 수업 내용과 관련하여 학생들에게 질문이나 논의 주제를 제시한다.
② 학생들로 하여금 각자의 노트에 그 질문에 대한 답을 쓰거나, 논의 주제에 대해 의견을 쓰도록 한다.
③ 학생들이 작성한 내용을 옆자리 혹은 뒷자리 학생과 함께 서로 공유하게 한다. 이때, 하브루타 토의법에서 강조하듯이, "왜?"라는 질문을 통해 심층 논의하게 할 수 있다.
④ 일정 시간이 지나고 학생들이 교대로 설명하거나 토의하기를 마칠 때

쯤, 교수자는 전체 학생들 중에서 1~2명 정도의 학생들을 택해서 '옆자리의 짝과 나눈 내용'을 전체 학생들에게 발표하게 한다.

'짝과 생각 나누기' 활동은 학습자 인원이 많은 대형 수업에서도 짧은 시간에 충분히 학습자 참여를 유도하고 상호작용 및 심층 토의나 토론을 진행할 수 있는 매우 효과적인 방법이다. 특히, 학습자들이 서로 말로 설명하면서 참여하기 때문에 학습자의 주의를 환기시킬 수 있고, 상대방의 의견을 경청하는 훈련을 하게 된다. '짝과 생각 나누기' 활동은 수업 중간뿐만 아니라, 수업의 마무리 시간에도 그 수업의 주요 개념을 짝에게 설명해 보도록 하는 방식으로 활용할 수 있다.

(4) 직소(Jigsaw, II, III)

직소

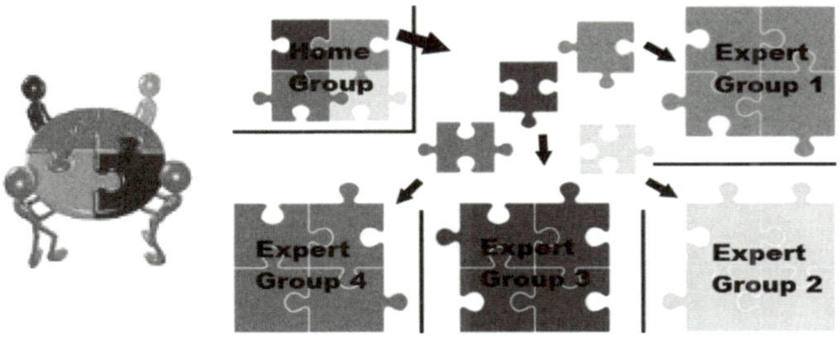

[그림 6-3] 직소(Jigsaw) 활동

직소(Jigsaw) 방법은 직소 퍼즐처럼 부분을 맞추어 전체 그림을 완성하는 모습을 연상시켜서 붙여진 이름이며, 과제분담협동학습 모형의 일종으로서, 아론슨(E. Aronson) 등이 인종 간 혹은 문화 간의 차이로 인한 경쟁적 교실 환경을 협동적인 환경으로 바꾸기 위하여 개발하였다(정문성, 2013). 직소 활동은 수업에서 다뤄야 할 학습 내용을 집단 내의 학생들이 분담하여 각자 맡은 바를 연구한 후에 다시 집단 내의 동료들에게 가르쳐 주는 방식이다. 직소 모형의 기본 절차는 다음과 같다.

아론슨

직소 모형의 기본 절차

① 다루고자 하는 대주제에서 다시 하위 주제를 선정한다.

② 하위 주제의 수만큼 그룹별 인원수를 선정하고, 그룹을 편성한 후에, 그룹 내에서 번호를 부여한다.

③ 같은 번호끼리 모여서 담당 하위 주제에 대해 토의 학습하는 연구활동을 수행한다. (전문가 활동)

④ 원래 소속된 모집단으로 복귀하여, 다른 구성원에게 자신의 연구 내용을 설명한다.

직소 모형은 동료들의 설명을 듣고 수업이 끝나기 때문에 뒷마무리가 명확하지 못하다는 단점이 있었고, 이를 보완하기 위해 직소 Ⅱ 모형, 직소 Ⅲ 모형이 고안되었다. 직소 Ⅱ는 3단계 뒤의 평가 방식을 추가하였고, 직소 Ⅲ은 평가를 하기 전에 또 한 번의 소모둠 학습 기회를 제공하였다. [그림 6-4]는 세 가지 유형의 직소 모형을 비교하여 제시한 것이다(정문성, 2013).

<table>
<tr><td rowspan="6">JIGSAW
Ⅲ</td><td rowspan="3">JIGSAW
Ⅱ*</td><td rowspan="3">JIGSAW</td><td>1단계</td><td>원래 모둠(Home Team):
과제분담 활동</td></tr>
<tr><td>2단계</td><td>전문가 모둠(Expert Team):
전문가 활동</td></tr>
<tr><td>3단계</td><td>원래 모둠(Home Team):
동료 교수 및 질문 응답</td></tr>
<tr><td colspan="2" rowspan="3"></td><td>4단계</td><td>일정 기간 경과</td></tr>
<tr><td>5단계</td><td>원래 모둠: 퀴즈 대비 공부</td></tr>
<tr><td>6단계</td><td>퀴즈(STAD 평가 방법 사용)</td></tr>
</table>

* 3단계가 끝나면 STAD(Student Teams-Achievement Division) 평가로 퀴즈

JIGSAW, JIGSAWⅡ, JIGSAWⅢ 모형의 차이

[그림 6-4] JIGSAW, JIGSAWⅡ, JIGSAWⅢ 모형의 차이(정문성, 2013)

■ 직소(Jigsaw) 모형의 특징

직소 모형의 특징

직소(Jigsaw) 모형의 가장 큰 특징은 개별 평가 및 개별 보상이다. 이 모형에서는 각 학습자는 학습 단원의 일부분만 학습 자료로 제공받지만, 평가는 학습 단원 전체를 대상으로 받게 된다. 따라서 나머지 단원을 학습하기 위해 학습자는 다른 학습자의 도움을 받아야만 하며, 반대로 자신이 학습한 내용을 동료들에게 명확하게 잘 전달해야 한다. 직소는 구성원 간의 상호의존성과 협동심을 유발하지만, 학습자가 학습 내용의 전체를 알기 어렵고, 개별적 보상이 이루어지기 때문에 협력이 잘 이루어지지 않을 수 있다.

■ 직소 II(Jigsaw II) 모형의 특징

직소 Ⅱ 모형의 특징

직소 Ⅱ(Jigsaw Ⅱ) 모형의 가장 큰 특징은 기존의 직소 모형에 비해 평가 방식이 달라진 것으로서, STAD(Student Teams-Achievement Division) 평가제를 활용하였다. 즉, 향상점수에 의한 소집단 보상, 성취결과의 균등배분을 도입한 것이다. 이 모형에서는 학생들에게 학습내용 전체를 제공해 주고, 학생이 하위 주제를 자율적으로 선택하여 전문가집단에서 공부하도록 한 후에, 다시 모집단으로 돌아가 다른 구성원에게 가르쳐준다. 그 후에 전체 학습내용과 관련된 퀴즈(형성평가)를 실시하고, 각 학생은 개별적으로 퀴즈를 푼다. 교수자는 과거 퀴즈에서 각 학생이 받은 점수와 현재 퀴즈 점수를 비교하여 향상점수를 계산하고, 향상점수가 높은 개인과 소집단에 대해 보상해 준다.

STAD 평가제

4. 토론 학습의 절차

토론 학습의 절차

토론 학습에서는 어떤 논제에 대해 학생들이 서로 다른 주장을 하되, 논증과 실증을 통해 자기 주장을 정당화하며, 규칙에 따라 다른 사람을 설득하는 것이 중요하다. 따라서 토론 학습이 효과를 거두기 위해서는 교수자와 학습자 모두 사전에 철저히 준비해야 한다. 이하에서는 토론 학습의 절차에 대해 준비 과정, 토론의 원칙, 평가로 나누어 살펴보기로 한다.

토론 학습을 위한 준비 과정

1) 토론 학습을 위한 준비 과정

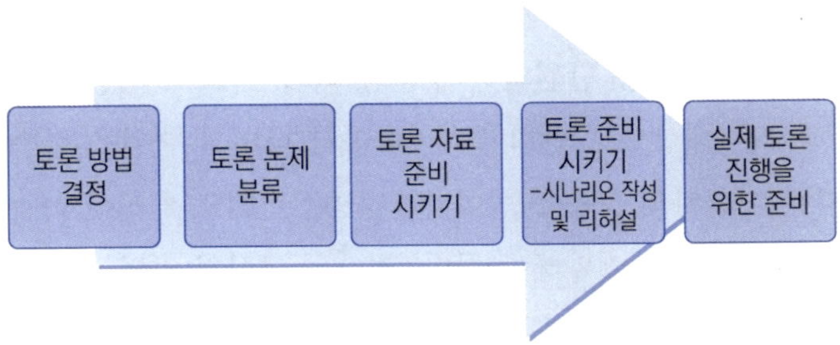

[그림 6-5] 토론 학습 운영을 위한 준비 과정

토론의 방법 결정

(1) 토론의 방법 결정

토론의 구체적인 방법을 결정해야 한다. 토의 토론 학습을 위한 유용한 기법은 다양하지만, 토론의 목적과 상황 등을 고려해서 선택한다. 다음 〈표 6-8〉은 찬반대립형 토론 방법으로 널리 알려져 있는 의회식 토론, CEDA 토론, 칼 포퍼식 토론을 진행 순서 및 시간에 초점을 맞추어 제시한 것이다.

의회식 토론, CEDA 토론, 칼 포퍼식 토론 진행 순서

〈표 6-8〉 의회식 토론, CEDA 토론, 칼 포퍼식 토론 진행 순서

의회식 토론		CEDA 토론		칼 포퍼식 토론	
순서	시간	순서	시간 (42분)	순서	시간 (54분)
1. 찬성 입론	7	1. 찬성A 입론	4(5,6)	1. 찬성A 입론	6
2. 반대 입론	8	2. 반대B 교차조사	2(3)	2. 반대C 질문	3
3. 찬성 입론	8	3. 반대A 입론	4(5,6)	3. 반대A 입론	6
4. 반대 입론	8	4. 찬성A 교차조사	2(3)	4. 찬성C 질문	3
5. 반대 반박	4	5. 찬성B 입론	4(5,6)	5. 찬성B 반론	5
6. 찬성 반박	5	6. 반대A 교차조사	2(3)	6. 반대A 질문	3
		7. 반대B 입론	4(5,6)	7. 반대B 반론	5
		8. 찬성B 교차조사	2(3)	8. 찬성A 질문	3

의회식 토론		CEDA 토론		칼 포퍼식 토론	
순서	시간	순서	시간 (42분)	순서	시간 (54분)
		9. 반대A 반론	3(4)	9. 찬성C 반론	5
		10. 찬성A 반론	3(4)	10. 반대C 반론	5
		11. 반대B 반론	3(4)	숙의시간(팀당 5분)	10
		12. 찬성B 반론	3(4)		

• CEDA: Cross Examination Debate Association, 숙의시간 팀당 3분(6분)

(2) 토론의 논제 분류

토론의 논제 분류

토론의 논제를 분류한다. 찬반 토론 학습에서 주로 쓰이는 논제 유형으로는 i) 과거, 현재, 미래의 사건, 현상의 존재 유무에 관한 사실을 다루는 사실 논제, ii) 사실에 대한 가치판단을 다루는 가치판단 논제, iii) 사실과 가치 판단에 기초하여 특정 정책을 주장하는 정책 논제가 있다.

사실 논제

① 사실 논제: 사실 여부에 의해 판별되어야 할 주제로, 어떤 증거가 더 명확하냐에 의해 결정된다. 과거, 현재, 미래의 사건, 현상의 존재 유무에 관한 사실이나 인과관계에 얽힌 논제이다. 가령, '포스트코로나 시대에는 인공지능기반의 4차 산업혁명이 가속화될 것이다', '한국시장은 개방되어 있다'와 같은 논제가 해당된다.

가치판단 논제

② 가치판단 논제: 사실에 대한 가치판단이 토론의 대상이며, 사실논제에 가치를 부여하는 경우이다. 가령, '미국의 보호무역주의정책은 세계 경제에 위협이 될 것이다', '한국인은 문화 예술 분야에서 매우 독창적이다'와 같은 논제가 해당된다.

정책 논제

③ 정책 논제: 사실과 가치 판단에 기초하여 특정 정책을 주장하는 것으로서, 현재의 정책이나 제도에 대한 제안을 둘러싸고 논쟁하는 경우이다. 실현 가능성, 효율성, 효과성, 가치 등에 의해 결정된다. 가령, '국회의

원 수를 줄여야 한다', '대학의 입시제도를 개혁해야 한다'와 같은 논제가 해당된다.

설득 자료의 준비

(3) 설득 자료의 준비

토의·토론 학습이 단지 피상적인 의견을 개진하지 않고 학습 목표를 달성할 수 있도록 내실 있게 운영되기 위해서는, 학습자에게 상대방을 설득할 수 있는 근거 자료를 준비하도록 강조해야 한다. 다음은 이를 위한 지침이다.

① 객관적인 근거나 증거 자료들을 수집하고, 구체적인 반증 자료를 제시한다.
② 통계나 사례, 사실적인 실제 증거, 전문가나 관찰자의 증언 등이 효과적이다.
③ 근거자료의 출처가 정확하고 신뢰성이 있는지, 최근의 자료인지를 검토한다.

토론 준비

(4) 토론 준비

토론을 준비시킨다. 토론 시나리오 작성 및 리허설이 해당된다. 토론 시나리오 개요는 입론(立論), 반대 신문, 최종 변론 등으로 이루어진다. 준비된 시나리오에 따라 연습하도록 하고, 부족한 부분을 점검해서 보완하도록 피드백한다. 해당 토론의 목적과 구체적인 목표, 전체 진행절차, 예상되는 반론에 대한 대응책 등의 시나리오를 구성해서 숙지하도록 한다.

실제 토론을 위한 준비

(5) 실제 토론을 위한 준비

실제 토론 진행을 위한 준비를 시킨다. 구성원 각자의 역할을 미리 정해두고, 토론의 규칙과 평가 기준 등을 합의를 통해 마련하는 것이 필요하다.

• 좌석을 적절히 배치한다. 참가자들이 서로 눈길을 마주치고 자유롭게 의견을 발표할 수 있도록 좌석을 배치하는 것이 좋다.

- 토론 진행에 필요한 물품을 준비한다. 발언시간을 재는 데 필요한 초시계나 시간 종료를 알리는 벨 등이 제대로 작동하는지 점검한다.

2) 토론의 주요 원칙

토론의 주요 원칙

토론 학습에서는 토론이 원만하게 진행될 수 있도록 토론 방법과 토론 규칙 등에 대해 설명해야 하며, 학습자들이 자신의 문제의식을 토대로 토론 논제를 뽑고, 조별로 토론 팀을 구성하여 토론한다. 토론에서는 무엇보다도 특정한 문제에 설득력 있는 논거를 통해 상대로 하여금 자기 의견에 동의하도록 유도하는 것이 중요하다. 다음은 토론에서 강조하는 기본 원칙이다.

- 합리성의 원칙: 찬반 양측이 동일한 발언 기회와 동등한 발언 시간을 얻어 갈등이 되는 쟁점을 이성적인 방법으로 해결한다.
- 역동성의 원칙: 상대방 논리의 문제를 부각시키는 역동적인 교차조사 및 질의응답의 과정을 통해 역동적인 논리로 대결한다.
- 듣기의 원칙: 일방적인 말하기가 아니라 상대방의 말을 경청한다.
- 설득의 원칙: 자신의 생각을 설득력 있게 전달하여 청중이나 심사위원의 마음을 움직여서 자신의 논리를 지지하게 만들어야 한다.

3) 토론 학습에서의 평가

토론 학습에서의 평가

토론 학습에서 이루어지는 평가의 기본 원칙은 사고의 합리성과 유연성, 논리의 역동성, 듣기를 통한 분석 능력 및 창의적인 설득 과정을 총체적으로 평가해야 한다는 것이다. 평가의 세부 기준은 토론의 형태나 방식에 따라 다르게 설정될 수 있지만, 일반적인 기준은 다음과 같다.

토론평가의 일반 기준

- 논증력과 분석력: 논리적이고 일관성 있는 분석
- 내용: 증거, 다양한 사례, 구체적인 지식을 동원, 창의적인 접근

- 반박, 교차조사: 상대방의 논점을 조목조목 반박하여 제압
- 전달력: 주장을 전달하는 방식 및 전달능력, 청중의 집중력, 주목도
- 팀워크: 일관된 팀의 입장을 제시
- 언어/스타일: 어휘, 수사적 표현, 군말 사용 여부, 말하기 방식(발음, 악센트, 목소리 톤, 말의 속도), 몸동작, 외양

토론 학습에서의 개별 평가지(예)

〈표 6-9〉 토론 학습에서의 개별 평가지(예)

발표자	논증력 (5)	내용의 충실성 (5)	반박, 교차조사 (5)	전달력 (5)	언어/스타일 (5)	총점 (25)
A						
B						
C						
D						
E						

과정 중심 평가

한편, 구정화(2019)는 사회과 교과를 예로 들어서 토의·토론을 적용한 과정 중심 평가를 실행하기 위해서는 다음 사항이 고려되어야 한다고 제안하였다. 첫째, 토의·토론 절차와 관련된 평가요소가 아니라 사회과 교육목표와 관련된 평가요소를 설정해야 한다. 둘째, 토의·토론을 적용하여 학생의 학습과정을 세밀하게 관찰할 수 있도록 사회과 교육목표에 기반한 지식, 기능, 태도 측면의 상세한 학습목표를 제시해야 한다. 셋째, 학생 중심으로 모둠활동이 주로 이루어지는 토의·토론의 특징을 고려하여 평가주체가 교사만이 아니라 학생 자신, 동료 학생 등 다양하게 참여해야 한다. 넷째, 학교급별로 토의와 토론을 경계 짓지 말고 두 방법을 다 적용할 수 있어야 한다.

토의 · 토론 학습에서 일반적으로 활용될 수 있는 평가표는 다음 〈표 6-10〉과 같다.

〈표 6-10〉 토의 · 토론 평가표(정문성, 2013)

토의 · 토론 평가표

전체적 진행에 대한 평가	상	중	하
• 주제가 적합했는가?			
• 주제가 정확하게 제시되었는가?			
• 용어들이 정확하게 정의되었는가?			
• 토론자들이 적극적으로 참여하였는가?			
• 흥미로웠는가?			
• 중요한 문제들이 다 토론되었는가?			
• 시간을 투자한 가치가 있었는가?			
사회자에 대한 평가			
• 참여를 극대화시키도록 유도하였는가?			
• 우왕좌왕하지 않고 토의 · 토론을 잘 끌고 갔는가?			
• 공평하게 진행하였는가?			
• 시간관리를 잘 하였는가?			
• 중립을 지켰는가?			
• 중요한 요점들을 필요시 요약하였는가?			
• 독단적이지 않고 공평했는가?			
• 주제에서 벗어나지 않도록 통제를 하였는가?			
토의 · 토론자들에 대한 평가			
• 정확하고 알아듣기 쉬운 목소리였는가?			
• 생각을 잘 정리하고 발표했는가?			
• 잘 경청하였는가?			
• 토론의 규칙을 잘 지켰는가?			
• 감정에 치우치지 않았는가?			
• 상대에 대한 예의를 지켰는가?			
• 창의성을 발휘했는가?			
• 정직했는가?			

제3절 프로젝트 기반 학습

1. 프로젝트 기반 학습의 정의[4)]

1) 프로젝트 기반 학습의 역사

프로젝트 기반 학습의 정의

프로젝트(project)의 어원은 '앞으로 던지다'로서, 무엇인가 마음속에 생각하고 있는 것을 '생각하다, 계획하다, 설계하다, 예측하다'의 의미를 가진다. 프로젝트 기반 학습은 이미 오래전부터 교육에 활용되어 온 방법으로서, 16세기 유럽의 건축학교에서 행한 프로젝트 작업에 기원을 두고 있다. 그러나 현대적 의미에서는 듀이(J. Dewey)의 실험학교와 스팀슨(R. Stimson)의 홈 프로젝트(home project)에서 비롯되어, 킬패트릭(Kilpatric)의 프로젝트 방법(project method)으로 체계화되었으며, 이후 카츠(Katz)와 차드(Chard)의 프로젝트 접근법(project approach)으로 발전해 왔다. 우리나라의 경우에도 프로젝트 기반 학습은 70년대부터 유아 및 초등교육에서 널리 사용되었고(유승희, 2000), 최근에는 학습 참여, 창의성, 문제해결력 등을 강조하는 학습자 중심 수업의 일환으로 더욱 주목받고 있다. 프로젝트 기반 학습의 역사적 흐름을 주요 학자를 중심으로 개관하면 다음과 같다(김대현, 왕경순, 이경화, 이은화, 1999).

프로젝트 기반 학습

프로젝트 기반 학습의 역사

듀이 스쿨

듀이는 1896년 1월 시카고대학 내에 듀이 스쿨(Dewey School)로 불리는 부속 초등학교를 창설하였다. 이 학교는 진보주의 교육운동의 시초로서, 전통적인 교과목 대신에 프로젝트 형식으로 교육과정을 구성하였다. 듀이는 아동들이 문제를 스스로 탐구하고 수행하는 과정에서 문제해결 능력을 비롯한 사고하는 방법을 배울 수 있다고 하였다. 특히, 듀이는 프로젝트 학습에서 활동 자체보다는 학생들의 '사고 활동'에 주목하였다. 즉 학생들이 문제에 직면하여 해결

---

4) 이 절에서 프로젝트 기반 학습은 학습자 관점에서 사용된 용어이며, 교수자 관점에서는 프로젝트 기반 학습을 활용한 수업을 의미한다.

책을 세워서 실천해보고 그 결과를 성찰하는 등의 사고 활동의 중요성을 강조하였고, 교수자의 역할은 프로젝트 기반 학습의 길잡이라고 보았다. 학생들이 사고하고 탐구하며 성찰할 수 있는 상황을 교수자가 만들어줘야 한다고 주장한 것이다.

또한 스팀슨은 1915년에 발표한 논문(The Massachusetts Home Project Plan of Vocational Agricultural Education)을 통해, 고등학교 농업 과목에서 학생들이 이론적 지식을 먼저 배운 다음에 가정에 딸린 농장으로 돌아가 농업 기술을 실험 실습하도록 하는 매사추세츠 홈 프로젝트를 소개하였다.

이후 듀이의 교육철학에 영향을 받은 킬패트릭(Kilpatric)은 1918년에 학생의 참여를 중시하고, 학생 중심의 목적 지향적 수행 활동을 강조하는 '프로젝트 방법(project method)'이라는 논문을 발표하였다. 그는 프로젝트를 "사회적 장면에서 온 힘을 쏟을만한 목적을 가지고 하는 일련의 활동들"로 규정하였고, 프로젝트 기반 학습의 목표는 학생 스스로 자유롭게 목적을 선택하도록 함으로써 학습 동기를 높이고 학습의 효과를 증진시키는 것이라고 하였다.

킬패트릭

프로젝트 방법

한편, 미국에서는 1980년대 후반에 카츠(Katz)와 차드(Chard)가 프로젝트 접근법(project approach)을 제창하였다. 그들은 프로젝트에 의한 수업을 진행하되, 교사와 아동들이 협조하여 수업을 진행할 수 있는 방법이 다양하고, 상황에 따라 달라진다는 점을 강조하기 위해서, 프로젝트 방법이라는 용어 대신 프로젝트 접근법이라는 용어를 사용하였다(김대현 등, 1999).

카츠
차드
프로젝트 접근법

2) 프로젝트 기반 학습의 정의와 구성요소

프로젝트 기반 학습의 정의는 학자마다 강조하는 바에 따라 다양하게 나타난다. 가령, 프로젝트 결과에 따른 최종 산출물의 제작(Adderley et al., 1975)에 초점을 두어 정의를 내리기도 하지만, 프로젝트 수행 과정에서의 학습

프로젝트 기반 학습의 정의

활동이나 사고 과정에 초점을 둔 정의도 있다. 프로젝트 기반 학습의 정의를 소개하면 다음과 같다.

- 프로젝트 기반 학습이란 일정한 기간 동안 학습자가 자기 주도적으로 스스로 질문을 생성하여 관련 지식과 경험을 활용함으로써 질문에 대한 결과를 구체적인 산출물의 형태로 만들어내는 학습방법이다(Blumenfeld, Soloway, Marx, Krajcik, Guzdial, & Palincsar, 1991).
- 프로젝트 기반 학습이란 학습자가 장기간에 걸쳐 복잡하고 실제적인 문제를 탐구하고 과제를 수행하는 과정을 통해 지식과 기술을 학습하는 체계적인 학습 형태이다(Buck Institute for Education, 2003; Tseng et al., 2013).
- 프로젝트 기반 학습은 아동이 학습의 전 과정에 주도성을 지니고서, 주제, 제재, 문제, 쟁점 등에 관한 탐구 활동과 그 결과에 대한 표현 활동을 하며, 그 결과 만들어 가는 교육과정의 성격이 나타나는 학습이다(김대현 등, 1999).

이상에서 살펴본 바와 같이, 프로젝트 기반 학습에 대한 정의는 일부 차이가 있지만, 프로젝트 기반 학습의 이념은 경험 중심 교육사상가인 듀이의 '행함으로써 배운다(learning by doing)'라는 말에 가장 잘 함축되어 있다. 즉 프로젝트 기반 학습에서는 학습자의 필요나 흥미를 바탕으로 한 경험과 이에 대한 성찰을 통한 학습을 지향하고 있는 것이다.

한편, 김대현 등(1999)은 킬패트릭을 비롯한 학자들의 프로젝트 기반 학습에 대한 견해를 기반으로, 프로젝트 기반 학습의 본질적인 구성요소와 부가적인 구성요소를 다음과 같이 구분하였다.

(1) 프로젝트 기반 학습의 본질적인 구성요소

프로젝트 기반 학습의 본질적인 구성요소

① 학습자의 주도적 참여

프로젝트 기반 학습에서는 학습자가 학습의 전 과정에 주도적으로 참여하게 된다. 학습자가 학습의 전 과정에 의사결정권을 행사할 수 있는 기회를 가지며, 학습에 대한 책임도 가진다는 것이다. 다만, 의사결정권은 학습자의 연령, 능력, 경험, 다루는 주제의 성격, 학습환경 등의 요인에 의해 실질적으로 제약을 받을 수는 있다.

② 탐구 활동과 표현 활동

프로젝트 기반 학습에서는 주제, 제재, 문제, 쟁점 등에 관한 '탐구 활동'과 그 결과에 대한 '표현 활동'을 하게 된다. 여기에서 탐구 활동이란, 문헌 조사나 현상 조사(현장 활동과 견학 활동), 현상 실험, 자원인사 면담 등의 다양한 방법을 활용하고 그 결과를 토의, 분류, 정리하는 활동을 의미한다. 표현 활동이란 언어, 숫자, 소리, 그림, 입체, 신체 등의 표상을 통하여 문집, 그림. 책, 구성물, 멀티미디어 등의 자료 형식을 만들고, 이를 발표, 전시, 극 활동 등의 다양한 방법으로 제시하는 활동 등을 의미한다.

③ 만들어 가는 교육과정

프로젝트 기반 학습은 '만들어 가는 교육과정(emerging curriculum)'으로 볼 수 있다. 즉 아동이 교사와 함께 계획하며 운영하고, 탐구와 표현 활동에는 다양한 방식이 있다는 점에서 전개의 방향이 계속적으로 변화해 간다는 것이다.

(2) 프로젝트 기반 학습의 부가적인 구성요소

프로젝트 기반 학습의 부가적인 구성요소

프로젝트 기반 학습의 부가적인 구성요소에는 프로젝트 기반 학습에 참여하는 학생들의 수, 프로젝트 기반 학습의 기간, 프로젝트 기반 학습의 내용 조직 방식 등이 해당된다.

① 참여 인원

프로젝트 기반 학습은 대개 소집단으로 수행되지만, 경우에 따라 개별 학생, 학급 전체 또는 전교생에 의해 수행되기도 한다.

② 수행 기간

프로젝트 기반 학습은 비교적 장기간에 걸쳐 이루어지지만, 상황에 따라 1~2시간 정도의 단기간에 마칠 수도 있다.

③ 내용 조직 방식

프로젝트 기반 학습의 내용이나 주제는 일반적으로 교과통합적인 성격을 많이 띠지만, 한 교과 내에서 특정 단원을 중심으로 수행될 수도 있다.

프로젝트 기반 학습의 절차

2. 프로젝트 기반 학습의 절차

프로젝트 기반 학습의 과정은 실제 상황과 맥락에 따라 다양하게 이루어지며, 학자들도 다소 견해의 차이가 있다. 가령, 프로젝트 방법을 체계적으로 정립했던 킬패트릭(1918)은 목적 설정, 계획, 실행, 판단하기의 네 단계로 나누었다. 그리고 김대현 등(1999)은 준비하기, 주제 결정하기, 활동 계획하기, 탐구 및 표현하기, 마무리하기, 평가하기 등의 여섯 가지 영역으로 구성된다고 하였다. 이하에서는 학교 현장에서의 활용 가치가 높은 김대현 등(1999)의 프로젝트 기반 학습 과정을 다루고자 한다(〈표 6-11〉 참조).

〈표 6-11〉 프로젝트 학습의 과정(김대현 등, 1999)

프로젝트 학습의 과정

학습 과정	Ⅰ. 준비하기	Ⅱ. 주제 결정하기	Ⅲ. 활동 계획하기	Ⅳ. 탐구 및 표현하기			Ⅴ. 마무리하기		Ⅶ. 평가하기(총괄)
				탐구하기	협의하기	표현하기	전시 및 발표하기	반성하기	
학습 활동	• 프로젝트 학습을 하기로 결정함 • 주제를 잠정적으로 결정함 • 교사의 잠정적 주제망 작성하기* • 자원 목록 잠정적으로 작성하기	• 주제 확정하기 • 아동의 주제 관련 경험 끌어내기 • 아동과 함께 주제망 작성하기*	• 학습할 소주제 결정하기* • 학습 활동 팀 구성하기(조직) • 질문 목록 작성하기* • 학습 활동 계획하기 • 자원 확보하고 비치하기 • 가정 통신문 보내기	• 문헌조사-문헌 자료 활동 • 현상조사-현장 활동-견학활동 • 현상 실험-실험하기 • 자원인사 면접-전문가 면담	토의하기	표현방식: 언어적/수학적/소리/그림/입체/신체	• 문집(책, 신문, 잡지, 스크랩) • 그림 • 구성물 • 멀티미디어 자료(사진, 비디오 자료 등)	개인 및 집단 반성하기	평가 방법 -작품 분석 -일화 기록 -체크리스트 -면접 -가정조사서 -사회성 측정법
	Ⅵ. 평가하기(형성) ←→								

* 표시된 부분은 초등학교의 경우에 교육과정상의 교과별 지도 계획과 연결이 가능하다.

준비하기

① 준비하기

교사 또는 교사 집단이 프로젝트 기반 학습을 하기로 결정하고, 주제, 주제망, 자원 목록을 잠정적으로 결정하거나 작성하는 활동을 한다. 잠정적 요소는 준비하기 이후의 과정에서 최종 확정된다.

주제 결정하기

② 주제 결정하기

교사와 학생이 함께 주제를 결정한 다음, 교사 또는 교사 집단이 주제와 관련하여 아동이 이미 가지고 있는 경험(선경험)을 끌어내고, 이를 토대로 교사와 학생이 함께 주제망을 작성하는 활동을 한다.

활동 계획하기

③ 활동 계획하기

학습할 소주제를 결정하고, 학습 활동팀을 구성하며, 질문 목록을 작성한다. 이 경우에 두 가지 접근 방식 중에서 선택할 수 있다. 하나는 학급 전체가 소주제를 결정한 다음, 소주제별 팀을 구성하고, 각 팀에서 질문 목록을 작성하는 방식이다. 다른 하나는, 학급 전체가 소주제를 결정하고, 소주제별로 질문 목록을 작성한 다음, 소주제별로 팀을 구성하는 방식이다.

질문 목록과 팀이 편성된 후에는, 학급 전체의 학습 활동 계획과 팀별 학습 활동 계획을 세운다. 그리고 필요한 자원 목록을 작성하고, 자원을 확보하고 비치하며, 외부에 자원 확보 협조를 요청하기도 한다.

탐구 및 표현하기

④ 탐구 및 표현하기

탐구하기, 협의하기, 표현하기 활동은 서로 연관성을 지니고 동시에 일어난다. 탐구 활동은 문헌조사, 현장조사(현장 활동과 견학 활동), 현장 실험, 자원 인사 면담의 네 가지로 이루어진다. 협의하기는 구성원의 개별적 반성하기(self-reflection) 활동과 구성원들의 중지를 모으는 활동으로 구성되며, 탐구하기의 계획, 과정, 결과에서 또는 표현하기의 계획, 과정, 결과의 제시과정에서 일어난다. 표현하기는 탐구의 계획, 과정, 결과에 대한 표현 활동으로, 언어, 숫자, 소리, 그림, 입체, 신체 등의 다양한 표현 양식을 사용한다.

마무리하기

⑤ 마무리하기

탐구, 협의, 표현 활동의 결과를 문집(책, 신문, 잡지, 스크랩 등), 그림, 구성물, 멀티미디어 자료(사진, 오디오 자료, 비디오 자료 등)의 형식으로 만드는 활동과, 이를 교사, 부모, 지역 사회 인사들에게 발표, 전시, 극 활동 등의 다양한 양식으로 제시하는 활동으로 구성된다.

⑥ 평가하기

평가하기

형성 평가와 총괄 평가의 두 가지 활동으로 구성된다. 형성 평가는 프로젝트 기반 학습의 제 과정들이 프로젝트 기반 학습의 전체 목표와 요소별 활동 목표의 달성을 향하여 전개되는가를 조사하고 검토하여 통제하는 역할을 한다. 총괄평가는 작품 분석, 일화 분석, 개인 및 집단 성찰, 체크리스트, 사회성 검사, 면접, 가정조사서 작성 등과 같은 다양한 방법으로 학습의 성과를 조사하여 프로젝트 기반 학습의 전 과정에 대한 판단을 내린다.

한편, 프로젝트 기반 학습을 수업에 활용하고자 할 때 교수자는 기본적으로 다음과 같은 네 가지 수업 운영 지침을 준수할 필요가 있다.

프로젝트 기반 학습의 수업 운영 지침

- 학생들이 배울만한 가치가 있는 주제와 내용들을 제시하고, 그것들에 몰입할 수 있도록 이끌어야 한다.
- 학생들에게 필요한 자료를 제공하고, 적절한 시점에 스캐폴딩(scaffolding)을 해야 한다.
- 학생들이 자신 혹은 자신이 속한 팀의 프로젝트에 목표의식과 책임감을 가지도록 관리해야 한다.
- 프로젝트 기반 학습 과정과 결과물에 대해 적합한 기준으로 평가와 피드백을 제공해야 한다.

3. 프로젝트 기반 학습과 디자인 씽킹

프로젝트 기반 학습과 디자인 씽킹

최근에는 프로젝트 기반 학습과 같은 문제해결식·참여식 수업방식에서 디자인 씽킹(design thinking)을 접목하려는 움직임이 매우 활발하다. 디자인 씽킹은 사람과 사물에 대한 공감적 관찰을 통해 문제를 인간 중심으로 해석하고, 문제를 명확히 정의한 후, 아이디어를 시각화하고, 프로토타입을 빠르게 제작하여, 반복적으로 테스트를 수행하는 혁신적인 방법론이다. 전통적인 프로

디자인 씽킹

젝트 기반 학습 과정이 기본적으로 문제 정의, 아이디어 고안, 결론 도출 활동을 주축으로 이루어졌다면, 디자인 씽킹은 [그림 6-6]에 제시된 바와 같이, '공감, 문제 정의, 아이디어 고안, 프로토타입, 테스트'의 과정으로 진행된다.

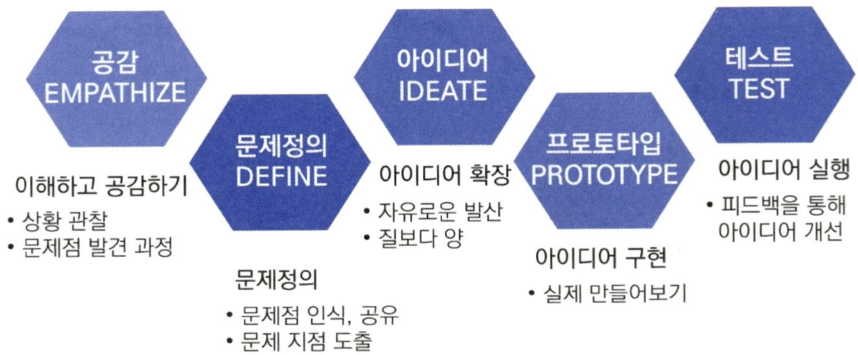

디자인 씽킹

[그림 6-6] 디자인 씽킹(design thinking)

공감하기

① 공감하기(empathize)

공감하기란 대상자의 입장과 그가 처한 상황을 공감적으로 관찰함으로써 문제점을 발견하는 것이다. 공감적 관찰을 위해서는 대상자를 직접 만나서 하나하나 이야기 나눠보는 것이 가장 적절하다. 사전에 미리 무엇을 관찰할 것인지 계획을 세우는 것이 효과적이며, 관찰할 때에는 중요한 순간을 포착해서 자신이 본 것을 질문하도록 한다. 가령, 왜 그것에 신경이 쓰이는지, 혹은 그것이 어떤 의미가 있는지 등등 상황에 맞추어 적절히 물어보도록 한다. 만약 직접 만나는 것이 어려운 상황이라면, 가상의 페르소나(persona)를 만들어 철저히 공감하는 데 시간을 투자하도록 한다.

정의하기

② 정의하기(define)

정의하기란 소위 '진짜 문제(real problem)'가 무엇인지를 파악하여 이 문제를 정의하는 것이다. 이 단계에서는 겉으로 보이는 현상과 그 현상의 이면에 있는 진짜 원인을 구분하는 것이 중요하다. 진짜 가치 있는 문제는 현장 관찰을 토대로 충분한 토의와 사실, 근거 등을 통해 찾을 수 있다. 문제의 대상, 원하는 요구(needs), 필요 가치를 간결하게 문장으로 표현하도록 한다.

③ 아이디어 구상하기(ideate)

아이디어 구상하기

아이디어 구상하기란 사용자를 위한 다양한 해결책을 탐색하는 것이다. 특정 개념이나 결과물에 초점을 맞추지 않고 폭넓게 발산적인 사고를 펼쳐가는 것이 필요하다. 이 단계에서 신속하게 아이디어를 도출하기 위해 브레인스토밍(brainstorming)이나 브레인라이팅(brainwriting) 기법이 종종 활용되기도 한다. 또한 로직 트리(logic tree) 기법이나 디딤돌 기법, 연관도 등은 문제 정의에서 출발해서 점점 확장해 나가기 위해 활용된다.

브레인스토밍
브레인라이팅

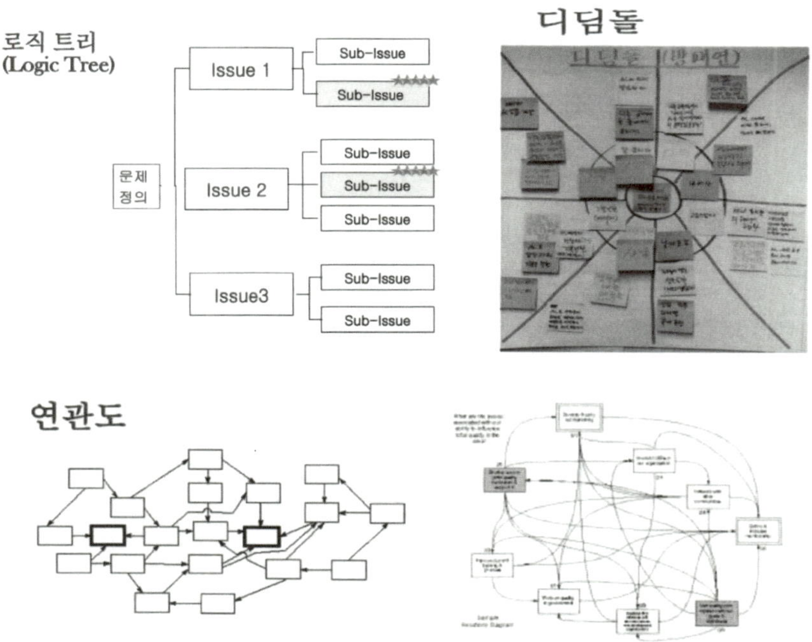

[그림 6-7] '아이디어 구상하기'를 위한 기법들

아이디어 구상하기를 위한 기법들

프로토타입 만들기

④ 프로토타입 만들기(prototype)

프로토타입이란 추상적인 아이디어를 구체적이고 시각적으로 표현함으로써, 사용자에게 경험을 제공하고 상호작용할 수 있게 하는 미완의 모델을 의미한다. 프로토타입은 최대한 저비용으로 빠르게 제작하는 것이 좋다. 프로토타입의 유형은 다양하지만, 대체로 모양이나 형태, 작동 방식, 느낌이나 경험 등을 표현하는 경우가 많다.

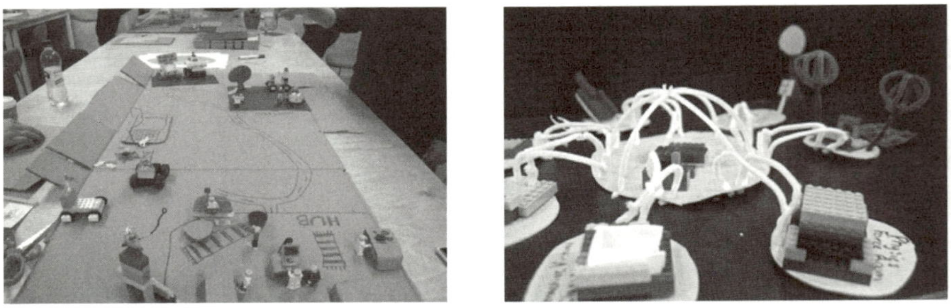

[그림 6-8] '프로토타입 만들기'의 예시

테스트하기

⑤ 테스트하기(test)

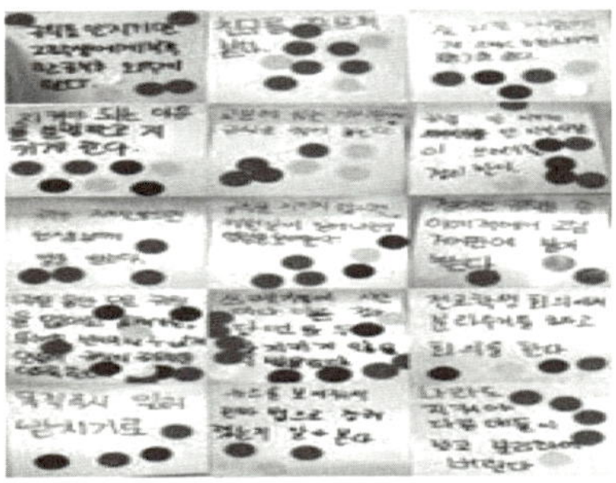

[그림 6-9] '테스트'의 예시

테스트는 사용자에게 프로토타입을 사용할 기회를 제공함으로써 해결책을 다듬고 발전시키려고 하는 것을 의미한다. 완성도가 낮은 프로토타입을 실제 사용자의 맥락에서 점검하는 것이므로, 부정적이고 비판적인 평가에 대해 개방적인 태도를 취하는 것이 중요하다.

이상에서 살펴본 디자인 씽킹이 문제 중심 학습이나 프로젝트 기반 학습 등의 문제해결식 수업에 활용되면, 현상적인 문제와 이면의 진짜 문제를 구분해서 분석할 수 있게 한다는 측면에서 교육적 효과가 크다. 학습자가 간과할 수 있는 문제의 이면에 있는 원인에 주목하고, 진짜 문제를 재정의할 수 있다면, 그 어떤 해결책 제시보다 더 중요한 학습 경험을 하게 될 것이다. 마치 디자이너가 고객을 관찰함으로써 그들의 요구와 동기를 이해하는 것처럼, 문제 상황을 관찰하고 그 안에 있는 사람에 공감하면서 진짜 문제점을 인식하고 문제를 정의하는 것은 문제 해결 과정에서 가장 중요한 출발점이라고 할 수 있다. 프로젝트 기반 학습에 디자인 씽킹을 접목하면 문제해결 과정과 결과가 더욱 내실 있게 체계화될 수 있을 것이다.

연습 및 탐구 문제

1. 초·중등학교에서 문제 중심 학습의 적용 사례를 찾고, 그 사례가 문제 중심 학습 설계 원리를 제대로 반영하였는지 분석해 보시오.

2. 토의·토론 학습의 주제를 정한 후에, 구체적인 수업 지도안을 작성하시오.

3. 프로젝트 기반 학습의 주제를 설정하고, 디자인 씽킹을 어떻게 접목할 수 있을지 실행 방안을 제시하시오.

4. 자신이 교사가 되었을 때 어떤 학습자 중심 수업을 적용할 것인지 논의하고, 그 이유는 무엇인지 설명하시오.

참고문헌

구정화 (2019). 2015 개정 사회과교육과정에 제시된 토의·토론법의 과정중심평가 실행 방안 논의. 시민교육연구, 51(3), 1-24.

김대현, 왕경순, 이경화, 이은화 (1999). 프로젝트기반학습의 운영. 서울: 학지사.

박삼열 (2012). 토론식 수업에서의 교수자 전략. 교양교육연구, 6(4), 237-262.

엄경흠, 엄이섭 (2016). 고등학교 국어 토의·토론 교수-학습의 방법 연구. 123-158.

유승희 (2000). 프로젝트 수업의 이론적 배경. 열린교육연구, 8(2), 91-100.

정문성 (2004). 토의·토론수업의 개념과 수업에의 적용모델에 관한 연구. 열린교육연구, 12(1), 147-168.

정문성 (2013). 토의·토론 수업방법. 파주: 교육과학사.

조연순 (2006). **문제중심학습의 이론과 실제**. 서울: 학지사.

조연순, 우재경 (2003). 문제중심학습(PBL)의 이론적 기초. **교육학연구, 41**(3), 571-600.

조용개, 심미자, 이은화, 이재경, 손연아, 박선희 (2009). 성공적인 수업을 위한 교수전략. 서울: 학지사.

최정임, 장경원 (2015). **PBL로 수업하기**. 서울: 학지사.

Barrows, H. S. (1985). *How to design a problem-based curriculum for the preclinical years*. New York: Springer Publishing Co.

Barrows, H. S. (1988). *The tutorial process* (3rd ed.). 서정돈, 안병헌, 손희정 (역), **하워드 배로우스 박사의 튜터식 교수법**. 서울: 성균관대학교 출판부.

Barrows, H. S., & Myers, A. C. (1993). *Problem-based learning in secondary schools*. Unpublished monograph. Springfield, IL: Problem-Based Learning Institute, Lanphier High School and Southern Illinois University Medical School.

Blumenfeld, P. C., Soloway, E., Marx, R. W., Krajcik, J. S., Guzdial, M., & Palincsar, A. (1991). Motivating project-based learning: Sustaining the doing, supporting the learning. Educational Psychologist, 26(3), 369-398.

Bransford, J. D., Franks, J. J., Vye, N. J., & Sherwood, R. D. (1989). New approaches to instruction: Because wisdom can't be told. In S. Vosniadou &

A. Ortony (Eds.), *Similarity and analogical reasoning* (pp. 470-495). Cambridge, NY: Cambridge University Press.

Brown, A. S., & Palincsar, A. S. (1989). Guided, cooperative learning and individual knowledge acquisition. In L. B. Resnick (Ed.), *Knowing, learning, and instruction: Essays in honor of Robert Glaser* (pp. 393-444). Hillsdale, NJ: Erlbaum.

Buck Institute for Education (2003). *Project based learning: A guide to standards-focused project based learning for middle and high school teachers* (2nd ed.). Oakland, CA: Wilsted & Taylor.

Cognition and Technology Group at Vanderbilt (CTGV) (1992). The Jasper experiment: An exploration of issues in learning and instructional design. *Educational Technology Research and Development, 40*(1), 65-80.

Collins, A. (1990). Reformulating testing to measure learning and thinking. In N. Frederiksen, R. Glaser, A. Lesgold, & M. G. Shafto (Eds.), *Diagnostic monitoring of skill and knowledge acquisition* (pp. 75-87). Hillsdale, NJ: Lawrence Erlbaum Associates.

Collins, A. (2005). Cognitive apprenticeship, In R. Keith Sawyer (Ed.), *The Cambridge handbook of the learning sciences* (pp. 47-60). Cambridge University Press.

Collins, A. S., Brown, J. S., & Holum, A. (1991). Cognitive apprenticeship: Making thinking visible. *American Educator, 15*(3), 6-11, 38-46.

Duffy, T. M., & Cunningham, D. (1995). Constructivism: Implications for the design and delivery of instruction. A draft for the chapter in Jonassen (Ed.), *Handbook of Research on Educational Communication and Technology*, New York: Scholastic.

Lave, J. & Wenger, E. (1991). *Situated Learning: Legitimate peripheral participation.* Cambridge: University of Cambridge Press.

Lave, J. (1988). *Cognition in practice*. Cambridge: University of Cambridge Press.

Savery, J. R. (2006). Overview of problem-based learning: Definitions and distinctions. *Interdisciplinary Journal of Problem-based Learning, 1*(1), 3.

Schank, R. C. (1992). *Goal-based scenarios.* http://cogprints.org/624/1/V11ANSEK.html

Schön, D. A. (1987). *Educating the reflective practitioner: Toward a new design for teaching and learning in the professions*. San Francisco.

Smith, M. K. (1999). *The social/situational orientation to learning*. The encyclopedia of informal education.
http://infed.org/mobi/the-socialsituational-orientation-to-learning.

Smith, M. K. (2009). *Jean Lave, Etienne Wenger and communities of practice*. The encyclopedia of informal education.
http://www.infed.org/biblio/communities_of_practice.htm

Spector, J. M. (2015). *Foundations of educational technology: Integrative approaches and interdisciplinary perspectives*(2nd ed.). Routledge.

Tseng, K. H., Chang, C. C., Lou, S. J., & Chen, W. P. (2013). Attitudes towards science, technology, engineering and mathematics (STEM) in a project-based learning (PjBL) environment. International Journal of Technology and Design Education, 23, 87-102.

Wenger, E. (1999). *Communities of Practice. Learning, meaning and identity*. Cambridge: Cambridge University Press.

Wenger, E. (2007). *Introduction to communities of practice.*
http://wenger-trayner.com/introduction-to-communities-of-practice.

제7장

수업자료 개발

제 1 절 수업매체의 이해

제 2 절 수업매체의 선정 및 활용

제 3 절 수업자료 설계 원리

올해 고등학교에서 5년째 역사를 가르치고 있는 임 선생님은 학생들로부터 역사 수업이 지루하고 어렵다는 이야기를 종종 듣는다. 임 선생님은 수능을 위해 교과서와 학습지 위주로 수업을 하고 있는데 수업시간에 졸거나 딴짓을 하는 학생들이 많이 보인다. 가능한 한 재미있는 이야기를 들려줌으로써 학생들의 관심을 유도하려고 노력해 보았지만, 그 방법에도 한계가 느껴진다. 임 선생님 스스로도 새로운 방법을 시도함으로써 수업의 효과를 높이고 싶다. 그래서 최근에 유튜브 자료를 활용하여 학생들의 흥미를 유도하기 위한 수업을 시도했다. 처음에는 학생들의 반응이 좋았지만 유튜브 자료도 반복적으로 사용하다 보니 학생들의 집중도가 떨어졌다. 게다가 어떤 경우에는 동영상 접속이 잘 안 되거나 동영상이 너무 길어 수업 시간을 낭비하는 경우도 종종 있었다. 임 선생님은 자신이 수업을 제대로 진행하고 있는 것인지 의문이 들었고, 좀 더 다양한 매체를 효과적으로 사용할 수 있는 방법이 없는지도 알고 싶어졌다.

이 장에서는 임 선생님의 사례와 같이 수업매체를 수업에 효과적으로 사용하기 위한 원리와 방법을 살펴보고자 한다. 또한 수업매체를 활용하는 데 요구되는 자료를 선정하고 개발하기 위한 원리도 살펴보고자 한다.

목 표

1. 수업목표와 학습내용에 따라 적절한 수업매체를 선정할 수 있다.
2. 수업에 필요한 수업매체 자료를 설계 · 제작할 수 있다.
3. 수업매체를 사용 방법에 따라서 알맞게 활용할 수 있다.

제1절 수업매체의 이해

수업매체를 효과적으로 활용하기 위해서는 우선 수업매체의 특성을 파악한 후, 수업매체의 어떠한 특성이 학습에 효과를 주는지에 대해 이해할 필요가 있다. 본 절에서는 수업매체의 정의와 특징을 알아보고, 수업매체를 수업에 활용해야 하는 정당성과 다양한 수업매체의 종류를 살펴보고자 한다.

1. 수업매체의 정의

수업매체의 정의

매체

매체(media)는 medium의 복수형으로 의사소통의 채널을 말한다. medium은 라틴어 medius에서 나온 말로 무엇과 무엇의 사이(between)를 의미한다. 따라서 매체는 의사소통에 있어서 송신자(sender)와 수신자(receiver) 사이를 연결하는 매개체 혹은 전달체를 일컫는 것으로 필름, TV, 도표, 인쇄 자료, 컴퓨터 등이 이에 속한다. 이러한 일반적인 매체들이 수업내용을 전달하는 데 사용될 때 수업매체라고 말한다. 매체 활용의 기본적인 목적은 필요한 정보를 보다 효과적이고 효율적으로 전달할 수 있도록 의사소통을 촉진시키는 것이다. 따라서 수업매체란 교육목표가 효과적이고 효율적인 방법으로 달성되도록 하기 위해 교수자와 학습자, 학습자와 학습자 사이에 필요한 의사소통을 도와주는 다양한 형태의 매개 수단이라고 정의할 수 있다.

송신자
수신자

기술적
내용적
상황적
상징적 속성

수업매체는 기술적, 내용적, 상황적, 상징적 속성을 지니고 있다(권성호, 1990). 이러한 속성들은 서로 밀접한 관계를 맺고 있으며, 매체를 이용한 교수·학습의 상황에 영향을 미친다. 수업매체의 네 가지 속성에 대해 자세히 살펴보면 다음과 같다.

기술적 속성

첫째, 기술적 속성은 매체를 구성하는 재료 및 기기의 속성으로 정보의 전달 방법에 영향을 준다. 예를 들면 라디오, TV 등은 전파를 통해 전달이 되며, 영사기, 녹음기, 투사기 등은 기계를 통해 전달된다. 이러한 기술적 속성은 기술의 발달과 함께 새로운 매체가 등장하게 되는 원인이 되며, 상황과 장소에 따른 매체의 선택과 효과에 영향을 미친다. 예를 들면 TV를 사용하는지 혹은 영사기를 사용하는지에 따라 메시지 전달의 범위와 학습자들의 참여도가 달라진다. 또한 컴퓨터를 이용할 때와 TV를 이용할 때는 공간의 활용과 상호작용의 가능성이 달라진다. 따라서 매체의 기술적인 속성은 새로운 전달 방법과 전달 내용을 포함하게 되며, 수업에의 활용 방법에도 영향을 미치게 된다.

둘째, 매체의 효과는 단순히 매체 자체의 기술적인 속성보다도 그 매체가 어떤 내용을 전달하느냐에 따라 달라질 수 있다. 예를 들면 TV나 컴퓨터가 어떤 내용을 전달하느냐에 따라 유용한 수업매체가 될 수도 있고, 청소년의 생활에 유해한 매체가 될 수도 있다. 또한 아무리 최신의 좋은 매체라 할지라도 전달하는 내용이 잘 설계가 되어 있지 않다면 그 효과는 기대에 미치지 못할 것이다. 그러나 동일한 내용을 전달할지라도 어떠한 매체를 통해 전달하느냐에 따라 그 효과는 달라진다. 따라서 효과적인 의사소통을 위해서는 전달 내용의 설계와 매체의 특성에 따른 전달 효과의 차이점을 고려해야 한다.

상황적 속성

셋째, 상황적 속성은 메시지가 전달되는 사회적 환경이 매체의 효과에 영향을 미친다는 것이다. 동일한 매체가 전달하는 동일한 내용일지라도 그 매체를 활용하는 상황에 따라 의사소통의 효과가 달라진다. 예컨대 TV를 통한 학습효과에 대한 연구에 따르면, 엄마가 아이와 함께 TV를 시청할 때 아이들이 더 많이 학습하는 경향이 있다. 교실에서도 비디오나 슬라이드를 학생들만 시청할 때보다는 교사가 같이 보면서 설명을 할 때 학생들은 학습을 더 잘 하게 된다.

상징적 속성

넷째, 상징적 속성은 매체에 따라 내용을 전달하기 위해 문자, 음성, 기호 및 언어 등의 특정한 상징체계를 사용한다는 것이다. 상징체계의 차이는 매체를 특징짓는 가장 중요한 속성으로 동일한 내용도 다양한 상징체계를 사용해 전달할 수 있다. 상징체계는 실물을 그대로 나타내는 실물계와 그림의 형태로 나타내는 영상적 체계, 무용이나 동작으로 표상되는 활동적 체계로 구분될 수 있으며, 어떤 상징체계를 사용하느냐에 따라 메시지의 전달 효과가 달라진다. 예를 들면 흡연이 건강에 좋지 않다는 내용을 음성으로만 설명하는 것과 실제 흡연이 신체에 미치는 영향을 생생한 영상을 통해 전달하는 것은 비록 동일한 내용이라 하더라도 심리적으로 미치는 영향이 달라진다.

이러한 매체의 속성은 매체를 이해하는 데 도움을 주며, 또한 매체활용 방식과 학습 효과에 영향을 줄 수 있다.

2. 수업매체의 역할

수업매체의 역할

수업매체는 정확하고 효율적인 교육적 의사소통을 위한 매개체의 역할을 한다. 교수 행위와 학습행위도 하나의 나눔의 과정으로 볼 수 있으며, 수업매체는 이러한 나눔의 과정을 도와주는 전달 수단이 된다. 쉐논과 쉬람(Shannon & Schramm, 1964)의 의사소통 모형은 이러한 과정을 잘 나타내 주고 있다([그림 7-1] 참조).

쉐논 쉬람

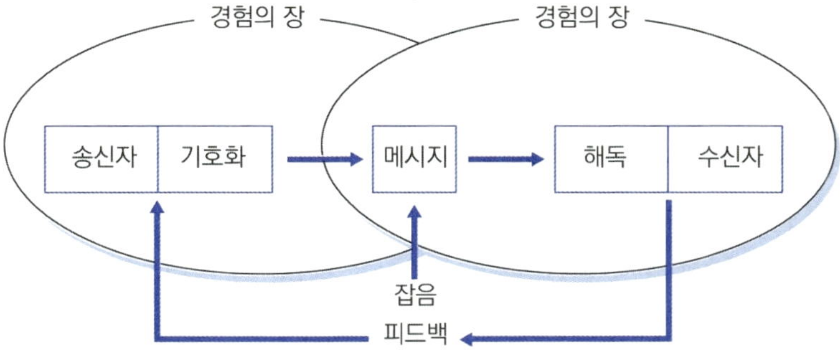

[그림 7-1] 쉐논과 쉬람(1964)의 통신 모형

쉐논과 쉬람(1964)의 통신 모형

송신자
수신자

의사소통은 메시지를 만들어 보내는 송신자(sender)와 메시지를 받아들이는 수신자(receiver) 간에 일어나는 현상이다. 의사소통 과정에서 송신자가 자신이 전달하고자 하는 지식이나 기술, 가치를 언어적, 비언어적, 또는 시청각적 형태로 제시하면 수신자는 그 기호를 해독하여 의미를 산출하고 이해한다. 이때 메시지는 의사소통의 채널을 통해 전달되는데 이 채널의 역할을 하는 것이 바로 매체이다.

상징체계

소음

매체는 시각, 청각, 시청각 등 여러 가지 상징체계를 이용해 메시지를 전달하게 되고, 어떤 상징을 사용하느냐에 따라 정보의 의미와 정확도가 달라질 수 있다. 이때 메시지의 정확성에 영향을 주는 요소가 소음이다. 소음은 교실 환경과 집단의 크기, 물리적인 소음뿐만 아니라 메시지나 매체의 정확성과 적절성 등 심리적인 소음도 포함된다. 따라서 소음을 최소화시켜주는 것은 결국 커뮤니케이션이 잘 이루어지도록 하는 것이며, 학습효과를 극대화하는 것을 의미한다. 수신자로서의 학습자는 감각을 통해 메시지를 받아들이고, 메시지를 해석하고, 평가하며, 송신자에게 메시지에 대한 피드백을 제공하게 된다. 그런 피드백을 통해 교사는 학생의 반응에 따라서 투입을 조정하고 해독의 오류나 그 체제 안의 소음에 해당하는 제반 요소들을 줄이거나 제거할 수 있다.

테크놀로지로부터의 학습
테크놀로지와 함께하는 학습

그러나 최근 테크놀로지의 발달로 인해 수업매체를 보는 관점이 변화되고 있다. 수업매체를 단순히 내용을 전달하는 수단에서 학습자의 문제해결이나 학습을 촉진하기 위한 도구로 보는 개념으로 변화되고 있다. 이러한 변화는 '테크놀로지로부터(from)의 학습'에서 '테크놀로지와 함께하는(with) 학습'으로의 변화를 나타낸다(Howland, Jonassen, Marra, 2014). 전통적인 수업매체는 교수자의 의사소통을 도와주는 수단으로 간주됨에 따라 매체 안에 정보가 기록되었고, 그 정보를 학생들에게 보여줌으로써 정보를 전달하였다. 그러나 컴퓨터와 최신 테크놀로지의 발달은 테크놀로지가 학습자의 학습을 촉진하는 수단과 도구로 활용될 수 있음을 보여주고 있다. 이러한 접근은 매체와 관련된 연구도 매체에 대한 매체의 기술적 속성이나 메시지 설계를 강조하는 연구에서 매체를 활용하는 전략의 효과성을 탐색하는 연구로의 변화를 초래하고 있다. 인지적 도구로서의 매체에 대한 관점은 테크놀로지라는 용어로 8장과 9장에서 다룰 것이며 이 장에서는 전통적인 매체의 특성에 초점을 둔다.

3. 수업매체의 종류

수업매체의 종류

수업매체의 종류는 매우 다양하다. 이들을 구분하는 것은 수업매체에 대한 이해를 넓히는 데에도 중요하지만 각 유형에 따른 특성을 이해하고, 이러한 특성을 잘 살려서 활용하기 위해 중요하다. 수업매체의 유형을 나누는 기준은 학자에 따라서, 목적에 따라서 다양하지만 여기에서는 가장 일반적으로 사용되고 있는 호반(Hoban)과 데일(Dale)의 구분과 상징체계에 따른 분류 기준, 처리하는 데이터의 속성에 따른 분류체계를 통한 매체의 종류를 살펴보고자 한다.

1) 호반과 데일의 분류

호반과 데일의 분류

호반

호반(Hoban, 1937)은 최초로 수업매체의 분류 기준을 제시한 학자이다. 그는 시청각 자료는 추상적인 것을 얼마나 구체적으로 전달할 수 있는가에 따라 가치가 결정된다고 생각하고 사실성의 정도에 따라 시청각 자료를 구별했다. 그의 분류 기준에 따르면 견학이나 실물, 모형은 구체적인 매체에 속하고 지도, 도표, 언어는 추상적인 매체에 속한다([그림 7-2] 참조). 호반은 사실과 가까운 매체일수록 더 정확한 메시지를 전달하며, 추상성이 높아질수록 이해도가 낮아진다고 주장했다.

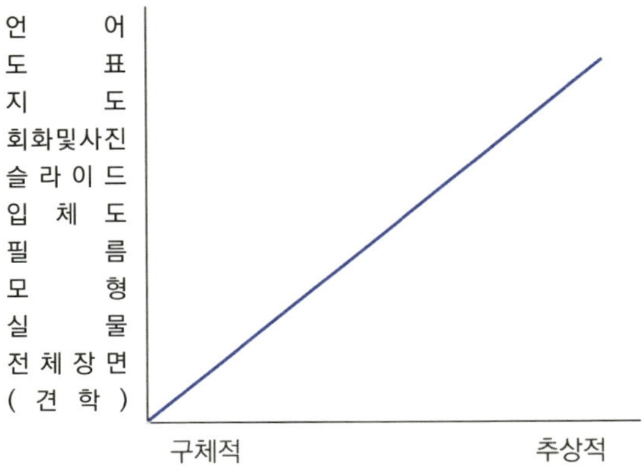

호반(1937)의 매체 분류도

[그림 7-2] 호반(1937)의 매체 분류도

데일 경험의 원추

데일(Dale, 1969)은 이러한 호반의 모형을 더욱 확장하여 '경험의 원추'라는 모형을 제시하였다([그림 7-3]을 참조). 경험의 원추는 학습자의 경험이 실제적인 행동에의 참여에서부터 시작해서 실제적인 사건이나 매체에 의해 매개

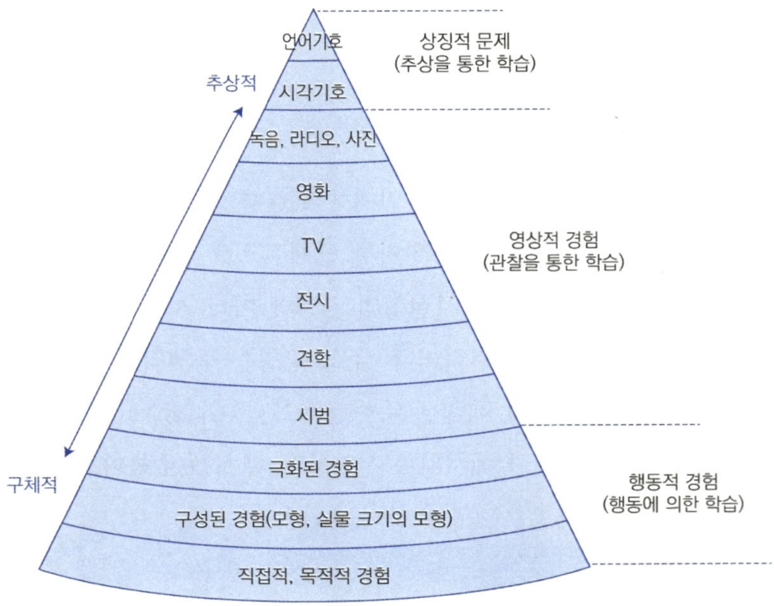

[그림 7-3] 데일(1969)의 '경험의 원추'와 학습의 세 가지 유형

된 사건의 관찰, 최종적으로 상징을 통한 학습의 순서로 이루어져 있다. 이러한 데일의 모형은 학습의 유형을 행동적 경험에 의한 학습(행동적 경험), 관찰을 통한 학습(영상적 경험), 추상을 통한 학습(상징적 문제)의 세 가지로 구분한 인지심리학자 브루너(Bruner)의 분류와도 일치된다.

행동적 경험
영상적 경험
상징적 문제
브루너

2) 상징체계에 따른 분류

상징체계에 따른 분류

상징체계에 따른 분류도 초기부터 널리 사용되어온 분류 방법이다. 이는 매체가 내용을 전달하기 위해서 주로 의존하는 상징체계가 무엇이냐에 따라 시각 매체, 청각 매체, 시청각 매체, 상호작용 매체로 나눈다.

시각 매체는 자료의 내용을 주로 시각적인 방법에 의존해서 제시하는 매체를 말한다. 시각 매체는 비투사 매체와 투사 매체로 나눌 수 있다. 투사 매체는 주로 전기나 빛을 이용한 투사 방법을 사용하는 것으로 슬라이드와 OHP(Over Head Projector)가 이에 속한다. 투사 매체의 경우 그림이나 글씨를 크게 확대하므로 많은 사람들이 내용을 자세히 관찰할 수 있는 이점이 있다. 비투사 매체에는 실물, 모형, 사진, 그림 등이 속한다.

시각 매체

청각 매체는 주로 청각적인 상징 체계를 사용해 정보를 전달하는 매체를 말한다. 라디오, 녹음기 등이 여기에 속한다.

청각 매체

시청각 매체는 시각과 청각을 동시에 자극하여 정보를 전달하는 매체를 말한다. VTR, TV, 영화 등이 시청각 매체에 속한다. 사실 시각적인 매체도 청각 매체와 결합되어 시청각 매체의 역할을 할 수 있다. 예를 들면 녹음기와 함께 슬라이드 자료를 보여 줄 경우 슬라이드는 시청각 매체와 같은 역할을 할 수 없다. 시청각 매체의 또 하나의 특징은 사진이나 그림과 같이 단순히 정지된 화면만이 아니라 움직이는 영상을 보여준다는 것이다. 이러한 움직임을 강조할 때는 움직임이 없는 정적 매체와 움직임을 보여주는 동적 매체로 구별할 수 있다. 멀티미디어는 바로 시각, 청각, 시청각의 모든 매체의 특징을 가지

시청각 매체

고 있음을 강조하는 용어이다.

상호작용 매체

상호작용 매체는 매체와 사용자의 상호작용성을 강조한 것으로 주로 컴퓨터와 관련된 매체를 지칭한다. 단순히 정보를 제시하는 수준에서 벗어나 학습자의 반응을 감지하고, 그 반응에 대한 피드백이나 결과를 제공하는 CAI, 상호작용 비디오, 멀티미디어, 쌍방형 TV 등등이 상호작용 매체에 속한다. 일반적으로 컴퓨터는 대표적인 상호작용 매체라 할 수 있다. 건축가는 모의실험 프로그램을 통해 청사진만 가지고서도 완성된 건물의 모습을 영상화할 수 있다. 이러한 컴퓨터의 상호작용성은 우리의 능력과 상상력을 확대시키는 도구가 된다.

3) 데이터의 속성에 따른 분류

아날로그 매체
디지털 매체

매체가 전달하는 데이터의 성질에 따라 아날로그 매체와 디지털 매체로 구분할 수 있다. 일반적으로 컴퓨터가 개발되기 이전에 사용된 전통적인 매체들이 아날로그 매체에 속하며, 컴퓨터를 기반으로 하는 새로운 매체들이 디지털 매체에 속한다.

아날로그 매체

아날로그 매체는 매체가 전달하는 데이터의 속성이 아날로그 형태인 것을 말한다. 아날로그는 전압이나 전류, 전파처럼 연속적으로 변화하는 물리량을 말하며, 자연에서 생성된 파장을 가능한 한 그대로 재현한 것을 말한다. 따라서 TV, 라디오, 슬라이드, 녹음기 등 전통적인 시청각 매체들이 아날로그 매체의 예가 될 수 있다.

디지털 매체

이에 비해 디지털 매체는 매체가 다루는 데이터의 속성이 디지털 형태인 것으로 컴퓨터를 기반으로 하는 모든 매체를 말한다. 디지털이란 손가락이란 뜻의 라틴어 digit에서 온 말로, 이는 모양으로 표시되는 아날로그에 비해 분명하게 수를 셀 수 있다는 뜻이다. 디지털에서는 모든 정보를 0과 1의 이진법으로 표현하기 때문에 정확히 수치를 파악할 수 있게 된다. 컴퓨터, 디지털 카메라, 디지털 비디오, 디지털 TV, 인터넷 등 최근에 주로 사용되는 뉴미디어들은 대부분 컴퓨터를 통해 자료의 저장과 제작이 이루어지므로 디지털 매체에 속한다.

뉴미디어

4. 수업매체 활용의 필요성

수업에서 수업매체를 꼭 사용해야 하는가? 수업매체는 왜 사용하는 것인가? 수업매체를 사용하면 어떤 이점이 있는가? 누구나 수업매체를 사용하기 전에 이러한 의문을 가질 것이다. 수업매체 활용의 필요성은 크게 다음의 세 가지 측면에서 설명될 수 있다.

1) 구체적 경험 대 추상적 경험

브루너(Bruner)는 그의 교수 이론을 통해 학습자에게 제공되는 수업은 직접적인 경험에서부터 그림이나 필름 등과 같은 영상적인 표현, 언어와 같은 상징적인 표현의 순서로 제시되어야 한다고 제안했다. 직접적 경험이나 영상적인 표현은 언어와 같은 상징물보다 의미가 보다 정확하게 전달되고, 이해하기도 쉽다. 따라서 추상적인 개념을 제시할 때는 글이나 언어보다는 그래프나 그림과 같은 영상적인 방법을 사용하는 것이 이해를 더 촉진할 수 있다. 브루너의 이론에 의하면, 학습자가 사용하는 자료의 순서는 과제를 숙달하는 데 직접적인 영향을 미친다. 즉 직접적인 경험이 없는 학습자는 추상적인 개념을 이해하는 데 어려움을 겪게 되므로 충분한 직접적인 경험을 체험하게 하는 것이 중요하다. 브루너

구체적인 경험의 중요성은 앞에서 제시한 호반과 데일의 모형에 의해서도 지지된다. 이들 모형은 매체를 구체성에서부터 추상성에 이르는 연속선으로 분류하고, 추상적인 개념을 이해하기 위해서는 보다 구체적인 경험이나 관찰이 누적되어야 함을 보여주고 있다. 이러한 원리는 아동들뿐만 아니라 모든 학습자에게 적용되므로 학습자의 경험의 수준을 분석하고 이에 맞는 경험의 형태를 제공하는 것이 설계에 있어서 중요한 요소가 된다. 구체적인 경험 호반과 데일의 모형

수업매체는 이러한 구체적인 경험을 제공하는 데 중요한 역할을 할 수 있

다. 언어는 가장 추상적인 형태이므로 언어만 제공했을 때에는 학습자는 이해에 어려움을 겪을 수 있다. 그러나 수업매체를 통해 도표나 그림, 실제 사물의 모습이나 움직임, 소리 등을 이용하여 보다 실제와 유사한 구체적인 경험을 제공함으로써 학습자의 이해를 도와줄 수 있다.

데일의 모형

또한 경험의 구체성은 시간의 제한과 관련이 있다. 데일의 모형에 의하면 더 추상적인 매체로 갈수록 더 짧은 시간에 더 많은 정보가 압축될 수 있다. 학생들이 직접적인 경험을 하거나 답사를 가는 것은 영화를 보거나 시각자료, 또는 언어적 상징을 통해 학습하는 것보다 더 많은 시간을 요구한다. 같은 경험을 영화나 비디오를 통해서 보면 훨씬 짧은 시간에 유사한 경험을 할 수 있게 된다. 따라서 교수자는 어떤 수업매체를 사용하여 과제를 제시할 것인지를 그 정보의 본질과 수업목표, 시간 소요와의 관계를 고려하여 결정해야 한다.

주의 획득
동기 유발

2) 주의 획득과 동기 유발

수업매체는 학습자의 주의를 끌고 감정적인 반응을 유도함으로써 학습자의 동기를 유발할 수 있다(Heinich, Molenda, Russell, Smaldino, 2002). 같은 정보가 제시된 책이라 할지라도 단순히 텍스트만 있는 것보다 그림이나 사진이 적절히 삽입된 책은 학습자의 주의를 더욱 집중시킬 수 있고, 흥미를 유발할 수 있다. 또한 학습자들은 청각적인 자극보다 시각적인 자극에 더 민감하며, 시청각적 자극이 같이 주어질 때 학습의 효과가 더 높아진다. 예를 들면 환경오염에 관한 내용을 다룰 때 직접 학습 내용으로 들어가기보다는 환경 오염의 실태를 보여주는 OHP 자료나 슬라이드, 비디오를 보여주는 것이 학습자들의 주의와 흥미를 유도하는 데 훨씬 효과적이다.

3) 이해 촉진

이해 촉진

수업매체는 정보를 다양한 유형으로 표현함으로써 이해를 촉진할 수 있다. 말이나 문자 정보와 함께 시각자료가 함께 제시되면 같은 정보를 여러 가지의 다른 유형으로 나타내게 된다. 이는 학생들이 말로써는 이해하지 못한 것을 시각적으로 이해할 수 있는 기회를 제공한다. 따라서 의사소통에서 나타날 수 있는 오해나 오류를 최소화하는 데 기여할 수 있다.

이중 부호화 이론

인지부하 이론

특히 정보를 다양한 유형으로 표현하면 학습자가 처리해야 하는 정보의 양을 최소화하여 학습이 효과적으로 이루어지도록 도와줄 수 있다. 이 원리는 이중 부호화 이론(Dual-coding theory)과 인지부하 이론(Cognitive load theory)에 의해 설명된다.

작업 기억

인지부하

이중 부호화 이론에 의하면 정보처리를 담당하는 작업 기억(working memory)은 시각 정보를 담당하는 채널과 언어 정보를 담당하는 채널 두 가지로 구성되어 있다(Paivio, 1971). 각 채널은 한 번에 처리할 수 있는 자료의 양이 제한되어 있으므로 새로운 정보를 처리할 때 하나의 채널을 사용하기보다는 두 채널을 사용하면 인지부하(cognitive load)를 줄여줌으로써 보다 쉽게 정보를 처리할 수 있게 도와준다. 따라서 단순히 언어로만 설명을 제시하기보다는 매체를 활용하여 시각 자료를 동시에 제시하면 학습의 효과를 극대화할 수 있다.

그러나 각 채널의 용량을 초과하는 정보가 들어오게 되면 인지부하로 인해 학습이 저해될 수 있다. 따라서 멀티미디어 자료를 설계할 때에는 두 채널의 인지 부하를 최소화하는 설계 전략을 사용해야 한다(Baddeley & Mayer, 2001; Mayer & Moreno, 2003). 예컨대, 학습 내용을 말과 글로 동시에 제공하면 언어 정보를 담당하는 채널에 과도한 인지부하가 발생할 수 있기 때문에 말과 함께 시각 정보인 이미지를 제공하는 것이 더 효과적이다.

제2절 수업매체의 선정 및 활용

어떤 수업매체를 선택하고 활용할 것인가는 여러 가지 사항들을 고려해서 이루어진다. 여기에서는 매체의 선택과 활용 과정을 도와주는 대표적인 모형으로 ASSURE 모형을 소개하고자 한다. ASSURE 모형은 기본적으로 수업설계 모형이지만 매체의 선정 및 활용에 대한 단계를 구체적으로 언급하고 있기 때문에 매체 활용 모형으로 사용되고 있다. 따라서 ASSURE 모형은 매체의 선정 및 활용은 단순히 매체의 특징만을 고려하는 것이 아니라 수업목표, 학습내용, 수업방법 등 다양한 수업설계 요소들을 고려해야 함을 강조하고 있다.

ASSURE 모형

ASSURE는 다음과 같은 수업설계의 6단계를 나타내는 첫 글자들을 조합해서 만든 용어이다(Heinich, Molenda, Russell, & Smaldino, 2002).

- **A**nalyze learners(학습자 분석)
- **S**tate objectives(목표 진술)
- **S**elect media and materials(매체와 자료 선정)
- **U**tilize media and materials(매체와 자료 활용)
- **R**equire learner participation(학습자의 참여 유도)
- **E**valuate and revise materials(평가와 수정)

학습자 분석

1) 학습자 분석

수업매체를 사용한 수업계획의 첫 번째 단계는 학습자를 분석하는 것이다. 학습자 분석에서 고려해야 할 요소들은 크게 다음의 일반적 특성, 특별한 출발점 능력, 학습양식의 세 가지로 나눌 수 있다.

일반적 특성은 연령이나 학년, 직업이나 지위, 문화적, 사회경제적 요인 등을 폭넓게 고려하는 것을 말한다. 예를 들면 학습자가 초등학생인지, 중등학생인지, 교사인지, 교회의 청소년 그룹인지를 결정해야 한다. 두 번째 특별한 출발점 능력은 학습자가 가지고 있거나 혹은 부족한 지식과 기능이 무엇인지를 확인하는 것이다. 세 번째 요소인 학습양식은 학습자의 불안 수준, 적성, 시각적 혹은 청각적 선호도, 동기 등과 같은 심리적인 요소를 고려하는 것이다.

2) 목표 진술

목표 진술

두 번째 단계는 수업목표를 가능한 한 구체적으로 진술하는 것이다. 수업목표는 교과서나 교수·학습과정안, 교육과정 지침서 등에서 채택할 수도 있고, 교사가 직접 개발할 수도 있다. 수업목표는 '수업을 받은 후에 학습자가 무엇을 할 수 있는가'라는 용어로 진술되어야 한다. 예를 들면 '학생들은 수학적 능력을 향상시킬 것이다.'라는 목표는 구체적으로 진술되지 않았다. 이 목표는 다음과 같이 재진술될 수 있다. '학생들은 자연수와 소수를 구별할 수 있다.'

또한 학습자가 목표한 행동을 나타낼 조건과 목표가 달성되었다고 인정할 수 있는 기준을 제시하는 것이 바람직하다. 예를 들면 '학생들은 10개의 두 자리 자연수의 덧셈 문제 중 8개를 맞힐 수 있다.'와 같이 기술할 수 있다.

3) 매체와 자료 선정

매체와 자료 선정

일단 대상 학습자와 목표가 설정되었다면 시작점(학습자의 지식, 기능, 태도)과 끝점(목표)을 세웠다고 할 수 있다. 이제는 이들 두 점을 연결하는 다리를 놓기 위하여 적절한 수업 방법과 매체를 선택하고 이것을 실행하기 위한 자료를 결정해야 한다. 모든 자료를 교사가 직접 개발할 필요는 없다. 자료를 결정하는 과정은 1) 이용 가능한 자료를 선정하거나, 2) 기존의 자료를 수정하거나, 3) 새로운 자료를 설계 및 개발하는 세 가지의 방식 중에서 선택할 수 있다.

자료를 선택하는 경우에는 선택의 기준을 세우는 것이 바람직하다. 다음의 질문들은 일반적인 자료 선택의 기준으로 활용될 수 있다(Heinich et al., 2002).

① 자료가 교육과정과 일치하는가?
② 자료가 정확하고, 최신의 것인가?
③ 자료가 분명하고, 정확한 언어를 사용하고 있는가?
④ 자료가 흥미를 유발하고 유지시키는가?
⑤ 자료가 학습자의 참여를 유발하는가?
⑥ 기술적 품질이 좋은가?
⑦ 자료의 효과성에 대한 증거가 있는가(예: 현장검증결과)?
⑧ 의도적인 편견이나 상업 광고의 성격이 없는가?
⑨ 사용자 안내문이 포함되어 있는가?

매체와 자료 활용

4) 매체와 자료 활용

수업자료를 선택하거나 수정하거나 설계한 다음에는 그 자료들을 어떻게 활용할 것인가에 대해 계획을 세워야 한다. 매체와 자료를 활용하는 과정은 사전검토, 자료 준비하기, 환경 준비하기, 학습자 준비시키기, 학습경험 제공하기의 다섯 단계로 정리될 수 있다.

사전검토

(1) 자료를 사전에 검토하기

제일 첫 번째 단계는 수업자료를 미리 확인하는 것이다. 수업 자료를 한 번도 보지 않고 사용해서는 안 된다. 예기치 않은 폭력적인 비디오 장면이 나와 당황할 수도 있고, 그래픽이나 화면의 질이 조잡하여 학습 효과를 저하시킬 수도 있다. 교사가 스스로 자료를 미리 보고 전체적인 내용을 이해해야만 그 자료를 충분히 효과적으로 활용할 수 있다.

(2) 자료 준비하기

자료 준비하기

다음으로 교사 자신이 계획하는 수업활동을 위해서 필요한 매체와 자료를 준비해야 한다. 필요한 모든 자료를 준비하고, 어떤 순서와 방법으로 그 자료나 매체를 사용할 것인지도 결정해야 한다. 그 자료를 활용해서 교사는 무엇을 할 것인지, 학습자는 무엇을 할 것인지를 계획하고, 수업에 필요한 자료와 기자재 목록을 작성할 수 있다.

(3) 환경 준비하기

환경 준비하기

수업을 하려는 장소에서 매체를 사용하기에 적절한 환경을 준비해야 한다. 필요한 전원이나 스위치가 있는지, 적당한 조명과 암막 시설이 있는지를 점검하고, 사용할 매체가 갖추어져 있는지 점검해야 한다. 또한 학생들이 사용할 기자재가 작동하는지 점검하고, 모든 학생들이 잘 보고, 들을 수 있도록 자리를 배열해야 한다.

(4) 학습자 준비시키기

학습자 준비시키기

수업의 효과는 학습자를 어떻게 준비시키느냐에 따라 달라질 수 있다. 즉 학습자들에게 수업에 대한 기대감과 동기를 갖게 할 필요가 있다. 이를 위해서는 수업내용에 대한 전반적인 개요를 소개하거나 학습 목표를 알려주거나, 수업에서 집중해야 할 내용 등을 안내할 수 있다.

(5) 학습경험 제공하기

학습경험 제공하기

모든 준비가 끝나면 매체를 활용하여 수업을 진행하게 된다. 만약 자료가 교사 중심형이라면 강의와 같은 방법으로 자료를 제시하게 되고, 자료가 인터넷과 같은 학습자 중심형이라면 학생들이 인터넷을 활용하여 주제를 탐구하고, 토론하는 것을 돕게 된다.

학습자의 참여 유도

5) 학습자의 참여 유도

효과적인 매체활용 수업을 위해서는 학습자의 능동적인 참여를 요구해야 한다. 수업 중에 학습자들이 지식이나 기능을 처리하고 그들의 노력에 대해 적절한 피드백을 받을 수 있는 기회가 주어져야 한다. 이를 위해서 가장 효과적인 방법은 학생들에게 학습한 내용을 연습할 수 있는 기회를 주는 것이다. 즉 새로운 철자나 어휘를 연습하거나, 수학문제를 풀거나, 운동경기를 연습하는 기회를 주는 것이다. 모든 경우에 학생들은 자신들의 행동에 대한 피드백을 받아야 한다. 피드백은 교사로부터 주어질 수도 있고, 동료 학생들로부터 주어질 수도 있다. 또는 컴퓨터와 같은 매체를 통해 주어질 수도 있다.

평가와 수정

6) 평가와 수정

수업이 끝난 후 수업의 효과와 영향에 대한 평가를 실시해야 한다. 전반적인 파악을 위해서 수업 과정 전체를 평가해야 한다. 평가의 내용은 학생들이 수업목표를 달성했는가에 대한 학습자 성취도 평가뿐만 아니라 수업 방법이 적절했는지, 매체가 목표 달성에 도움을 주었는지, 모든 학생들이 자료를 적절히 활용할 수 있었는지와 같이 수업방법과 매체에 대한 평가도 이루어져야 한다. 만약 의도했던 것과 달성한 것 사이에 차이가 있다면 다음 수업을 위해 그 계획을 수정해야 한다.

제3절 수업자료 설계 원리

사용할 수업매체가 선정되면 매체 사용에 필요한 자료들을 선택하거나 제작하고, 적절히 활용할 수 있어야 한다. 적절한 수업매체를 선택하고, 매체의 특성을 잘 활용하여 조직적으로 설계된 수업자료는 학습자의 학습을 촉진할 수 있다. 그러나 잘못 설계된 수업자료는 매체의 효과를 떨어뜨릴 뿐만 아니라 오히려 학습에 부담을 줄 수 있다. 따라서 이 절에서는 효과적인 수업자료를 설계하기 위한 기본적인 원리를 매체의 종류에 따라 살펴보고자 한다.

1. 시각자료 설계 원리

시각자료 설계 원리

시각자료는 단순한 인쇄물에서부터 슬라이드, 비디오, 멀티미디어 등에 이르기까지 매우 광범위하게 적용된다. 단순히 텍스트만 제공하는 것보다 시각자료를 적절히 활용하는 경우 정보 전달에 훨씬 효과적이다.

시각자료

시각자료를 설계하기 전에 왜, 어떻게 그 정보를 사용할 것인가를 결정하는 것은 매우 중요하다. 대부분의 경우 시각자료는 학습에 도움을 주지만, 어떤 경우에는 오히려 학습을 방해하거나 정보를 왜곡시킬 수도 있기 때문이다. 시각자료 설계 시 고려해야 할 요소들은 다음과 같다.

1) 내용

내용

교육적 용도를 위한 시각자료는 반드시 전달하고자 하는 정보와 관련성이 있어야 한다. 전달하고자 하는 내용과 관련이 없는 그림이나 사진은 오히려 학습자의 주의를 분산시킴으로써 학습 효과를 감소시킬 수 있다.

사실성

2) 사실성

모든 시각자료는 어느 정도의 사실성을 지니고 있지만 그 정도는 다르다. 만화와 그림, 사진은 사실성의 연속선을 보여준다([그림 7-4]). 사실성이 더 높을수록 더욱 실제와 가까워진다. 그러나 사실성의 정도가 너무 낮거나 너무 높은 시각자료는 학습과정과 의사소통을 방해할 수 있다. 사실성의 정도가 과하면 학습자들이 본질적인 학습의 단서를 구별하는 데 어려움을 겪게 된다. 따라서 사진보다는 사실성이 낮은 단순한 그림이나 삽화가 의사소통에 더욱 유용할 수 있다.

만화, 그림, 사진의 사실성의 정도

[그림 7-4] 만화, 그림, 사진의 사실성의 정도

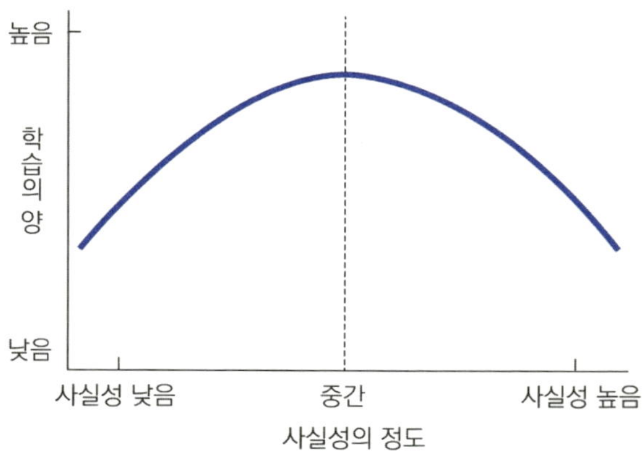

[그림 7-5] 사실성의 정도(Heinich et al., 2002)

3) 복잡성

복잡성

하나의 시각자료는 전달하고자 하는 메시지를 의사소통하는 데 적절한 수준의 복잡성을 포함해야 한다. 너무 자세하거나 너무 복잡한 자료는 혼란을 주거나 내용에 대한 흥미를 떨어뜨릴 수 있다. 그러므로 그림을 제시할 때 필수적인 요소만 남겨놓고 불필요한 요소는 제거해야 한다. 적절한 복잡성의 수준은 학습내용과 대상 학습자, 목표, 시각자료의 형태에 따라 달라진다.

만약 상세한 정보가 필요하다면 너무 많은 정보를 담은 하나의 시각자료를 사용하기보다는 여러 장의 그림을 사용하는 것이 좋다. 예를 들면 슬라이드를 사용하는 경우 한 장에 모든 상세 정보를 담기보다는 한 장의 슬라이드에는 하나의 메시지만 담고 여러 장의 슬라이드로 나누어 제시하는 것이 바람직하다.

4) 색상

색상

색상은 학습 효과에는 큰 영향을 주지 않지만 학습자들은 흑백보다는 색상이 있는 자료를 선호한다. 따라서 적절한 색상의 선택은 학습자의 흥미를 유발하고 주의를 집중시킬 수 있다. 색이 있는 자료를 사용할 때에는 색상의 선택에 있어서 몇 가지 주의를 해야 한다. 첫째, 일반적으로 색상은 중요한 요소나 정보를 강조할 때 사용하는 것이 좋다. 강조하고자 하는 사물이나 정보는 배경 색상과 대비가 잘 되는 색상을 사용하는 것이 좋다. 너무 많은 색상의 사용은 오히려 주의를 분산시키고 혼란을 줄 수 있으므로 피해야 한다. 둘째, 색상의 선택은 학습자의 특성에 맞게 사용해야 한다. 어린아이들은 차분하고 어두운 색상보다 밝고 선명한 색상을 선호하는 경향이 있다. 셋째, 사용된 색상은 일관성이 있는 것이 좋다. 색상이 연속적으로 사용되었을 때는 같은 주제나 사물에 대해 일관성 있는 색상을 사용하는 것이 좋다. 일관성이 없는 색상은 오히려 혼란을 줄 수 있다.

2. 멀티미디어 자료 설계 원리

멀티미디어 자료

멀티미디어 자료는 학습을 위해 언어와 그림이 동시에 제공되는 자료를 말한다(Mayer & Moreno, 2003). 멀티미디어 자료에서 언어는 화면 위의 텍스트로 제공될 수도 있고 내레이션과 같은 음성으로 제공될 수도 있다. 그림은 그래픽이나 사진과 같이 정적인 것일 수도 있고 애니메이션, 비디오와 같이 동적인 것일 수도 있다. 대표적인 멀티미디어 자료는 사물의 작동 원리를 보여주기 위해 설명과 함께 제공되는 컴퓨터 애니메이션이다. 최근 이러닝에서 널리 사용되고 있는 교수자의 음성과 함께 프레젠테이션 자료가 제공되는 동영상도 멀티미디어 자료의 사례가 될 수 있다.

멀티미디어 자료는 정보를 다양한 형태로 제공한다는 측면에서 효과적이지만 한편으로는 학습자가 동시에 여러 가지 정보를 처리해야 한다는 점에서 인지적 부담(인지 과부하)이 될 수 있다. 따라서 효과적인 멀티미디어 자료는 학습자의 인지적 부담을 줄이도록 설계되어야 하는데 그 원리를 제시하는 것이 인지부하 이론이다(Mayer and Moreno, 2003).

인지 과부하

인지부하

인지부하(Cognitive Load)란 작업 기억에서 정보를 저장하거나 처리할 때 요구되는 정신적 노력의 총량을 말한다. 인지부하이론은 인지부하를 내재적, 외재적, 본유적 인지부하의 3가지 유형으로 분류한다(Sweller, 1988; 1994).

내재적 인지부하

외재적 인지부하

본유적 인지부하

내재적 인지부하(intrinsic cognitive load)란 학습자료나 과제 자체가 가지고 있는 난이도와 복잡성을 말한다. 외재적 인지부하(extraneous cognitive load)란 학습 과제 자체의 난이도가 아닌 잘못된 설계나 수업 방법 등에서 발생하는 인지부하이다. 본유적 인지부하(germane cognitive load)란 지식 구성에 필요한 인지적 노력으로 학습과 직접 관련이 있는 정신적인 노력을 의미한다.

작업 기억

인지부하 이론의 기본 아이디어는 우리의 작업 기억(working memory)은 용량이 제한되어 있으므로 너무 많은 용량을 요구하는 학습 과제는 학습을 방해한다는 것이다. 따라서 작업 기억을 최적화된 상태에서 사용하고 인지적 과부하를 피하도록 과제나 자료를 설계해야 한다. 이를 위해서는 과제 자체가 가지고 있는 내재적 인지부하와 본유의 인지부하는 최적화하고, 학습 이외의 요소로 인한 외재적 인지부하를 최소화해야 한다. 이를 위해 메이어(Mayer, 2009)는 다음과 같은 원리를 제시하고 있다. 메이어

〈표 7-1〉 멀티미디어 자료 설계 원리

구분	원리	실천 전략
외재적 인지부하를 감소시키기 위한 원리	일관성의 원리 (coherence principle)	불필요한 단어나 그림, 소리를 제거하고 학습내용과 관련된 내용으로만 구성하라.
	신호 주기 원리 (signaling principle)	중요한 정보를 강조하기 위해 신호를 주어라.
	중복회피 원리 (redundancy principle)	동일한 내용을 다른 형태(그림, 내레이션, 텍스트)로 중복해서 제시하지 말라.
	근접성의 원리 (contiguity principle)	그림과 관련된 설명을 가깝게 제시하라.
내재적 인지부하를 조절하기 위한 원리	분절의 원리 (segmenting principle)	정보를 연속적으로 제시하기보다 작은 단위로 나누어 제시하라.
	사전훈련의 원리 (pre-training principle)	주요 개념의 명칭과 특징을 미리 학습하게 하라.
	다중양식의 원리 (modality principle)	시각과 청각 채널을 같이 사용함으로써 인지부담을 줄여주라.
본유의 인지부하를 촉진하기 위한 원리	멀티미디어 원리 (multimedia principle)	텍스트만 사용하기보다 소리나 그림을 함께 제시하라.
	개인화의 원리 (personalization principle)	설명을 제공할 때 공식적인 어투보다 대화체를 사용하라.
	목소리 원리 (voice principle)	기계음보다는 사람의 목소리로 내레이션을 제공하라.

3. 동영상 자료 설계 원리

UCC
유튜브
MOOC
플립 러닝

최근에는 멀티미디어 자료가 보편화되고 UCC(User-Created Contents), 유튜브, MOOC(Massive Open Online Course), 플립 러닝 등이 보급되면서 많은 동영상 자료가 교육적으로 활용되고 있다. 동영상 자료를 교육적으로 활용할 경우 그 효과를 극대화하기 위해서는 다음과 같은 요소를 고려해야 한다.

주제 선정

1) 주제 선정

동영상

동영상 자료를 제작, 선정할 때는 동영상에 가장 적절한 주제를 선정하는 것이 바람직하다. 동영상 자료는 직접적인 관찰이 필요하거나, 움직임이 중요한 주제, 감동을 주는 윤리적 주제 등을 보여주기에 적절하다(백영균 외, 2009). 그러나 정적인 정보나 텍스트가 많은 정보 등은 동영상 자료로 적절하지 않다. 주제와 관련된 정보 전달에 가장 효과적인 형태의 매체를 활용하는 것이 모든 매체 자료 제작의 핵심이 된다.

촬영 및 편집 기법

2) 촬영 및 편집 기법

동영상을 제작하다 보면 화려한 촬영 및 편집 기법에 현혹되기 쉽다. 이러한 기법들은 동영상에 세련미를 더해줄 수는 있지만 지나치게 다양한 기법은 오히려 내용에 대한 주의집중을 방해하여 산만해지는 결과를 가져올 수 있다. 따라서 기법보다는 내용을 어떻게 조직적으로 설계하느냐 하는 것이 중요하다. 이를 위해서는 충분한 기획이 우선되어야 하고 실제 촬영 전에 체계적인 스토리보딩을 제작해야 한다.

화질

3) 화질

동영상의 화질은 정확한 정보 전달과 몰입에 중요한 요소이다. 따라서 선명한 화질의 동영상을 사용하는 것이 바람직하다. 하지만 고화질일수록 파일 용량이 커지므로 적절한 화질과 용량의 밸런스를 맞출 필요가 있다. 특히 인터넷상에서 활용할 경우 지나친 고화질의 동영상은 파일 전송 속도를 느리게 하므로 적절한 수준의 화질을 선택할 필요가 있다.

4) 소리

소리

동영상의 중요한 특징 중의 하나는 시각 정보와 청각 정보를 같이 전달할 수 있다는 것이다. 따라서 비디오의 화면만이 아니라 소리의 크기와 질을 확인하는 것도 중요하다. 일부 학습 동영상의 경우 교수자의 목소리가 너무 작거나 잡음이 섞여 학습에 어려움을 겪는 사례가 있으므로 소리를 점검하는 것은 중요하다.

배경음악

영상의 종류에 따라 배경음악을 적절히 사용하면 효과적인 정보 전달뿐만 아니라 화면의 분위기를 살릴 수 있고, 감정적인 요소도 적절히 전달할 수 있다. 그러나 배경음악을 선택할 때에는 내용에 비해 배경음악이 너무 두드러지거나 강조되지 않도록 설계해야 한다. 특히 설명이 제공될 때에는 배경음악이 너무 크지 않게 조절하여 내용에의 몰입을 방해하지 말아야 한다. 너무 유명한 음악이나 학습 내용과 관련성이 없는 음악들도 내용에의 몰입을 방해할 수 있다.

5) 길이

길이

동영상은 학습자의 수동적인 관찰을 요구하므로 너무 긴 동영상은 쉽게 지루해질 수 있다. 따라서 교수·학습에 사용되는 동영상 자료는 너무 길지 않게 제작해야 한다. 브레임(Brame, 2016)에 의하면 학습자의 참여도를 높이기 위해서는 동영상의 길이는 6분 이하로 제작되는 것이 바람직하다. 긴 내용

동영상의 길이

을 다뤄야 하는 경우는 10분 이상의 동영상을 제작하기보다는 동영상을 여러 개로 나누어 제작하는 것을 권한다.

자막

6) 자막

동영상에 적절한 자막을 제공하면 정보를 정확하게 전달하는 데 도움이 되므로 학습 효과가 커질 수 있다. 하지만 자막이 너무 길거나 불필요한 코멘트가 많이 들어가는 경우 내용 집중을 방해할 수 있으므로 주의해야 한다. 자막에 사용되는 글자의 모양, 크기도 학습에 영향을 줄 수 있다. 즉 너무 작은 글씨, 복잡한 글씨체 등은 정보 획득에 방해가 될 수 있다.

연습 및 탐구 문제

1. 수업과정안을 하나 선정하고, 수업과정안에서 선정된 수업매체가 교수목표와 학습 내용에 적절한지를 판단하고 그 이유를 논의하시오.

2. 수업에 사용되는 자료(인쇄매체, 시각매체, 동영상, 프레젠테이션 자료 등)를 하나 선정하여 동료들과 매체제작원리에 기초하여 평가해 보시오.

3. 학교교육 상황에서 수업매체를 적절하게 활용하지 못한 사례를 들고, 개선 방향을 제시하시오.

참고문헌

권성호 (1990). 교육공학원론. 서울: 양서원.

백영균 외 (2009). 효과적인 수업을 위한 교수-학습 매체의 제작. 서울: 학지사.

송성재 (2000). 북디자인. http://www.publishing21.com.

오인경, 최정임 (2003). 교육 프로그램 개발 방법론. 서울: 학지사.

주영주, 최성희 (1999). 교수매체의 제작과 활용. 서울: 남두도서.

Brame, C. J. (2016). Effective educational videos: Principles and guidelines for maximizing student learning from video content. *CBE－Life Sciences Education, 15*(4). https://doi.org/10.1187/cbe.16-03-0125.

Dale, E. (1969). *Audiovisual methods in teaching*, third edition. NY: Holt, Rinehart and Winston.

Heinich, Molenda, Russell, Smaldino (2002). *Instructional media and technologies for learning* (6th ed.). Englewood Cliff, NY: Prentice Hall.

Hoban, C. F., & Hoban, Jr. C. F. (1937). *Visualizing the curriculum*. NY: The Corden Company.

Howland, J. L., Jonassen, D. H., Marra, R. M. (2014). Meaningful learning with technology. 이영주, 조영환, 조규락, 최재호(역). 테크놀로지와 함께하는 유의미학습. 서울: 아카데미프레스.

Mayer, R. E. & Moreno, R. (2003). Nine ways to reduce cognitive load in multimedia learning. *Educational psychologist, 38*(1), 43-52.

Mayer, R. E. (2009). *Multimedia learning*. Cambridge University Press.

Peterson, R. (1988). *Visuals for information: Research and practice*. Englewood Cliff, NY: Educational Technology Publications.

Shannon, C. E. & Schramm, W. (1964). *The mathematical theory of communication*. Urbana: The University of Illinois Press.

Sweller, J. (1994). Cognitive load theory, learning difficulty, and instructional design. *Learning & Instruction, 4*, 295-312.

Sweller, J. (1988). Cognitive load during problem solving: Effects on learning. *Cognitive Science. 12*(2), 257-285.

제8장

테크놀로지 활용 수업의 기초

예비교사인 김미숙은 친구들과 함께 서울에서 개최된 에듀테크 박람회에 참석하였다. 박람회에는 온라인 학습 플랫폼, 인공지능, 가상현실, 3D 프린터, 코딩 프로그램 등의 다양한 에듀테크 제품이 진열되어 있었다. 전시부스를 돌아다니면서 제품을 하나씩 사용해 보고 궁금한 점이 생기면 직원에게 질문도 하고 시범을 보여 달라고 요청하였다. 그중에서도 인공지능을 활용하여 학습자와 대화를 하고 맞춤형 학습지원을 제공하는 챗봇이 매우 흥미로웠다. 미숙이는 박람회를 살펴본 이후에 친구들과 테크놀로지 활용 수업에 대한 이야기를 나누었다. 모두 첨단 테크놀로지에 대해 큰 관심을 보였고 학교에서 빨리 사용해 보고 싶다고 하였다. 그러던 중에 한 명이 "오늘 박람회에서 구경한 첨단 테크놀로지가 학교에서 많이 활용되지 않는 이유는 무엇일까?"라고 질문하였다. 미숙이도 일상생활에서는 스마트폰을 항상 가지고 다니면서 사용하는데 학교에서는 왜 스마트폰 사용을 금지하는지 궁금해졌다.

테크놀로지 활용 수업을 효과적으로 설계하기 위해서는 먼저 수업과 테크놀로지의 관계를 이해하는 것이 필요하다. 수업에서 테크놀로지의 역할을 어떻게 인식하는지에 따라서 새로운 테크놀로지의 수용과 활용방식이 달라질 수 있다. 위 이야기에서 미숙이가 의문을 가진 것처럼 스마트폰이 수업에 잘 활용되지 못하는 이유는 교수자, 학습자, 학부모 등이 스마트폰의 교육적 역할을 잘 이해하지 못하거나 부정적으로 인식하기 때문이다. 그리고 학습자와 교수자가 테크놀로지 활용 수업에 필요한 역량을 충분히 가지고 있지 않을 경우 테크놀로지의 교육적 효과가 감소한다. 이 장에서는 테크놀로지가 수업에서 어떤 역할을 하는지 살펴보고, 테크놀로지 활용 수업을 위해 교수자와 학습자에게 필요한 역량에 대해 알아보겠다.

목 표

1. 수업에서 테크놀로지가 어떤 역할을 하는지 설명할 수 있다.
2. 테크놀로지 활용 수업을 위해 학습자에게 필요한 디지털 리터러시를 설명할 수 있다.
3. 효과적인 테크놀로지 활용 수업을 위해 교수자에게 필요한 역량을 설명할 수 있다.

제1절 수업과 테크놀로지

4차 산업혁명의 원동력이 되는 사물 인터넷, 클라우드 컴퓨팅, 빅데이터, 모바일, 인공지능 기술의 발전으로 인해 지능정보화사회가 도래함에 따라서 미래 사회 인재에게 필요한 핵심역량이 변하고 있다. 이러한 변화는 학교에서 가르치고 배우는 내용과 방법에 영향을 미친다. 이 절에서는 수업과 테크놀로지의 관계를 이해하기 위해서 수업에서 테크놀로지가 어떤 역할을 하는지와 테크놀로지 활용 수업에 영향을 미치는 요인에 대해 살펴보고자 한다.

테크놀로지

1. 수업을 위한 테크놀로지의 역할

역사적으로 새로운 테크놀로지가 등장할 때마다 교육에 큰 변화를 가져오고 학습에 긍정적인 영향을 미칠 것이라는 기대가 있었지만, 현실에서는 테크놀로지의 교육적 효과가 미비하게 나타나고 있으며 테크놀로지에 따른 부작용이 더 크게 부각되고 있다. 1980년대와 1990년대에는 컴퓨터가 그 자체로 교육적 효과가 있는지에 대한 논쟁이 미국에서 있었다. 최근에는 스마트 기기가 학교교육을 혁신적으로 변화시킬 것이라는 기대에서 스마트교육 정책이 추진되었으나 큰 실효성을 거두지 못했다. 이러한 경험으로부터 얻은 교훈은 첨단 테크놀로지가 수업 활동을 변화시킬 수 있는 많은 잠재력을 가지고 있지만, 교수자와 학습자가 테크놀로지를 어떻게 수업에 활용하는지에 따라서 그 효과가 달라질 수 있다는 것이다. 그렇기 때문에 수업에서 테크놀로지가 어떤 역할을 하는지 이해하는 것이 중요하다.

1) 수업매체로서의 테크놀로지

매체

전통적으로 테크놀로지는 지식을 전달하는 매체(media)로서의 역할을 담당하였다. 매체의 관점에서 볼 때 교수자는 테크놀로지를 통해 학습자에게 지식을 전달하고 학습자와 의사소통을 한다. 예컨대, 라디오와 텔레비전은 많은 대중에게 정보와 지식을 전달하는 데 효과적인 매체이다. 최근에는 온라인 수업에서 교수자의 수업 장면을 촬영한 동영상이 수업매체로 많이 활용되고 있다. 강명희 외(2017)는 수업매체의 기능을 네 가지로 제시하였다. 첫째, 수업매체는 학습자의 주의를 집중시키고 흥미를 유발하는 보조적 기능을 가진다. 둘째, 시간과 장소의 제한 없이 대량의 학습내용을 정확하고 신속하게 전달한다. 셋째, 학습자는 수업매체를 통해 자신의 생각을 표현하고 지식을 구성할 수 있다. 넷째, 수업매체는 교수자를 대신해서 정보를 전달해줌으로써 학습자의 지각, 인지, 표현을 돕는다. 이처럼 수업매체는 다양한 기능을 가지며, 한 매체는 서로 다른 테크놀로지의 형태를 가질 수 있다. 예컨대, 전화라는 매체는 유선전화, 무선전화, 스마트폰 등의 다양한 형태를 가진다.

테크놀로지가 수업매체로서의 역할을 충실히 수행하기 위해서는 교수자가 전달하고자 하는 학습내용을 신속하고 정확하게 전달하는 것이 필요하다. 학습내용을 전달하는 과정에 오류가 발생하거나 전달할 수 있는 내용의 범위와 형태에 제한이 있다면 테크놀로지의 유용성이 감소할 것이다. 그런 점에서 컴퓨터와 인터넷은 학습자가 언제 어디에서나 교수자가 전달하는 멀티미디어 학습자료에 접근할 수 있도록 하기 때문에 수업매체의 발달에 크게 기여하였다. 그리고 수업매체가 아날로그에서 디지털 테크놀로지로 변하면서 학습자에게 우수한 음질과 화질의 정보를 신속하게 전달할 수 있게 되었다. 그리고 디지털 콘텐츠는 저장, 수정, 삭제가 간편하며 적은 비용으로 복제가 가능하기 때문에 효율적으로 학습내용을 학습자에게 전달할 수 있다. 수업매체로서 테크놀로지를 활용할 경우에는 학습내용을 효과적으로 전달하기 위해서 메시지를 잘 설계하는 것이 필요하다(Clark & Mayer, 2011). 예컨대, 인지부하 이론(cognitive load theory)에서는 학습과정에서 발생하는 불필요한 인지부하를 줄이기 위해

인지부하

멀티미디어를 효과적으로 디자인할 것을 강조한다(자세한 내용은 7장 참조).

그런데 테크놀로지를 매체로 인식할 경우 학습자의 역할이 소극적이라는 제한점을 가진다. 테크놀로지를 통해 교수자가 학습자에게 지식을 전달한다는 관점은 학습자가 스스로 지식을 구성한다는 구성주의의 가정과 상충한다. 여러 명의 학습자가 동일한 강의 동영상을 본다고 가정했을 때 모든 학습자가 교수자가 의도한 지식을 정확하게 획득할 가능성은 낮다. 학습자들의 사전 경험과 지식이 서로 다르기 때문에 동영상에 대한 집중도와 이해도에 차이가 발생한다. 만약 학습내용이 일상생활 속의 경험과 서로 상충한다면 학습자들은 각자 나름의 방식으로 학습내용을 재해석할 것이다(Vosniadou & Brewer, 1992). 그렇기 때문에 학습자 중심 교육에서는 테크놀로지를 지식 전달을 위한 매체가 아니라 학습자의 지식 구성을 돕는 도구로 활용한다.

구성주의

학습자 중심 교육

2) 학습자 중심 교육과 테크놀로지

인지도구

학습자 중심 교육에서 테크놀로지는 인지도구(cognitive tool)로서 학습을 지원하는 역할을 한다(Jonassen & Reeves, 1996). 수업매체의 관점에서 테크놀로지는 트럭이 식료품을 배달하는 것처럼 학습자에게 정보와 지식을 전달하고 학습자는 테크놀로지로부터 배운다(learning from technology)고 가정한다. 반면에, 인지도구의 관점에서 테크놀로지는 학습자가 스스로 생각하고 다른 사람과 상호작용하는 것을 지원하기 때문에 테크놀로지와 함께 배운다(learning with technology)고 가정한다(Howland, Jonassen, & Marra, 2012). 분산인지 이론에 따르면, 인간의 지적인 활동은 한 개인의 머릿속에서만 일어나는 것이 아니라 활동에 참여하는 여러 사람과 도구의 협업으로 이루어진다(Salomon, 1993). 갈릴레오 갈릴레이가 지구의 자전을 검증하는 데 있어서 천체의 움직임을 관찰하는 망원경이 중요한 역할을 했던 것처럼 복잡한 수학 문제를 해결할 때 종이, 연필, 계산기 등이 없으면 문제해결 과정을 기억하고 고

분산인지

차적인 사고를 하는 것이 어렵다. 이처럼 테크놀로지는 학습자의 생각을 돕는 인지도구로서 중요한 역할을 한다.

학습자와 테크놀로지가 하나의 활동체제를 이루어서 과제를 수행하기 때문에 어떤 테크놀로지를 사용하는지에 따라서 얼마나 잘 과제를 수행하는지가 달라질 수 있다. 마찬가지로, 동일한 테크놀로지라고 하더라도 누가 사용하는지, 무슨 목적에서 사용하는지, 언제 사용하는지 등에 따라서 그 효과가 달라진다. 학습에 대한 책임을 사람과 테크놀로지가 나누어서 가진다. 그렇기 때문에 새로운 테크놀로지를 활용하여 수업을 개선하기 위해서는 교수자의 지식 전달을 더 빠르고 쉽게 하는 것으로는 불충분하며, 학습자의 학습 활동을 질적으로 변화시키는 것이 필요하다(Jonassen & Reeves, 1996). 지금까지 테크놀로지의 교육적 효과가 미비했던 이유 중의 하나는 교수 및 학습 활동의 변화 없이 새로운 테크놀로지를 사용하였기 때문이다. 첨단 테크놀로지의 다양한 기능 중에서 교수자의 지식을 전달하고 학습자의 성취도를 평가하는 기능만 선택적으로 활용되었다. 그러므로 테크놀로지 활용 수업의 효과를 높이기 위해서는 학습자가 테크놀로지와 함께 유의미 학습을 할 수 있도록 학습자 중심 학습환경을 설계하는 것이 필요하다. 유의미 학습

학습자들은 테크놀로지를 인지도구로 활용하여 탐구, 디자인, 협력, 성찰 등의 학습 활동에 능동적으로 참여할 수 있다(Howland, Jonassen, & Marra, 2012). 컴퓨터 시뮬레이션을 이용하여 과학 현상의 원인과 결과를 탐구할 수 있고, 스크래치와 같은 코딩 프로그램을 이용해서 창의적으로 애니메이션, 게임, 동영상 등을 디자인할 수 있다. 그리고 클라우드 컴퓨팅 기술을 이용하여 그룹 프로젝트를 효과적으로 수행하고, SNS를 통해 학교 밖의 전문가나 다른 지역의 학습자와 광범위하게 지식을 공유할 수 있다. 가상현실을 이용하여 현실에서 경험하기 어려운 실제적인 체험을 할 수 있으며, 블로그를 이용하여 학교 안팎의 경험을 성찰하고 그 내용을 포트폴리오로 간직할 수 있다. 이러한

예들은 학습자 중심 교육에서 학습자들이 테크놀로지로부터 배우는 것이 아니라 테크놀로지와 함께 배운다는 것을 잘 보여준다. 전통적인 수업에서 테크놀로지는 지식 전달을 위해 매체로 활용되었지만, 학습자 중심 수업에서는 테크놀로지를 인지도구로 활용하는 것이 필요하다.

미국 교육부의 NETP(National Education Technology Plan)
(https://tech.ed.gov/netp/#collapseaccordionone)

미국 교육부에서는 모든 학습자가 능동적이고, 창의적이고, 유능하며, 윤리적인 글로벌 사회 구성원으로 성장할 수 있도록 테크놀로지를 활용하여 학교 안팎의 다양한 학습 경험을 지원하고 있다. 이러한 노력의 일환으로 2017년에 테크놀로지 기반 교육에 대한 국가 수준의 계획을 발표하였다. 그중에 테크놀로지를 활용하여 학습을 향상시키기 위한 방안을 다음과 같이 제시하였다.

1. 테크놀로지를 활용하여 맞춤형 학습을 설계하고 학습자와 관련성이 높고 참여를 촉진하는 학습 경험을 제공한다.
2. 다양한 디지털 학습 도구와 자원을 이용해서 실세계의 도전적인 과제(예: 프로젝트 기반 학습)를 중심으로 학습을 조직한다.
3. 박물관과 도서관 등의 교실 밖 환경에서 테크놀로지를 학습에 활용한다.
4. 학습자가 자신의 흥미와 열정에 따라서 테크놀로지를 활용한다.
5. 평등한 테크놀로지 접근 기회를 제공함으로써 디지털 격차를 줄이고 모든 학습자에게 새로운 학습 기회를 제공한다.

2. 테크놀로지 활용 수업에 영향을 미치는 요인

많은 사람이 일상생활 속에서 스마트폰과 같은 첨단 테크놀로지를 자주 활용하고 있지만 수업 중에 테크놀로지를 활용하는 경우는 적은 편이다. 그리고 몇몇 학교에서는 테크놀로지 활용 수업이 활발하게 이루어지고 있지만 그렇지 못한 학교도 많이 있다. 이러한 현상이 왜 나타나는지 이해하는 것은 테크놀로지 활용 수업을 효과적으로 준비하고 실행하기 위해 필요하다.

1) 테크놀로지 활용 수업의 구성요소

테크놀로지 활용 수업에 영향을 미치는 요인을 이해하기 위해서는 테크놀로지를 학교라는 사회문화적 맥락과 연관시켜서 이해하는 것이 필요하다(Collins & Halverson, 2009). 교수자가 어떤 테크놀로지를 선택해서 어떻게 활용할지를 결정하는 데 있어서 교수자의 전문성 이외에도 교육 생태계의 많은 요인이 서로 영향을 주고받는다. 예컨대, 미국의 중·고등학교에서는 수학 문제를 풀 때 계산기를 많이 사용하나 우리나라에서는 대학교에 진학하기 전까지 계산기를 거의 사용하지 않는다. 계산기를 사용하면 쉽고 정확하게 연산을 할 수 있음에도 불구하고 우리나라 학교에서는 왜 계산기를 사용하지 않는지 이해하기 위해서는 우리나라 수학교육의 전통과 입시제도와 같은 사회문화적 맥락을 이해할 필요가 있다. 이러한 예는 테크놀로지 활용 수업에 영향을 미치는 다양한 요인을 하나의 활동체제로 이해할 필요가 있다는 것을 시사한다.

사회문화적 맥락

활동이론(activity theory)은 테크놀로지 활용 수업에 영향을 미치는 요인을 체계적으로 이해하는 데 도움을 준다(Murphy & Rodriguez-Manzanares, 2008). 활동이론은 교수자와 학습자가 학교의 역사적, 사회문화적 맥락 속에서 테크놀로지를 매개로 수업이라는 유목적적인 활동에 참여한다고 가정한다. [그림 8-1]에 제시된 것처럼 활동체제는 주체, 도구, 객체, 규칙, 공동체, 분업, 결과라는 구성요소로 이루어져 있으며 각 요소는 다른 요소들과 긴밀하게 상호작용한다(Engeström, 1987). 주체는 특정 활동을 실천하는 개인이나 그룹을 의미하며, 객체는 활동의 대상이 되는 과제나 문제를 의미한다. 주체는 컴퓨터와 같은 물질적 도구나 언어와 같은 상징적 도구를 사용하여 객체를 수행하고 그로 인해 결과가 나타난다. 공동체는 동일한 객체를 공유하는 활동체제의 참여자들이고, 이들은 분업을 통해 과제와 역할을 분담한다. 규칙은 활동을 통제하

활동이론

활동체제

는 명시적 혹은 암묵적 규범을 의미한다.

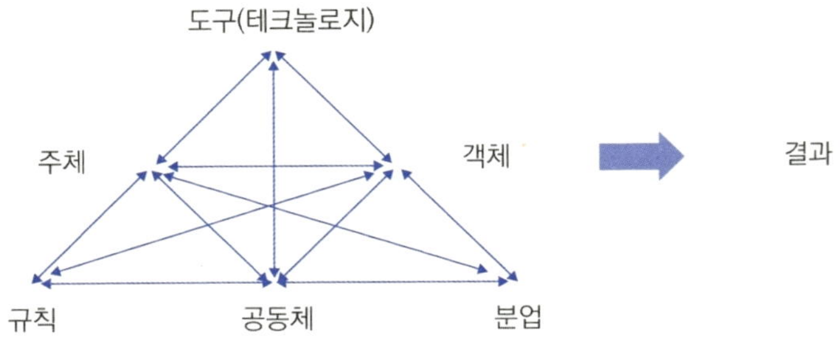

[그림 8-1] 활동체제 모형(Engeström, 1987)

테크놀로지 활용 수업에서 교수자와 학습자는 교육의 주체로서 테크놀로지를 매개로 특정 교과의 지식, 기술, 태도 등의 객체를 가르치고 배운다. 이러한 수업 활동이 반복되면 결과적으로 학습자의 역량이 향상된다. 그리고 테크놀로지 활용 수업은 여러 교육주체로 구성된 학교공동체의 문화와 제도의 영향을 받으며, 교수자와 학습자는 수업과 평가 등에 대한 규칙을 준수해야 한다. 또한, 테크놀로지 활용 수업을 위해 교수자와 학습자가 어떤 역할을 맡을지 혹은 그룹과제에서 누가 어떤 역할을 맡을지 등에 대한 분업이 이루어진다. 활동체제의 구성요소들은 서로 끊임없이 상호작용하기 때문에 테크놀로지 활용 수업을 효과적으로 실행하기 위해서는 각 요소들이 서로 조화를 이루는 것이 필요하다. 만약 교수자가 설계한 테크놀로지 활용 수업이 다른 요소들과 상충한다면 처음에 의도했던 것과 다른 결과를 초래할 수 있다.

2) 테크놀로지 활용 수업이 어려운 이유

교수자가 새로운 테크놀로지를 수업에 도입할 때 자주 겪게 되는 어려움을 활동이론에 기반해서 살펴보자(조영환, 김윤강, 황매향, 2014; Murphy &

Rodriguez-Manzanares, 2008). 첫째, 새로운 테크놀로지를 도입하려고 할 때 관련 ICT 인프라가 학교 안에 잘 갖추어져 있지 않을 수 있다. 예컨대, 스마트 기기를 수업에 활용하려고 하는데 스마트 기기가 부족하거나 무선 인터넷이 불안정할 수 있다. 둘째, 테크놀로지가 기존의 수업방식과 상충할 수 있다. 학습자들이 각자 스마트 기기를 이용해서 학습을 할 때 교수자는 모든 학습자의 활동을 관찰하거나 통제할 수 없다. 새로운 테크놀로지로 인해서 학습자의 자율성이 높아지는 것은 전통적인 수업방식에서 볼 때 딴짓을 하는 학습자가 증가할 수 있다는 우려를 낳는다. 셋째, 학습자의 디지털 리터러시나 교수자의 테크놀로지 활용 수업 역량이 부족한 경우 테크놀로지의 활용 빈도가 감소하고 오작동에 대한 불안이 커질 수 있다. 특히, 학습자들 간의 디지털 격차가 존재할 경우에 교수자는 기술적인 문제 때문에 수업을 제대로 진행할 수 없다고 인식할 수 있다. 넷째, 새로운 테크놀로지가 기존의 학교문화와 서로 상충할 수 있다. 전통적으로 교육은 학교라는 물리적 공간 안에서 이루어졌기 때문에 컴퓨터, 인터넷, 스마트 기기 등을 이용해서 온라인 학습을 실시하는 것에 대해 부정적으로 인식할 수 있다. 그리고 입시 위주의 교육문화 속에서 교수자나 학습자가 테크놀로지가 성적 향상에 도움이 되지 않고 방해가 된다고 인식할 수도 있다. 다섯째, 테크놀로지 활용 수업은 기존의 학교 규칙과 서로 상충할 수 있다. 많은 학교에서 일과 시간 중에 스마트폰 사용을 금지하고 있기 때문에 BYOD(bring your own device)를 통한 테크놀로지 활용 수업을 실행하기 어렵다. 더욱이, 새로운 테크놀로지를 학교 예산으로 구매하려고 할 때 복잡한 행정 절차와 법규를 지켜야 하기 때문에 테크놀로지 활용 수업이 제한될 수 있다. 마지막으로, 테크놀로지 활용 수업과 전통적 수업에서 교수자와 학습자의 역할이 서로 다를 수 있다. 온라인 학습을 위해서 교수자는 동영상 콘텐츠를 개발하고 온라인에서 학습자와 소통하는 법을 새로 배워야 한다. 그리고 기존의 학교 수업과 비교해서 온라인 학습은 학습자에게 더 많은 자율성을 부여하

BYOD

기 때문에 학습자의 자기주도학습 역량이 더 많이 요구된다.

앞에서 제시한 이유 외에도 테크놀로지 활용 수업을 어렵게 만드는 다양한 요인이 있다. 그렇지만 새로운 테크놀로지와 기존 학교체제 간의 상충관계가 발생한다고 해서 테크놀로지 활용 수업을 포기하는 것은 바람직하지 않다. 활동이론에서는 상충관계가 발생하는 것을 부정적으로만 보지 않고 활동체제의 발전을 위한 원동력으로 인식한다. 테크놀로지 활용 수업에서 겪는 어려움을 분석하고 그 원인을 진단하고 다방면으로 해결안을 모색한다면 학교교육을 한층 더 발전시킬 수 있다. 이를 위해 테크놀로지 활용 수업에 대한 교수자의 성찰과 수업 개선을 위한 학교 구성원 간 협력이 필요하다.

제2절 학습자의 디지털 리터러시

디지털 리터러시
디지털 격차

테크놀로지 활용 수업을 효과적으로 실행하는 데 있어서 학습자의 디지털 리터러시가 중요한 역할을 한다. 그리고 테크놀로지 활용 수업이 지속적으로 이루어진다면 학습자의 디지털 리터러시가 향상되고 학습자 간 디지털 격차(digital divide)가 줄어들 수 있다. 이처럼 학습자의 디지털 리터러시는 테크놀로지 활용 수업과 긴밀하게 상호작용하기 때문에 교수자는 학습자의 디지털 리터러시에 주의를 기울일 필요가 있다.

1. 디지털 리터러시의 필요성

1) 디지털 네이티브

디지털 네이티브

어려서부터 컴퓨터, 인터넷, 스마트폰, 소셜 네트워크 서비스(social network service, SNS)와 같은 디지털 테크놀로지에 익숙한 세대를 디지털 네이티브

(digital native)라고 부른다. 그중에서도 2010년대에 출생하여 스마트 기기와 인공지능에 친숙한 학습자를 알파 세대라고 부른다. 반면에, 성인이 된 이후에 디지털 테크놀로지에 적응해 간 기성세대를 디지털 이민자(digital immigrants)라고 한다. 풍부한 디지털 환경에서 자라난 디지털 네이티브는 부모나 교수자보다 디지털 테크놀로지를 더 능숙하게 사용하고 여러 가지 일을 동시에 처리하는 멀티태스킹(multitasking)에 익숙하다. 최근에 많은 학습자들이 유튜브(Youtube)에서 동영상을 통해 정보를 획득하고 페이스북(Facebook), 트위터(Twitter), 인스타그램(Instagram), 틱톡(TikTok)과 같은 SNS를 통해 자신을 표현하고 다른 사람과 생각을 공유하고 있다.

디지털 이민자

디지털 네이티브는 테크놀로지에 매우 친숙하기 때문에 테크놀로지 활용 수업의 긍정적 효과를 기대할 수 있다. 그렇지만 이러한 기대와 달리 많은 학교에서 스마트 기기와 같은 첨단 테크놀로지를 개인적으로 사용하는 것을 제한하고 있다. 우리나라와 호주, 프랑스 등에서 사이버 폭력과 학습 방해를 이유로 학교에서 스마트폰 사용을 엄격히 제한하고 있다. 세계보건기구가 2019년에 국제질병분류 개정판에 게임중독을 새로운 질병으로 등재하면서 디지털 테크놀로지가 가져올 수 있는 부작용에 대한 경각심이 더 높아지고 있다.

학교에서 테크놀로지 활용을 제한하는 이유 중에 하나는 학습자의 디지털 리터러시가 부족하기 때문이다. 학습자들이 테크놀로지를 능숙하게 활용할 수 있더라도 디지털 환경에서 발생하는 여러 가지 범죄와 가짜 뉴스 및 사생활 침해로부터 자신을 보호하는 데 미숙한 경우가 많다. 또한, 테크놀로지를 이용해서 학습에 필요한 정보를 검색, 조직, 평가하고 문제해결을 위해 효과적으로 활용하는 역량을 기르기 위해서는 체계적인 교육이 필요하다. 즉 디지털 네이티브라고 해서 모두 디지털 리터러시를 가지고 있는 것은 아니다.

2) 디지털 격차

동일한 연령의 학습자들 중에도 컴퓨터와 스마트 기기를 교육 목적에 맞게 잘 활용하는 학습자와 그렇지 못한 학습자가 있다. 교육, 소득수준, 성별, 지역 등으로 인해서 디지털 테크놀로지에 대한 접근과 이용에 차이가 발생하는데 이를 디지털 격차라고 부른다. 한국교육학술정보원이 2018년에 전국적으로 실시한 디지털 리터러시 설문조사에 따르면, 초등학생의 경우 우수한 수준의 디지털 리터러시를 가진 학생의 비율이 22%, 보통 수준이 33.9%, 기초 수준이 33.1%, 미흡 수준이 11.1%로 나타났다. 중학생의 경우에는 우수 수준이 6.7%, 보통 수준이 48.1%, 기초 수준이 25.2%, 미흡 수준이 20%로 나타났다(이현숙 외, 2019). 디지털 격차는 교육 불평등과 관련해서 그 자체로 중요한 의미를 가지며, 교수자는 테크놀로지 활용 수업을 설계하기 전에 학습자 특성으로서 디지털 격차를 확인해야 한다.

디지털 격차

디지털 격차의 종류는 다양하다. 디지털 테크놀로지에 접근할 수 있는지 혹은 소유하고 있는지에 따른 격차가 가장 기본적인 디지털 격차이다. 최근 가정과 학교에 정보통신기술이 널리 보급되면서 접근성에 따른 디지털 격차는 많이 줄어들었다. 우리나라의 스마트폰 보급률은 전 세계적으로 매우 높은 편이고 무선 인터넷망이 잘 구축되어 있으며 저소득층 학습자가 EBS 교육콘텐츠 등에 무료로 접근할 수 있도록 정부가 통신비를 지원한다. 그렇지만 디지털 테크놀로지를 얼마나 잘 활용하는지에 있어서는 학습자들 간의 디지털 격차가 여전히 주요한 문제로 남아있다. 예컨대, 스마트폰을 학습의 목적으로 많이 활용하는 학습자와 게임이나 커뮤니케이션 목적으로만 활용하는 학습자 간에 디지털 격차가 존재한다. 학습자의 가정환경이나 학교에서의 경험에 따라 테크놀로지를 어떻게 활용하는지가 달라질 수 있다. 그리고 테크놀로지 활용 측면의 디지털 격차는 결과적으로 학습자들이 새로운 지식을 획득하고 창의성, 비판적 사고력, 협력 능력과 같은 핵심역량을 향상시키는 데 영향을 미칠 수 있다. 디지털 격차는 접근, 활용, 결과 측면에서 다양하게 나타나고 있으며, 학습자가 고등 교육을 받거나 전문적인 직업을 가지는 데 주요한 영향을 미칠 수 있다. 그러므로 디지털 격차를 줄이기 위한 노력이 학교 안팎에서 이루어질 필요가 있다.

2. 디지털 리터러시의 의미와 구성요소

1) 디지털 리터러시의 의미

디지털 리터러시는 학습자들이 디지털 사회에서 자기주도적으로 살아가기 위해서 필요한 핵심역량이다. 전통적으로 리터러시는 읽고 쓰고 말하고 듣고 비판적으로 생각하는 능력을 의미하였으며 잘 교육받은 사람의 특성으로 여겨졌다. 과거에는 인쇄물을 이용해서 지식을 획득하고 다른 사람과 의사소통을 하였지만, 정보통신기술이 발달하면서 컴퓨터와 인터넷 등을 이용한 학습과 상호작용이 증가하면서 새로운 형태의 리터러시가 요구되고 있다. 길스터(Gilster, 1997)는 디지털 리터러시를 컴퓨터를 이용해서 다양한 자원으로부터 찾은 여러 형태의 정보를 이해하고 사용할 수 있는 능력이라고 정의하였다. 이 정의에 따르면, 디지털 리터러시는 단순히 컴퓨터나 인터넷을 잘 활용하는 능력 이상의 의미를 가진다. 테크놀로지를 활용하여 다양한 형태의 정보와 지식을 효과적으로 검색하고 평가하고 사용하기 위해서는 여러 가지 지식, 기술, 태도를 학습하고 통합해야 한다. 길스터가 처음 디지털 리터러시를 정의한 이후로 정보통신기술이 급속히 발달하면서 디지털 리터러시의 개념도 점차 확대되었다. 2000년대에 블로그(blog), 위키(wiki), 팟캐스트(podcast)와 같이 누구나 손쉽게 인터넷에서 콘텐츠를 만들고 공유할 수 있는 웹 2.0이 발달하면서 학습자의 역할이 정보 소비자에서 생산자로 변화하고 있다. 그와 동시에 대중의 흥미를 유발하기 위해 사실을 과장하거나 왜곡하는 가짜 뉴스와 다른 사람

디지털 리터러시

정보통신기술

웹 2.0

의 창작물을 무단으로 사용하거나 사생활을 침해하는 사례가 증가하였다. 이러한 디지털 환경의 변화를 반영하여 김수환 외(2017)는 디지털 리터러시를 "디지털사회 구성원으로서의 자주적인 삶을 살아가기 위해 필요한 기본 소양으로 윤리적 태도를 가지고 디지털 기술을 이해·활용하여 정보의 탐색 및 관리, 창작을 통해 문제를 해결하는 실천적 역량"(p. 141)으로 정의하였다.

디지털 리터러시와 유사한 개념으로 ICT 리터러시, 인터넷 리터러시, 정보 리터러시, 미디어 리터러시가 있다(이애화, 2015; Ala-Mutka, 2011). ICT 리터러시는 정보통신기술의 장점과 제한점을 이해하고 컴퓨터와 소프트웨어를 사용할 수 있는 지식과 기술을 의미한다. 인터넷 리터러시는 인터넷과 같은 네트워크 환경에서 필요한 정보와 자료를 효과적으로 찾고 안전하게 활용하기 위해 필요한 능력이다. 정보 리터러시는 언제 정보가 필요한지를 알고 자신의 목적에 맞게 정보를 확인, 검색, 평가, 관리, 활용하는 능력이다. ICT 및 인터넷 리터러시와 달리 정보 리터러시는 디지털 환경 밖에서도 필요한 일반적인 능력이다. 새로운 정보를 획득하고 비판적으로 평가하는 능력은 평생학습 사회가 될수록 그 중요성이 커지고 있다. 미디어 리터러시는 문자, 음성, 이미지, 동영상 등 다양한 형태의 미디어를 이해하고 비판적으로 평가하고 창작하는 능력을 강조한다. 미디어 리터러시는 SNS를 통한 동영상 공유가 활발해지고 가상현실과 증강현실 같은 새로운 형태의 미디어가 등장하면서 그 중요성이 증가하고 있으며, 인쇄물, 라디오, 텔레비전과 같은 전통적인 미디어를 이해하고 활용하는 능력도 포함한다. 미디어 리터러시는 비판적 사고를 중요시한다는 점을 포함하여 정보 리터러시와 많은 유사점을 가지고 있지만, 정보 리터러시에 비해 미디어를 해석하고 사용하고 창작하는 것에 더 초점을 두고 있다(Ala-Mutka, 2011). 이처럼 디지털 시대에 필요한 능력 중에 어떠한 측면을 더 강조하는지에 따라서 다양한 유형의 리터러시가 등장하고 있다. [그림 8-2]는 디지털 리터러시와 다른 유형의 리터러시 간의 관계를 잘 보여준다. 디지털 리터러시가

ICT 리터러시

인터넷 리터러시

정보 리터러시

미디어 리터러시

가장 광범위하게 사용되고 있으며, 정보 리터러시와 미디어 리터러시는 디지털 환경 밖에서 이루어지는 정보 획득과 미디어 사용을 포함한다는 점에서 디지털 리터러시와 차이점을 가진다.

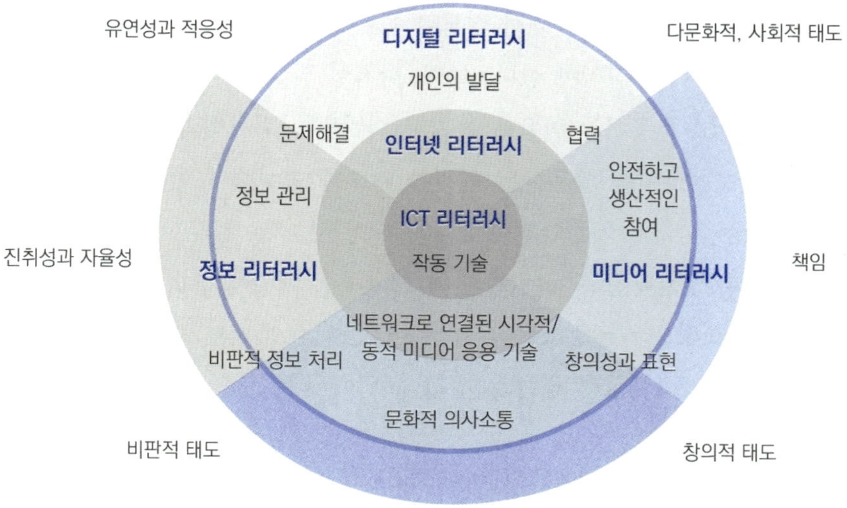

[그림 8-2] 디지털 리터러시(Ala-Mutka, 2011)

2) 디지털 리터러시의 구성요소와 수준

디지털 리터러시는 다양한 지식, 기술, 태도로 구성되어 있다. 테크놀로지 활용 수업을 효과적으로 설계하기 위해서 디지털 리터러시의 구성요소를 이해할 필요가 있다. 디지털 리터러시의 구성요소를 이해함으로써 교과 활동 중에 학습자에게 부족한 디지털 리터러시를 증진시킬 수 있도록 테크놀로지 활용 수업을 설계할 수 있다(Hague & Payton, 2010). 그리고 학습자가 테크놀로지 활용 수업에서 디지털 리터러시의 결핍으로 인해 어떤 어려움을 겪을지 미리 예측할 수 있다.

김수환 외(2017)는 디지털 리터러시의 구성요소를 디지털 테크놀로지 이해와 활용, 디지털 의식과 태도, 디지털 사고 능력, 디지털 실천 역량의 네 영역으로 구분하였다. 각 영역의 구성요소는 〈표 8-1〉에 제시되어 있다. 첫째, 학습자는 디지털 테크놀로지의 작동 원리와 최신 테크놀로지의 동향을 이해하고 인터넷과 소프트웨어를 이용해서 정보를 관리하고 코딩을 통해 아이디어를 표현할 수 있는 능력을 길러야 한다. 둘째, 디지털 환경에서 생명의 존엄성과 다양성을 이해하고 존중하는 마음을 가지고 디지털 사회규범과 예절을 지키면서 안전하게 테크놀로지를 활용하는 의식과 태도를 형성해야 한다. 셋째, 디지털 사회에 필요한 고차적 사고능력으로서 비판적 사고력, 컴퓨팅 사고력, 창의적 사고력을 향상시켜야 한다. 마지막으로, 실제적인 맥락에서 디지털 테크놀로지를 활용하여 다른 사람과 의사소통 및 협업을 하고, 문제를 해결하고, 콘텐츠를 창작할 수 있는 실천적인 역량을 함양해야 한다.

컴퓨팅 사고력

〈표 8-1〉 디지털 리터러시 구성요소(김수환, 2017)

영역	구성요소	
디지털 테크놀로지 이해와 활용	컴퓨팅 시스템	컴퓨터, 모바일기기, 웨어러블기기 등 하드웨어 작동 원리 이해
	소프트웨어 활용	다양한 기기에서의 운영체제와 응용 소프트웨어 활용 기술
	인터넷과 네트워크	인터넷 활용 기술 및 빅데이터, 사물인터넷, 클라우드 컴퓨팅의 원리 이해
	데이터와 정보관리	데이터와 정보를 수집하고 가공하여 보존 및 전달하는 기술
	코딩	컴퓨터언어의 이해 및 기본적 활용을 통한 아이디어 표현 능력
	최신 기술 이슈	가상현실, 인공지능, 로봇(센서), 3D프린터 등 최신 기술 동향
디지털 의식과 태도	생명 존중 의식	디지털 환경에서의 생명의 존엄성 및 인간의 다양성에 대한 이해

<table>
<tr><th>영역</th><th colspan="2">구성요소</th></tr>
<tr><td rowspan="2"></td><td>디지털 준법정신</td><td>네트워크 보안, 디지털 지적 재산권 보호, 개인 정보보호 등 디지털 사회규범 준수</td></tr>
<tr><td>디지털 예절</td><td>사이버폭력 예방 등 온·오프라인 환경에서의 디지털기기 사용 예절</td></tr>
<tr><td rowspan="3">디지털 사고 능력</td><td>비판적 사고력</td><td>수집한 정보를 이해·분석, 추론·논증, 종합·평가할 수 있는 사고</td></tr>
<tr><td>컴퓨팅 사고력</td><td>추상화와 자동화를 이용하여 아이디어를 표현하고 문제를 해결하는 사고</td></tr>
<tr><td>창의적 사고력</td><td>다른 관점에서 현상을 바라보고, 다양한 아이디어를 생각하고, 서로 다른 지식과 기술 영역을 융합하는 사고</td></tr>
<tr><td rowspan="3">디지털 실천 역량</td><td>의사소통 및 협업</td><td>디지털 환경에서의 상호작용, 토의·토론, 협력적 과제 수행 능력</td></tr>
<tr><td>문제해결</td><td>디지털 기술을 활용하여 문제를 분석하고 대안을 고안하는 능력</td></tr>
<tr><td>콘텐츠 창작</td><td>프레젠테이션(표현), 디자인(설계), 코딩 기술을 활용한 새로운 정보·미디어를 생성하는 능력</td></tr>
</table>

테크놀로지 활용 수업을 위해 앞에서 제시한 디지털 리터러시의 구성요소를 교과의 수업 목표와 잘 통합하는 것이 필요하다. 예컨대, 사회적 이슈에 대해서 토론을 할 때 서로 상반되는 주장에 대한 근거를 인터넷에서 검색하고 관련 정보가 타당한지를 비판적으로 검토하도록 할 수 있다. 이러한 활동은 디지털 정보에 대한 비판적 사고력을 길러줄 수 있으며, 학습자가 인터넷에서 자신과 다른 의견을 무시하거나 비방하는 글을 발견한다면 디지털 의식과 태도에 대한 교육 기회로 삼을 수 있다. 그리고 미술 시간에 예술 작품을 3D 프린터나 가상현실을 이용해서 만들어 보도록 함으로써 디지털 리터러시의 하위요소인 창의적 사고력과 콘텐츠 창작 역량을 향상시킬 수 있다(이소민, 김효정, 2020). 또한, 과학 시간에 센서 장비를 이용해서 교실 안의 미세먼지, 온도,

습도, 이산화탄소 농도 데이터를 수집하여 그래프로 표현하고 시간에 따른 패턴의 변화를 탐구하도록 할 수 있다(손미현 외, 2018). 이러한 활동은 과학 탐구 활동을 촉진할 뿐만 아니라 데이터와 디지털 정보를 수집, 관리, 분석, 활용할 수 있는 능력을 향상시키는 데 도움이 된다.

디지털 역량

디지털 리터러시의 각 구성요소는 낮은 수준부터 높은 수준까지 다양한 수준을 가지고 있다. 유럽연합에서는 디지털 리터러시를 특정 맥락에서 과제를 수행하는 데 필요한 지식, 기술, 태도를 의미하는 역량으로 보고 시민을 위한 디지털 역량 프레임워크를 제시하였다(Carretero, Vuorikari, & Punie, 2017). DigCom2.1 프레임워크에서는 정보와 데이터 리터러시, 의사소통과 협력, 디지털 콘텐츠 창작, 안전, 문제해결이라는 다섯 가지 영역 안에 21가지의 역량을 제시하고 각 역량을 8개의 수준으로 구분하였다(〈표 8-2〉 참조). 기초(foundation), 중급(intermediate), 고급(advanced), 최고 전문(highly specialised) 수준 아래에 하위 수준이 두 개씩 있는데, 각 수준은 과제가 얼마나 복잡한지, 얼마나 자율적으로 과제를 수행하는지, 고차적 사고를 얼마나 요구하는지에 따라서 구분된다. 교수자는 학습자의 디지털 리터러시 수준을 고려하여 너무 어렵거나 너무 쉽지 않도록 과제와 테크놀로지를 선택하고 학습활동을 지원해야 한다.

〈표 8-2〉 DigCom2.1 프레임워크 예시: 저작권과 라이선스(Carretero et al., 2017)

수준		인지적 영역	내용
기초	1	기억	지도가 필요한 기초 수준에서 • 데이터, 디지털 정보, 콘텐츠에 적용되는 저작권과 라이선스에 대한 간단한 규칙을 확인할 수 있다.
	2	기억	자율적이고 적절한 지도가 필요할 때 제공되는 기초 수준에서 • 데이터, 디지털 정보, 콘텐츠에 적용되는 저작권과 라이선스에 대한 간단한 규칙을 확인할 수 있다.

수준		인지적 영역	내용
중급	3	이해	혼자서 간단한 문제를 해결할 때 • 데이터, 디지털 정보, 콘텐츠에 적용되는 저작권과 라이선스에 대한 잘 정의된 일상적인 규칙을 나타낼 수 있다.
	4	이해	독립적으로 자신의 필요에 따라 잘 정의된 비일상적인 문제를 해결할 때 • 데이터, 디지털 정보, 콘텐츠에 적용되는 저작권과 라이선스 규칙에 대해 토론할 수 있다.
고급	5	적용	다른 사람을 지도하면서 • 데이터, 디지털 정보, 콘텐츠에 적용되는 저작권과 라이선스에 대한 서로 다른 규칙을 적용할 수 있다.
	6	평가	복잡한 맥락에서 자신과 다른 사람의 요구에 따라 고급 수준에서 • 데이터, 디지털 정보, 콘텐츠의 저작권과 라이선스에 적용되는 가장 적절한 규칙을 선택할 수 있다.
최고 전문	7	창조	매우 전문적인 수준에서 • 데이터, 디지털 정보, 콘텐츠의 저작권과 라이선스 적용과 관련해서 제한된 정의를 가진 복잡한 문제에 대해 해결안을 만들 수 있다. • 자신의 지식을 통합하여 저작권과 라이선스 적용에 관한 전문적인 실천과 지식에 공헌하고 다른 사람을 지도할 수 있다.
	8	창조	최고로 전문적인 수준에서 • 데이터, 디지털 정보, 콘텐츠의 저작권과 라이선스 적용과 관련해서 많은 요소들이 서로 상호작용하는 복잡한 문제에 대한 해결안을 만들 수 있다. • 해당 분야의 새로운 아이디어와 과정을 제안할 수 있다.

3. 디지털 리터러시 향상을 위한 수업방법

테크놀로지에 대한 접근성은 디지털 리터러시 향상에 도움이 되지만 테크놀로지를 많이 사용한다고 디지털 리터러시가 저절로 향상되는 것은 아니다.

오히려 SNS와 같은 정보통신기술을 사회활동 목적으로 과도하게 사용할 경우 초등학생과 중학생의 컴퓨팅 사고력이 저하된다는 연구 결과가 있다(이운지 외, 2019). 학습자의 디지털 리터러시를 효과적으로 높이기 위해서는 교수자의 체계적인 수업 설계가 필요하다. 일상생활 속에서 스마트폰을 이용해서 기억에 남을 만한 장면을 사진이나 동영상으로 촬영할 때와 달리 학교에서 디지털 콘텐츠 창작을 위해 스마트폰을 사용하는 경우에는 더 많은 활동이 필요하다. 예컨대, 동영상을 촬영하기 전에 시청자의 요구를 분석하고, 사전에 계획을 세우고, 창의적으로 내용을 구성하고, 스크립트를 작성하고, 인터넷 자료의 저작권 문제를 검토해야 한다. 마찬가지로, 친구와 SNS로 의사소통을 할 때와 달리 학교에서 토론을 할 때는 서로 다른 주장을 뒷받침하는 디지털 정보가 얼마나 타당한지 비판적으로 검토하고 자신의 생각을 잘 표현할 수 있도록 매체를 선택하고 메시지를 효과적으로 디자인할 필요가 있다.

영국의 Becta(British Educational Communications and Technology Agency)에서는 정의하기, 발견하기, 평가하기, 창작하기, 의사소통하기 활동을 중심으로 디지털 리터러시 수업을 설계하도록 권장하였다(Hague & Payton, 2010). 이러한 과정을 통해 학습자는 디지털 테크놀로지를 활용하여 과제나 문제를 정의하고, 문제해결에 필요한 정보를 찾고, 발견한 정보를 서로 비교하고 평가한다. 그리고 다양한 정보를 종합하여 새로운 해결안을 만들고, 그 결과를 다른 학습자와 공유하고 질문과 피드백을 서로 주고받는다. 이러한 활동은 다양한 학년과 교과에 유용하게 적용될 수 있으며, 교수자는 수업 목표에 따라서 적절한 활동을 선택하고 순서를 변경하여 디지털 리터러시 수업을 설계할 수 있다. 아래에서는 각 활동을 효과적으로 설계하기 위한 전략에 대해 살펴보고자 한다.

첫째, 수업목표와 학습자의 특성을 고려해서 과제나 문제를 정의해야 한다. 학습흥미를 높이기 위해서 실제적인 과제를 제공하고 학습자들이 스스로 주제를 정할 수 있도록 자율성을 지원할 필요가 있다. 스크래치(Scratch)라는 블록형 코딩 프로그램을 개발한 MIT 미디어랩에서는 학습자들이 친구들(Peers)과 함께 열정(Passion)을 가지고 놀이(Play)를 하듯이 자율적으로 프로젝트(Project)에 참여할 것을 권장한다(Resnick & Robinson, 2017). 학습자들이 관심을 가지고 있는 주제로 프로젝트 기반 학습을 한다면 많은 학습자의 적극적인 참여를 기대할 수 있다. 만약 교수자가 과제를 선정하여 제공한다면 학습자들이 해당 과제를 사전 지식과 경험에 기반하여 해석하고 정의할 수 있는 기회를 주어야 한다. 그리고 학습자들이 자기주도적으로 과제를 분석하고 디지털 환경에서 어떤 정보와 자료를 찾을 것인지 계획을 세우도록 할 필요가 있다.

프로젝트 기반 학습

둘째, 학습자들이 과제를 효과적으로 수행하기 위해 인터넷 검색을 활용하여 필요한 정보와 자료를 발견할 수 있도록 도와야 한다. 이때 학습자들이 필요로 하는 디지털 정보와 자료를 효과적으로 검색할 수 있도록 지원할 필요가 있다. 인터넷에는 매우 많은 정보가 있기 때문에 학습자들이 사전에 어떤 정보를 검색하려고 하는지 목적을 분명하게 하는 것이 필요하고, 관련 정보를 찾으면 해당 정보가 타당하고 신뢰할 수 있는지 확인해야 한다(Hague & Payton, 2010). 정보의 출처와 저자가 누구인지, 언제 작성된 내용인지를 확인하고 다수의 웹사이트에서 동일한 정보를 제공하고 있는지 점검할 필요가 있다. 인터넷에서 검색한 자료를 그대로 복사해서 사용하는 것은 저작권, 지적 재산권, 표절 등의 문제를 불러일으킬 수 있다. 학습자들에게 사전에 디지털 법규에 대한 설명을 하고 출처를 표기하는 방법을 정확히 이해하고 있는지 확인할 필요가 있다. 최근에는 디지털 창작물을 다른 사람과 많이 공유하려는 운동이 이루어지고 있는데, 크리에이티브 커먼즈 라이선스(Creative Commons License, CCL)가 그 대표적인 예이다. 인터넷에서 CCL 기호가 있는 저작물을 찾으면 저작자 표시, 비영리, 변경 금지, 동일 조건 변경 허락이라는 네 가지 조건을 확인한 다음에 해당 조건을 충족하는 범위 안에서 저작권자의 허락을 받지 않고 창작물을 사용할 수 있다(박일준, 김묘은, 2019). 그리고 인터넷에서 찾은

인터넷 검색

정보와 자료를 자신의 과제에 맞게 내용과 표현을 수정해서 사용하도록 안내해야 한다.

셋째, 다른 사람의 주장이나 자신의 주장이 타당한 근거를 가지고 있는지와 사회적, 문화적 편견을 가지고 있는 것은 아닌지 비판적으로 분석하고 평가하도록 안내해야 한다. 처음에 볼 때는 객관적이고 중립적이라고 여겨지는 정보라고 하더라도 다양한 정보와 비교를 하고 비판적으로 분석을 하면 특정 집단의 문화나 정치적 입장을 대변하는 경우가 있다. 최근에 유튜브, 페이스북, 틱톡과 같은 SNS는 사용자 정보와 인터넷 활동에 대한 빅데이터(big data)를 저장, 수집, 분석하여 사용자가 선호하는 디지털 콘텐츠를 추천해 준다. 사용자에게 최적화된 정보를 맞춤형으로 제공한다는 점에서는 긍정적이나, 편향된 정보를 지속적으로 제공함으로써 다양한 관점을 서로 비교하고 주체적으로 판단할 수 있는 기회를 제한한다. 그리고 진실이 아닌 정보를 진실인 것처럼 꾸민 허위정보가 인터넷을 통해 확대되고 있으며, 딥페이크(deep fake)라는 인공지능 기술을 이용하여 가짜 영상을 실제와 구분하기 힘들 정도로 정밀하게 만드는 사례도 속출하고 있다(박일준, 김묘은, 2019). 그렇기 때문에 디지털 정보와 자료에 대해서 비판적으로 사고할 수 있도록 학습자들을 지원할 필요가 있다. 동일한 사건에 대해서 서로 상반되는 해석과 주장을 하는 뉴스기사에 대해서 토론을 하거나 온라인 사진 공유 웹사이트인 플리커(Flickr)에서 동일한 개념이 문화에 따라 어떻게 다른 방식으로 표현되는지 비교하도록 할 수 있다(Hague & Payton, 2010). 그리고 많은 학습자가 논변을 할 때 자신의 주장을 뒷받침하는 근거만 제시하고 상반되는 견해나 근거를 고려하지 않는데, 이 점에 대한 성찰을 통해 비판적 사고를 촉진하고 다양한 의견을 존중하는 태도를 가지도록 도울 수 있다.

비판적 사고

창의적 사고

넷째, 테크놀로지를 활용하여 창작물을 만들도록 함으로써 창의적 사고와 컴퓨팅 사고를 촉진할 수 있다. 웹 2.0과 코딩 프로그램의 발달로 학습자들이 손쉽게 온라인 콘텐츠를 개발하고 서로 공유할 수 있게 되었으며, 메이커 운동(maker movement)과 STEAM 교육의 영향으로 학교와 지역사회에 컴퓨터, 3D 프린터, 레이저커터 등과 함께 각종 공구를 갖춘 메이커 스페이스가 증가하고 있다. 교수자는 학습자의 ICT 활용 능력을 고려하여 도구를 선택하고 학습 목표에 맞게 창작 활동을 설계할 필요가 있다. 예컨대, 고등학생들에게 코스페이시스(Cospaces)라는 도구를 활용하여 미술 작품 속의 공간을 가상현실 속에 만들고 미술 작품의 특성(예: 고전주의, 인상주의)이 잘 드러나도록 공간을 표현하도록 할 수 있다(이소민, 김효정, 2020). 이처럼 학습자들이 디지털 테크놀로지를 활용하여 창작물을 만들 때는 창작물의 목적이 무엇인지, 누가 창작물을 사용하거나 감상할 것인지, 어떤 방식으로 생각을 표현할 것인지 등에 대해 학습자들이 주의를 기울이도록 할 필요가 있다. 그리고 창의적 사고를 촉진하기 위해 아이디어를 생성하고 프로토타입을 만들고 테스트를 통해 반복적으로 수정해 나가는 디자인 씽킹(design thinking) 과정을 안내하고 지원할 수 있다. 〈표 8-3〉은 초등학교에서 스크래치를 이용하여 창작 활동을 할 때 디자인 씽킹을 어떻게 적용할 수 있는지를 보여준다(이지선, 2015).

가상현실

디자인 씽킹

〈표 8-3〉 디자인 씽킹을 적용한 컴퓨터 창작 수업(이지선, 2015)

단계	학습 전략
배우기	프로그래밍의 기본 기능 및 활용 방법에 대한 습득
아이디어 생각하기	배운 내용을 주제로 목표 설정하기, 아이디어 생각하기, 시각적으로 스케치하기, 프로젝트 계획서 작성하기
디자인하기	아이디어를 시각적으로 그려보기, 작동을 구체적으로 표현해보기, 프로그램 시나리오 완성하기
개발하기	객체별로 블록 프로그래밍 개발하기, 결과를 도출하기 위한 다양한 프로그램 시도하기, 개발과정 기록하기, 사용자 테스트하기
공유하기	프로젝트를 기록하여 온라인에 공유하기, 자신의 학습 과정 평가하기, 발표 및 후속 아이디어 공유하기

마지막으로, 디지털 환경에서 다른 학습자와 아이디어나 창작물을 공유하고 서로 의견을 주고받을 수 있는 기회를 제공해야 한다. 그룹으로 문제를 해결하거나 과제를 수행할 때 큅(Quip), 구글 문서(Google Docs), 슬랙(Slack) 등의 도구를 유용하게 활용할 수 있다. 특히, 구글 문서는 협력적 글쓰기에 유용하다. 서로 다른 장소에서 실시간으로 공동 문서를 작성할 수 있을 뿐만 아니라 비실시간으로 다른 학습자의 글에 메모를 작성할 수 있고, 시간에 따라 공동문서가 어떻게 수정되었는지를 쉽게 확인할 수 있으며, 이전 버전으로 되돌아갈 수 있다. 그리고 구글 문서의 URL을 공유하면 학교 밖의 전문가나 다른 학교의 학습자들과 협력을 할 수 있다. 이러한 활동을 지원하기 위해 디지털 환경에서 협력 및 의사소통을 할 때 지켜야 하는 규칙을 학습자와 함께 정하고, 무임승차자를 방지하기 위해 균등하게 역할을 분담하고, 학습자들이 그룹 활동을 공동으로 계획하고 점검하고 조절해 나갈 수 있도록 안내할 수 있다.

그리고 온라인에서 학습자들이 상호작용할 때 발생할 수 있는 문제 상황을 사전에 예방하는 것이 필요하다. 예컨대, 온라인에서 상호작용할 기회가 증가하면 스스로를 방어하기 힘든 학습자를 반복적으로 괴롭히는 사이버 폭력이 발생할 수 있다. 교수자는 사이버 폭력을 예방하기 위해 학습자들이 온라인에서 서로 존중하고 책임감 있게 행동할 수 있도록 규칙을 만들고 온라인 그룹 활동을 주의 깊게 관찰할 필요가 있다(Divaharan, 2018). 그리고 사이버 폭력 사례에 대한 토론과 역할놀이를 통해 피해 학습자의 입장에서 생각하고 상대방의 감정에 깊이 공감할 수 있는 역량을 길러 주어야 한다. 만약 학습자들이 SNS를 이용해서 학교 밖의 다양한 사람과 상호작용을 한다면 낯선 사람으로부터 자신을 보호할 수 있도록 안내할 필요가 있다. 학습자가 온라인에서 개인적인 메시지나 자료를 안전하게 보관하도록 하고, 불쾌한 메시지를 보내는 사람을 차단하거나 모르는 사람이 보낸 링크를 열어보지 않도록 하고, 온라인에서 기분 나쁜 일이 발생하거나 온라인에서 만난 사람이 오프라인에서 만날 것을

사이버 폭력

요청하면 그 사실을 교사나 학부모에게 알리도록 할 수 있다(Hague & Payton, 2010). 학습자들이 온라인 상호작용 과정에서 발생할 수 있는 위험으로부터 자신을 안전하게 보호하면서 효과적으로 협력 및 의사소통할 수 있도록 수업을 설계해야 한다.

앞에서 살펴본 정의하기, 발견하기, 평가하기, 창작하기, 의사소통하기 활동은 교과 수업과 잘 통합해서 이루어질 필요가 있다. 각 교과의 특성에 따라서 활동의 내용과 형식은 달라질 수 있지만, 학습자가 테크놀로지 활용 수업에 능동적으로 참여함으로써 디지털 리터러시를 함양한다는 원리는 동일하다. 교수자의 설명을 수동적으로 듣거나 교수자가 제시하는 예제를 그대로 따라 하는 것만으로는 고차적 수준의 디지털 리터러시를 개발하기 어렵다. 학습자들이 테크놀로지를 활용한 다양한 학습 활동에 참여하는 동안 교수자는 디지털 리터러시의 구성요소를 중심으로 학습 과정을 평가하고, 그 결과에 따라서 적응적으로 학습 지원을 제공할 필요가 있다.

그리고 서로 다른 사회경제적 배경을 가지고 있는 학습자들의 디지털 리터러시 수준이 다양하기 때문에 학습자의 요구를 반영하여 서로 다른 과제와 학습자료를 적응적으로 제공하는 것이 필요하다. 예컨대, 컴퓨팅 사고력 수준이 낮은 학습자보다 높은 학습자에게 더 복잡한 과제를 제공하고 학습자의 자율성을 더 많이 지원할 수 있다. 그리고 체크리스트를 이용해서 자신의 디지털 리터러시를 점검하고 어떤 영역에서 부족한지 성찰하도록 함으로써 각 학습자에게 필요한 학습 지원을 개별적으로 제공하고 자기주도적인 디지털 리터러시 학습을 촉진할 수 있다.

제3절 교수자의 테크놀로지 활용 수업 역량

수업에 필요한 테크놀로지가 충분히 갖추어져 있더라도 테크놀로지를 수업에 어떻게 활용할 것인지는 교수자의 전문적인 역량에 달려있다. 테크놀로지를 자주 사용할수록 테크놀로지 활용 수업 역량이 더 높다고 생각할 수 있지만, 테크놀로지 활용 빈도와 함께 어떻게 테크놀로지를 활용하는지가 교수자의 역량을 평가하는 데 중요하다. 교수자는 지속적으로 자신의 테크놀로지 활용 수업 역량을 개발하기 위해 노력해야 한다.

1. 다양한 수준의 테크놀로지 활용 수업

교수자의 지식과 신념에 따라서 테크놀로지는 다양한 방식으로 활용될 수 있다. 테크놀로지를 전혀 수업에 활용하지 않는 단계부터 테크놀로지를 활용해서 교수 및 학습 활동을 학습자 중심으로 재구성하는 단계까지 다양한 수준의 테크놀로지 활용 수업이 있다. 새로운 테크놀로지를 이용해서 지식을 전달하거나 연습문제를 반복해서 해결하도록 하는 것보다 학습자들이 테크놀로지와 함께 유의미 학습에 참여하도록 수업을 설계하는 것이 더 바람직하다(Ertmer, 2015). 테크놀로지 활용 수업의 수준을 이해하는 것은 교수자가 자신의 수업을 진단하고 개선하는 데 도움이 된다.

테크놀로지 통합 매트릭스

테크놀로지 활용 수업을 분류하고 평가하는 도구 중의 하나로 테크놀로지 통합 매트릭스(technology integration matrix, TIM)가 있다(Harmes, Welsh, & Winkelman, 2016). TIM은 미국 플로리다에서 2006년에 개발된 도구로서 최근까지 계속 활용되고 있다. 〈표 8-4〉에 제시되어 있는 것처럼 TIM은 유의미 학습과 관련된 다섯 가지 범주와 테크놀로지 통합의 다섯 가지 수준을 서로 결합하여 25개의 테크놀로지 활용 유형을 제시하였다. 능동적, 협력적, 구성적,

실제적, 목적 지향적 활동은 유의미 학습의 다양한 측면을 보여주며, 테크놀로지 통합의 수준이 도입에서 전환으로 향상될수록 학습 활동이 교수자 중심에서 학습자 중심으로 변화한다. TIM 웹사이트(https://fcit.usf.edu/matrix)에는 각 수업 유형에 대한 자세한 설명과 함께 여러 교과의 동영상 수업 사례가 제시되어 있다.

도입(entry) 수준에서 교수자는 수업내용을 학습자에게 전달하는 목적으로 테크놀로지를 사용하고 학습자는 교수자의 설명을 듣거나 연습문제를 해결하기 위해서 테크놀로지를 활용하며 언제 어떤 테크놀로지를 사용할 것인지는 교수자에 의해 전적으로 결정된다. 채택(adoption) 수준에서 학습자들은 모두 동일한 테크놀로지를 사용하여 교수자의 자세한 안내를 받으면 일정한 절차에 따라서 과제를 수행한다. 적응(adaptation) 수준에서 학습자들은 테크놀로지를 개념적으로 이해하고 전통적인 방식이기는 하지만 독립적으로 테크놀로지를 사용할 수 있고 모든 절차를 교수자가 안내하기보다는 학습자가 다양한 방식으로 테크놀로지를 활용한다. 융합(infusion) 단계에서는 다양한 테크놀로지가 교수 및 학습 활동과 유연하게 통합되어 있으며 학습자들이 언제 어떤 도구를 사용할지를 스스로 결정한다. 마지막으로, 전환(transformation) 단계에서 학습자들은 테크놀로지가 없으면 불가능하거나 하기 어려운 고차적 학습 활동에 새롭고 광범위한 방식으로 참여하며 교수자는 테크놀로지 사용을 안내하고 촉진하는 역할을 한다.

〈표 8-4〉 테크놀로지 통합 매트릭스(https://fcit.usf.edu/matrix)

테크놀로지 통합 \ 유의미 학습	도입 (entry)	채택 (adoption)	적응 (adaptation)	융합 (infusion)	전환 (transformation)
능동적 (active)	정보를 수동적으로 받음 (예: 강의 동영상 보기)	전통적이고 절차적인 방식으로 도구를 사용함	전통적이고 독립적인 방식으로 도구를 사용하고 학습자가 도구를 선택하고 탐색하기 시작함	학습자가 도구를 선택하고 자기주도적이고 규칙적으로 사용함	광범위하고 새로운 방식으로 도구를 사용함
협력적 (collaborative)	개별적으로 도구를 사용함	전통적인 방식으로 협력을 위해 도구를 사용함	협력적으로 도구를 사용하고 학습자가 도구를 선택하고 탐색하기 시작함	학습자가 도구를 선택하고 협력을 위해 규칙적으로 사용함	테크놀로지가 없으면 불가능한 방식으로 동료, 외부 전문가 등과 협력함
구성적 (constructive)	교수자가 학습자에게 정보와 지식을 전달함	지식 구성을 위해 전통적이고 안내된 방식으로 도구를 사용함	지식 구성을 위해 독립적으로 도구를 사용하고 학습자가 도구를 선택하고 탐색하기 시작함	학습자가 도구를 선택하고 지식 구성을 위해 규칙적으로 사용함	지식 구성을 위해 광범위하고 새로운 방식으로 도구를 사용함
실제적 (authentic)	학교 밖의 세계와 무관하게 도구를 사용함	유의미한 맥락에서 교수자의 안내에 따라 도구를 사용함	학습자의 삶과 관련된 활동을 위해 독립적으로 도구를 사용하고 학습자가 도구를 선택하고 탐색하기 시작함	학습자가 도구를 선택하고 유의미한 활동을 위해 규칙적으로 사용함	학교 밖의 세계와 연결된 고차적 학습 활동을 위해 창의적으로 도구를 사용함
목적 지향적 (goal-directed)	교수자의 지시에 따라서 단계별로 과제를 수행함	계획과 점검을 위해 전통적이고 절차적인 방식으로 도구를 사용함	계획과 점검을 위해 목적을 가지고 도구를 사용하며 학습자가 도구를 선택하고 탐색하기 시작함	계획과 점검을 위해 유연하고 끊임없이 테크놀로지를 사용함	계획과 점검을 위해 광범위하고 고차적인 방식으로 도구를 사용함

TIM은 테크놀로지 활용 수업 경험이 많고 전문성이 축적될수록 교수자 중심에서 학습자 중심으로 테크놀로지를 사용하고, 테크놀로지 그 자체보다는 학습에 더 초점을 두며, 새로운 방식으로 유의미 학습을 위해 테크놀로지를 활용한다는 점을 시사한다. 대부분의 교수자들이 처음에는 전통적인 수업방법을 지원하기 위해 테크놀로지를 제한적으로 활용하지만, 테크놀로지에 대한 자신감이 생기고 학습자들의 동기와 학습 활동이 긍정적으로 변하는 것을 관찰하면서 점차 학습자 중심으로 테크놀로지를 활용하게 된다. 그렇지만 교실에서 테크놀로지를 활용할 수 있다는 사실만으로 교수자의 역량이 향상되는 것은 아니다. 지속적으로 테크놀로지 활용 수업에 대해 성찰하고 다른 교수자와 함께 능동적, 협력적, 구성적, 실제적, 목적 지향적인 학습 활동을 촉진하기 위해 테크놀로지를 효과적으로 활용하는 방법에 대해 탐구해야 한다.

2. 테크놀로지 활용 수업을 위한 TPACK 모형

1) TPACK의 의미와 특성

교수자의 수업 역량은 테크놀로지 활용 수업을 설계하고 실행하는 데 많은 영향을 미친다. 교수자의 역량에 따라서 낙후된 ICT 인프라 환경 속에서도 테크놀로지 활용 수업이 효과적으로 이루어질 수도 있고, 그 반대의 경우도 가능하다. 교수자의 지식, 자기효능감, 교육에 대한 신념 등이 테크놀로지 활용 수업에 유의미한 영향을 미친다(Ertmer, 2015). 테크놀로지 활용에 자신감이 있는 교수자일수록 새로운 테크놀로지를 수업에 더 적극적으로 도입하려고 할 것이다. 그리고 구성주의적 교육 신념을 가진 교수자일수록 테크놀로지를 지식 전달이 아니라 학습자의 고차적 사고와 협력을 돕기 위해 활용할 것이다.

교수자의 다양한 지식, 기술, 태도가 테크놀로지 활용 수업에 영향을 미치지만, 이 장에서는 테크놀로지 교수내용지식(technological, pedagogical, 테크놀로지 교수내용지식

and content knowledge; TPACK)이라는 통합적 지식을 중심으로 살펴보고자 한다. TPACK은 원래 TPCK(technological pedagogical content knowledge)로 알려졌으나 최근에는 TPACK이라는 용어가 더 많이 활용되고 있다. TPACK은 예비교사 혹은 교사가 테크놀로지 활용 수업을 효과적으로 수행하기 위해 어떤 지식을 배워야 하는지에 대한 방향성을 제시해 주기 때문에 교사교육에 많은 시사점을 준다.

TPACK

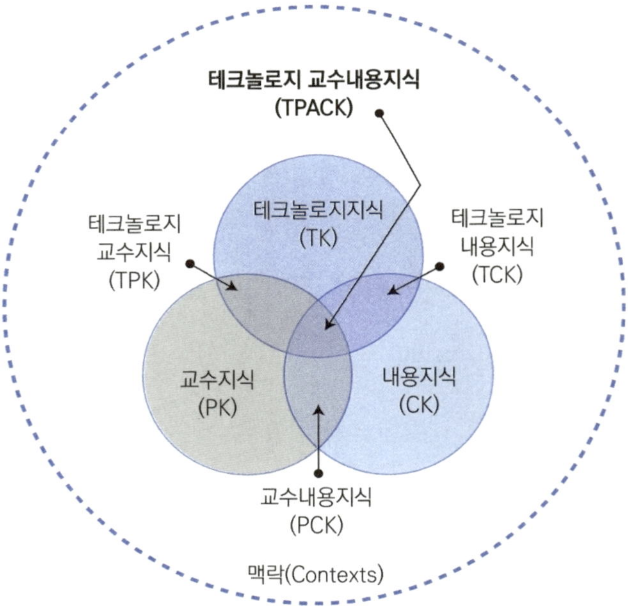

[그림 8-3] TPACK 모형(http://tpack.org)

슐먼(Shulman, 1986)은 교수자가 교과 내용에 대한 지식을 많이 알고 있다고 해서 학습자를 잘 가르치는 것은 아니라는 점을 지적하면서 교수지식(pedagogical knowledge)과 내용지식(content knowledge)을 통합한 교수내용지식(pedagogical content knowledge; PCK)을 제안하였다. 그리고 미시라

교수내용지식

와 콜러(Mishra & Koehler, 2006)는 PCK의 아이디어를 발전시켜서 테크놀로지 활용 수업을 위해 TPACK 모형을 제안하였다. 이 모형은 교수자가 내용 및 교수법에 대한 지식과 함께 테크놀로지에 대한 지식을 통합적으로 가지고 있어야 한다는 것을 보여준다.

TPACK은 [그림 8-3]에 제시되어 있는 것처럼 테크놀로지지식(technological knowledge; TK), 내용지식(content knowledge; CK), 교수지식(pedagogical knowledge; PK)에 대한 통합적 지식을 의미하며, 구체적인 맥락과 관련성을 가진다. 예컨대, 줌(Zoom)이라는 화상강의 시스템을 이용해서 초등학생에게 과학 교과를 가르친다고 했을 때 교수자는 줌의 다양한 기능과 작동법을 알아야 하며 동시에 과학 교과에서 가르치는 내용을 깊이 이해하고, 강의식 수업, 탐구학습, 토론학습 등의 교수법 중에서 어떤 방법이 학습목표를 성취하는 데 효과적인지 알아야 한다. 그리고 이러한 지식은 초등학생을 대상으로 하는 온라인 학습이라는 구체적 맥락을 반영하고 있어야 한다. 교수법과 교과내용에 대한 통합 지식을 PCK라고 하는 것처럼 테크놀로지와 교과내용의 통합 지식을 테크놀로지 내용지식(technological content knowledge; TCK)이라고 하고 테크놀로지와 교수법의 통합 지식을 테크놀로지 교수지식(technological pedagogical knowledge; TPK)이라고 한다.

2) TPACK의 교육적 시사점

TPACK 모형은 교수자가 테크놀로지에 대한 지식을 많이 가지고 있다고 해서 테크놀로지 활용 수업을 잘 설계하고 실행하는 것은 아니라는 것을 보여준다. 구체적인 수업 맥락에서 테크놀로지에 대한 지식이 내용 및 교수법에 대한 지식과 잘 통합될 때 테크놀로지 활용 수업이 효과적으로 이루어질 수 있다. 그렇기 때문에 테크놀로지에 대한 지식을 내용 및 교수법에 대한 지식과 분리하기보다는 세 가지 종류의 지식을 실제적인 맥락 안에서 통합해서 학습하

디지털 교과서

는 것이 더 효과적이다. 예컨대, 예비교사나 현직교사가 디지털 교과서의 기능과 사용법을 학습할 때 초등학생 혹은 중학생에게 특정 교과의 내용을 가르치기 위해 디지털 교과서를 활용하여 어떤 수업 활동을 할 수 있을지를 함께 학습해야 한다. 교과와 학습자의 특성에 따라서 효과적인 수업방법이 달라지고, 학습활동의 유형에 따라 테크놀로지 활용 방법도 달라지기 때문이다.

TPACK 모형은 테크놀로지 활용 수업을 설계하는 데 유용하게 활용될 수 있다. 차이와 코(Chai & Koh, 2018)는 TPACK 모형을 활용해서 테크놀로지 활용 수업을 (1) 수업목표 결정, (2) 테크놀로지와 교육 활동 선택, (3) 성찰·실행·수정의 세 단계로 설계할 수 있다고 하였다. 첫째, 수업목표를 결정하는 단계에서 교수자는 학습자가 배워야 하는 교과 내용이 무엇인지(CK), 테크놀로지 활용이 적합한 주제인지(TCK), 학습자가 내용을 학습할 때 어떤 어려움을 겪는지(PCK), 테크놀로지가 기존 수업을 향상시킬 수 있는지(TPACK)를 고려해야 한다. 이때 교수자가 고려해야 하는 각 요소는 TPACK 모형과 밀접한 관련성을 가진다. 두 번째 단계에서는 교수 및 학습 활동과 테크놀로지를 선택하고 수업 과정안을 작성한다. 이때 교수자는 수업 활동을 통해 학습자의 어떤 능력을 기를 수 있는지(PCK), 수업 활동에 효과적인 테크놀로지는 무엇인지(TPK), 사이버 윤리 측면에서 고려할 점은 없는지(TPK), 학습자의 이해를 평가할 수 있는 ICT 도구에 어떤 것이 있는지(TPK), 학습 내용에 적합한 테크놀로지는 무엇인지(TCK), 온라인에서 수업자료를 구할 수 있는지(TPACK) 등을 고려해야 한다. 마지막 단계에서 교수자는 수업 과정안을 검토한 다음에 테크놀로지 활용 수업을 실시하고 성찰을 통해 수업 과정안을 수정·보완해야 한다. 이 단계에서는 수업이 학습자의 역량 개발에 얼마나 도움이 되는지(PCK), 테크놀로지 활용 수업을 실행하는 데 실행에 어떤 어려움이 있는지(TPACK) 등을 고려해야 한다. 이처럼 TPACK 모형은 수업을 설계하고 실행하는 과정에서 교수자의 의사결정을 안내해 주는 역할을 할 수 있다.

3. 테크놀로지 활용 수업 역량 개발

예비교사는 교원양성기관의 교육과정을 통해 테크놀로지 활용 수업 역량을 개발할 수 있고 현직교사는 교육청과 민간기관에서 실시하는 테크놀로지 관련 연수에 참여할 수 있다. 교육 프로그램을 선택할 때는 TPACK을 학습할 수 있도록 교과 내용, 교수법, 테크놀로지에 대한 지식을 통합적으로 가르치는지와 실제적인 맥락에서 테크놀로지 활용 수업을 설계하거나 실습할 수 있는 기회가 있는지 확인할 필요가 있다. 특히, 예비교사에게는 마이크로티칭(micro teaching)과 교육실습을 통해 실제적인 맥락 속에서 테크놀로지 활용 수업을 설계하고, 실행하고, 성찰하는 경험이 중요하다(임철일 외, 2016).

교육 프로그램에 참여하는 것 이외에도 자기주도적으로 테크놀로지 활용 수업 역량을 기르기 위해 노력할 필요가 있다. 첫째, 테크놀로지 활용 수업 설계 및 실행 경험을 성찰하고 자신에게 부족한 지식, 기술, 태도가 무엇인지를 파악할 필요가 있다. 예컨대, TPACK의 일곱 가지 지식(CK, PK, TK, PCK, TCK, TPK, TPACK) 영역에 있어서 스스로 어떤 강점을 가지고 있는지 혹은 약점을 가지고 있는지 평가해 볼 수 있다. 〈표 8-5〉는 글쓰기 교육에 대한 TPACK을 스스로 점검할 수 있는 체크리스트이다. 이 체크리스트의 교육 내용을 적절히 수정하여 다양한 교과 맥락에서 스스로 테크놀로지 활용 수업 역량을 점검해 볼 수 있다.

〈표 8-5〉 글쓰기 교육에 대한 TPACK 체크리스트 예시(임지영, 진명화, 임규연, 2020 수정)

TPACK 요인	내용	체크
CK	글쓰기 교육의 내용에 대한 충분한 지식을 가지고 있다.	
	글쓰기 교육의 내용을 이해하기 위한 다양한 전략을 가지고 있다.	
	글쓰기 전략을 이해하고 효과적으로 적용할 수 있다.	

TPACK 요인	내용	체크
PK	다양한 교수법을 사용하여 수업을 할 수 있다.	
	학생의 이해 수준에 따라 교수법을 조정할 수 있다.	
	수업에서 학생의 수행을 평가하는 방법을 알고 있다.	
TK	테크놀로지를 능숙하게 활용하는 데 필요한 기술을 가지고 있다.	
	일상생활에서 테크놀로지의 기술적 문제를 스스로 해결할 수 있다.	
	중요한 테크놀로지가 새로 나오면 이를 따라잡으려 한다.	
PCK	글쓰기 교육에서 학생들이 갖는 오개념을 방지하는 방법을 이해하고 있다.	
	글쓰기 교육에서 이해도를 평가하기 위해 다양한 평가 방법을 사용할 수 있다.	
	글쓰기 교육 시 친근한 예시를 통해 내용을 설명할 수 있다.	
TCK	글쓰기 교육에서 학생들이 테크놀로지를 사용하여 다양한 형태의 지식을 구성하도록 도울 수 있다.	
	글쓰기 교육에서 수업 내용에 적합한 테크놀로지를 효과적으로 사용할 수 있다.	
	글쓰기 교육에서 수업 내용에 대한 이해를 증진시키는 데 적절한 테크놀로지를 선택할 수 있다.	
TPK	학생들의 지식 및 기술 수준 차이를 고려하여 테크놀로지를 사용할 수 있다.	
	테크놀로지를 사용하여 학생의 성취도를 파악하고 적절한 피드백을 제공할 수 있다.	
	학생들의 흥미 차이를 고려하여 테크놀로지를 사용할 수 있다.	
TPACK	글쓰기 교육 시 수업 내용 및 교수법에 적합한 테크놀로지를 선택할 수 있다.	
	글쓰기 교육에서 수업 내용, 테크놀로지, 교육적 접근 방식을 적절히 조합할 수 있다.	
	동료 교사가 글쓰기 교육의 수업 내용 및 교육 방법, 테크놀로지를 조직화하도록 도울 수 있다.	

둘째, 성찰을 통해 부족한 점을 발견하면 국내외 MOOC(massive open online course)를 활용하여 자기주도학습을 할 수 있다. 우리나라의 K-MOOC (http://www.kmooc.kr)와 해외의 edX(https://www.edx.org), Coursera (https://www.coursera.org) 등에서 테크놀로지 활용 수업에 대한 온라인 학습 콘텐츠를 무료로 혹은 적은 비용으로 제공한다. MOOC에서는 단순히 동영상 강의만 제공하는 것이 아니라 다른 학습자와 토론을 하고 과제를 수행하거나 퀴즈 문제를 풀고 교수자와 상호작용할 수 있는 기회가 주어지기 때문에 테크놀로지 활용 수업 역량을 함양하는 데 도움이 된다. MOOC

셋째, 테크놀로지 활용 수업에 대한 비슷한 관심을 공유하고 있는 교원학습공동체나 동아리에 참여하는 것도 교수자의 역량 개발에 효과적이다. 최근에는 서로 다른 학교의 교사들이 자발적으로 교원학습공동체(예: 참쌤스쿨, 아꿈선)를 만들어서 온라인에서 적극적으로 정보와 자료를 공유하고 테크놀로지 활용 수업에 대한 연수를 실시하는 사례가 증가하고 있다. 이러한 공동체 활동을 통해서 테크놀로지 활용 수업에 필요한 지식 및 기술을 학습할 수 있을 뿐만 아니라 학교에서 마주치는 다양한 도전 과제를 해결하는 데 필요한 노하우를 배울 수 있다(Coburn et al., 2012). 그리고 다른 교수자의 성공 혹은 실패 사례로부터 실제적인 도움을 받을 수 있으며, 테크놀로지 활용 수업 경험을 서로 공유하는 과정에서 정서적 지원을 받고 동기가 향상될 수 있다. 교원학습공동체

연습 및 탐구 문제

1. 4차 산업혁명 시대에 필요한 인재를 양성하는 데 테크놀로지가 어떠한 기여를 할 수 있는지 설명하시오.

2. 수업에서 테크놀로지를 매체로 활용할 때와 인지도구로 활용할 때 어떤 차이점이 있는지 예를 들어 설명하시오.

3. 교과 수업에서 학습자의 디지털 리터러시를 향상시키기 위한 수업 과정안을 작성하시오.

4. 자신의 테크놀로지 활용 수업 역량을 성찰하고 부족한 점을 향상시키기 위한 실천계획을 세우시오.

참고문헌

강명희, 정재삼, 조일현, 이정민, 임규연, 소효정 (2017). 교육방법 및 교육공학. 파주: 교육과학사.

김수환, 김주훈, 김해영, 이운지, 박일준, 김묘은, 이은환, 계보경 (2017). 디지털 리터러시의 교육과정 적용 방안 연구. 한국교육학술정보원 연구보고 KR 2017-4.

박일준, 김묘은 (2019). 디지털 & 미디어 리터러시: 디지털을 읽고 분석하고 쓸 줄 아는 능력. 부천: 북스토리.

손미현, 조영환, 정대홍 (2018). 어포던스 관점에서 살펴본 디지털 탐구도구의 역할과 특징: 과학탐구 활동 사례를 중심으로. 현장과학교육, 12(2), 274-286.

이소민, 김효정 (2020). 가상현실(VR)을 활용한 미술 감상수업이 학습자의 학습동기 및 학업성취도에 미치는 영향. 교과교육학연구, 24(2), 167-177.

이애화 (2015). 디지털 리터러시 교육을 위한 디지털 역량의 개념적 특성과 한계. 교육문화연구, 21(3), 179-200.

이운지, 임선아, 김한성, 이현숙 (2019). 초・중학생의 디지털 리터러시 수준 예측 요인에 대한 다층모형 분석. 한국교육, 46(2), 35-60.

이지선 (2015). 컴퓨터적 사고를 기반으로 한 컴퓨터 교육에 디자인적 사고 적용에 관한 연구: 초등학교 컴퓨터 교육을 중심으로. 한국디자인문화학회지, 21(1), 455-467.

이현숙, 김수환, 김한성, 이운지, 임선아, 박세진 (2019). 2018년 국가수준 초・중학생 디지털 리터러시 수준 측정 연구. 한국교육학술정보원 연구보고 KR 2019-1.

임지영, 진명화, 임규연 (2020). SW교육에서 초등교원의 TPACK 역량에 대한 교육요구도 분석. 교육정보미디어연구, 26(4), 879-907.

임철일, 한형종, 홍영일, 이선영, 이은영, 장수 (2016). 스마트 교육의 효과적 운영을 위한 예비교사 역량 향상 교육 프로그램 모형 개발 연구. 교육정보미디어연구, 22(2), 351-380.

조영환, 김윤강, 황매향 (2014). 3차원 가상세계 역할놀이를 통한 초등학교 예비교사의 문제해결력 증진 방안에 관한 사례연구. 교육공학연구, 30(1), 45-75.

Ala-Mutka, K. (2011). Mapping digital competence: Towards a conceptual understanding.

Luxembourg: Publications Office of the European Union.

Carretero, S., Vuorikari, R., & Punie, Y. (2017). The digital competence framework for citizens. Publications Office of the European Union.

Chai, C. S., & Koh, J. H. L. (2018). The scaffolded technological pedagogical content knowledge lesson design model. In Y. H. Teo, & J. H. L. Koh (Eds.), Technology-enhanced 21st century learning (pp. 99-112). Singapore: Pearson.

Clark, R. C., & Mayer, R. E. (2011). E-learning and the science of instruction: Proven guidelines for consumers and designers of multimedia learning (3rd ed.). San Francisco: Pfeiffer.

Coburn, C. E., Russell, J. L., Kaufman, J. H., & Stein, M. K. (2012). Supporting sustainability: Teachers' advice networks and ambitious instructional reform. American Journal of Education, 119(1), 137-182.

Collins, A., & Halverson, R. (2009). Rethinking education in the age of technology: The digital revolution and schooling in America. New York: Teachers College Press.

Divaharan, S. (2018). Cyber wellness in the 21st century: Themes and recommendations. In Y. H. Teo, & J. H. L. Koh (Eds.), Technology-enhanced 21st century learning (pp. 220-229). Singapore: Pearson.

Engeström, Y. (1987). Learning by expanding: An activity-theoretical approach to developmental research. Helsinki: Orienta-Konsultit.

Ertmer, P. A. (2015). Technology integration. In J. M. Spector (Ed.), The SAGE encyclopedia of educational technology (pp. 747-750). Thousand Oaks, CA: SAGE Publications.

Gilster, P. (1997). Digital literacy. New York: Wiley Computer Pub.

Harmes, J. C., Welsh, J. L., & Winkelman, R. J. (2016). A framework for defining and evaluating technology integration in the instruction of real-world skills. In Y. Rosen, S. Ferrara, & M. Mosharraf (Eds.), Handbook of research on technology tools for real-world skill development (pp. 137-162). IGI Global.

Hague, C. & Payton, S. (2010). Digital literacy across the curriculum. UK: Futurelab.

Howland, J., Jonassen, D. H., & Marra, R. M. (2012). Meaningful learning with technology. Columbus, OH: Merrill/Prentice-Hall.

Jonassen, D. & Reeves, T. (1996). Learning with technology: Using computers as cognitive tools. In D. Jonassen (Ed.), Handbook of research on educational communications and technology (pp. 693-719). New York: Scholastic.

Mishra, P., & Koehler, M. J. (2006). Technological pedagogical content knowledge: A framework for integrating technology in teacher knowledge. Teachers College Record, 108(6), 1017-1054.

Murphy, E., & Rodriguez-Manzanares, M. A. (2008). Using activity theory and its principle of contradictions to guide research in educational technology. Australasian Journal of Educational Technology, 24(4), 442-457.

Resnick, M., & Robinson, K. (2017). Lifelong kindergarten: Cultivating creativity through projects, passion, peers, and play. MIT press.

Salomon, G. (Ed.) (1993). Distributed cognitions: Psychological and educational considerations. New York: Cambridge University Press.

Shulman, L. (1986). Those who understand: Knowledge growth in teaching. Educational Researcher, 15(2), 4-14.

Vosniadou, S., & Brewer, W. F. (1992). Mental models of the earth: A study of conceptual change in childhood. Cognitive Psychology, 24, 535-585.

제9장

테크놀로지 활용 수업의 실제

사범대학 국어교육과에 재학 중인 송영호는 평소 새로운 테크놀로지에 많은 관심을 가지고 있다. 최근에는 인공지능에 관심이 생겨서 파이썬(Python)이라는 코딩 프로그램을 열심히 공부하고 친구들과 함께 외국인에게 우리나라 말을 가르치는 챗봇도 개발하였다. 처음에는 몇 번의 실수를 반복했지만 컴퓨터 공학을 전공하는 친구의 도움을 받아서 스마트폰에서 사람과 문자를 주고받을 수 있는 챗봇을 개발하였다. 이번 학기에 영호는 중학교로 교육실습을 나가게 되었다. 교육실습 기간 중에 수업을 설계하고 실행하는 과제가 주어졌다. 영호는 어떻게 테크놀로지를 활용해서 수업을 효과적으로 할 수 있을지 고민이 되었다. 컴퓨터, 스마트폰, 인터넷, 인공지능 등을 이용해서 중학생의 동기를 높이고 능동적인 학습을 촉진하고 싶은데, 어떤 테크놀로지를 사용해야 할지, 어떻게 사용하는 것이 가장 효과적일지 의문이 들었다.

테크놀로지 활용 수업에 대한 고민은 교육실습을 나간 예비교사뿐만 아니라 학교에서 매일 학생을 가르치는 교사에게도 중요하다. 코로나19 상황에서 온라인 학습의 비중이 증가하면서 테크놀로지를 어떻게 활용하는 것이 효과적인지에 대한 관심이 크게 증가하였다. 이 장에서는 교실 수업, 플립러닝(flipped learning), 온라인 학습에서 테크놀로지를 어떻게 효과적으로 활용할 수 있는지에 대해 살펴보겠다. 플립러닝은 교실 수업과 온라인 학습을 서로 혼합한 대표적인 테크놀로지 활용 수업이다.

목 표

1. 첨단 테크놀로지를 수업에 효과적으로 활용하는 방법을 설명할 수 있다.
2. 온라인과 면대면 수업을 혼합하여 플립러닝을 설계할 수 있다.
3. 온라인 학습을 효과적으로 설계하기 위한 전략을 제시할 수 있다.

제1절 테크놀로지 활용 교실 수업

테크놀로지 활용 수업을 설계할 때는 테크놀로지와 서로 상호작용하는 수업체제의 다양한 구성요소를 고려할 필요가 있다. 학습자가 충분한 디지털 리터러시를 가지고 있는지 점검하고 교과 내용에 가장 적합한 수업 활동과 테크놀로지를 선택하는 것이 필요하다. 테크놀로지의 고유한 특성을 잘 이해하고 수업에 적절히 활용한다면 학습자의 참여와 성취도를 향상시킬 수 있다. 수업 개선을 위해 다양한 테크놀로지를 활용할 수 있지만, 이 절에서는 모바일 러닝(mobile learning), 게임화(gamification), 인공지능 활용 수업이라는 세 주제를 중심으로 첨단 테크놀로지를 교실 수업에서 효과적으로 활용하는 방법에 대해 살펴보겠다.

1. 모바일 러닝

1) 모바일 러닝의 특성

모바일 러닝은 무선 인터넷 및 위성통신 기술을 기반으로 모바일 테크놀로지(mobile technology)를 활용한 이러닝의 한 형태이다. 이러닝은 인터넷 네트워크 기술을 바탕으로 다양한 매체를 활용하여, 시간과 장소의 제약 없이 학습자가 다른 학습자, 교수자, 학습내용과 활발한 상호작용을 하면서, 다양한 학습 경험을 할 수 있도록 지원하는 체제를 의미한다. 이러닝은 교실 안과 밖에서 모두 이루어진다는 점에서 교사와 학생이 물리적으로 분리되어 있는 상황에서 이루어지는 온라인 학습과 구분된다. 모바일 러닝 이러닝

모바일 러닝은 태블릿 PC와 스마트폰이 등장하면서 실질적으로 자신의 몸에 휴대하며 다양한 형태의 교육용 애플리케이션을 활용하는 것이 가능해지면서 주목을 받고 있다. 모바일 러닝은 개별적이면서도 휴대가 가능한 무선

테크놀로지를 활용한 교육 및 학습 형태라는 점에서 교실 안에서 교수자와 학습자 간의 상호작용을 촉진해 줄 뿐만 아니라 학교 안과 밖의 학습경험을 서로 연결시켜 주는 데도 효과적이다.

[그림 9-1] 휴대가 간편한 태블릿 PC

컴퓨터의 주요 기능을 가지고 있으면서도, 휴대성이 매우 높으며, 손가락을 이용하여 화면을 터치하면서 직관적으로 상호작용을 가능하게 함으로써 모바일 러닝 및 디지털 교과서를 통하여 활발하게 사용되고 있다.

모바일 러닝은 언제 어디서나 학습이 이루어지는 교육적 이상을 달성하려는 목적에서 등장하였다. 교실 내에서 특정한 시간대에 제한된 교육과 학습을 벗어나려는 이러닝의 지향점은 모바일 러닝을 통하여 비로소 제대로 구현되고 있다. 예컨대, 소크라티브(Socrative)라는 애플리케이션을 활용하여 교수자는 수업 중에 간단하게 질문을 올릴 수 있으며, 개별 학습자가 태블릿 PC 혹은 스마트폰을 활용하여 답을 하게 되면 이 전체 과정을 교수자가 관리할 수 있다. 또한 스마트폰을 활용하여 교실 밖에서 다양한 형태의 협동 및 탐구 학습을 할 수 있다. 예컨대, 자신의 집 주변에 살고 있는 동식물 사진을 찍어서 다른 학습자와 공유하고 수업 시간에 학습자가 찍은 사진을 이용해서 과학 탐구를 할 수 있다.

모바일 러닝은 크게 다음과 같은 특성을 지니고 있다. 첫째, 모바일 러닝은 실제적인 맥락 속에서 학습이 이루어지도록 돕는다. 이동하는 개인의 위치와 처해 있는 상황과 맥락을 반영하여 그에 적합한 학습 내용을 모바일 기기를 통해 제공할 수 있다. 예컨대, 미술관을 관람할 때 특정 작품에 다가가면 그 작품과 관련된 정보나 학습 활동(예: 퀴즈, 게임)을 자동으로 스마트폰에 전달함으로써 실제적인 학습을 촉진할 수 있다. 이 특징은 일반 교실 수업 혹은 일반 컴퓨터 앞에서의 교육환경과 모바일 러닝과의 근본적인 차이를 보여준다. 둘째, 모바일 러닝은 학습자의 개별성을 지원해준다. 모바일 기기를 쉽게 휴대할 수 있기 때문에 언제 어디서나 필요한 정보를 검색하고 기억하고 싶은 내용을 메모하거나 사진 및 동영상으로 기록할 수 있다. 이는 학습자의 관심과 요구를 반영한 개별화 학습을 촉진하며, 학습자가 자신의 학습을 주도하도록 하여 궁극적으로 효과적인 학습을 돕는다. 셋째, 모바일 러닝은 개별 학습의 결과를 학습자 간의 사회적 상호작용을 통해 공유하도록 하는 공유성의 특성을 가진다. 페이스북, 트위터, 네이버 밴드 등의 SNS(social networking service)를 이용해서 모바일 러닝 활동과 결과물을 교수자 및 다른 학습자와 쉽게 공유할 수 있다. 이는 모바일 러닝의 기술적인 특성을 협력학습에 용이하게 활용함으로써 얻어지는 중요한 특성이다.

실제적인 학습

개별화 학습

SNS

2) 스마트 교육과 디지털 교과서

모바일 러닝은 국내의 경우 '스마트 교육' 혹은 '스마트 러닝'이라는 용어로 대체되어 사용되고 있다(교육과학기술부, 2011). 태블릿 PC 혹은 스마트폰을 활용하는 교육 상황을 고려하여 스마트 교육이라는 용어를 도출하였는데, 여기서 스마트 교육은 교육 방법적으로 다음의 다섯 가지 방향(SMART)을 지향한다.

스마트 교육

- **자기주도(Self-directed) 학습**: 스마트 교육을 통하여 학습자는 지식 수용자에서 지식 생산자로 바뀌고 교수자는 지식 전달자가 아니라 학습의

조력자 역할을 한다. 교실 내로 한정하지 않고 학습자 스스로 어디서나 학습을 주도적으로 한다.

- **동기화된(Motivated) 학습:** 스마트 교육에서 학습자는 학습의 동기와 흥미를 가지고 참여한다. 전통적인 강의식 수업의 수동성에서 벗어나 협력 학습, 교실 밖 체험 학습 등 동기유발을 하는 교육 방법이 스마트 기기를 활용하여 이루어진다.
- **적응적(Adaptive) 학습:** 학습자의 적성과 수준에 맞는 개별화 수업이 스마트 교육을 통하여 구현된다. 일반적인 학습자 선호도와 요구 사항을 반영하는 맞춤형 학습과 함께 학습자의 학습 과정과 결과에 따라서 적응적으로 학습 내용과 수준이 조정된다.

맞춤형 학습

- **풍부한 자료 기반(Resource enriched) 학습:** 공공기관, 민간 및 개인이 개발한 풍부한 콘텐츠를 자유롭게 교육 장면에서 활용한다. 소셜네트워킹을 활용하여 학습자원의 공동 활용과 협력 학습을 확대한다.
- **기술이 내재된(Technology embedded) 학습:** 클라우드 컴퓨팅(cloud computing) 기반의 학교 인프라와 함께 무선 인터넷 기술 등을 최적으로 설정하여 언제 어디서나 학습을 할 수 있는 환경이 구축된다.

클라우드 컴퓨팅

스마트 교육에서 제안한 다섯 가지 방향성은 모바일 러닝뿐만 아니라 다양한 테크놀로지 활용 교실 수업에 적용될 수 있다. 우리나라에서는 스마트 교육을 지원하기 위해 사회, 과학, 영어 교과를 중심으로 디지털 교과서를 개발하여 초등학교와 중학교에 보급하였다. 디지털 교과서는 교실 수업에 필요한 동영상, 애니메이션, 가상현실 등의 디지털 자료를 제공한다. 그리고 능동적인 학습을 지원하기 위해 필기, 하이라이트, 메모, 북마크, 녹음, 노트 기능 등을 제공하고, 학습자가 궁금한 점이 있을 때 교과서, 에듀넷, 지식백과에 있는 내용을 검색할 수 있도록 지원한다. 또한, 디지털 교과서는 위두랑이라는 온라인

디지털 교과서

학습 커뮤니티와 서로 연결되어 있기 때문에 디지털 교과서에서 작성한 노트와 메모를 교수자 및 다른 학습자와 쉽게 공유할 수 있다.

학습자는 디지털 교과서를 자신의 태블릿 PC에 다운로드해서 수업 활동에 활용할 수 있다. 디지털 교과서는 급속히 변하는 사회 속에서 최신의 정보와 지식을 멀티미디어, 가상현실, 증강현실 등의 다양한 형태로 제공하고, 많은 양의 교과 내용을 스마트 기기에 담아서 언제 어디서나 활용할 수 있다는 장점을 가지고 있다. 그렇지만 이러한 장점에도 불구하고 지식 전달 중심의 수업방법이 변하지 않으면 디지털 교과서의 유용성은 크지 않을 것이다. 전통적으로 교과서는 지식을 전달하는 도구로 많이 활용되었는데, 이러한 관점에서 디지털 교과서를 보면 기존의 서책형 교과서와 내용 면에서 크게 다르지 않고, 수업에 필요한 멀티미디어 콘텐츠가 유튜브(YouTube)와 같은 SNS보다 적은 편이다. 그렇기 때문에 디지털 교과서를 수업에 효과적으로 활용하기 위해서는 테크놀로지와 함께 배운다(learning with technology)는 관점에서 디지털 교과서와 함께 스마트 기기와 위두랑의 다양한 기능을 학습자 중심 교육을 위해 활용할 필요가 있다(성지현 외, 2017).

디지털 교과서 활용 수업을 설계할 때 다음의 네 가지 방법을 고려할 수 있다. 첫째, 교실 수업에서 개별적으로 디지털 교과서의 멀티미디어 콘텐츠를 학습하고 검색 기능을 이용해서 모르는 내용을 찾으면서 교사가 제공한 활동지의 문제를 해결할 수 있다. 디지털 교과서 밖의 실제적인 자료가 필요한 경우에 교수자는 QR 코드를 학습자에게 제공함으로써 자기주도학습을 지원할 수 있다. 둘째, 학습자가 탐구 활동을 하거나 학교 밖으로 견학을 갈 때 자신이 관찰한 내용을 사진으로 찍고 디지털 교과서의 노트에 추가하도록 한다. 사진은 기억의 부담을 줄여주기 때문에 사진에 대한 설명을 노트에 적도록 함으로써 고차적 사고를 촉진할 수 있다. 학습자가 작성한 사진과 노트는 학교에서 배운 내용과 학교 밖의 경험을 서로 연결시켜 주는 역할을 한다. 셋째, 학습자의 글,

자기주도학습

사진, 동영상 등을 위두랑에서 공유하고 서로 질문이나 피드백을 주고받도록 함으로써 학습자 간 상호작용을 촉진한다. 이러한 상호작용 활동을 통해 학습자가 혼자서 생각하기 어려운 점을 다른 학습자의 도움으로 생각할 수 있고 협력적으로 복잡하고 실제적인 문제를 해결할 수 있다. 마지막으로, 디지털 교과서와 위두랑으로부터 학습과 관련된 데이터를 지속적으로 수집하고 분석하여 형성평가를 하거나 학습자를 적응적으로 지원하는 데 활용할 수 있다. 향후 인공지능과 빅데이터 기술이 발달하면 디지털 교과서에서 학습자의 요구를 반영한 맞춤형 학습 지원을 자동으로 제공할 수 있을 것이다.

상호작용

2. 게임화

1) 게임화의 의미

학습에 흥미를 느끼지 못하거나 학급 규칙을 잘 따르지 않는 학습자의 자발적인 참여를 촉진하기 위해서 게임적인 요소를 수업에 적용할 수 있다. 게임화(gamification)란 게임이 아닌 것에 게임의 요소나 원리를 적용하는 것을 의미한다. 게임화는 교육을 포함한 다양한 영역에서 활용되고 있다. 예컨대, 계단을 피아노 건반처럼 흰색과 검은색으로 칠하고 발을 디딜 때마다 특정 음이 들리도록 설계하면 평소 계단을 싫어하는 사람도 건반을 밟는 재미에 더 자주 계단을 오르내릴 것이다. 이처럼 게임의 피드백과 보상 요소를 활용하면 사람들이 자발적으로 하지 않는 일을 더 많이 하도록 동기를 부여할 수 있다.

게임화

교육 분야에서 게임화를 넓게 정의하면, 수업에 게임적 요소를 적용하는 것뿐만 아니라 기능성게임(serious game)도 게임화에 포함된다(김상균, 2014). 기능성게임은 재미나 오락을 목적으로 하지 않고 지식이나 기술을 학습하는 데 목적이 있다는 점에서 다른 종류의 게임과 차별성을 가진다. 예컨대, 물에 빠져서 의식을 잃은 사람에게 심폐소생술을 하는 방법을 가르치기 위해 개발된

기능성게임

1인칭 관점의 비디오 게임은 기능성게임에 속한다. 수학, 과학, 사회, 영어 등의 교과목에서 기초 지식을 획득하기 위해 반복적으로 문제를 해결하는 게임부터 가상 학습환경에서 고차적인 사고와 추론을 통해 실제적인 미션을 달성하는 게임까지 다양한 기능성게임이 교육용으로 개발되고 있다.

게임화를 협의로 정의하면, 게임의 다양한 요소를 실제 수업 맥락에 적용하는 것을 게임화라고 할 수 있다(김상균, 2014). 디지털 게임의 어떤 요소가 학습자의 몰입을 촉진하는지를 분석하여 수업 중에 학습자의 동기를 유발하고 참여를 촉진하는 데 게임의 요소를 적용하려는 시도가 이루어지고 있다. 협의의 게임화는 교실 환경 속에서 이루어지고 산출물보다는 학습자의 동기를 향상시키기 위한 과정에 더 초점을 둔다는 점에서 기능성게임과 구분된다(Bai, Hew, Huang, 2020). 아래에서는 협의의 게임화를 적용한 수업 설계 원리와 사례를 살펴보겠다.

2) 게임화의 원리와 테크놀로지

게임화를 위해서는 게임을 구성하는 요소를 이해하고 학습자의 참여를 촉진하기 위해 수업에 게임 요소를 효과적으로 통합하는 것이 필요하다. 게임을 구성하는 요소에는 목표, 규칙, 피드백, 보상 체계, 레벨, 이야기 등이 있다(Kapp, 2016). 첫째, 게임에서는 매우 구체적이고 매력적인 목표가 제시되고 게임이 끝나면 목표의 달성 여부를 정량화된 결과를 통해 확인할 수 있다. 둘째, 목표를 성취하기 위해서는 게임 속의 여러 가지 규칙을 지켜야 하며, 참가자는 규칙에 따라서 서로 경쟁을 하거나 팀원들과 협력한다. 셋째, 게임에서는 목표를 얼마나 달성했는지에 대한 피드백이 명시적으로 자주 제공되고, 한 번 피드백 실패하더라도 다시 도전할 수 있는 기회가 주어진다. 게임 속에서 실패를 하더라도 큰 피해를 입지 않고 언제든지 다시 시작할 수 있기 때문에 문제를 해결하고 가설을 검증하기 위해 다양한 시도를 할 수 있다. 넷째, 만약 과업을 잘

보상

수행하면 보상이 주어지는데, 작은 과업을 수행할 때마다 포인트나 배지를 받고 포인트가 일정 수준 이상으로 누적되면 더 큰 보상을 받을 수 있다. 보상 체계의 일부분인 리더보드(leader board)는 게임 참가자들이 서로의 점수를 비교하도록 함으로써 높은 순위의 참가자에게 성취감과 만족감을 주고 낮은 순위의 참가자에게 더 열심히 참여하도록 동기를 부여한다. 다섯째, 과업의 난이도에 따라서 게임 레벨을 초급, 중급, 고급 등으로 구분한다. 참가자는 처음에 낮은 레벨의 쉬운 과업을 수행하고 점차 지식과 기술이 향상되면 높은 레벨의 어려운 과업을 수행한다. 낮은 레벨의 목표를 달성해야 더 높은 레벨의 목표에 도전할 수 있도록 설계된 게임이 많지만, 참가자가 스스로 게임 레벨을 선택하도록 자율성을 부여하는 경우도 있다. 마지막으로, 모든 게임에 이야기가 있는 것은 아니지만, 이야기는 게임을 더 흥미롭게 만드는 요소이다. 이야기는 과업을 수행하는 구체적인 맥락을 제공하기 때문에 참가자의 행동과 생각이 특정한 맥락 속에서 의미를 가지도록 한다.

수업에 게임 요소를 적용하기 위해 테크놀로지를 효과적으로 활용할 수 있다. 카훗(Kahoot!)이라는 학습 플랫폼은 수업 중에 학습자가 스마트 기기를

퀴즈

활용하여 게임처럼 퀴즈 활동에 참여하도록 돕는다. 교수자는 퀴즈 문제에 이미지나 동영상을 삽입할 수 있고 학습자가 사지 선다형 답안 중에 하나를 제한된 시간 안에 선택할 수 있도록 설계할 수 있다. 교수자는 퀴즈 문제를 제시하기 위해 교실 정면의 빔프로젝터 스크린이나 모니터에 교수자 화면을 보여주고, 학습자는 자신의 스마트 기기에서 카훗 앱을 이용해서 응답을 한다. 한 문제에 응답을 할 때마다 즉각적으로 학습자의 응답 결과가 교수자 화면에 막대 그래프 형태로 제시되고, 리더보드에 지금까지 문제를 가장 빠르고 많이 맞힌 학습자의 이름이 점수와 함께 제시된다. 그리고 퀴즈 문제를 모두 해결하면 점수가 가장 높은 세 명의 학습자에게 메달이 수여된다. 이처럼 카훗은 게임의 설계 요소 중에서 피드백과 보상 체계를 잘 반영하고 있다. 학습자는 자신의

퀴즈 응답 결과를 즉시적으로 확인할 수 있으며 정답 개수와 응답 속도에 따라서 점수를 얻고 리더보드와 메달을 통해 보상을 받는다.

[그림 9-2] 클래스크래프트의 아바타

출처: https://help.classcraft.com/hc/en-us/articles/217901858-Inviting-parents-to-Classcraft

클래스크래프트(Classcraft)는 게임과 같은 온라인 학습환경을 제공하고 학습자가 학급 규칙을 잘 따르도록 피드백과 보상을 제공한다. 학습자는 지도자, 마법사, 치유자 중의 한 가지 역할을 선택해서 아바타(avatar)를 만드는데 각 아바타는 서로 다른 강점을 가진다. 학습자들은 다양한 아바타로 팀을 구성하고 괴물로부터 마을을 지키는 것과 같은 가상의 미션을 공동으로 수행한다. 교수자는 학습자가 사전에 약속한 권장 행동을 할 때마다 클래스크래프트 웹사이트에서 경험 포인트(experience point)를 준다. 예컨대, 교수자의 질문에 답을 하거나 다른 학습자를 도와주면 경험 포인트를 받을 수 있다. 경험 포인트가 쌓이면 학습자의 레벨이 향상되고 파워 포인트(power point)를 획득하는데,

아바타

파워 포인트를 이용하면 과제를 늦게 제출하거나 퀴즈를 면제받는 것과 같은 실제적인 혜택을 받을 수 있다. 그리고 교수자는 학습자가 학급에서 부정적인 행동을 할 때마다 아바타의 건강 포인트(health point)를 감점할 수 있다. 학습자가 지각을 하거나 욕설을 하거나 과제물을 늦게 제출하면 건강 포인트를 잃을 수 있는데, 건강 포인트가 모두 사라지면 과제를 하루 일찍 제출하는 것과 같은 벌칙이 주어진다. 한 명이 벌칙을 받으면 모든 팀원의 건강 포인트가 조금씩 감점되기 때문에 팀원들 간의 상호의존성이 높은 편이다. 클래스크래프트는 규칙, 피드백, 보상과 벌칙, 레벨 등의 게임 요소와 함께 학습자 간의 협력과 아바타를 매개로 한 이야기 요소를 포함한다.

상호의존성

메타 분석에 따르면, 교육 분야의 게임화는 학습에 긍정적이고 유의미한 영향을 미친다(Bai, Hew, Huang, 2020). 게임화는 학습자의 몰입을 촉진하고, 과제 수행에 대한 피드백을 제공한다. 학습자는 배지를 받거나 레벨이 올라가면 성취감을 느끼고 더 높은 목표를 세우는 경향이 있다. 그렇지만 보상과 벌칙만 강조한다면 학습자의 내적 동기가 감소할 우려가 있다. 보상을 받기 위해서 수업 활동에 열심히 참여한다면 보상이 사라졌을 때 스스로 학습하고자 하는 동기가 줄어들 수 있다. 그리고 포인트와 보상이 중요해질수록 학습자 간의 경쟁이 치열해지고 낮은 점수를 받은 학습자의 불안감이나 좌절감이 커질 수 있다. 그렇기 때문에 게임화를 할 때 외적 보상에 초점을 두기보다는 몰입 이론과 자기결정성(self-determination) 이론에 기반하여 수업을 설계할 필요가 있다.

내적 동기

몰입

게임의 요소를 수업에 적용할 때 다음의 여섯 가지 원리를 고려해야 한다(Huang & Hew, 2018). 첫째, 수업 초기에 게임의 규칙을 명확하게 설명한다. 포인트, 배지, 보상 등에 대한 규칙이 불명확한 경우에는 학습자가 혼란을 느낄 수 있다. 둘째, 게임화 전략이 수업 목표 및 학습 활동과 일치하도록 수업을 설계한다. 게임화 전략이 학습에 효과적이기 위해서는 수업 목표를 성취하는 데 도움이 되는 학습 활동을 촉진할 필요가 있다. 셋째, 학습자가 과제를 수행

했을 때 성취감을 느끼도록 수업을 설계한다. 교수자로부터 학습 참여도와 성취도에 대해 긍정적인 피드백을 받으면 학습자의 자기효능감이 높아진다. 그리고 성공적으로 과제를 수행하지 못했을 때는 피드백과 함께 다시 과제를 수행할 수 있는 기회를 제공하는 것이 필요하다. 넷째, 학습자가 쉬운 과제에서 시작하여 점차 어려운 과제를 수행할 수 있도록 레벨을 설정한다. 다양한 레벨의 과제를 제공하고 학습자가 스스로 과제를 선택하도록 자율성을 지원하면 내적 동기를 촉진할 수 있다. 다섯째, 과제를 수행할 때 모든 학습자가 동등한 기회를 가질 수 있도록 한다. 과제 수행에 필요한 자원이 부족할 경우 게임화된 수업에서 차별을 받을 수 있다. 마지막으로, 게임화가 지나친 경쟁을 유도하지 않도록 학습자 간 상호의존성을 높인다. 팀으로 과제를 수행할 때 각자의 성취가 다른 팀원에게 긍정적인 영향을 미치도록 게임화를 설계하면 과제 수행을 위한 정보 공유와 정서적 지원이 더 활발하게 이루어진다.

3. 인공지능 활용 수업

1) 인공지능의 의미

인공지능

인공지능은 인간처럼 지적으로 행동하는 컴퓨터 시스템을 의미한다. 인공지능은 인간의 감각기관처럼 외부의 사물과 정보를 인식할 수 있고, 데이터로부터 일정한 패턴을 찾거나 예측 모델을 만들 수 있으며, 논리적 추론을 하거나 문제를 해결할 수 있다. 최근에 인공지능 기술이 급격히 발달하면서 우리 생활 주변에서 인공지능 스피커와 챗봇을 쉽게 발견할 수 있다. 많은 학습자가 인공지능과 로봇을 동일시하는 오개념을 가지고 있는데, 인공지능은 로봇 이외에도 센서를 이용해서 세상을 인식하고, 추론을 위한 모델을 만들고, 데이터를 바탕으로 학습을 하고, 사람과 자연스럽게 상호작용하는 다양한 컴퓨터 시스템을 포함한다.

현재 인공지능은 바둑이나 체스처럼 특정 영역의 과제를 인간처럼 수행할 수 있기 때문에 약한 인공지능(Weak AI)이라고 부르며, 인간처럼 다양한 영역에서 지적으로 과제를 수행하는 강한 인공지능(Strong AI)은 아니다. 약한 인공지능이지만 각 학생의 관심과 요구를 반영한 맞춤형 학습을 지원할 수 있다는 점에서 수업에 많은 영향을 미칠 수 있다. 교수자가 한 교실의 많은 학습자를 개별적으로 지도하는 것은 매우 어렵지만, 인공지능을 활용하면 맞춤형으로 학습자의 내용 이해와 문제 해결을 돕고 학습자에게 최적화된 과제와 자료를 제공할 수 있다. 아래에서는 인공지능을 수업에 활용하는 방법을 지능형 튜터링 시스템(intelligent tutoring system; ITS), 챗봇(chatbot) 활용 수업, 지능형 학습환경, 인공지능 기반 창작 활동의 네 가지 측면에서 살펴보겠다.

맞춤형 학습

2) 지능형 튜터링 시스템

지능형 튜터링 시스템

인공지능에 기반을 둔 지능형 튜터링 시스템은 언어, 수학, 과학 등의 교과에서 학습자의 문제해결 과정을 점검하고 오답을 분석하여 학습자에게 필요한 지원과 피드백을 제공한다. 카네기멜론 대학교의 연구에 기반하여 개발된 매시아(MATHia)[1]는 학습자가 수학문제를 해결하는 동안 학습자의 지식과 기술 수준을 평가해서 학습자에게 최적화된 문제를 추천하고, 학습자가 문제해결에 어려움을 겪으면 적응적으로 피드백과 힌트를 제공한다. 우리나라에서 개발한 수학교육 플랫폼인 노리(Knowre)[2]도 학습 데이터를 분석하여 학업 성취도를 높이기 위한 다양한 지원을 제공하고 동일한 실수를 반복하지 않도록 맞춤형 콘텐츠를 제공한다. 수학 이외의 교과목에서도 정답이 정해져 있는 잘 정의된 문제(well-structured problem)에 대한 지식과 기술을 학습하는 데 ITS가 효과적으로 활용되고 있다. 마치 교수자가 학습자를 1:1로 지도하는 것처럼 ITS는

1) https://www.carnegielearning.com/products/software-platform/mathia-learning-software
2) https://www.knowre.com

학습자의 성취도에 따라 최적의 학습경로를 안내해주고 체계적인 학습 지원을 제공한다.

ITS는 기본적으로 교수 모델(pedagogical model), 영역 모델(domain model), 학습자 모델(learner model)이라는 세 개의 모델에 기반하고 있다(Luckin et al., 2016). 교수 모델은 언제 어떠한 학습 지원을 제공하는 것이 효과적인지 등에 대한 교수법을 포함한다. 영역 모델은 수학, 과학, 영어 등의 학습 내용에 대한 지식을 포함하고, 학습자 모델은 학습자의 사전지식, 오개념, 참여도 등에 대한 내용으로 구성된다. [그림 9-3]의 중앙에 제시된 것처럼 학습자가 ITS에서 콘텐츠를 학습하거나 문제를 해결하는 동안 학습 데이터가 지속적으로 수집되어 인공지능 알고리즘에 의해 분석되고, 그 결과에 따라 피드백과 힌트 같은 학습 지원이 적시에 제공된다. 그리고 데이터 분석 결과는 학습자 모델에서 학습자의 현재 상태를 보다 정확하게 추정하는 데 사용된다. ITS는 세 모델의 변화를 반영하여 학습자에게 새로운 맞춤형 콘텐츠와 문제를 제공한다. 그리고 몇몇 ITS에는 개방형 학습자 모델(open learner model)이 있어서 학습자의 참여도, 성취도, 오개념 등에 대한 분석 결과를 교수자와 학습자에게 제공함으로써 성찰을 지원한다. ITS를 지식 학습 이외의 목적으로 활용하기 위해서는 감성, 사회성, 메타인지 등에 대한 추가적인 모델이 필요하다.

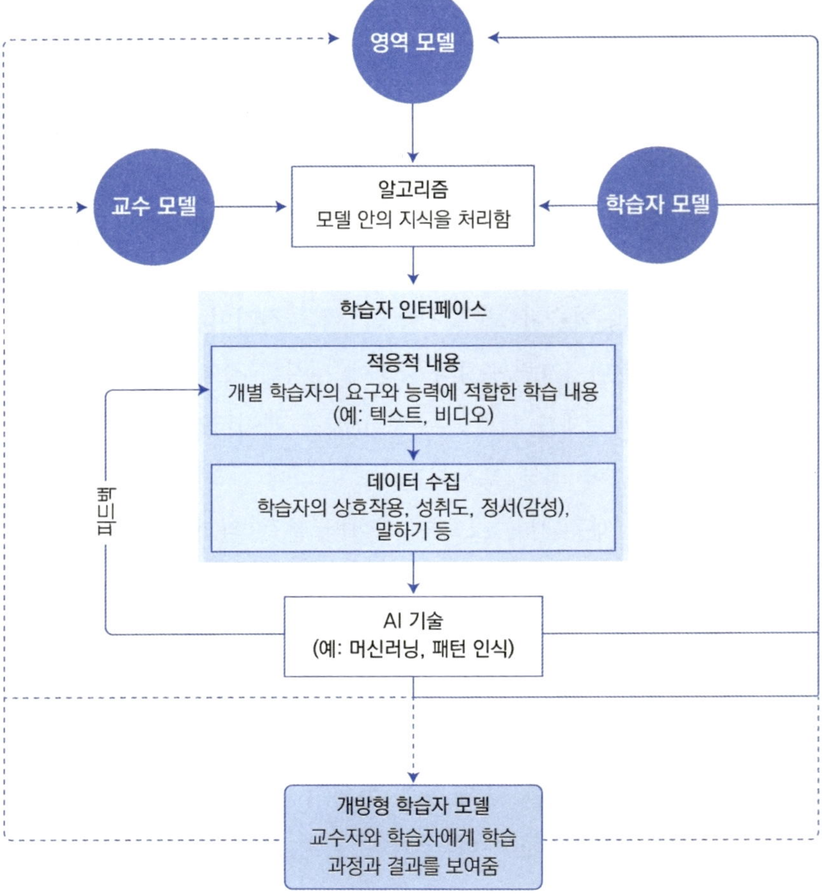

[그림 9-3] 지능형 튜터링 시스템의 구조(Luckin et al., 2016)

3) 챗봇 활용 수업

챗봇

챗봇은 채팅(chatting)과 로봇(robot)의 합성어로서 문자와 음성을 통해 학습자와 상호작용을 할 수 있다. 챗봇은 사용자의 요청에 자동화된 응답을 제공할 뿐만 아니라 자연어 처리(natural language processing)와 머신러닝(machine learning) 기술을 이용해서 자연스럽게 사용자와 대화를 나눌 수 있다. 사용자는 스마트폰이나 컴퓨터와 같은 장치를 통해 챗봇과 상호작용을 할 수 있을 뿐만 아니라 아마존의 알렉사(Alexa), 카카오 미니, 네이버 클로바 등의 인공지능 스피커를 이용해서 음성으로 챗봇과 대화를 할 수도 있다. 최근에는 컴퓨터 프로그래밍에 대한 기초적인 지식만 있어도 구글의 다이얼로그플로우(Dialogflow), 카카오 i 오픈빌더, LG CNS의 단비와 같은 챗봇 개발 플랫폼을 이용하여 수업에 필요한 챗봇을 효과적으로 개발할 수 있다.

교육 분야에서는 시간과 장소의 제약 없이 학습자를 개별적으로 지원하는 데 챗봇을 활용할 수 있다. 챗봇은 학습자의 반응에 따라서 맞춤형 질문과 응답을 하고 각 학습자의 특성에 맞게 개별화된 학습 안내와 도움을 제공할 수 있다. 예컨대 조지아 공과대학(Georgia Institute of Technology)에서는 질 왓슨(Jill Watson)이라는 인공지능 기반 챗봇 조교를 이용해서 컴퓨터 과학 강의를 수강하는 온라인 학습자에게 24시간 도움을 적응적으로 제공하였다. MOOC (massive open online course)와 같은 대형 강의에서 교수자가 학습자의 질문에 즉각적으로 응답하는 것이 매우 어렵기 때문에 챗봇이 유용하게 활용될 수 있다. 그리고 초등학생과 중학생을 위해 개발된 미아(Mia)라는 음성 챗봇은 읽기에 대한 동기를 향상시키는 데 효과적이다. 미아는 초등학생이 선호하는 책을 추천하고, 책에 대한 생각을 학생과 이야기하고, 책에 대한 성찰을 돕기 위해 질문을 하고, 읽기 능력 향상을 위한 맞춤형 안내를 제공한다. 우리나라에서도 과학 시간에 암석의 분류를 학습할 때 학습자가 다양한 암석을 관찰하면서 챗봇에게 개별적으로 질문을 하거나 자료를 요청하도록 한 수업 사례가 있다(부산광역시교육청, 2019). 이처럼 챗봇은 학습자의 질문에 답을 할 뿐만 아니라 학습자의 사고를 촉진하는 질문을 하고 잘못된 응답에 피드백을 제공하며 학습에 필요한 맞춤형 자료를 제공할 수 있다.

챗봇은 사람을 대신해서 학습자와 반복적으로 대화를 할 수 있다는 점에서 외국어 교육에 효과적으로 활용될 수 있다. 학교에 외국어를 담당하는 원어

외국어 교육

민이 부족하다는 점에서 챗봇은 외국어로 대화할 수 있는 기회를 증가시키고 외국인에게서 느끼는 심리적 부담감과 긴장을 줄여주는 데 효과적이다(윤여범, 박미애, 2020). 예컨대, 인공지능 기반 챗봇을 이용해서 교통, 쇼핑, 극장, 식당 등의 다양한 맥락에서 외국어로 대화하는 방법을 반복적으로 연습할 수 있다. 챗봇은 학습자의 문자 혹은 음성 메시지를 실시간으로 평가하고 적응적으로 학습 안내와 피드백을 제공하는 데 효과적이다. 학습자의 발화 내용을 음성으로 저장하여 억양, 속도, 정확성, 유창성 등의 여러 측면에서 맞춤형 피드백을 제공하고 학습자가 자주 실수하는 부분을 반복 연습하도록 안내할 수 있다. 또한, 대화 과정에서 챗봇이 사용하는 외국어 표현과 어휘를 자연스럽게 학습할 수 있다는 점도 외국어 교육에서 챗봇이 가지는 장점이다.

4) 지능형 학습환경

지능형 학습환경

인공지능 기반의 지능형 학습환경은 학습자가 스스로 지식을 구성하고, 원리를 탐구하고, 자기주도적으로 학습하도록 돕는다. ITS가 학습자에게 지식을 효과적으로 전달하는 데 초점을 두고 있는 반면에 지능형 학습환경은 구성주의에 기반하여 학습자 중심 학습을 지원한다. 지능형 학습환경에서 인공지능은 교수자를 도와서 모델링, 코칭, 스캐폴딩과 같은 학습 지원을 실제적인 과제와 함께 제공할 수 있다.

베티의 두뇌(Betty's Brain)라는 인공지능 프로그램은 학습자가 베티라는 가상 에이전트를 가르치면서 배우도록(learning by teaching) 지원한다(Biswas, Segedy, & Bunchongchit, 2016). 학습자는 과학 읽기자료를 공부하고 자신이 이해한 내용을 인과관계 지도(causal map)로 나타내는데, 이 지도에 기반해서 베티는 학습자의 질문(예: 산림 파괴는 지구의 온도에 어떤 영향을 미치는가?)에 답을 하고 시스템에서 제공하는 퀴즈 문제를 해결한다. 만약 베티가 잘못된 답을 하면, 학습자는 인과관계 지도를 수정해서 베티가 정확한 인과추론을 할 수 있도록 도와야 한다. 이 과정에서 베티는 학습자의 동기를 촉진하는 피드백을 주고, 데이비스 선생님(Mr. Davis)이라는 가상 에이전트는 학습 전략에 대한 안내와 도움을 제공한다. 학습자는 베티라는 인공지능 에이전트를 가르치면서 스스로 과학 지식을 구성하고 수정한다.

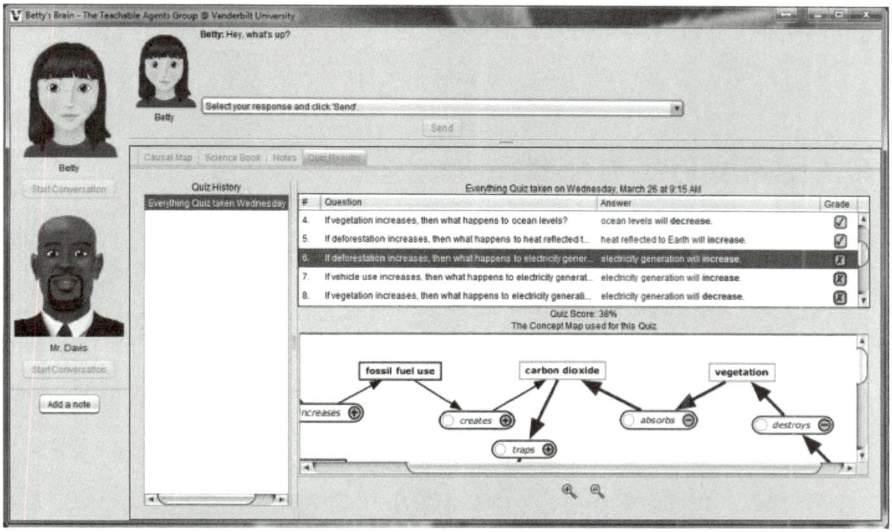

[그림 9-4] 베티의 두뇌(Betty's Brain) 프로그램(Biswas et al., 2016)

인공지능은 자기주도학습 능력이 부족한 학습자를 위해 학습과정을 지속적으로 점검하고 학습자의 능동적 참여를 촉진할 수 있다. 예컨대, 온라인 시뮬레이션을 이용해서 과학 실험을 할 때 학습자들은 가끔 주의를 집중하지 않고 과제와 무관한 일을 하거나 쉽게 문제를 해결하기 위해서 과도하게 힌트를 요청할 수 있다. 인공지능은 학습자가 탐구 활동에 어떻게 참여하고 있는지를 보여주는 데이터를 수집하고 분석하여 학습자가 과제에 집중하지 않고 있다는 것을 발견하면 적시에 피드백과 학습 지원을 제공할 수 있다(Gobert, Baker, & Wixon, 2015).

그리고 SMILE(Stanford Mobile Inquiry-based Learning Environment)[3]이라는 지능형 학습환경은 학습자가 질문을 만들고 다른 학습자와 질문을 공유하는 활동을 지원한다. 단순한 사실이나 정보를 물어보는 낮은 수준의 질문을 만드는 학습자를 지원하기 위해서 SMILE은 학습자가 질문을 만들면 해당 질문이 어떤 수준의 질문인지에 대한 피드백을 인공지능 기술을 활용하여 자동으로 제공한다. 이러한 피드백은 학습자가 보다 창의적이고 고차적인 사고를 하는데 도움이 된다.

5) 인공지능 기반 창작 활동

창작

소프트웨어 교육이나 STEAM 교육에서 인공지능을 창작을 위한 도구로 활용할 수 있다. 현실에서 자율주행 자동차, 추천 시스템, 건강관리 도우미 등을 개발하는 데 인공지능이 효과적으로 활용되고 있다. 이러한 점에서 인공지능을 활용한 창작 활동은 실제적인 과제로서 학습자의 흥미를 유발할 수 있다.

머신러닝 기술

인공지능 중에서 머신러닝 기술이 학습자가 컴퓨터 프로그램을 개발하는데 자주 활용된다. 과거 인공지능은 사람이 만든 규칙에 따라서 추론을 하고 문제를 해결했는데 머신러닝은 대량의 데이터로부터 스스로 규칙을 만들고 결과를 예측할 수 있다. 머신러닝은 데이터로부터 도출한 모델에 기반해서 새로운 데이터를 자동으로 분류할 수 있기 때문에 다양한 분야에서 활용되고 있다. 예컨대, 교수자가 학습자의 글을 평가하여 점수를 부여하고, 그 결과를 가지고 머신러닝을 훈련시키면 해당 프로그램이 새로운 글을 자동으로 채점할 수 있다. 머신러닝이 교수자가 제공한 데이터로부터 글의 특징과 점수 간의 관계를 나타내는 모델을 자동으로 생성할 수 있기 때문이다. 그리고 머신러닝의 한

딥러닝

종류인 딥러닝(deep learning)은 인공신경망(artificial neural network)을 기반으로 모델을 생성하며, 2016년에 이세돌과 바둑 경기를 한 알파고(AlphaGo)를

3) https://smile.stanford.edu

개발하는 데 사용되었다.

최근에는 머신러닝 기술을 이용해서 학습자가 소프트웨어를 개발할 수 있도록 지원하는 온라인 학습 플랫폼이 증가하고 있다. 예컨대, 티처블머신(Teachable Machine)을 이용하면 학습자가 손쉽게 웹사이트에서 이미지, 음성, 동영상 자료를 활용해서 머신러닝 모델을 만들 수 있다. 티처블머신에 여러 장의 개와 고양이 사진을 업로드하고 사진을 범주에 따라 분류하면 자동으로 개와 고양이를 구분하는 머신러닝 모델을 만들 수 있다. 그리고 스크래치(Scratch), 엔트리(Entry), 파이썬(Python), 앱인벤터(App Inventor) 등을 이용하면 보다 실제적이고 흥미로운 머신러닝 기반 프로그램을 개발할 수 있다. 예컨대, 인터넷에서 불쾌한 욕설이 포함된 악성 댓글을 차단해주는 프로그램을 개발하거나 인공지능 스피커를 이용해서 사용자의 음성에 따라 창문이 열리고 닫히는 애니메이션을 개발할 수 있다(김현철 외, 2020). 머신러닝을 이용한 창작 활동은 학습자의 창의성, 디자인 씽킹, 컴퓨팅 사고, 인공지능 리터러시를 길러주는 데 효과적일 것이다.

머신러닝과 같은 인공지능 기술이 창작 도구 안에 내재되어 있는 경우에는 학습자가 컴퓨터 프로그래밍 능력이 없어도 인공지능을 창작 활동에 활용할 수 있다. 구글에서 개발한 오토 드로우(AutoDraw)는 학습자가 그린 간단한 그림에 기반해서 전문가의 그림을 자동으로 여러 개 추천하고 그중에서 학습자가 원하는 그림을 선택할 수 있도록 한다. 마이크로소프트에서 개발한 스웨이(Sway)는 발표자료를 만들 때 학습자가 작성한 글에 기반해서 이미지와 디자인을 자동으로 추천해 주기 때문에 학습자는 내용에 더 집중할 수 있다(Zimmerman, 2018). 이러한 창작 도구를 활용함으로써 혼자서 만들기 힘든 창작물을 만들 수 있고 창의적인 아이디어를 생성하는 데 더 많은 시간을 쓸 수 있다.

앞에서 살펴본 것처럼 인공지능은 다양한 목적을 위해 수업에 활용될 수 있다. 그렇지만 인공지능이 항상 정확하고 공정한 판단을 내리는 것은 아니다. 데이터의 양과 질에 따라서 머신러닝 모델의 정확도가 달라질 수 있으며, 특정 계층이나 집단에 유리한 데이터를 사용하면 머신러닝이 편향된 결정을 내릴 수도 있다. 또한, 학습자의 독창적인 사고를 잘못된 응답으로 판단하고 평범한 답변을 하도록 유도할 가능성도 있다. 이러한 위험을 예방하기 위해 교수자가 인공지능의 추천이나 결정을 이해하고 필요하면 변경할 수 있도록 인공지능 프로그램을 개발할 필요가 있다. 그리고 인공지능 프로그램의 성능을 향상시키기 위해 대량의 교육 데이터를 수집하는 과정에서 학습자나 교수자의 프라이버시(privacy)가 침해되지 않도록 해야 한다. 교수자는 에듀테크 기업이 학습자의 동의 없이 데이터를 수집하거나 다른 목적으로 활용하지 않도록 주의를 기울일 필요가 있다.

제2절 플립러닝

1. 플립러닝의 특성

플립러닝

플립러닝(flipped learning)은 거꾸로 학습, 역전학습, 역진행학습, 반전학습으로 불리기도 한다. 플립러닝은 직접 교수(direct instruction)를 집단 학습 공간(교실)에서 개인 학습 공간으로 이동시킴으로써 집단 학습 공간을 역동적이고 상호작용적인 학습환경으로 전환시키는 교수적 접근을 의미한다(Flipped Learning Network, 2014). 전통적인 교실 수업에서 학습자는 교실에서 교수자의 설명을 듣고 연습문제를 해결하는 데 많은 시간을 보낸다. 반면에, 플립러닝에서는 교수자가 제공한 동영상 강의와 학습자료를 자신의 속도에 맞게 개별적으로 학습하고 교실에서는 탐구학습, 문제 중심 학습, 프로젝트 기반 학습 등의 다양한 학습자 중심 활동에 참여한다. 플립러닝은 개별화 학습을 강조하는 하나의 교수적 접근이기 때문에 특정한 절차가 정해져 있지 않고 교육 맥락에 따라 다양한 방식으로 운영될 수 있다(Bergmann & Sams, 2014).

개별화 학습

플립러닝의 주요한 특징에는 유연한 환경(flexible environment), 학습 문화(learning culture), 의도된 내용(intentional content), 전문적 교육자(professional educator)가 있다(Flipped Learning Network, 2014). 이러한 특징은 플립러닝을 구성하는 네 개의 축(F-L-I-P)으로 알려져 있다. 첫째, 유연한 환경을 조성하기 위해 학습자가 자신의 학습을 성찰할 수 있는 시간과 공간을 제공하고, 적응적 지원을 위해 학습자를 지속적으로 관찰하고 점검하며, 다양한 학습 및 평가 방법을 제공한다. 둘째, 학습 문화 측면에서 교수자가 수업을 주도하지 않고 모든 학습자가 유의미한 활동에 참여할 수 있도록 맞춤형 지원과 피드백을 제공한다. 셋째, 의도된 내용 측면에서 학습자가 개별적으로 학습할 수 있도록 강의에 사용되는 개념의 우선순위를 정하고, 동영상과 같은 학습 콘텐츠를 개발하고, 모든 학습자에게 적합하도록 차별화된 내용을 제공한다. 마지막으로, 교수자는 전문적인 교육자로서 모든 학습자에게 적시에 필요한 피드백을 제공하고, 관찰과 데이터 수집을 통해 수업 개선을 위한 형성 평가를 지속적으로 실시하고, 수업에 대한 책임감을 가지고 다른 교수자와 협력하고 성찰한다. 이처럼 플립러닝은 모든 학습자를 위한 개별화 학습, 유의미 학습과 능동적인 참여를 촉진하는 학습자 중심 교육, 교수자와 학습자 간의 활발한 상호작용, 테크놀로지를 활용한 유연한 학습환경, 적응적인 안내자로서 교수자의 역할을 강조한다.

학습 문화

플립러닝과 유사한 개념에는 플립 클래스룸(flipped classroom)이 있다. 플립 클래스룸은 거꾸로 교실로 불리기도 하는데 〈표 9-1〉에 제시된 것처럼 동영상 강의를 가정에서 학습하고 활동지를 작성하거나 연습문제를 해결하는 것과 같은 숙제를 교실에서 한다는 특징을 가진다. 플립 클래스룸은 학습자의

플립 클래스룸

사정에 의하여 교실 수업을 제대로 따라오지 못하거나, 설령 수업 시간에 강의를 듣는다 하더라도 교과 내용을 충분히 이해하지 못하는 학습자를 위해 고안되었다. 기본적인 학습 내용에 대한 강의를 동영상 형태로 볼 수 있도록 미리 만들어서 학습자에게 제공하고, 교실 내에서는 고차적 사고를 촉진하는 학습자 중심의 다양한 활동을 실행한다. 플립 클래스룸에서 학습자는 보다 많은 자율성과 책임감을 가지며, 교수자는 개별화 학습을 지원하는 안내자와 촉진자 역할을 한다. 이처럼 플립 클래스룸을 실시함으로써 학습자의 수업 참여도와 학업 성취도를 높일 수 있다(Bergmann & Sams, 2012).

〈표 9-1〉 전통적인 수업방법과 플립 클래스룸의 특징 비교

측면	전통적인 수업방법	플립 클래스룸
학습 진행 순서	본시(교실 안) → 사후(교실 밖)	사전(교실 밖) → 본시(교실 안)
운영방법	교실 내 교수자 강의	온라인 동영상 강의
	과제 해결 활동	교실 내 다양한 학습 활동
교실 내 교수자의 역할	강의자	조언자 및 촉진자

플립러닝과 플립 클래스룸은 교수자의 강의가 온라인이라는 개인 학습 공간에서 이루어진다는 점에서 유사하지만 두 용어를 구분해서 사용하는 것이 바람직하다(Flipped Learning Network, 2014). 학습의 순서를 바꿔서 가정에서 동영상 강의를 시청하고 교실에서 과제를 수행하는 것만으로 플립러닝이 될 수 없으며, 플립러닝의 주요 특징인 유연한 환경, 학습 문화, 의도된 내용, 전문적 교육자를 충족시켜야 하기 때문이다. 버그먼과 샘스(Bergmann & Sams, 2014)는 플립 클래스룸을 플립러닝의 기초적인 형태로 보았다.

플립러닝에 대한 관심은 교실 내 수업을 디지털 학습 콘텐츠로 쉽게 변환할 수 있는 기술의 발전에 기반을 두고 있다. 앞에서 언급한 모바일 러닝에

의하면 최근에 학습자는 언제든지 휴대가 가능한 스마트 기기를 활용하여 교수자의 수업을 볼 수 있으며, 교수자 또한 예전보다는 훨씬 손쉽게 디지털 수업 자료를 개발하여 온라인에서 학습자와 공유할 수 있게 되었다. 초고속 인터넷, 온라인 학습 플랫폼, 클라우드 컴퓨팅 기술 등의 발달로 인해서 대용량의 동영상 강의 콘텐츠도 쉽게 저장, 공유, 관리할 수 있게 되었다. 또한, 온라인 커뮤니티와 유튜브를 중심으로 자신이 제작한 교육 자료를 무료로 공유하는 사례가 증가하면서 교수자가 직접 디지털 콘텐츠를 개발하지 않더라도 다른 교수자가 만든 양질의 콘텐츠를 활용할 수 있게 되었다. 이러한 환경의 변화가 과거에는 기술적 제약으로 구현이 어려웠던 블렌디드 러닝(blended learning)을 플립러닝 형태로 나타나게 하였다. 블렌디드 러닝은 전통적인 교실 수업과 온라인 학습의 장점을 서로 결합한 형식 교육으로서 학습 시간, 장소, 순서, 속도 등에 있어서 전통적인 교실 수업보다 더 자유롭다(Horn & Staker, 2014). 플립러닝은 온라인에서 이루어지는 개별 학습과 교실에서 이루어지는 상호작용적인 면대면 수업을 통합적으로 연계하여 학습자에게 유의미한 학습 경험을 제공한다.

블렌디드 러닝

플립러닝은 동일한 내용을 반복적으로 수업을 통하여 학습자에게 설명하여야 하는 교수자에게도 도움이 된다. 교실 내에서 반복적인 설명 대신에 학습자 중심의 활동을 통해 학습자와 상호작용을 하면서 도움을 줄 수 있다. 또한, 자신의 수업 이외에도 다른 유용한 강의 자료가 있으면 그 자료를 학습자에게 제공함으로써 교실 내 다양한 활동의 설계와 적응적인 학습 지원에 집중하여 학습 결과와 만족도를 높일 수 있다. 학습자는 자신의 수준에 따라서 교수자의 온라인 강의 자료를 반복적으로 들으면서 기본적인 학습 내용을 습득한 후, 수업 시간에는 문제해결과 협력 활동을 하면서 교수자의 피드백을 받을 수 있다.

2. 플립러닝을 위한 수업방법

플립러닝을 설계할 때 교수자는 수업 전, 중, 후에 무엇을 할 것인지를 정하고 각 활동에 필요한 학습자료를 준비해야 한다(이지연, 김영환, 김영배, 2014). 먼저, 수업 전에 학습자는 가정에서 교수자가 제공한 동영상 강의와 학습자료를 개별적으로 학습하고 퀴즈와 연습문제를 풀고 학습 중에 모르는 내용이 있으면 메모를 하거나 질문을 작성한다. 교실 수업 중에는 도입 단계에서 학습자가 개별적으로 학습한 내용에 대해 질문을 하고 교수자는 학습자가 학습 내용을 얼마나 이해하고 있는지 확인하고 수업 중에 실시할 학습 활동을 안내한다. 도입 단계 이후에 학습자는 그룹별로 토론, 프로젝트, 문제해결 등의 활동을 수행하며 학습한 지식을 실제적인 과제에 적용한다. 수업 중에 교수자는 학습 진행 상황을 점검하고 적응적으로 학습자와 그룹을 지원한다. 그리고 수업 후에는 교수자가 추가적인 설명과 피드백을 제공하고 학습자는 학습 활동을 성찰하고 수업 중 학습한 내용을 고차적 사고를 요구하는 과제에 적용한다.

다음 〈표 9-2〉는 초등학교 5학년 사회 교과에서 임오군란과 갑신정변의 과정에 대한 교수 및 학습 활동이 전통적인 수업과 플립러닝에서 어떤 차이점을 가지는지 잘 보여준다. 이러한 수업 절차는 한 가지 예시이며, 플립러닝은 교과와 학습자 특성에 따라 다양한 방식으로 이루어질 수 있다(Bergmann & Sams, 2014).

〈표 9-2〉 교사 중심 수업과 플립러닝 활동내용 비교 예시(이지연 외, 2014 수정)

단계	교사 중심 수업	플립러닝
수업 전	• 학생은 사전 학습과제로 임오군란과 갑신정변의 과정에 대해 자료를 조사함 • 교사는 임오군란과 갑신정변 과정에 대한 강의식 수업을 준비함	• 학생은 웹에서 동영상 강의를 시청하고 핵심단어, 궁금한 점을 강의노트에 작성하고, 퀴즈를 풂 • 교사는 학습과 관련된 동영상, 퀴즈를 웹에 올리고 학습환경을 조직함

단계	교사 중심 수업	플립러닝
수업 도입	• 교사는 이미 배운 내용 중 본 차시와 관련 있는 내용을 회상시키거나 동영상을 보고 본 차시 수업과 관련된 몇 가지 질문을 하거나 학습목표를 알려줌 • 학생들은 교사가 제공해 주는 동영상을 보고 학습할 내용을 확인함	• 학생은 질문을 통해 동영상과 관련된 궁금한 점을 해결하고 다음 학습활동을 교사로부터 안내받음 • 교사는 동영상 강의에 대한 적절한 피드백과 함께 다음 학습활동을 안내함
수업 중	• 교사는 임오군란과 갑신정변의 원인과 경과에 대해 정보를 전달하고 필요한 내용을 칠판에 기록함 • 학생은 책과 교사의 강의내용을 따라가며 임오군란과 갑신정변의 원인과 경과에 대해 듣고 교사가 강조하는 내용을 노트에 작성하는 활동을 반복함	• 학생들은 팀원 간 협력을 통해 임오군란과 갑신정변 두 사건이 일어난 원인과 경과에 대해 알아봄 • 교사는 학생들의 활동에 대한 피드백과 개별 및 팀별 미니강의를 통해 학습과정을 안내함 • 학생은 임오군란과 갑신정변 두 사건의 공통점과 차이점을 비교해 발표함 • 교사는 학생들이 이미 습득한 지식을 제대로 적용했는지 확인하고 조력함
수업 후	• 학생은 수업시간에 학습한 내용과 관련해 교사로부터 부여받은 숙제(조사학습, 보고서 작성)를 함 • 교사는 학생들이 이전에 제출한 과제를 평가함	• 학생은 임오군란과 갑신정변의 원인과 경과를 나타내는 역할극 대본을 작성하고 연습함 • 교사는 학생들의 역할극 대변 및 역할극이 보다 발전할 수 있도록 부가적인 설명과 필요한 자원을 안내함
일과 시간 중	• 학생은 배운 내용을 재차 확인함 • 교사는 수업시간에 설명한 내용을 학생들이 알고 있는지 반복 확인함	• 학생은 학습활동에 필요하고 알고 싶은 내용에 대해 교사 또는 팀원에게 도움을 요청함 • 교사는 학생들의 학습활동이 더 심화되어 갈 수 있도록 지속적으로 안내함

플립러닝을 처음 실시하는 교수자는 다음과 같은 어려움에 직면할 수 있다(허선영, 조영환, 2020). 첫째, 교실에서 학습자가 교수자에게 집중하는 만큼 동영상 강의에 집중하도록 만드는 것이 어렵다. 둘째, 학습자가 수동적으로 동영상 강의를 시청할 경우 깊이 있는 학습이 이루어지지 않는다. 셋째, 온라인

학습은 전통적인 방식으로 지식 획득에 초점을 두고 교실 수업은 학습자 중심의 그룹 활동으로 이루어질 경우 온라인과 면대면 활동의 연계성이 부족할 수 있다. 넷째, 사전에 동영상 강의를 성실히 학습하지 않는 학습자가 있으면 교실 수업이 원활하게 이루어지지 않으며, 그로 인해서 교수자의 업무가 증가한다. 마지막으로, 학습자 입장에서는 가정에서 이루어지는 사전 학습으로 인해서 전체적으로 학습량이 증가되었다고 느낄 수 있다. 이러한 제한점을 잘 고려해서 플립러닝을 설계하는 것이 필요하다.

플립러닝을 설계할 때 가장 어려운 점 중의 하나는 온라인과 면대면 학습을 서로 긴밀하게 연결하는 것이다. 온라인과 면대면 학습이 서로 동떨어져 있거나 내용이 중복된다면 플립러닝의 효과가 감소할 것이다. 그렇기 때문에 다음 〈표 9-3〉과 같이 온라인과 면대면 학습을 연계하기 위한 전략을 플립러닝에 적용할 필요가 있다.

〈표 9-3〉 플립러닝의 온라인과 면대면 학습 연계 전략

측면	설계 전략
온라인 질문의 면대면 학습 반영	• 면대면 학습 이전에 온라인 학습 내용에 대한 도전적인 질문을 한 개 이상 함 • 학습자 질문을 분석하여 학습자의 현재 상태를 파악한 뒤 이를 면대면 학습에 반영함
실시간 응답 애플리케이션의 활용	• 교육용 애플리케이션을 활용하여 온라인 학습 내용에 대한 퀴즈를 실시함
온라인 학습내용과 오프라인 활동의 관련성	• 면대면 활동 중에 온라인 학습 내용이 활동과 어떤 관련이 있는지 학습자에게 질문함 • 학습자에게 온라인 학습 관련 개념과 면대면 활동이 어떠한 관계를 지니는지 생각하고 표현할 기회를 제공함
다음 차시와의 연계성	• 수업 종료 시점에 해당 차시의 수업 내용과 활동이 어떻게 다음 온라인 학습 내용과 연관이 되는지 예고함
성찰	• 성찰을 통해 온라인과 면대면 학습내용을 연계하도록 지원함

그리고 학습자의 능동적인 참여와 학습 동기를 높일 수 있도록 플립러닝을 설계할 필요가 있다. 이를 위해서 문제 중심 학습의 원리를 플립러닝에 적용하는 것을 고려할 수 있다(허선영, 조영환, 2020). 문제 중심 학습에서 학습자는 실제적인 문제를 해결하기 위해 자기주도학습과 협력학습에 능동적으로 참여한다. 이러한 원리를 적용하여 문제 중심 플립러닝을 설계할 수 있다. 온라인에서 이루어지는 개별 학습에서 학습자의 흥미를 유발할 수 있는 실제적인 문제를 제공하고 동영상 강의와 인터넷 자료를 활용하여 각자 해결안을 생성하도록 한다. 그리고 교실 수업에서는 학습자들이 사전에 작성한 개별 해결안을 통합하여 협력적으로 그룹 해결안을 만들도록 할 수 있다. 이처럼 실제적인 문제해결을 중심으로 플립러닝을 설계하면 학습자가 동영상 강의를 보다 능동적으로 학습하게 된다. 그리고 온라인 학습에서 생성한 개별 해결안을 면대면 협력학습에서 적극적으로 활용한다는 점에서 온라인과 면대면 학습의 연계성을 높일 수 있다.

문제 중심 학습

제3절 온라인 학습

1. 온라인 학습의 특성

1) 온라인 학습의 유형

온라인 학습은 원격교육의 한 유형으로서 온라인 수업, 온라인 강좌, 온라인 교육 등의 용어로 사용되기도 한다. 원격교육은 학습자들이 서로 분리되어 있고 상호작용적인 텔레커뮤니케이션 시스템을 통해 학습자를 자원 및 교수자와 연결하는 제도적 기반을 둔 형식교육으로 정의된다(Schlosser & Simonson, 2002). 원격교육을 위해 라디오, 텔레비전, 컴퓨터 등 다양한 테크놀로지가 활

온라인 학습

원격교육

용될 수 있는데, 온라인 학습은 인터넷을 매개로 학습이 이루어진다는 특징을 가지고 있다. 인터넷을 통해 학습이 이루어진다는 점에서 온라인 학습은 이러닝과 유사한 특징을 가진다. 그렇지만 교수자와 학습자가 분리된 공간에서 학습이 이루어진다는 점에서 이러닝과 차이점을 가진다. 이러닝은 교수자와 학습자의 분리를 가정하지 않고 학교 안과 밖에서 모두 이루어질 수 있기 때문이다(김현진, 2020).

온라인 학습은 실시간 혹은 비실시간으로 이루어질 수 있다. 과거 온라인 학습은 대학교육이나 사교육기관에서 부분적으로 실시되었지만, 코로나19 위기를 겪으면서 초·중·고등학교에서 전면적으로 실시되었다. 우리나라 교육부에서는 (1) 콘텐츠 활용 중심 수업, (2) 과제 수행 중심 수업, (3) 실시간 쌍방향 중심 수업이라는 세 가지 유형의 온라인 학습을 제시하였다(교육부, 2020). 이 중에서 콘텐츠 활용 중심 수업과 과제 수행 중심 수업은 e학습터, EBS 온라인 클래스, 구글 클래스룸(Google Classroom)과 같은 온라인 학습 플랫폼을 통해 비실시간으로 이루어진다. 그렇기 때문에 학습자가 자유롭게 자신이 원하는 시간과 장소에서 동영상 강의를 보거나 과제를 수행할 수 있다. 자율성이 높은 것은 비실시간 온라인 학습의 장점이지만, 자기주도학습 능력이 부족한 학습자에게는 교수자와의 상호작용 부족으로 학습효과가 제한될 수 있다.

온라인 학습 플랫폼

비실시간 온라인 학습

실시간 쌍방향 중심 수업에서 교수자는 줌(Zoom), 웹엑스(Webex), 마이크로소프트 팀즈(Microsoft Teams) 등의 원격화상강의 시스템을 이용하여 학습자와 서로 마주 보며 상호작용을 할 수 있다. 동일한 시간에 수업이 이루어진다는 점에서 시간의 제약이 있지만, 교실 수업에서와 마찬가지로 즉각적인 상호작용이 가능하다는 점에서 많은 장점을 가진다. 원격화상강의 시스템에는 교수자와 학습자 간의 상호작용을 촉진하기 위한 다양한 기능이 있다. 예컨대, 줌에서는 교수자와 학습자 모두 자신의 디지털 자료 및 컴퓨터 화면을 다른 사람과 공유할 수 있고, 디지털 자료에 밑줄을 긋거나 필기를 하면서 설명을 할 수 있다. 그리고 교수자가 설명을 하는 동안 학습자가 채팅창에 질문을 할 수 있고, 소회의실 기능을 이용하여 그룹 토론이나 협력 활동을 실시할 수 있으며, 비디오를 통해 비언어적 상호작용을 할 수 있다.

실시간과 비실시간 온라인 학습은 모두 장단점을 가지고 있기 때문에 학습자의 요구와 교육 맥락을 고려해서 온라인 학습 유형을 선택하는 것이 바람직하다. 학습자가 잘 구조화된 콘텐츠를 선호하고 학습 시간, 순서, 속도 등에 있어서 학습자의 자율성을 지원할 필요가 크다면 비실시간 온라인 학습이 더 효과적이다. 반면에, 학습자의 자기주도학습 능력이 부족하거나 교수자와 학습자 간의 상호작용이 중요한 경우에는 실시간 온라인 학습을 선택하는 것이 더 효과적이다.

실시간 온라인 학습

2) 온라인 상호작용

온라인 학습에서 교수자와 학습자, 학습자와 학습자, 학습자와 내용 간의 상호작용이 중요한 역할을 한다. 온라인 상호작용의 양과 질에 따라서 학업 성취도와 만족도가 달라지기 때문이다. 온라인 학습을 효과적으로 설계하기 위해서는 각 상호작용의 특성을 이해할 필요가 있다.

상호작용

첫째, 교수자와 학습자 간의 활발한 상호작용은 온라인 학습에서 발생하는 심리적 거리인 교류간격(transactional distance)을 줄이는 데 효과적이다 (Moore, 1983; Saba & Shearer, 1994). 온라인 학습에서 교수자와 학습자 간의 물리적 거리는 멀리 떨어져 있더라도 효과적인 의사소통을 위해 교류간격을 줄이는 것이 필요하다. 동영상 강의 중심의 비실시간 온라인 학습은 교수자와 학습자 간의 쌍방향 상호작용이 이루어지는 실시간 온라인 학습보다 교류간격이 큰 편이다. 그렇기 때문에 비실시간 온라인 학습에서는 교류간격을 줄이기 위해 일방향적으로 지식을 전달하기보다는 이메일, SMS(short message service), 온라인 게시판 등을 이용해서 학습자와 활발하게 상호작용하는 것이 필요하다.

교류간격

교실 수업에 익숙한 교수자는 온라인 학습환경에서 학습자와 상호작용하는 데 어려움을 겪을 수 있다. 교실과 달리 온라인 학습환경에서는 제스처, 표정, 몸짓, 목소리 크기, 억양 등을 통한 비언어적 상호작용이 제한적으로 이루어지기 때문이다. 예컨대, 실시간 온라인 학습에서 학습자가 비디오 화면을 끄면 목소리만으로 학습자의 심리를 추측해야 한다. 더욱이, 비실시간 온라인 학습에서는 학습자의 질문에 교수자가 응답을 하는 데 많은 시간이 소요되고 즉각적인 상호작용이 어렵다. 상호작용에 시간이 많이 소요되기 때문에 상대방의 의도를 정확히 이해하지 못하거나 교수자의 답변을 기다리는 사이에 학습동기가 감소할 수 있다. 교수자는 온라인 상호작용의 특성을 이해하고 학습자와 규칙적으로 상호작용하기 위한 계획을 세워야 한다.

비언어적 상호작용

둘째, 학습자와 학습자 간의 상호작용은 친밀감과 소속감을 높이고 협력적으로 지식을 구성하는 데 도움이 된다(Garrison & Arbaugh, 2007). 온라인 학습환경에서 학습자들은 정보와 지식을 서로 공유하고, 특정 주제에 대해 토론을 하고, 질문과 피드백을 서로 주고받고, 협력적으로 문제를 해결할 수 있다. 예컨대, 실시간 상호작용이 가능한 온라인 화이트보드를 이용해서 협력적으로 마인드맵을 만들도록 할 수 있다. 학습자와 학습자 간의 상호작용이 증가할수록 학습자의 능동적인 참여가 증가하고, 다양한 관점을 서로 비교할 수 있으며, 혼자서 해결하기 어려운 문제를 공동으로 해결할 수 있다. 이러한 활동은 생각의 깊이와 폭을 넓혀주고 의사소통 및 협력 역량을 함양하는 데 도움이 된다.

고차적 사고

셋째, 학습자와 내용 간의 상호작용은 고차적 사고를 촉진하고 학습 내용을 이해하는 데 도움이 된다. 온라인 학습환경에서 학습자는 동영상 강의, 퀴즈, 학습자료 등과 인지적으로 상호작용을 한다. 예컨대, 하이퍼링크를 클릭하면 학습자가 원하는 콘텐츠로 이동할 수 있고, 온라인 학습에서 모르는 내용이 있으면 인터넷 검색을 할 수 있고, 동영상 강의 중간에 제시되는 퀴즈에 응답을 하면 자동으로 피드백을 받을 수 있다. 그리고 스마트 기기로 온라인 학습자료를 공부할 때 필기, 하이라이트, 메모, 북마크 등의 도구를 사용하면 학습내용을 효과적으로 기억하고 조직하고 정교화할 수 있다.

2. 온라인 학습을 위한 수업방법

1) 탐구공동체 모형

온라인 학습에서 깊이 있는 사고와 활발한 상호작용을 촉진하기 위해 체계적으로 수업을 설계할 필요가 있다. 탐구공동체(community of inquiry) 모형에 따르면, 온라인 학습을 설계할 때 인지적 실재감(cognitive presence), 사회적 실재감(social presence), 교수 실재감(teaching presence)이라는 세 가지 요소를 통합적으로 고려해야 한다(Garrison & Arbaugh, 2007). 세 종류의 실재감은 앞에서 살펴본 세 가지 유형의 상호작용과 밀접한 연관성을 가진다. 탐구공동체

인지적 실재감은 학습자가 성찰과 대화를 통해 학습 내용을 깊이 이해하는 것을 의미한다. 온라인 학습에서 학습자가 스스로 문제를 정의하고, 지식과 정보를 탐색하고, 아이디어를 통합하고, 학습 내용을 문제해결에 적용한다면 인지적 실재감이 높아질 것이다. 인지적 실재감과 관련된 학습 활동은 학업 성취도에 주요한 영향을 미친다. 인지적 실재감

사회적 실재감은 학습자가 온라인 학습에서 친밀감과 소속감을 느끼고, 신뢰할 수 있는 환경 속에서 열린 마음으로 다른 사람과 대화하고 관계를 형성하는 것을 의미한다. 온라인 학습환경에서 학습자들이 자유롭게 생각을 공유하고 협력적으로 지식을 생성하기 위해서는 사회적 실재감이 필요하다. 사회적 실재감이 높다고 반드시 학업 성취도가 높은 것은 아니지만 사회적 실재감은 인지적 실재감의 기반이 된다. 사회적 실재감

교수 실재감은 인지적 실재감과 사회적 실재감을 지원하는 데 중요한 역 교수 실재감

할을 한다(Garrison, Cleveland-Innes, & Fung, 2010). 교수 실재감은 유의미하고 교육적으로 가치 있는 학습결과를 위해 인지적 실재감과 사회적 실재감을 설계하고 촉진하고 안내하는 활동을 의미한다. 교수자는 수업내용, 학습활동, 일정 등을 정하고, 학습자의 요구를 분석하여 필요한 자료를 제공하며, 학습과정에서 성찰과 상호작용이 활발하게 이루어지도록 지원할 필요가 있다. 온라인 학습에서 교수자는 수업을 설계할 뿐만 아니라 학습자의 동기와 자기주도학습을 촉진하고, 학습자 간의 친밀감과 소속감을 높이고, 수업 운영과 기술적 지원을 제공하는 것과 같은 다양한 역할을 수행한다.

2) 온라인 학습 설계와 운영

효과적인 온라인 학습을 촉진하기 위해 탐구공동체 모형에서 제시한 인지적 실재감, 사회적 실재감, 교수 실재감을 높이는 것이 필요하다. 이를 위해 교수자는 학습자와 교육 맥락을 고려하여 다음의 여섯 가지 전략을 온라인 학습 설계와 운영에 적용할 수 있다.

첫째, 온라인 학습환경의 고유한 특성을 고려해서 온라인 학습을 체계적으로 설계할 필요가 있다. 수업체제설계 모형에 따라서 온라인 학습에 대한 요구, 내용, 학습자, 기술적 학습환경 등을 분석하고 구체적인 학습목표를 세워야 한다(정인성, 1999). 그리고 학습목표에 따라서 학습자에게 최적화된 학습활동을 설계하고, 각 활동에 필요한 정보, 상호작용, 학습 동기 등에 대한 계획을 세워야 한다. 다음으로, 동영상 강의를 비롯한 다양한 학습자료를 선정하거나 개발하고, 온라인 학습을 실시한 다음에는 학습자의 학업 성취도와 교육과정의 효과성에 대한 평가를 실시해야 한다. 평가의 결과에 따라서 분석, 설계, 개발, 운영 단계의 내용을 수정 및 보완할 수 있다.

수업체제설계

수업체제설계 모형에 따라서 온라인 학습을 설계하더라도 교실 수업을 그대로 모방하는 것은 바람직하지 않다. 온라인 학습은 교실 수업에 비해서 학습

시간과 장소를 유연하게 조정할 수 있고, 다양한 내용과 형식의 학습자료를 제공할 수 있다. 그리고 온라인 학습 활동을 로그 파일로 기록하고 분석할 수 있기 때문에 학습자의 요구와 관심을 반영한 개별화 학습을 제공할 수 있다. 반면에, 온라인 학습에서는 비언어적 의사소통이 제한되고, 실습 중심의 수업을 실행하기 어렵고, 자기주도학습 능력이 부족한 학습자의 학습결손이 발생할 우려가 있다. 이러한 특성을 고려하여 온라인 학습환경에 최적화된 수업을 설계할 필요가 있다.

둘째, 학습자의 능동적인 참여를 촉진할 수 있도록 학습 과제를 선정해야 한다. 단순히 학습자에게 동영상 강의만 제공한다면 학습자의 능동적 참여가 일어나기 어렵다. 학습자의 참여를 촉진하기 위해서 실제적인 문제와 과제를 제공할 필요가 있다. 실제적인 문제는 학습자의 흥미를 유발할 뿐만 아니라 지식을 실제적인 맥락 속에서 유의미하게 학습하도록 돕는다. 예컨대, 초등학교 수학 시간에 도형의 유형과 특성에 대해서 가르친 다음에 학습자가 스마트폰을 이용하여 일상생활에서 쉽게 관찰할 수 있는 물건 중에 특정 도형을 나타내는 물건을 사진으로 찍도록 할 수 있다. 여러 학습자가 자신의 사진을 온라인 지도에 공유하고 언제 어디에서 어떤 도형을 발견했는지 노트에 설명한다면 수학개념을 실제적 맥락에서 능동적으로 학습할 수 있다(Cho & Hong, 2015).

실제적인 문제

셋째, 학습자 간 상호작용을 촉진하기 위해서 온라인 협력학습을 효과적으로 설계해야 한다. 협력학습을 설계할 때는 공동의 목표를 위해 학습자들이 활발하게 상호작용하고, 그 과정에서 무임승차자가 발생하지 않도록 주의를 기울여야 한다. 온라인 협력학습을 위해서 구글 문서(Google Docs), 큅(Quip), 드롭박스(Drop Box), 미로(Miro)와 같은 클라우드 컴퓨팅(cloud computing) 기술을 적극적으로 활용할 수 있다. 클라우드 컴퓨팅 기술을 이용하면 컴퓨터, 스마트폰, 태블릿 PC 등의 다양한 테크놀로지를 이용하여 여러 명의 학습자가

협력학습

클라우드 컴퓨팅

실시간으로 혹은 비실시간으로 인터넷에서 협력 과제를 수행할 수 있다(조영환 외, 2017). 온라인 협력학습을 할 때는 학습자에게 온라인에서 서로 상호작용을 할 때 지켜야 하는 규칙에 대해서 사전에 안내를 하고 협력학습이 언제 효과적인지 혹은 효과적이지 못한지에 대해서 설명할 필요가 있다. 그리고 학습자들이 공동으로 계획을 세우고 그룹의 협력 과정에 대해서 성찰할 수 있도록 학습 지원을 제공할 필요가 있다.

자기주도학습

넷째, 온라인 학습에서 자기주도학습을 촉진하기 위한 전략을 수립해야 한다. 자기주도학습은 학습자가 스스로 자신의 요구를 진단하고, 학습목표를 설정하고, 인적·물적 학습자원을 확인하고, 학습결과를 평가하는 과정이다(Knowles, 1975). 온라인 학습에서는 학습자의 자율성이 높기 때문에 학습자가 스스로 자신의 학습을 계획, 실행, 평가하는 것이 필요하다. 그렇지만 연령이 낮거나 자기주도학습 능력이 부족한 학습자의 경우에 온라인 학습에 자발적으로 참여하기 어렵기 때문에 교수자의 적극적인 지원이 필요하다. 예컨대, 학습자가 스스로 학습목표와 계획을 세울 수 있도록 안내를 하고, 온라인 학습 내용을 잘 이해하였는지 점검할 수 있도록 질문을 제공하고, 학습과정을 되돌아볼 수 있도록 주기적으로 성찰의 기회를 제공할 수 있다(임철일, 2011). 그리고 학습관리시스템(learning management system; LMS)에서 학습 활동과 성취도에 대한 정보를 제공함으로써 학습자가 스스로 학습과정을 점검하고 조절할 수 있도록 도울 수 있다.

학습관리시스템

다섯째, 온라인 학습의 전 과정에서 학습자의 인지적, 사회적 실재감을 촉진하기 위한 교수자의 활동이 필요하다. 온라인 학습 초기에는 학습자들이 온라인 학습환경에 친숙해질 수 있도록 안내를 하고, 온라인 학습에서 기대할 수 있는 것과 학습자가 지켜야 할 규칙을 설명해야 한다. 예컨대, 실시간 온라인 학습에서 비언어적 상호작용을 촉진하기 위해 비디오를 켜도록 안내하고, 토론을 할 때 다른 학습자의 의견을 경청하도록 하며, 온라인 게시판에 질문을

규칙

올릴 때 그 이유를 구체적으로 설명하도록 할 수 있다. 그리고 앞으로 온라인 학습이 어떻게 진행될 것인지와 교수자와 학습자가 어떻게 의사소통을 할 것인지를 안내할 필요가 있다(임철일, 2011). 또한, 온라인 학습에 대한 느낌과 생각을 서로 이야기하고, 학습자의 개인적인 경험을 공유하도록 함으로써 학습자 간의 친밀감과 소속감을 높일 수 있다. 실시간 온라인 학습이라면 학습자의 눈을 바라보며 이름을 불러주고 자유롭게 의견을 이야기할 수 있는 분위기를 조성해 줄 필요가 있다.

온라인 학습이 본격적으로 진행되면, 학습자가 다양한 학습활동에 능동적으로 참여할 수 있도록 안내를 하고 질문과 피드백을 제공해야 한다. 〈표 9-4〉에 제시된 것처럼 교수자는 학습자의 초기 참여를 촉진하고, 토론과정에 적절히 개입하고, 정해진 시간 안에 학습자의 질문에 답하고, 학습 활동과 과제물에 대해 피드백을 제공할 필요가 있다. 그리고 온라인 학습에서 기술적인 어려움을 겪거나 협력학습에서 소외되거나 학습 참여도가 현저히 낮은 학습자가 없는지 지속적으로 점검하고 학습자에게 필요한 도움을 적시에 제공하는 것이 필요하다. 학습자의 어려움을 쉽게 확인할 수 없을 때는 수업 이외의 시간에 학습자가 자유롭게 면담을 신청할 수 있도록 오피스 아워(office hour)를 규칙적으로 운영하는 것이 효과적이다.

질문

피드백

〈표 9-4〉 온라인 학습의 주요 운영 전략(임철일, 2011 수정)

운영 전략	특징
초기 참여 촉진	• 온라인 학습 초기에 적극적으로 참여하도록 촉진함 −수업 진행 방식과 학습자의 기대 행동을 분명하게 제시함 −흥미로운 질문을 하고 학습자의 답변을 요구함 • 성찰 일지와 전자 노트를 작성하도록 함으로써 능동적 참여를 촉진함
학습자 토론 안내	• 학습자 토론을 촉진하고 중재하고 정리함 −흥미로운 토론 주제를 제시함 −토론을 촉진할 수 있는 질문과 다양한 자료를 제공함 −즉각적인 상호작용이 필요할 경우 채팅 도구를 활용함 −토론 내용을 종합할 수 있도록 지원함
질문 답변	• 학습자의 질문에 대하여 정해진 시간 내에 답변함 • 사전 과제로 올린 학습자의 질문을 범주화하여 실시간 온라인 학습에서 답변함
피드백 제시	• 학습자의 의견과 과제물에 대하여 피드백을 제공함 −장점과 개선점에 대한 정보를 제시함 −노력을 하면 더 잘할 수 있다는 점을 강조함 • 학습 참여도와 과제물에 대한 모범 사례를 제시함 −모범 사례와 비교함으로써 스스로 개선점을 찾도록 함

평가

마지막으로, 온라인 학습의 과정과 결과를 공정하고 타당하게 평가해야 한다. 학습자가 과제를 수행하기 전에 평가 기준을 자세히 설명하고, 루브릭(rubric)을 이용해서 과제물을 평가할 필요가 있다. 루브릭은 과제를 평가하는 기준 항목을 나열하고 각 항목별로 어떤 수준에 이르렀을 때 어떤 점수를 부여하는지를 나타낸다. 온라인 협력학습의 경우에는 협력의 결과물을 평가하는 동시에 협력 과정에 대한 평가 기준(예: 참여 빈도, 과제 기여도)도 루브릭에 포함시킬 필요가 있다. 그리고 평가 루브릭을 이용해서 학습자가 스스로 자신의 과제물을 평가하도록 하거나 다른 학습자와 피드백을 주고받도록 할 수 있다. 자기평가와 동료평가는 학습내용을 보다 깊이 이해할 수 있는 기회를 제공

루브릭

한다. 또한, e포트폴리오를 이용하면 장기간 수행한 과제물을 체계적으로 저장 하고 관리할 수 있기 때문에 학습자의 역량 변화를 효과적으로 평가할 수 있다. 예컨대, 학년 초에 쓴 논술문을 학년 말에 쓴 논술문과 비교함으로써 글쓰기 능력이 얼마나 향상되었는지를 평가할 수 있다.

e포트폴리오

온라인 학습 결과를 시험을 통해 평가한다면 시험이 공정하게 이루어질 수 있도록 주의를 기울여야 한다. 온라인 시험 도중에 다른 학습자와 채팅으로 정답을 공유하거나 인터넷에서 관련 자료를 검색하는 것과 같은 시험 부정행위가 발생할 수 있기 때문이다. 공정한 시험을 위해 LMS를 활용하여 시험문제를 학습자에게 무작위로 제공하거나 문제당 시간제한을 두고 실시간으로 시험을 진행할 수 있다. 원격화상강의 시스템을 이용하면 비디오를 통해 여러 명의 학습자가 시험 치는 모습을 실시간으로 관찰할 수 있다. 그리고 LMS의 표절검사 도구를 활용하여 학습자가 제출한 과제물이 다른 과제물과 얼마나 유사한지 점검할 필요가 있다. 이처럼 첨단 기술을 이용하여 시험 부정행위를 방지하는 것도 중요하지만, 학습자가 공정한 평가의 중요성과 시험 부정행위의 윤리적 문제를 이해할 수 있도록 설명하고 학교 규범을 준수하도록 교육하는 것이 필요하다.

시험

연습 및 탐구 문제

1. 교실 수업에서 디지털 테크놀로지를 활용할 때 발생할 수 있는 문제를 예방하기 위한 방안을 제시하시오.

2. 교실 수업에서 인공지능이 어떠한 역할을 해야 하는지 논하시오.

3. 플립러닝에서 일부 학습자가 온라인 학습을 성실하게 하지 않는다면 교수자로서 어떻게 할 것인지 설명하시오.

4. 온라인 학습환경의 고유한 특성을 반영한 수업 사례를 찾고 그 이유를 설명하시오.

참고문헌

교육과학기술부 (2011). 스마트교육 추진 전략 실행계획(안). Retrieved from https://www.goodlearn.kr/downloading.jsp?BNAME=3984

교육부 (2020). 체계적인 원격수업을 위한 운영 기준안 마련. 보도자료(2020. 3. 27).

김남익, 전보애, 최정임 (2014). 대학에서의 거꾸로 학습(Flipped learning) 사례 설계 및 효과성 연구: 학습동기와 자아효능감을 중심으로. **교육공학연구, 30**(3), 467-492.

김상균 (2014). 교육, 게임처럼 즐겨라: 당신의 수업에는 게임이 있습니까? 서울: 홍릉과학출판사.

김현진 (2020). 원격교육과 교육공학의 과제. 교육공학연구, 36(3), 619-643.

김현철, 장연주, 이승엽, 엔트리, 이영호, 정윤지, 송석리, 김종혜 (2020). 인공지능 교육 길라잡이. 교육부, 과학기술정보통신부, 한국과학창의재단.

부산광역시교육청 (2019). 인공지능 기반 교육 가이드북.

성지현, 조영환, 조규태, 허선영, 양선환 (2017). 학습자 중심 교육에서 디지털교과서의 역할 탐색. 교육정보미디어연구, 23(4), 831-859.

윤여범, 박미애 (2020). 인공지능과 초등영어교육: 챗봇의 현황과 발전 방향을 중심으로. 한국초등교육, 31, 77-90.

이지연, 김영환, 김영배 (2014). 학습자 중심 플립드러닝(Flipped Learning) 수업의 적용 사례. 교육공학연구, 30(2), 163-191.

임철일 (2011). 원격교육과 사이버교육 활용의 이해. 파주: 교육과학사.

정인성 (1999). 원격교육의 이해. 서울: 교육과학사.

조영환, 설보연, 이현경, 강다현, 조애리 (2017). 클라우드 컴퓨팅 기술을 활용한 협력적 문제해결에서 자기조절과 그룹조절 활동 탐색. 교육정보미디어연구, 23(3), 345-371.

한형종, 임철일, 한송이, 박진우 (2015). 대학 역전학습 온·오프라인 연계 설계전략에 관한 연구. **교육공학연구, 31**(1), 1-38.

허선영, 조영환 (2020). 고등교육에서 문제 중심 플립러닝에 대한 학습자의 인식. 학습자중심교과교육연구, 20(4), 533-557.

Bai, S., Hew, K. F., & Huang, B. (2020). Does gamification improve student learning outcome? Evidence from a meta-analysis and synthesis of qualitative data in educational contexts. Educational Research Review, 30, 100322.

Bergmann, J., & Sams, A. (2012).Flip your classroom: Reach every student in every class every day. International Society for Technology in Education.

Bergmann, J., & Sams, A. (2014). Flipped learning: Gateway to student engagement. International Society for Technology in Education.

Biswas, G., Segedy, J. R., & Bunchongchit, K. (2016). From design to implementation to practice a learning by teaching system: Betty's Brain. International Journal of Artificial Intelligence in Education, 26(1), 350-364.

Cho, Y. H., & Hong, S. Y. (2015). Mathematical intuition and storytelling for meaningful learning. In K. Y. T. Lim (Ed.), Disciplinary intuitions and the design of learning environments (pp. 155-168). Singapore: Springer.

Flipped Learning Network. (2014). Definition of flipped learning. Retrieved from https://flippedlearning.org/definition-of-flipped-learning.

Garrison, D. R., & Arbaugh, J. B. (2007). Researching the community of inquiry framework: Review, issues, and future directions. Internet and Higher Education, 10, 157-172.

Garrison, D. R., Cleveland-Innes, M., & Fung, T. S. (2010). Exploring causal relationships among teaching, cognitive and social presence: Student perceptions of the community of inquiry framework. Internet and Higher Education, 13, 31-36.

Gobert, J. D., Baker, R. S., & Wixon, M. B. (2015). Operationalizing and detecting disengagement within online science microworlds. Educational Psychologist, 50(1), 43-57.

Horn, M. B., & Staker, H. (2014). Blended: Using disruptive innovation to improve schools. San Francisco, CA: John Wiley & Sons.

Huang, B., & Hew, K. F. (2018). Implementing a theory-driven gamification model in higher education flipped courses: Effects on out-of-class activity completion and quality of artifacts. Computers & Education, 125, 254-272.

Kapp, K. M. (2016). 게이미피케이션, 교육에 게임을 더하다: 학습 전문가를 위한 게임화 전략(권혜정 옮김). 서울: 에이콘출판주식회사.

Knowles, M. S. (1975). Self-directed learning: A guide for learners and teachers.

New York: Association Press.

Luckin, R., Holmes, W., Griffiths, M., & Forcier, L. B. (2016). Intelligence unleashed: An argument for AI in education. London: Pearson.

Moore, M. G. (1983). The individual adult learner. In M. Tight (Ed.), Adult learning and education (pp. 153-168). London: Croom Helm.

Saba, F. & Shearer, R. (1994). Verifying key theoretical concepts in a dynamic model of distance education. American Journal of Distance Education, 8, 36-59.

Schlosser, L. A., & Simonson, M. (2002). Distance education: Definition and glossary of terms. Bloomington, IN: Association for Educational Communications and Technology.

Wang, F. H. (2017). An exploration of online behaviour engagement and achievement in flipped classroom supported by learning management system. Computers & Education, 114, 79-91.

Zimmerman, M. R. (2018). Teaching AI: Exploring new frontiers for learning. International Society for Technology in Education.

제10장

수업 과정안 설계

제 1 절 수업 과정안 설계의 맥락

제 2 절 교수자 중심 수업 과정안 설계

제 3 절 학습자 중심 수업 과정안 설계

교직 과정을 이수 중인 김다은 예비 교사는 자신의 중고등학교 경험을 떠올리면서 학생들의 적극적인 참여를 이끌어내는 수업을 잘 하는 교사가 되고 싶어 한다. 그래서 교육공학과 관련 강좌들을 수강하면서 효과적인 교육 방법, 수업 모형, 테크놀로지를 활용하는 수업 방법들에 대하여 알아보고 있다. 이 과정에서 그 전에는 대충 보았던 수업 과정안 혹은 교안을 접하게 되었다. 효과적인 수업이 어떻게 진행되는가를 파악하기 위하여 여러 가지 수업 사례를 보여주는 동영상 자료를 보기도 하였지만, 실제 수업이 왜 이렇게 진행되는가를 알아보려고 할 때 대체로 교안이 준비되어 있다는 것을 확인하게 되었다. 그런데 그 교안의 형식을 보면서 이렇게까지 자세히 적어야 하는가라는 의문이 들었다. 매 차시마다 이런 교안을 만드는 것이 현실적으로 가능할까 하는 생각도 들었다. 시간이 너무 많이 드는 일로 보이기 때문이었다.

그래서 교육 현장의 교사에게 교안이 실제로 필요한가를 물어보았다. 그랬더니 그 교사는 그렇게 세세한 교안은 학교에서 정기적으로 이루어지는 공개 수업 때는 만들어서 활용하지만, 보통 때는 그렇게까지 만들지는 않는다고 하였다. 간단하게 약식 형태로 만들어서 사용하는 교사들이 많다고 하였다. 그러면서도 그 교사는 어떤 형태이든지 교안을 개발하는 것이 중요하다는 것을 강조하였다. 왜냐하면 교안이 단순하게 내용을 나열하는 것이 아니라, 교육 목표를 달성하는 데 영향을 주는 다른 요소들을 전체적으로 포함하고 있기 때문이라는 것이다. 특히 이 점은 초임 교사들이 쉽게 획득하기 어려운 능력이기 때문에 관련된 요소들이 반영된 교안 사례들을 충분히 검토하는 것이 필요하다는 점을 강조하였다. 효과적인 요소들을 포함하고 있는 상세 교안을 설계하는 것도 배워야 하고, 현장에서 적용될 수 있는 약식 교안 설계도 알아야 하니 쉽지 않은 일처럼 보였다. 상세 교안이든 약식 교안이든 교안 혹은 수업 과정안 설계가 왜 필요하고, 어떻게 할 수 있는가를 알아보아야 하겠다고 생각하였다.

위의 상황에서 알 수 있듯이 수업을 설계하고 실행하는 데 있어서 교안 혹은 수업 과정안의 설계는 그것의 중요성에도 불구하고 현실에서는 여러 가지 이유로 제대로 실천되지 않고 있다. 그러나 학습자의 요구와 수준에 맞는 최적의 교육을 구현하는 데 있어서 수업 과정안 설계가 효과적이라는 점이 강조되고 있다. 따라서 본 장에서는 수업 과정안 설계의 구성 요소를 살펴보면서 어떤 점에서 수업 과정안 작성이 필요한가를 제시한다. 이어서 교수자 중심의 설명형 수업 과정안 설계의 특성과 사례 그리고 학습자 중심의 참여형 수업 과정안 설계의 특성과 사례를 다룬다.

목 표

1. 수업 과정안 설계의 구성 요소와 필요성을 설명할 수 있다.
2. 교수자 중심의 수업 과정안을 설계할 수 있다.
3. 학습자 중심의 수업 과정안을 설계할 수 있다.

제1절 수업 과정안 설계의 맥락

1. 수업 과정안의 의미와 구성 요소

수업 과정안(授業 過程案, instructional plan)
교수학습과정안
수업 지도안

수업 과정안(授業 過程案, instructional plan)은 기본적으로 단위 수업의 절차와 순서에 관한 계획을 지칭한다. 수업 과정안은 교수학습과정안, 수업 지도안, 교수학습지도안 등 여러 용어로 불린다. 대체로 수업에 있어서 교수자와 학습자의 활동을 포함한 문서 형태의 계획을 의미한다(박성익 외 3인, 2015). 그러나 교과서나 정해진 자료를 활용하는 실제 수업의 경우 교수자의 머릿속에만 존재하는 경우도 많다. 그럼에도 불구하고 교육 방법 혹은 수업 설계에 있어서 수업 과정안의 중요성은 계속 강조되고 있는데, 내용 전달 이상의 학습자 참여 방식이나 평가 등을 어떻게 할 것인가를 수업 과정안 설계에서 고려하기 때문이다.

수업 과정안은 다음 전형적 사례(〈표 10-1〉)에서 볼 수 있듯이 해당 단원과 차시에 관한 일반 정보로 시작하여 해당 수업 과정안의 목표와 참고로 하는 자료를 포함하고 있다.[1] 수업 과정안의 실질적 내용은 교수학습 단계에 따른 교수자와 학습자의 활동과 이에 따른 시간 및 유의사항으로 구성된다. 이 사례에서는 일반적인 교수학습 단계, 즉 도입, 전개, 정리를 포함하고 있다. 도입 단계는 인사, 동기유발, 학습 목표 제시, 선수학습 상기로 구성되며, 전개 단계는 교과 주제와 관련된 일련의 활동으로 구성되며 각 활동별 교수자와 학습자의 기대하는 행동이 제시되어 있다. 정리하기는 학습 내용의 요약과 차시 예고로 되어 있다.

1) 본 교안 사례는 중학교의 한 현직 교사의 수업과정안을 수정한 것임.

〈표 10-1〉 수업 과정안의 전형적 사례: 영어과

<table>
<tr><th colspan="2">단원</th><td colspan="2">5. Art is all around us</td><th>교과서</th><td>천재(이) 중 3</td></tr>
<tr><th colspan="2">주제</th><td colspan="2">그림 묘사하기</td><th>차시</th><td>3</td></tr>
<tr><th colspan="2">목표</th><td colspan="4">학생들은 학습한 의사소통 기능을 활용해 그림을 묘사할 수 있다.</td></tr>
<tr><th rowspan="2">단계</th><th rowspan="2">절차</th><th colspan="2">교수학습활동</th><th rowspan="2">시간</th><th rowspan="2">비고</th></tr>
<tr><th>교수</th><th>학습</th></tr>
<tr><td rowspan="4">도입</td><td>인사</td><td>• 인사
• 교실 정리
–짝이 맞도록 모둠 형성</td><td>• 인사
• 자리 정리 및 모둠 형성</td><td rowspan="4">8분</td><td rowspan="4">• PPT
• 칠판</td></tr>
<tr><td>동기 유발</td><td>• 김홍도의 '서당' 제시
–김홍도의 '서당'을 자세히 관찰하도록 안내하기 (전체적인 장소, 장면, 등장인물, 상황, 그림에서 드는 느낌 등)</td><td>• 그림을 관찰하고 관찰한 바를 발표</td></tr>
<tr><td>학습 목표 제시</td><td>• 학습 목표 안내
–의사소통 기능을 활용해 그림을 묘사할 수 있다</td><td>• 학습목표를 확인하고 학습 흐름을 파악</td></tr>
<tr><td>선수 학습 상기</td><td>• 지난 시간 수업 상기
–지난 시간에 배운 의사소통 기능 회상을 돕기 (I'm curious about, Can you tell me ...? too...to 부정사)</td><td>• 지난 시간 학습 내용을 회상</td></tr>
<tr><td>전개</td><td>활동 1. 묘사 표현 익히기</td><td>• 그림을 묘사하는 일반적 순서와 표현을 제시
1. (The picture) shows (place, person, thing)
2. In the picture, you can see (person, thing) (in the middle, on</td><td></td><td>10분</td><td>• PPT</td></tr>
</table>

		the left...) 3. (The artist) colored (person, thing) in red. • 각각 다른 부분들을 짚으며 학습자들이 제시 표현의 단어를 바꿔보도록 유도	• 그림을 묘사하는 표현에 단어를 바꿔 넣으며 표현 연습/발표		
	활동 2. 다른 그림 묘사하기	• 새로운 그림을 제시 1. 그림만 제시 2. 학습자들의 진행 상황을 살펴보고 어려움을 겪을 시 빈칸이 있는 구조화된 예문으로 학습자들이 연습해볼 수 있도록 돕기	• 새로운 그림을 활동 1의 표현을 이용해 묘사 • 묘사한 내용을 필기	7분	• PPT
	활동 3. 친구를 묘사하기	• 2인 1조로 그림 카드 제공 • 활동 방법을 안내 • 순회지도 • 발표 안내	• 친구 묘사 활동 1. 짝꿍이 그림을 못 보게 가리고 영어로 그림을 묘사하기 2. 짝꿍은 묘사를 들으며 그림을 그리기 3. 얼마나 정확하게 묘사하였는지 확인하기 • 발표하기	15분	• 그림 카드
정리	정리하기	• 순회지도 시 발견한 이슈 다루기 • 학습 내용 정리하기 및 차시예고	• 학습내용 정리	5분	• PPT

따라서 수업 과정안을 설계한다는 것은 해당 수업의 목표를 달성하기 위하여 어떻게 수업이 전개되며, 어떠한 활동을 교수자와 학습자가 하게 되는가를 체계적으로 포함하는 것을 의미한다. 수업의 전개와 교수자와 학습자의 활동은 앞 장에서 다룬 수업체제설계, 교수자 중심의 수업 설계와 학습자 중심 수업 설계 원리의 적용 과정이라고 볼 수 있다. 또한 테크놀로지 활용을 위한 방법을 포함하게 된다. 어떻게 수업을 설계할 것인가와 관련된 여러 지식들을 종합적으로 적용하는 과정이다.

수업체제설계

수업 과정안 설계는 우선 수업체제설계를 통하여 이루어진다. ADDIE 모형이든 딕과 캐리 모형이든 RPISD(임철일, 최소영, 홍미영, 2010) 모형이든 모종의 수업체제설계 과정을 안내하는 모형을 통하여 분석과 설계 활동이 이루어지고, 결과적으로 단위 수업을 위한 수업 과정안이 개발된다. 이 활동에 특정의 수업 설계 원리와 모형 혹은 방법이 적용된다. 일반적으로는 교수자 중심의 수업을 안내하는 가네(Gagné)의 수업의 사태나 켈러(Keller)의 학습동기 설계 모형이 활용될 수 있다. 만약에 학습자 중심의 수업 설계를 하게 된다면 문제 중심 학습(PBL), 토의/토론 학습, 팀 기반 학습, 협동 학습, 프로젝트 학습, 디자인 씽킹과 같은 모형을 참고하게 된다. 수업 과정안 설계는 마지막으로 수업에 직접 활용되는 자료의 개발과 테크놀로지의 활용 방법을 포함하게 된다. 요컨대 수업 과정안 설계는 모든 수업 설계 활동의 종합적 적용 과정이자 결과물이며, 그만큼 복잡한 요소들을 포함하게 된다.

수업 실행

수업 과정안 설계는 이후 수업 실행 과정과 연결된다는 점에서도 매우 중요하다. 개발된 수업 과정안을 활용하여 실제 수업이 진행된다. 수업 과정안은 수업 실행을 안내하는 매우 중요한 틀이 된다. 수업 과정안이 없으면 교수자가 단순하게 내용을 전달하는 수업 활동으로만 끝나는 경우가 많다. 수업 과정안을 활용하게 되면 질문과 같은 학습자의 인지적 참여를 이끌어 내는 방법을 포함하여 효과적인 수업을 가능하게 하는 요소들, 예컨대 연습 활동으로 소크라티브(Socrative) 앱과 같은 기술을 체계적으로 적용하게 된다. 그리고 수업 과정안 개발은 수업 실행 이후 수업을 개선하기 위한 성찰 과정에서도 매우 중요한 기능을 보여 준다. 전체 수업 중 어떤 교수학습 활동에서 개선점이 있는가를 확인하기 위해서는 수업 과정안이 있어야 한다. 수업 과정안의 특정 교수학습 활동, 예컨대 주의 집중 단계에서 준비된 동영상 자료가 학습자의 사전 지식을 활성화하는 데 영향을 끼쳤는가, 그렇지 않았다면 왜 그러한 문제가 발생하였는가를 분석하는 데 있어서 중요한 준거 역할을 한다. 이 과정을 통하여 최적의 형태로 수업 과정안이 재설계될 수 있다.

수업 과정안의 종류

2. 수업 과정안의 종류

교육의 목표와 방법에 따라서 다양한 수업 과정안이 존재한다. 먼저 교수자 중심의 수업을 위한 수업 과정안이 가능하다. 여기서는 교수자가 주도하여 수업을 실행하면서 동시에 학습자의 적극적 참여를 유도하는 방법이 주가 된다. 앞의 수업 과정안 사례에서 볼 수 있듯이 대체로 도입, 전개, 정리, 차시 예고의 순서대로 교수학습 활동이 이루어지는데, 이때 가네(Gagné)의 수업의 사태나 켈러(Keller)의 학습 동기를 위한 설계 원리가 적용될 수 있다.

교수자 중심의 수업 설계에서는 교수자의 설명 등이 중심이 되기는 하지만, 학습자의 의미 있는 학습을 가능하게 하는 방법과 원리들이 체계적으로 적용된다. 학습자의 주의 집중과 사전 지식의 활성화를 위한 질문 등을 적절하게 활용하는 것을 예로 들 수 있다. 또한 이 수업 과정안에는 기본 내용과 사례 및 연습 문제뿐만 아니라 평가를 어떻게 할 것인가를 포함함으로써 수업의 일관성을 확보하도록 한다.

교수자 중심의 수업을 위한 수업 과정안은 교과의 종류에 따라서 혹은 학습 과제의 유형(임철일, 2012)에 따라서 세부 내용을 포함할 수 있다. 영어 교과, 수학 교과, 과학 교과에 따른 특정한 교수 방법이 있으며, 이것을 반영하는 수업 과정안이 가능하다. 또한 개념의 적용, 원리의 적용, 사실의 기억 등과 같은 학습 과제의 유형에 따른 수업 과정안이 가능하다(임철일, 2012). 교수자 중심의 수업 과정안은 또한 수업 자료와 테크놀로지가 어떻게 활용되는가를 포함한다. 예컨대, 별도로 개발된 파워포인트 슬라이드가 수업 과정안 내에 나타나게 할 수도 있으며, 수업 과정안 마지막 부분에 부록의 형태로 해당 자료를 포함할 수도 있다. 수업 중에 활용되는 동영상 자료의 링크 등이 포함되기도 한다.

학습 과제의 유형

학습자 중심의 수업 과정안은 구성주의 학습 이론에 기반을 둔 문제 중심 학습, 토의/토론 학습, 팀 기반 학습, 협동학습, 프로젝트 학습, 디자인 씽킹을 구현하는 과정을 포함하고 있다. 여기서 수업 과정안은 구성주의 학습을 가능하게 하는 특정의 모형을 기반으로 한다는 특징을 보인다. 즉 개별 모형이 포함하고 있는 설계 원리와 요소들이 반영되는 수업 과정안이 개발되어 활용된다.

구성주의 학습 이론

수업 과정안이 교수자 중심인가 학습자 중심인가로 나뉘는 것 이외에도 얼마나 상세하게 수업 과정안이 기술되는가에 따라서 약식 교안과 상세 교안으로 구분된다. 먼저 약식 교안은 앞의 사례와 같이 수업 과정안의 기본 내용은 동일하게 나타난다. 그 후 교안의 핵심이라고 할 수 있는 교수학습 단계에 따른 교수자와 학습자의 활동을 간략하게 제시한다. 주요 학습 내용, 교수자와 학습자 활동의 대강, 관련 자료를 보여준다. 이러한 형태의 수업 과정안이 실제 교육 현장에서 대체적으로 사용되고 있다.

약식 교안

한편 다음 2절에 제시되는 사례와 같이 교수학습 단계에 따른 교수자와 학습자의 활동을 일종의 대화형 방식으로 세세하게 기술하는 상세 교안이 있다. 각 단계에서 교수자의 설명, 상호작용 방식뿐만 아니라 학습자의 예상되는 응답을 기술하는 방식으로 수업 과정안이 준비된다. 이러한 형태의 수업 과정안을 설계하기에는 많은 시간과 자원이 소요되기 때문에 실제 현장에서는 그다

상세 교안

지 많이 볼 수 없다. 그러나 예비 교사 혹은 초보 교사로서 수업을 설계하는 과정에서는 세부적인 준비 및 가능한 시나리오에 대처하는 설계가 필요하기 때문에 이와 같은 상세 교안을 요구하기도 한다. 이외에도 새로운 수업 모형을 적용하는 경우나 특별한 수업, 예컨대 공개 수업을 하는 경우, 그리고 표준적인 수업 설계를 하여 다수의 수업에서 공통적으로 적용되는 경우(예컨대, 방과 후 수업에서 디자인 씽킹과 같은 문제해결 방법을 다루는 교육)에 상세 교안이 필요하기도 하다. 따라서 약식 교안뿐만 아니라 상세 교안을 설계하는 상황에 대비할 필요도 있다.

제2절 교수자 중심 수업 과정안 설계

교수자가 중심이 되어 이루어지는 수업 과정안에는 여러 형태가 있다. 그 중 가장 대표적인 형태는 [부록 1]에 있는 사례처럼 가네의 수업의 사태 모형을 반영하여 도입, 전개, 정리의 세 단계에 해당하는 것을 포함한 것이다. 이 사례를 중심으로 간단하게 상호작용적 설명을 포함하는 교수자 중심형 수업 과정안의 특성과 개발 방식을 소개한다.

교수자 중심형 수업 과정안

교수자 중심형 수업 과정안은 단위 수업을 전개하는 과정을 안내하여 주는 것으로써 학습 내용의 제시 이상의 효과적인 교육 방법을 포함한다. 일단 수업 과정안은 기본적인 수업 정보를 담고 있다. 단원명, 단원의 개관, 단원의 목표, 지도상의 유의점, 학습 내용의 구조도와 같이 해당 수업 과정안이 대상으로 하고 있는 기본 정보를 제시한다. 이 단원하에 해당 수업 과정안은 특정 차시의 학습 주제, 수업 방법, 학습 목표, 준비물을 기술한다. 수업 과정안은 대체로 수업의 주요 단계 및 하위 단계(예컨대, 가네의 수업의 각 사태) 단계별 수업-학습 활동(실행), 시간, 지도상 유의점으로 구성된다.

수업 과정안은 먼저 학습자의 주의를 집중하면서 흥미를 유발할 수 있는 안내나 활동으로 시작한다. 이를 위해서는 수업체제설계 모형의 분석 단계에서 학습자가 어떤 특성과 선수 학습 지식을 지니고 있는지를 확인함과 동시에 해당 수업 내용의 학습 과제에 대한 분석 결과를 사용한다. 〈표 10-2〉의 사례의 경우에서는 세금의 종류를 다루고 있는데, TV 프로그램의 사례를 들면서 어떤 세금을 내지 않았는가와 같은 질문으로 시작하는 것을 알 수 있다. 학생들에게 친근한 사건을 도입의 문제 상황으로 채택한 것이다.

〈표 10-2〉 수업의 사태 반영 수업 과정안의 주의 획득 단계 사례[2)]

주의 획득 단계

수업의 사태	실 행	시간
Gaining attention 주의 획득	교사: 여러분 요즘 TV프로 중에서 '양심추적 탈세와의 전쟁'이라는 프로 혹시 본 적 있어요? 학생: 네, 세금 안 내는 아저씨 잡으러 다니는 거요? 교사: 네 맞아요. 본 내용 중에서 기억나는 것 있나요? 학생: 어떤 아저씨가 변호사이면서 돈을 아주 많이 버는데도 세금을 내지 않고 오랫동안 고액의 세금이 체납되어 있어서, 기동대가 출동하여 집으로 찾아갔더니, 없다고 자꾸 피하면서, 나중에는 화장실에 숨어 있는 게 발각되는 걸 본 적이 있어요. 교사: 하하하, 참 재미있죠? 소득이 그 정도로 많은데, 세금을 안 내고 있다니… 그런데, 그 체납자는 세금 중에서도 어떤 세금을 안 냈던가요? 교사: 여러분, 세금에도 종류가 많아요. 그리고, 우리가 알고 있는 세금은 몇 가지 기준에 의해 분류될 수 있어요.	3분

2) 이번 장에서 제시되는 수업 과정안은 상세 교안, 즉 교수자와 학습자의 대화 형태로 되어 있다. 실제 학교 현장에서 보게 되는 대부분의 수업 과정안은 앞의 사례에서 제시된 것처럼 약식 교안 형태이다. 본서는 예비교사를 위한 안내서 역할을 하기 때문에, 교수자 중심의 수업 모형이 어떻게 수업 과정안으로 구현되는가를 상세하게 안내하기 위하여 상세 교안을 제시한다.

주의 집중과 동기 유발 과정은 자연스럽게 본 수업에서 다루려는 학습 목표의 제시로 연결된다. 학습 내용을 어떤 수준에서 학습자가 다루어야 하는지를 가능한 한 구체적인 행동 동사를 사용해 표현하는 것이 필요하다. 예컨대, '설명하다'와 같은 기본적인 행동이나 '구분할 수 있다', '해결할 수 있다', '적용할 수 있다'와 같은 학습 목표를 제시한다. 이와 함께 필요할 경우 전 시간에 다룬 학습 내용을 상기하면서 이번 시간에 다루는 주제와 연결 과정을 제시할 수도 있다.

학습 목표

〈표 10-3〉 수업의 사태 반영 수업 과정안의 학습 목표 단계 제시 사례

Informing learner of the objective 학습 목표 제시	교사: 그럼, 오늘은 세금의 종류를 살펴보겠는데, 그 종류를 나누는 기준으로, 부과하는 기관이 어디냐에 따라, 부과하는 방식에 따라, 다양한 세금을 살펴보기로 해요. 교사: 부과하는 기관이 중앙 정부냐 지방 정부냐에 따라, 국세와 지방세가 나뉘고, 부과 방법에 따라, 직접세와 간접세로 나뉘는데, 그래서 오늘 수업의 목표는 다음과 같습니다(파워포인트 슬라이드로 학습목표를 보여준다). • 국세와 지방세를 구분할 수 있다. • 직접세와 간접세의 특징을 설명할 수 있다. 더불어 우리나라 조세체제의 특징도 함께 살펴보기로 합시다.	2분

이상의 준비 과정을 거치면서 해당 내용을 본격적으로 설명하게 된다. 관련된 배경 설명, 그림이나 그래픽, 동영상 자료를 활용하여 설명한다. 이 과정은 풍부한 사례를 추가적으로 제시하는 학습 안내로 발전한다. 설명과 사례 제시는 교사에 의하여 이루어질 수도 있으며, 상황에 따라서 질문에 의하여 학습자가 대답하는 방식, 아니면 탐구 형식으로 학습자 스스로 확인할 수도 있다. 이상의 설명과 사례 제시 과정이 필요한 만큼 반복적으로 이루어진다.

〈표 10-4〉 수업의 사태 반영 수업 과정안 설명 단계 사례

Present distinctive stimulus features 변별적 자극 제시 Part 1	교사: 이때, 중앙정부에서 걷는 세금을 국세라고 하고, 지방정부에서 걷는 세금을 지방세라고 해요. 자, 이제 선생님이 나눠주는 세금계산서(프린트물)를 한번 볼까요?(재산세, 소득세, 법인세, 등록세, 자동차세 등의 영수증이 복사된 자료를 학생들에게 모두 나눠준다) 교사: 첫 번째 페이지에 나온 세금 영수증을 보세요. 무슨 세금이라고 나와 있나요? 학생: 재산세요. 교사: 하단에 과세 기관이 뭐라고 나오나요? 학생: 울산광역시 북구구청요. 교사: 네… 울산지방 정부가 걷은 세금이군요. 이제 선생님이 나눠준 나머지 세금 영수증을 보고, 세금의 이름과 과세 기관명, 그리고 세금의 종류를 나눠준 표에 기입하면서 살펴보세요.	5분

수업 과정안의 핵심 활동 중의 하나는 설명 이후에 준비되는 연습이다. 연습과 그에 따른 피드백 활동을 통하여 학습자는 제시된 학습 과제를 획득하거나 적용할 수 있는 능력을 갖추게 된다. 연습 과정은 개별적으로 이루어질 수도 있으며, 팀별로 이루어질 수도 있다. 상황에 따라서 다양한 도구, 예컨대 개별적으로 활용할 수 있는 노트북이나 태블릿 PC를 이용할 수도 있다.

〈표 10-5〉 수업의 사태 반영 수업 과정안의 연습 문제 단계 사례

연습 문제 단계

Elicit Performance 수행유도	교사: 자 여러분이 이제 국세와 지방세, 간접세와 직접세에 대해 이해했으니까, 다음의 통계자료를 보면서, 우리나라 조세 체제의 특성에 대해 토론해 봅시다. (아래 표 참조) 교사: 이 두 표(파워포인트 슬라이드)는 우리나라 세금의 구성에 관한 표입니다. 각 모둠별로 국세와 지방세가 어떤 비율로 구성되어 있고, 또 어떤 비율 구성으로 변화해 가고 있는지, 마찬	5분

구 분	1999	2000	2001	2002	2003
국 세	80.3%	81.9%	78.2%	76.7%	77.6%
지방세	19.7%	18.1%	21.8%	23.3%	22.4%
직접세	40.5%	43.9%	40.7%	40.0%	43.7%
간접세	59.5%	56.1%	59.3%	60.0%	56.3%

	가지로 직접세와 간접세가 어떤 비율로 구성되어 있고, 또 어떤 비율 구성으로 변화해 가고 있는지 토론해 보세요. 교사: (모둠별 진행 사항을 살펴본 후, 파워포인트 슬라이드로 다음의 힌트를 제시한다) **우리나라 조세체제의 특징은?** 지방세 비중보다 국세 비중이 ______서, 지방 재정 자립도가 ______다. 직접세보다 간접세의 비중이 ______서, 소득재분배 기능이 ______다.	

연습과 피드백 과정 이후에는 어떤 방식으로 평가가 이루어지는가를 안내하게 된다. 대체로 수업 시간에는 평가가 이루어지지 않기 때문에, 향후에 어떤 평가 방식과 문항을 통하여 이루어지는가를 안내하게 된다. 마지막으로 이번 차시에 다룬 내용을 전체적으로 요약하면서 다음 시간에 어떤 주제와 연결되는가를 안내하는 활동을 하게 된다. 이상의 수업 과정안 개발 틀에 따라서 최적의 수업 과정안을 개발하여 적용하면서 학습자의 반응을 살펴보고, 필요에 따라서 수정·보완하게 된다.

제3절 학습자 중심 수업 과정안 설계

1. 문제 중심 학습 수업 과정안 설계

문제 중심 학습

학습자 중심 수업의 대표적인 모형으로 문제 중심 학습이 있다(본서 6장 내용 참고). 문제 중심 학습의 학교 현장 적용이 다양하게 이루어지고 있는바, 여기서는 사회과의 문제 중심 학습 수업 과정안(장경원, 이미영, 김정민, 박문희, 전미정, 이수정, 2019) 사례[3]를 소개한다.

3) 본 수업 과정안은 장경원 외 6인(2019)의 저자 이미영이 개발하였음.

문제 중심 학습 수업 과정안

학교 현장에서 이루어지는 문제 중심 학습 수업 과정안도 다른 경우와 마찬가지로 교육과정의 어느 부분을 다루는가를 명시적으로 제시한다. 다음 〈표 10-6〉은 '모의 법정' 문제 중심 학습이 다루는 성취 기준이 2009 및 2015 교육과정 개정의 어느 부분인가를 보여준다. 사례에서는 주제, 성취 기준, 학습 요소, 차시 구성 그리고 관련된 교과 역량이 수업 과정안의 기본 구성 내용으로 제시되어 있다.

〈표 10-6〉 모의법정 문제 중심 학습 수업 과정안 사례의 개요

주제	모의법정	
성취 기준	2009 개정 교육과정	사92083. 재판의 의미와 종류(예: 민사 재판, 형사 재판 등)를 이해하고 심급 제도의 의미와 법적인 의의에 대하여 설명할 수 있다. 사92084. 일상생활에서의 분쟁 사례(예: 차별, 폭력, 저작권 침해 등)를 법적으로 분석하고 바람직한 분쟁 해결 방안을 제시할 수 있다.
	2015 개정 교육과정	[9사(일사)05-03] 재판의 의미와 종류(민사재판, 형사재판)를 이해하고 공정한 재판을 위한 제도를 분석한다.
학습 요소	재판의 의미와 종류, 형사재판의 절차, 공정한 재판을 위한 제도	
차시 구성	4차시	
교과 역량	■ 창의적 사고력 ■ 비판적 사고력 ■ 문제해결력 및 의사결정력 ■ 의사소통 및 협업 능력 ■ 정보 활용 능력	

'모의 법정' 문제 중심 학습의 수업 과정안은 4차시로 구성되어 있다. 다음 〈표 10-7〉은 수업 과정안에 포함되는 수업의 전체 진행 절차를 보여준다. 문제 제시 단계로부터 시작하여 마지막 평가 및 성찰 단계의 주요 활동과 방법이 제시되어 있다. 이 문제 중심 학습에서 학생들이 해결하여야 하는 문제는 '친일파 모의재판을 위한 공소장 또는 의견서를 작성하기'이다.

〈표 10-7〉 모의법정 문제 중심 학습 수업 과정안 사례의 진행 절차

단계	주요 활동	방법	차시
문제 제시	• 〈암살〉 영화 예고편 시청 • PBL 주제 및 과정 안내	동영상, 문제 시나리오	1차시
과제수행 계획서 작성	• 친일파 모의재판을 위한 공소장 또는 의견서 작성을 위한 과제수행 계획서 작성 • 역할 분담	모둠활동 (토의)	
토론 및 자료 탐색	• 친일파 청산에 대한 찬반 토론 • 역할 분담에 따른 자료 탐색 결과 정리 및 토의	전체 활동(토론) 및 개별 활동 (인터넷 검색)	2차시
공소장, 의견서 작성	• 수집한 자료를 바탕으로 공소장 또는 의견서 작성 • 모의재판을 위한 역할분담	모둠 활동(토의)	3차시
모의재판	• 가상의 법조인(판사, 검사, 변호사 등)이 되어 친일파 모의재판	전체 활동 (모의법정)	4차시
평가 및 성찰	• 활동에 대한 자기평가, 동료평가, 모둠평가 • 소감 나누기	개별 활동 (평가지 작성)	

위의 진행 절차를 반영하여 공식적인 수업 과정안 문서는 다음 〈표 10-8〉과 같다. 여기에는 단원, 수업 시간, 주제, 학습 목표, 교수, 학습 자료, 4차시의 수업 흐름과 지도상의 유의점, 그리고 평가 계획 및 교과 세부 능력 특기 사항 기록 예시가 포함되어 있다. 먼저 1차시는 PBL 활동을 안내하면서, PBL 문제를 제시하면 학습자들은 생각 혹은 해결안(idea), 이미 알고 있는 사실(facts), 새롭게 학습해야 하는 과제(learning issues)를 정리하면서 과제수행 계획서(action plan)를 작성하게 된다. 이후 2차시에는 이것을 발전시켜 문제에 대한 찬반 토론을 하면서, 문제해결을 위한 자료 조사를 본격적으로 하게 된다. 3차

시는 문제를 재확인하면서 문제 해결안 도출 차원에서 모의재판을 위한 고소장과 의견서를 작성하고, 모의재판을 위한 역할 분담을 하게 된다. 4차시는 실제로 모의재판을 하면서, 최종적으로 성찰 일지를 작성하게 된다.

〈표 10-8〉 모의법정 문제 중심 학습 수업 과정안 사례

<table>
<tr><th>단원</th><td colspan="2">일상생활과 법</td><th>수업 시간</th><td>총 4차시 180분</td></tr>
<tr><th>주제</th><td colspan="4">모의법정</td></tr>
<tr><th>학습목표</th><td colspan="4">1. 재판의 의미와 종류를 이해하고 심급 제도가 가지는 법적 의의를 설명할 수 있다.
2. 일상생활에서의 분쟁 사례를 법적으로 분석하고, 바람직한 분쟁 해결 방안을 제시할 수 있다.</td></tr>
<tr><th>교수 · 학습 자료</th><td colspan="4">교과서, 컴퓨터(PPT, 동영상), 학습 활동지, 스마트폰, 의사봉</td></tr>
<tr><th rowspan="4">수업 흐름</th><td>1차시</td><td colspan="3">• PBL 활동 안내하기
• PBL 문제 제시 및 과제수행 계획서 작성하기
• 과제해결을 위한 모둠 토의하기</td></tr>
<tr><td>2차시</td><td colspan="3">• 친일파 청산에 대한 찬반 토론하기
• 문제해결을 위한 자료 조사하기</td></tr>
<tr><td>3차시</td><td colspan="3">• 모의재판을 위한 공소장 또는 의견서 작성하기
• 모의재판을 위한 역할 분담하기</td></tr>
<tr><td>4차시</td><td colspan="3">• 모의재판하기(모의법정)
• 성찰일지 작성하기</td></tr>
<tr><th>지도상의 유의점</th><td colspan="4">• 활동에 적절한 좌석 배치를 하도록 한다: 공소장이나 변호인 의견서 작성을 할 때는 4인 1팀으로 활동할 수 있도록 책상을 배치하고, 모의재판을 할 때는 모의법정 좌석으로 배치한다.
• 검사 공소장이나 변호인 의견서 작성에 필요한 자료나 정보는 스마트 기기를 활용하여 조사하도록 하고, 재판 당시의 법을 적용해서 작성하도록 한다.
• 모의재판이 제대로 이루어지기 위해서는 검사 고소장이나 변호인 의견서 작성이 중요함을 인식시키고 형식에 맞게 작성하도록 한다.
• 친일파 문제는 역사교과에 관련이 있으므로 필요한 경우 역사 교과 담당 교사와 협력하여 지도한다.</td></tr>
</table>

평가계획	평가 방법	관찰법, 과제수행계획서, 결과물(공소장, 변호인 의견서), 평가지 및 성찰일지
	평가 내용	• 과제수행 계획서, 자료조사지 • 참여도, 협동성, 창의성(관찰법, 결과물) • 평가지 및 성찰일지
교과 세부능력 특기사항 기록 예시	• 검사 입장에서 관련 법을 적용한 공소장을 작성하면서 친일파 모의재판에 참여함으로써 형사 재판의 절차를 이해하게 됨 • 변호인 입장에서 의견서를 작성하여 형사 피고인을 변호함으로써 법적 분쟁 해결에서 변호인의 중요성을 인식함 • 모의재판 과정을 체험해봄으로써 형사 재판의 절차와 심급 제도 및 공정한 재판을 위한 제도에 대해 이해함 • 모의재판 활동에서 재판장 역할을 하며 공정한 판결을 내리려고 노력하였고, 모의법정이 원활하게 진행되도록 함	

위의 수업 과정안에서 주목할 것 중 하나는 과정 중심 평가를 고려하여 평가 기준을 토대로 학습자들의 활동을 관찰하고 결과물에 대한 평가를 실시하는 것을 포함한 것이다. 평가 방법과 평가 내용이 있으며, 교과 세부 능력 특기사항에 학습자들의 활동을 관찰하여 평가하게 된다.

2. 디자인 씽킹 수업 과정안 설계

디자인 씽킹 (design thinking)

디자인 씽킹(design thinking)은 창의적인 산출물을 고안하기 위하여 디자이너들이 사용하는 작업 프로세스를 활용하는 사고방식을 의미하며, 미국의 디자인 회사인 IDEO에서 비즈니스 전략 수립, 제품 및 서비스 디자인을 위해 활용하고 있다(본서 6장의 설명 참고). 디자인 씽킹은 비즈니스 영역에서 성공적인 사고 방법으로 확산되고 있으며, 스탠퍼드 대학의 'd.school'에서 디자인 씽킹을 활용하면서 하나의 교육 방법으로서 확산되기 시작하였다(정은경, 2015). 스탠퍼드 대학에서 제시한 디자인 씽킹의 대표적 단계는 '공감하기

(empathize)', '문제 정의하기(define)', '아이디어 도출하기(ideate)', '시제품 제작하기(prototype)', '테스트(test)'의 다섯 단계이다. 디자인 씽킹이 교육적 맥락에서 사용되면서 각 단계에서 학생들이 수행할 수 있는 학습 활동과 그 학습 활동을 지원하는 도구를 포함한 교수학습 사례가 축적되고 있다.

여기에서는 '디자인 씽킹을 활용한 인공지능의 이해'를 위한 수업 과정안 사례를 제시한다(송유경, 2020). 이 수업은 4차 산업혁명 시대 핵심 기술 중 하나인 인공지능의 기본 개념에 대해 이해하고 디자인 씽킹 프로세스를 활용하여 웹서비스 혹은 앱(application)을 기획하는 것을 다룬다. 개념을 익히는 온라인 강의와 디자인 씽킹을 활용하는 오프라인 프로젝트로 구성된다. 이 수업에서는 학습자가 스스로 문제를 정의하고 관찰을 통해서 구체화시키면서 그것을 어떻게 해결할지 생각해보고 프로토타입의 제작과 테스트를 통해서 어떻게 문제해결의 단계에 이르게 될 것인지에 대해서 알아보는 과정을 경험한다.

해당 수업은 고등학교 1, 2학년을 대상으로 이루어지고 있다. 학습 목표는 다음의 네 가지이다. 첫째, 인공지능의 기본적인 개념에 대해서 설명할 수 있다. 둘째, 인공지능 기능에 대해서 이해하고 웹서비스나 애플리케이션 기획에 활용할 수 있다. 셋째, 디자인 씽킹의 방법을 활용하여 문제 상황을 추출하여 정의하고 구체화할 수 있다. 넷째, 정의한 문제의 해결 방법을 제시하고 실제로 프로토타입을 만들어 문제 해결 여부를 판단할 수 있다.

학습자는 온라인 사전학습으로 인공지능, 디자인 씽킹의 개념에 대한 이론 강의를 학습하고 오프라인으로 진행되는 본 강의에 참여한다. 본 강의는 2시간씩 5차시, 총 10시간의 수업으로 진행된다. 첫 차시에는 학습자들에게 수업을 안내하고 디자인 씽킹이 무엇인지, 인공지능의 원리와 사례는 무엇인지를 강의한다. 또한 인공지능을 활용한 문제해결 프로젝트를 진행하기 위해 주제를 선정하고 팀을 구성하며 팀 빌딩 활동을 진행한다.

〈표 10-9〉 디자인 씽킹 수업 과정안의 안내 단계 사례

학습주제	형식	참여형
–디자인 씽킹을 활용한 인공지능의 이해 개념 –팀 빌딩 및 프로젝트 시작하기	대상	고등학생 약 20명
	시간	120분
	교실배치	모둠식 (5모둠)

	내용	자료
도입 (10분)	• 아이스브레이킹, 수업 안내, 학습 목표 안내 등	강의 PPT
전개1 (20분)	• 인공지능 소개 –인공지능으로 문제를 해결한 앱 사례 소개 • 디자인 씽킹의 5단계 소개 –디자인 씽킹 사례 소개	강의 PPT
전개2 (15분)	• 지속 가능한 개발을 위한 17가지 목표(UN) 소개 (https://www.youtube.com/watch?v=Sjqlg2CoVuA) • 각각의 목표에 대한 자료 서치	강의 PPT, 학생 개인 스마트폰
전개3 (10분)	• 관심 있는 주제를 중심으로 팀 구성하기	
전개4 (10분)	• 팀 빌딩(아이스브레이킹 게임) –학습유형분류앱, 난센스퀴즈, disk 성격유형검사 등 활용	워크시트
전개5 (20분)	• 우리 조 주제에 대한 자료 탐색	스마트폰, 토의
전개6 (20분)	• 우리 조 주제와 관련된 내용 중 우리 주변의 '해결하고 싶은 문제' 찾기	포스트잇, 원형 스티커, 전지
정리 및 마무리 (10분)	• 활동지 작성 • 다음 차시 수업 안내	
준비물	팀빌딩 워크시트, 스마트폰, 전지, 포스트잇, 스티커	

두 번째 차시에는 디자인 씽킹의 '공감하기'와 '문제 정의하기' 단계를 수행한다. 공감하기를 위해서는 페르소나 만들기, 문제 상황 시나리오 작성하기 등의 활동을 하며 문제 정의하기를 위해서는 로직트리, 5 whys와 같은 활동을 진행한다.[4] 세 번째 차시에는 브레인스토밍, 마인드맵을 활용하여 '아이디어 내기' 단계를 수행한다(이하 단계별 수업과정안 사례는 부록 참고). 네 번째 차시에는 상호작용적 프로토타이핑 지원도구(Marvel, POP, 카카오 오븐 등)를 활용하여 프로토타입을 제작한다. 또한 제작한 프로토타입에 대해 동료에게 테스트를 하고 수정을 하는 작업을 진행한다. 마지막 시간에는 팀별 결과물을 발표하고 우수 팀을 시상하는 등의 활동을 하며 수업을 마무리한다.

4) 디자인 씽킹에 사용하는 다양한 도구와 기법에 대해서는 본서 6장 및 관련 도서(김정동, 김용우, 김홍수, 황석형(역) (2017). 디자인씽킹 가이드북. 파주: 생능출판사)를 참고할 수 있다.

〈표 10-10〉 디자인 씽킹 수업 과정안의 공감하기 및 문제 정의하기 단계 사례

학습주제	형식	참여형
-디자인 씽킹을 활용한 인공지능의 이해 -공감하기 및 문제 정의하기	대상	고등학생 약 20명
	시간	120분
	교실배치	모둠식 (5모둠)

	내용	자료
도입 (10분)	• 지난 시간 학습 복습	강의 PPT
전개1 (10분)	• 페르소나 프로필 작성 이유 및 작성법 소개 -사용자가 겪고 있는 불편을 분명히 찾기 -기본프로필, 문제 상황 시나리오, 하루관찰일지, 문제정의 포함	강의 PPT
전개2 (50분)	• 공감하기 -페르소나 프로필 작성 (기본프로필, 문제 상황 시나리오, 하루관찰일지, 문제정의) 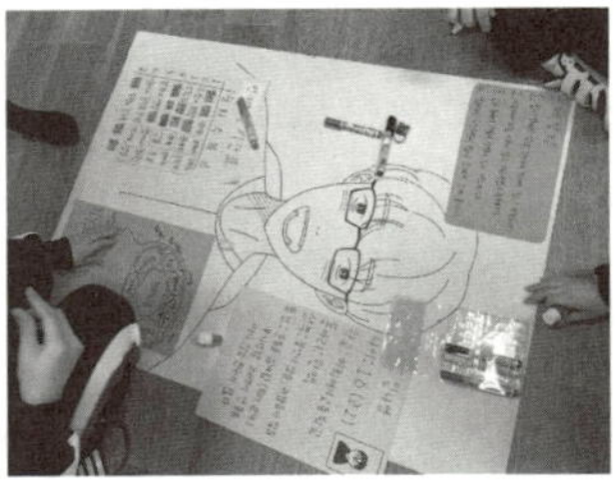 	워크시트 전지, 매직, 색지 등
전개3 (30분)	• 문제 정의하기 -로직트리, 5 why 등을 이용하여 문제의 원인 찾기 (문제의 원인이 무엇인지 꼬리에 꼬리를 물어 근본 원인을 파악하기)	전지, 매직, 색지 등
전개4 (10분)	• 중간발표 준비	
정리 및 마무리 (10분)	• 활동지 작성 • 다음 차시 수업 안내	
준비물	팀빌딩 워크시트, 포스트잇, 색상지, 매직 등	

연습 및 탐구 문제

1. 본서에서 소개된 문제 중심 학습 수업 과정안의 장점을 문제 중심 학습 모형이 의도하는 측면에서 분석하고, 학습자 입장에서 제기될 수 있는 문제점과 개선 방향을 제시하시오.

2. 본서에서 소개된 디자인 씽킹이 적용된 학교 현장의 수업 과정안 사례가 어떤 점에서 디자인 씽킹의 제안을 적절하게 반영하고 있는가를 분석하시오.

3. 교수자 중심의 수업 과정안에는 상세 교안(세안, 細案)과 약식 교안(약안, 略案)이 있다. 각 안이 가지고 있는 장점과 한계점을 논의하면서, 최적의 해결안을 제안하시오.

참고문헌

박성익, 임철일, 이재경, 최정임 (2015). 교육방법의 교육공학적 이해(5판). 파주: 교육과학사.

송유경 (2020). 디자인 씽킹을 활용한 인공지능의 이해 교수학습과정안. 서울대학교 평생교육원 찾아가는 대학.

임철일 (2012). 교수설계 이론과 모형(2판). 파주: 교육과학사.

임철일, 홍현미, 최소영 (2010). 교과교실제 기반의 사회과 수준별 탐구학습을 위한 교수설계 모형 개발에 관한 연구. 한국교원교육연구, 27(4), 167-195.

임철일, 최소영, 홍미영 (2010). 초등학교 초임 교사를 위한 교수 체제 설계 모형의 개발 연구. 교육공학연구, 26(4), 121-147.

장경원, 이미영, 김정민, 박문희, 전미정, 이수정 (2019). 알고보면 만만한 PBL 수업. 서울: 학지사.

정은경 (2015). 디자인 씽킹 프로세스를 활용한 프로젝트 기획. 정보디자인학연구, 25, 247-256.

Ling, D. (2017). 디자인씽킹 가이드북(김정동, 김용우, 김홍수, 황석형 역). 파주: 생능출판사. (2015).

Stanford d.school [Website]. (접속일: 2020년 11월 11일). https://dschool.stanford.edu/

부 록

부록 1[5)]

* 교수자 중심 수업 과정안 사례(가네의 수업의 사태 적용)

교수자 중심 수업 과정안 사례

학습주제: 우리 생활 속의 세금

학습대상자 / 교과목: 고등학교 2학년 경제

학습목표:

- 국세와 지방세를 구분할 수 있다.
- 직접세와 간접세의 특징을 설명할 수 있다.
- 우리나라 조세 체제의 특징을 설명할 수 있다.

수업의 사태	실 행	시간
Gaining attention 주의 획득	교사: 여러분 요즘 TV프로 중에서 '양심추적 탈세와의 전쟁'이라는 프로 혹시 본 적 있어요? 학생: 네, 세금 안 내는 아저씨 잡으러 다니는 거요? 교사: 네 맞아요. 본 내용 중에서 기억나는 것 있나요? 학생: 어떤 아저씨가 변호사이면서 돈을 아주 많이 버는데도 세금을 내지 않고 오랫동안 고액의 세금이 체납되어 있어서, 기동대가 출동하여 집으로 찾아갔더니, 없다고 자꾸 피하면서, 나중에는 화장실에 숨어 있는 게 발각되는 걸 본 적이 있어요. 교사: 하하하, 참 재미있죠? 소득이 그 정도로 많은데, 세금을 안 내고 있다니… 그런데, 그 체납자는 세금 중에서도 어떤 세금을 안 냈던가요? 교사: 여러분, 세금에도 종류가 많아요. 그리고, 우리가 알고 있는 세금은 몇 가지 기준에 의해 분류될 수 있어요.	3분
Informing learner of the	교사: 그럼, 오늘은 세금의 종류를 살펴보겠는데, 그 종류를 나누는 기준으로, 부과하는 기관이 어디냐에 따라, 부과하는 방식에 따라, 다양한 세금을 살펴보기로 해요.	2분

5) 출처: 박성익, 임철일, 이재경, 최정임 (2015). 교육방법의 교육공학적 이해. 파주: 교육과학사.

수업의 사태	실 행	시간
objective 학습 목표 제시	교사: 부과하는 기관이 중앙 정부냐 지방 정부냐에 따라, 국세와 지방세가 나뉘고, 부과 방법에 따라, 직접세와 간접세로 나뉘는데, 그래서 오늘 수업의 목표는 다음과 같습니다(파워포인트 슬라이드로 학습목표를 보여준다). • 국세와 지방세를 구분할 수 있다. • 직접세와 간접세의 특징을 설명할 수 있다. 더불어 우리나라 조세체제의 특징도 함께 살펴보기로 합시다.	
Stimulate recall of prior learning 이전 학습 상기	교사: 전 시간에 우리는 조세의 기능에 대해 살펴보았는데, 기억나는 사람 말해봅시다. 학생: 조세를 통해 정부 경제활동의 재원을 마련하고, 소득을 재분배해요. 교사: 정확하게 기억하고 있네요. 맞아요. 우리가 세금을 내면, 세금을 거둬들인 정부는 그 돈으로 나라의 살림을 꾸려나가죠. 이때 정부는 중앙정부와 지방정부가 있고, 각각 다른 세금을 부과해요. 조세의 기능에서 알 수 있듯이 중앙정부는 세금을 거둬들여서 중앙정부의 경제활동에 쓰고, 지방정부는 세금을 거둬들여서 지방정부의 경제활동의 재원으로 쓰게 되는 거예요.	3분
Present distinctive stimulus features 변별적 자극 제시 Part 1	교사: 이때, 중앙정부에서 걷는 세금을 국세라고 하고, 지방정부에서 걷는 세금을 지방세라고 해요. 자, 이제 선생님이 나눠주는 세금계산서(프린트물)를 한번 볼까요?(재산세, 소득세, 법인세, 등록세, 자동차세 등의 영수증이 복사된 자료를 학생들에게 모두 나눠준다) 교사: 첫 번째 페이지에 나온 세금 영수증을 보세요. 무슨 세금이라고 나와 있나요? 학생: 재산세요. 교사: 하단에 과세 기관이 뭐라고 나오나요? 학생: 울산광역시 북구구청요. 교사: 네… 울산지방 정부가 걷은 세금이군요. 이제 선생님이 나눠준 나머지 세금 영수증을 보고, 세금의 이름과 과세 기관명, 그리고 세금의 종류를 나눠준 표에 기입하면서 살펴보세요.	5분
Provide learning	교사: 여러분이 완성한 표와 선생님이 보여주는 표(파워포인트 슬라이드)와 한번 비교하면서 보세요.	

<table>
<tr><th>수업의 사태</th><th>실 행</th><th>시간</th></tr>
<tr><td>guidance
학습안내
제공
Part 1</td><td>
<table>
<tr><th>국 세</th><th>지방세</th></tr>
<tr><td>중앙 정부가 걷는 세금</td><td>지방 정부가 걷는 세금</td></tr>
<tr><td>소득세, 법인세, 상속세,
부가가치세, 주세, 특별소비세</td><td>취득세, 등록세, 주민세, 재산세,
자동차세, 면허세, 사업소세</td></tr>
</table>
교사: 국세와 지방세는 그 부과 기관에 따른 분류이긴 하지만, 대체로 국세는 주로 소득에 대한 과세 혹은 유통세인 반면, 지방세는 취득 및 보유과세 위주로 구성되어 있습니다. 그럼, 당연히 한 개인이 한 해에 번 소득에 대해 내는 소득세는 무슨 세이죠?
학생: 국세요. 그럼, TV에 나온 변호사 아저씨는 소득에 대한 세금은 안 내서 잡혔으니까 국세를 안 낸 경우이겠네요.
교사: 맞아요. 그럼 마찬가지로, 어떤 법인이 한 해 소득에 대해 내는 세금인 법인세는 어떨까요?
학생: 그것도 당연히 국세이겠네요. 그럼, 상속을 받는 경우도 일종의 소득이니까 국세가 되겠구요.
교사: 정확해요. 또 국세에 포함되는 것이 소비재를 유통하는 과정에서 부과되는 부가가치세, 주세, 특별소비세가 있죠.
교사: 반면, 부동산이나 자동차와 같은 것을 취득하거나 보유하는 경우에 내는 세금이 주로 지방세를 구성합니다. 여러분, 어른들이 아파트 같은 것을 사면, 처음에 어떤 세금을 내게 되는지 아세요?
학생: 취득세요.
교사: 맞아요. 부동산을 사면 그것을 취득했다는 데에 대한 과세로 취득세를 내구요. 또 하나를 더 내는데, 그게 등록세예요. 그 부동산이 '내 것이다…' 하고 등록할 때 내는 세금이죠. 처음에 취득세, 등록세를 내고, 이후에 계속 그 아파트를 보유하고 있으면서 내는 것이 주민세와 재산세입니다. 자동차를 사고 보유하면서 내는 것이 자동차세와 면허세이구요. 이 모든 세금이 지방 정부에서 부과하는 지방세이고, 지방의 재정을 위해 쓰이는 것입니다.
</td><td></td></tr>
<tr><td>Present
distinctive
stimulus
features</td><td>교사: 그런데, 여러분은 세금을 내고 있나요?
학생: 저희는 아직 소득이 없으니까 세금을 내진 않죠. 저희 부모님들께서 내시죠.
교사: 아닙니다. 여러분들도 세금을 내고 있어요. 여러분도 모르</td><td>5분</td></tr>
</table>

수업의 사태	실 행	시간
변별적 자극 제시 Part 2	게 말이에요. 학생: 네? 저희 몰래 세금을 거둬가나요? 교사: 하하하, 그렇다고 볼 수 있죠. 여러분들 중에 영수증 가지고 있는 사람 있어요? 문방구에서 받은 영수증이나, 마트에서 받는 영수증 아무것이라도 좋아요. 학생: 여기 하나 있어요. 어제 슈퍼마켓에서 받은 영수증이에요. 교사: 좋아요. 거기 하단에 여러분이 아는 세금에 관한 용어가 나오는 것이 있는지 한 번 보세요. 학생: 면세물품가액, 과세물품가액, 부가세라는 말이 나와요. 교사: 네, 영희는 어제 7000원짜리 물건을 사면서, 636원의 부가세를 낸 거예요. 몰랐죠?	
Provide learning guidance 학습안내 제공 Part 2	교사: 이처럼 우리들이 어떤 소비를 할 때 상품의 가격에 포함되어 부과되는 세금을 간접세라고 해요. 이건 우리가 소득이 있건 없건, 소득이 많건 적건, 상관없이 일정하게 내는 거죠. 소득이 많은 사장님도 우리와 똑같이 7000원짜리 물건을 사면 636원의 부가세를 내는 것이에요. 반면, 직접세는 소득이 많은 사장님이 훨씬 많이 내고, 소득이 없는 우리는 한 푼도 안 내지요. 따라서, 소득재분배 효과가 크다고 할 수 있죠. 그럼 아래 두 개의 그래프는 각각 어떤 것이 직접세를, 어떤 것이 간접세를 나타내는 것일까요? 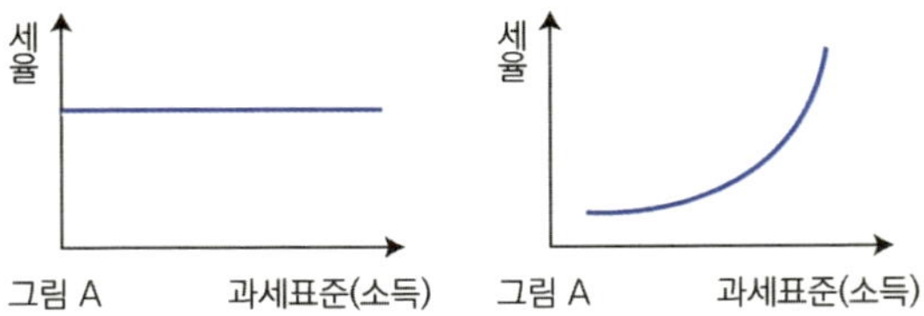 학생: A 그래프는 소득이 0이나 더 많으나 일정하게 세율이 적용되니까, 간접세이구요. 소득이 많을수록 세율이 올라가는 그래프 B는 직접세입니다. 교사: 잘 이해하고 있군요. 직접세와 간접세는 누가 세금을 갖다 내느냐에 있어서도 차이가 납니다. 직접세는 세금을 세무서나 지방 자치 단체에 갖다 내는 사람(즉 납세자)과, 실제로 세금을 부담하는 사람(다른 말로, 담세자)이 같습니다.	10분

<table>
<tr><th>수업의 사태</th><th>실 행</th><th>시간</th></tr>
<tr><td></td><td>반면, 간접세는 납세자와 담세자가 서로 다른 세금이지요. 여러분이 아이스크림을 하나 사먹었다고 해서, 그 세금을 국세청이나 지방정부에 내러 가지는 않는다는 말이지요. 지금까지의 내용을 이해하면 다음의 표의 내용도 이해할 수 있을 거예요.
<table>
<tr><th>직접세</th><th>간접세</th></tr>
<tr><td>담세자=납세자
소득의 원천에 부과
소득재분배 효과 큼
징수절차 복잡</td><td>담세자≠납세자
소비지출에 부과
소득재분배 효과 적음
징수절차 용이</td></tr>
<tr><td>소득세, 법인세, 상속세, 증여세 등</td><td>부가세, 특별소비세, 주세 등</td></tr>
</table>
</td><td></td></tr>
<tr><td>Elicit Performance
수행유도</td><td>교사: 자 여러분이 이제 국세와 지방세, 간접세와 직접세에 대해 이해했으니까, 다음의 통계자료를 보면서, 우리나라 조세체제의 특성에 대해 토론해 봅시다.
<table>
<tr><th>구 분</th><th>1999</th><th>2000</th><th>2001</th><th>2002</th><th>2003</th></tr>
<tr><td>국 세</td><td>80.3%</td><td>81.9%</td><td>78.2%</td><td>76.7%</td><td>77.6%</td></tr>
<tr><td>지방세</td><td>19.7%</td><td>18.1%</td><td>21.8%</td><td>23.3%</td><td>22.4%</td></tr>
<tr><td>직접세</td><td>40.5%</td><td>43.9%</td><td>40.7%</td><td>40.0%</td><td>43.7%</td></tr>
<tr><td>간접세</td><td>59.5%</td><td>56.1%</td><td>59.3%</td><td>60.0%</td><td>56.3%</td></tr>
</table>
교사: 이 두 표(파워포인트 슬라이드)는 우리나라 세금의 구성에 관한 표입니다. 각 모둠별로 국세와 지방세가 어떤 비율로 구성되어 있고, 또 어떤 비율 구성으로 변화해 가고 있는지, 마찬가지로 직접세와 간접세가 어떤 비율로 구성되어 있고, 또 어떤 비율 구성으로 변화해 가고 있는지 토론해 보세요.
교사: (모둠별 진행 사항을 살펴본 후, 파워포인트 슬라이드로 다음의 힌트를 제시한다)
우리나라 조세체제의 특징은?
지방세 비중보다 국세 비중이 ______서, 지방 재정 자립도가 ______다.
직접세보다 간접세의 비중이 ______서, 소득재분배 기능이 ______다.</td><td>5분</td></tr>
<tr><td>Provide feedback
피드백제공</td><td>교사: 여러분들 오늘의 수업 내용을 완벽하게 이해하고 있네요. 이미 세금에 있어서 전문가가 다 됐어요. 여러분들이 잘 지적한 것처럼,</td><td>2분</td></tr>
</table>

수업의 사태	실 행	시간
	우리나라 조세체제의 특징은? 지방세 비중보다 국세 비중이 <u>높아서</u>, 지방 재정 자립도가 <u>약하다</u>. 직접세보다 간접세의 비중이 <u>높아서</u>, 소득재분배 기능이 <u>약하다</u>. 그리고, 점점 국세에 비해 지방세의 비중을 늘림으로써 지방 재정 자립도를 높이려고 하고 있고, 또한 직접세보다 간접세 비율을 높임으로써 세금의 소득재분배 기능을 더 늘리려고 하고 있죠.	
Assess performance 수행의 평가	(아래 평가문항 예시 참조)	

※ 평가문항 예시

1. 다음에 제시된 세금의 공통점은?

소득세, 법인세, 부가가치세, 특별소비세

① 직접세　② 간접세
③ 누진세　④ 지방세
⑤ 내국세

2. 다음의 세율이 적용되는 세금을 보기에서 고르면?

ⓐ 소득세
ⓑ 법인세
ⓒ 특별소비세
ⓓ 부가가치세

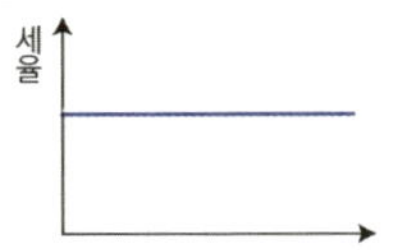

그림 A

① a, b　② a, c
③ a, d　④ b, c
⑤ c, d

3. 다음과 같은 세금에 대한 설명으로 바른 것은?

① 조세징수가 용이하다.
② 소득재분배 효과가 있다.
③ 납세자와 담세자가 다르다.
④ 부가가치세, 물품세 등에 적용된다.
⑤ 소비에 기준을 두고 부과

4. 우리나라 조세체제의 특징으로 알맞지 않은 것은?

① 국세에 비해 지방세의 비중이 낮다.
② 간접세의 비중이 직접세보다 커 소득재분배 효과가 약하다.
③ 지방정부의 재정자립도가 낮은 편이다.
④ 직접세의 비중이 간접세보다 높아 빈부격차 해소에 도움
⑤ 국세의 종류보다 지방세의 종류가 많다.

수업의 사태	실 행	시간
Provide retention and transfer 파지와 전이 증진	교사: 오늘 배운 내용을 다시 한번 정리하면, 세금은 부과하는 기관이 중앙 정부냐 지방 정부냐에 따라(학생들의 대답을 기다림), 국세와 지방세가 나뉘고, 부과 방법에 따라(학생들의 대답을 기다림), 직접세와 간접세로 나뉘는데, 중앙정부에서 걷는 세금을(학생들의 대답을 기다림) 국세라고 하고, 지방정부에서 걷는 세금을(학생들의 대답을 기다림) 지방세라고 합니다. 소비를 할 때 상품의 가격에 포함되어 부과되는 세금을(학생들의 대답을 기다림) 간접세라고 하고, 소득에 비례하여 직접 내는 세금을(학생들의 대답을 기다림) 직접세라고 합니다. 우리나라는 국세보다 지방세의 비율이(학생들의 대답을 기다림) 적고, 직접세보다 간접세 비율이(학생들의 대답을 기다림) 높습니다. 잘 이해했네요. 교사: 또 하나 게시판 과제가 있어요. 이미 여러분은 세금에 관한한 전문가이니까, 오늘 집에 가서 부모님 앞에서 잘난 척하기 좋은 과제를 내겠어요. 2006년 초에 정치권에서 '감세논쟁'이라는 것이 있었어요. 인터넷에서 신문기사 검색해서, 감세논쟁에 대해서 한 단락으로 정리하고, 여러분들은 그 논쟁에 대해 어떻게 생각하는지 게시판에 올리도록 하세요. 친구들 의견도 살펴보고, 토론도 해 보세요. 선생님도 토론에 참여할께요. 혹시 질문 있는 사람? 수업 끝나고 궁금한 사항은 게시판에서 질문하세요. (마무리 인사)	3분

부록 2

디자인 씽킹 (Design thinking) 기반 수업 과정안 설계

디자인 씽킹(Design thinking) 기반 수업 과정안 설계 사례[6)]

(1) 수업의 개요: 주제 및 주요 활동

회차	강의주제	강의내용	수업활동
사전학습	인공지능이란 무엇인가?	• 4차 산업혁명과 인공지능 • 인공지능은 어떻게 활용되는가? • IBM Watson 소개	온라인 강의
사전학습	디자인 씽킹	• 디자인 씽킹이란 무엇인가? • 디자인 씽킹의 다섯 단계 • 디자인 씽킹 사례	온라인 강의
1	프로젝트 시작하기	• 인공지능과 디자인 씽킹 개념 및 사례 소개(강의) • 주제 선정 • 팀 구성 및 간단 레크리에이션 • 이슈 탐구 및 자료 조사, 팀별 의견 공유 • 대상자/문제 상황 찾기	설명 조별토론 자료검색
2	공감하기 & 문제정의	• 페르소나 프로필, 문제 정의 방법 소개(강의) 〈공감하기〉 • 페르소나 프로필을 이용하여 현상 관찰하기 • 체험하기 〈문제 정의하기〉 • 5 why 혹은 로직트리를 활용하여 문제 원인을 찾기	설명 조별토론 체험활동
3	아이디어 내기	• 중간발표 및 상호피드백 • 앱 속 인공지능 기능과 데이터 소개(강의) • 찾아낸 문제를 해결하는 아이디어 도출하기 • 브레인스토밍, 마인드맵 활용하기 • 피드백 및 생각 발전시키기	조별발표 피드백 설명 조별토론 체험활동
4	프로토타이핑 & 테스트	• 프로토타입 제작법 소개, POP앱 사용법, 앱 프로시저 소개(강의) • 프로토타입 제작하기 • 종이를 이용한 앱/웹 모형(화면구성) 제작 • POP앱을 이용한 앱 모형 테스트(스마트폰 활용) • 프로토타입 자체평가	설명 시제품제작 테스트 체험활동 조별토론 피드백
5	결과 발표하기	• 문제제기부터 프로토타입 결과물까지의 과정 발표 • 상호 평가 및 피드백 • 전체 마무리 및 프로젝트 평가	조별발표 피드백 마무리 평가

6) 출처: 송유경 (2020). 디자인 씽킹을 활용한 인공지능의 이해 교수학습과정안. 서울대학교 평생교육원 찾아가는 대학.

(2) 차시별 수업 과정안

〈1차시: 오리엔테이션 및 프로젝트 시작하기〉

학습주제	형식	참여형
-디자인 씽킹을 활용한 인공지능의 이해 개념 -팀 빌딩 및 프로젝트 시작하기	대상	고등학생 약 20명
	시간	120분
	교실배치	모둠식 (5모둠)

	내용	자료
도입 (10분)	• 아이스브레이킹, 수업 안내, 학습 목표 안내 등	강의 PPT
전개1 (20분)	• 인공지능 소개 -인공지능으로 문제를 해결한 앱 사례 소개 • 디자인 씽킹의 5단계 소개 -디자인 씽킹 사례 소개	강의 PPT
전개2 (15분)	• 지속 가능한 개발을 위한 17가지 목표(UN) 소개 (https://www.youtube.com/watch?v=Sjqlg2CoVuA) • 각각의 목표에 대한 자료 서치	강의 PPT, 학생 개인 스마트폰
전개3 (10분)	• 관심 있는 주제를 중심으로 팀 구성하기	
전개4 (10분)	• 팀 빌딩(아이스브레이킹 게임) -학습유형분류앱, 난센스퀴즈, disk 성격유형검사 등 활용	워크시트
전개5 (20분)	• 우리 조 주제에 대한 자료 탐색	스마트폰, 토의
전개6 (20분)	• 우리 조 주제와 관련된 내용 중 우리 주변의 '해결하고 싶은 문제' 찾기	포스트잇, 원형 스티커, 전지
정리 및 마무리 (10분)	• 활동지 작성 • 다음 차시 수업 안내	
준비물	팀빌딩 워크시트, 스마트폰, 전지, 포스트잇, 스티커	

<2차시: 공감하기 및 문제 정의하기>

학습주제	형식	참여형
-디자인 씽킹을 활용한 인공지능의 이해 -공감하기 및 문제 정의하기	대상	고등학생 약 20명
	시간	120분
	교실배치	모둠식 (5모둠)

	내용	자료
도입 (10분)	• 지난 시간 학습 복습	강의 PPT
전개1 (10분)	• 페르소나 프로필 작성 이유 및 작성법 소개 -사용자가 겪고 있는 불편을 분명히 찾기 -기본프로필, 문제상황시나리오, 하루관찰일지, 문제정의 포함	강의 PPT
전개2 (50분)	• 공감하기 -페르소나 프로필 작성 (기본프로필, 문제상황시나리오, 하루관찰일지, 문제정의) 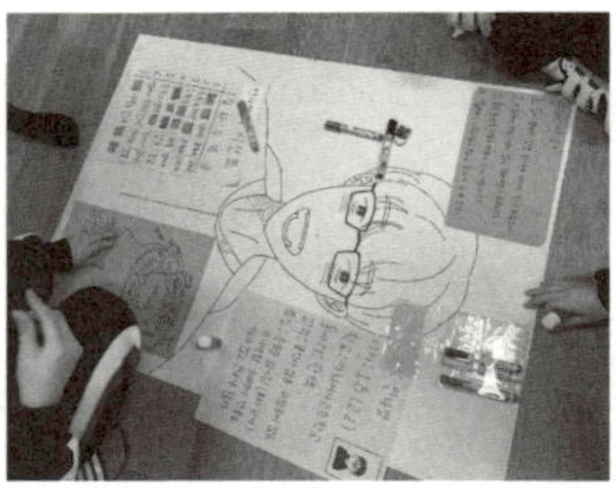 	워크시트 전지, 매직, 색지 등
전개3 (30분)	• 문제 정의하기 -로직트리, 5 why 등을 이용하여 문제의 원인 찾기 (문제의 원인이 무엇인지 꼬리에 꼬리를 물어 근본 원인을 파악하기)	전지, 매직, 색지 등
전개4 (10분)	• 중간발표 준비	
정리 및 마무리 (10분)	• 활동지 작성 • 다음 차시 수업 안내	
준비물	팀빌딩 워크시트, 포스트잇, 색상지, 매직 등	

〈3차시: 아이디어 내기〉

학습주제	형식	참여형
−디자인 씽킹을 활용한 인공지능의 이해 −중간발표 −아이디어 내기	대상	고등학생 약 20명
	시간	120분
	교실배치	모둠식 (5모둠)

	내용	자료
도입 (5분)	• 지난 시간 수업 상기	강의 PPT
전개1 (40분)	• 우리 팀 문제 선정 발표 −우리 팀이 정한 문제에 대해 소개 −강사 피드백, 동료 피드백	조별발표 자료
전개2 (20분)	• 인공지능 앱 구성 방법에 대한 설명 −사례를 들어서 설명(유튜브, 우버 등) −인공지능을 적용한 기능 설명(추천, 분류, 번역 등) (분류기능 체험: https://teachablemachine.withgoogle.com/train/image) −필요한 데이터 설명 (예시: 우버 '만취 승객 분류기능' - 필요데이터: 호출자의 보행 속도, 스마트폰 특정 버튼을 누르는 속도, 타이핑 오류 등)	강의 PPT
전개3 (40분)	• 브레인스토밍을 통한 아이디어 내기 & 앱 구상하기	전지, 포스트잇, 매직 등
정리 및 마무리 (10분)	• 활동지 작성 • 다음 차시 수업 안내	
준비물	노트북(인공지능 분류기능 체험 시, 팀당 하나), 전지, 스티커, 매직	

<4차시: 프로토타이핑 및 테스트>

학습주제	형식	참여형
-디자인 씽킹을 활용한 인공지능의 이해 -프로토타이핑	대상	고등학생 약 20명
	시간	120분
	교실배치	모둠식 (5모둠)

	내용	자료
도입 (5분)	• 지난 시간 내용 상기	강의 PPT
전개1 (15분)	• 프로토타입의 개념과 제작법 설명 -프로토타입 예시 • POP 앱 사용법 설명 • 앱 사용 절차에 대한 설명 -화면/배너, 클릭 시 연결되는 페이지 등	강의 PPT 스마트폰
전개2 (50분)	• 페이퍼 프로토타이핑(앱/웹 모형) -앱/웹 가상페이지 제작  	종이, 색지, 가위, 풀, 매직 등
전개3 (10분)	• POP 앱을 활용한 프로토타입 구체화 (앱 활용 사례 참고 : https://marvelapp.com/) -아이폰은 POP App, 안드로이드폰은 Marvel App으로 활용	스마트폰 (POP 앱 다운로드)
전개4 (30분)	• 테스트 & 프로토타입 수정하기 -아이폰은 POP App, 안드로이드폰은 Marvel App으로 활용 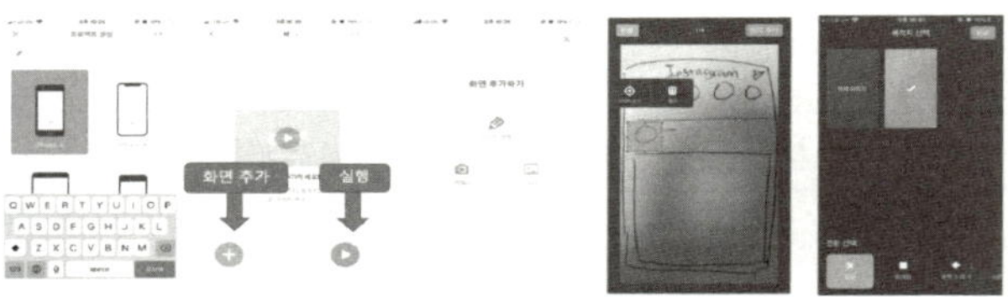	스마트폰 (POP 앱 다운로드)
정리 및 마무리 (10분)	• 활동지 작성 • 다음 차시 수업 안내	
준비물	스마트폰(팀당 하나), 스마트폰 화면 송출 위한 연결선, 색상지, 매직, 풀, 가위 등	

〈5차시: 결과 발표하기〉

학습주제	형식	참여형
-팀별 프로젝트 결과 발표하기 -피드백	대상	고등학생 약 20명
	시간	120분
	교실배치	모둠식 (5모둠)

	내용	자료
도입 (5분)	• 지난 시간 수업 상기, 이번 차시 수업 안내	강의 PPT
전개1 (20분)	• 프로토타입 제작 시간 추가 제공 • 최종 발표 준비	색지, 스마트폰 등
전개2 (75분)	• 최종 발표(팀당 10분 내외) • 동료피드백 및 강사피드백(5분 내외)	워크시트 학생 PPT
전개3 (10분)	• 평가 및 우승팀 선정	종이, 펜, 스티커 등
정리 및 마무리 (10분)	• 활동지 작성 • 수업 마무리	
준비물	노트북(팀당 하나), 종이, 펜, 스티커 등	

제11장

수업 실행과 의사소통

아래의 글은 어떤 대학생이 자신의 학습 경험담을 옮겨 놓은 것이다.

> "고등학교 2학년 때의 물리 선생님에 관한 이야기이다. 20대 후반의 남자 선생님이었는데, 그 선생님의 수업 시간에는 우리 중 몇 명만 제외하고는 대부분이 교과 내용을 제대로 이해하지 못하였다. 나는 실력 면에서는 조금 떨어지더라도 음성, 성량, 말투, 판서 등은 분명하여야 한다고 생각한다. 그런데 물리 선생님은 웅얼거리고, 속삭이는 듯한 목소리로 수업하셨고, 그러다 보니 중간 너머에 있는 학생들은 들으려고 애를 써도 잘 들리지 않았다."

위의 사례는 약간 극단적이기는 하지만 교실 내에서 교사의 언어적인 의사 표현 방식이 학생들의 학습 과정 및 수업에 대한 태도에 영향을 준다는 것을 잘 보여주고 있다. 교실에서 수업 성패는 많은 경우 교사의 효과적인 의사소통 능력에 영향을 받는다. 교사가 어떠한 방식으로 학생과 의사소통을 하는가는 성공적인 수업의 실행에 커다란 영향을 준다. 교사의 수업 실행 과정을 효과적인 의사소통의 관점에서 파악할 필요가 있다.

본 장에서는 계획된 수업 과정안을 토대로 수업을 실행하는 과정을 교사에 의한 의사소통 과정으로 파악할 때 고려해야 하는 원리를 다루게 된다.

목 표

1. 수업의 실행을 교수-학습의 의사소통 과정으로 설명할 수 있다.
2. 교수자 중심의 수업 실행을 위한 원칙을 적용할 수 있다.
3. 학습자 중심의 수업 실행을 위한 원칙을 적용할 수 있다.
4. 수업 개선을 위하여 마이크로티칭을 시행할 수 있다.
5. 교사의 수업 개선을 성찰과 수업컨설팅 측면에서 논의할 수 있다.

제1절 수업과 의사소통

1. 수업 실행과 의사소통 기술

수업 실행

앞 장에서 개발된 교수 자료를 활용하여 교사는 수업을 실행(implementation)하게 된다. 본 장에서는 교사의 교육적 메시지가 실행의 과정을 통하여 전달된다는 점에 주목하여 효과적인 전달 방법에는 어떤 것들이 있는가를 제시한다. 교사에 의한 학습 주제 전달 과정은 교사의 의사소통기술(communication skills)에 의존하여 구현된다. 학교 현장에서는 효과적으로 의사소통을 하는 교사와 그러지 못하는 교사를 쉽게 발견할 수 있다.

의사소통기술 (communication skills)

이른바 '잘 가르치는' 교사의 전형적인 행동 중의 하나는 재미있게 설명한다는 것이다. 학생들은 자신들의 주의와 흥미를 이끌어 내며 설명을 진행하는 교사를 좋아한다. 간단한 예를 하나 들어 보자. 어떤 교사는 수업 시간 중에 학생들과 눈 맞춤(eye contact)을 거의 하지 않거나, 하더라도 특정 부분(예: 교탁의 오른쪽 앞) 혹은 특정 학생(이른바 '공부 잘하는 학생')에게만 한정적으로 눈을 맞춘다. 의식하지 않고 보여주는 이러한 행동은 다른 많은 학생들에게 '저 선생님은 우리를 무시하나 봐' 혹은 '저 선생님의 수업은 활기가 없어'와 같은 생각을 가지게 한다. 결과적으로 교사와 학생 사이의 전체적인 의사소통 수준은 낮아진다. 말하자면 무의식적인 몸동작 하나하나도 학생들의 주의집중을 강화하거나 약화시킬 수 있다.

교실 내에서 효과적으로 의사소통을 하기 위해서는 효과적인 수업 과정안의 설계와 함께 의사소통의 기본적인 과정에 대한 이해를 필요로 한다. 효과적인 의사소통의 중요성에 대한 지적에도 불구하고 예비교사들이나 일선 교사들이 의사소통을 위한 체계적인 이해나 연습 기회를 충분히 갖지 못하고 있다. 단지 중·고등학교 학생 시절에 경험했던 교사들의 모습이나 혹은 교직에 들어

가서 선배 교사들이 보여주는 의사소통을 위한 행동(효과적인 것도 있지만 비효과적인 것이 더 많음)을 관찰하는 것으로 그친다. 결국에는 자신도 비효과적인 의사소통을 재연하는 경우가 적지 않다. 예컨대 학생들이 제대로 필기하기가 어려울 정도로 비조직적인 판서를 하는 교사들이 있다. 또는 대답하기 어렵거나 혹은 너무 일반적인 질문을 학생들에게 제시한 후 학생들로 하여금 생각할 수 있는 시간을 적절하게 주지 않고 즉각적인 대답을 기대하는 교사들도 있다.

이 절에서는 교사의 수업 활동이 실행되는 과정을 일종의 의사소통 과정으로 파악할 때 어떤 방법이 효과적인가를 다룬다. 이 절을 통하여 수업 장면에서 교사가 보여주어야 하는 교육적 의사소통 역량과 기술을 체계적으로 이해하게 된다.

수업의 의사소통 모형

2. 수업의 의사소통 모형

교사의 수업 실행 과정을 의사소통의 과정으로 보기 위해서는 일단 의사소통에 대한 이론적 관점을 살펴볼 필요가 있다. 의사소통에 대한 이론적 관점은 일반 교육학 영역에서 개발된 것이 아니라, 신문방송학 혹은 심리학에서 도출되었다. 이런 분야의 의사소통이론에 관한 연구 결과를 교육학 또는 보다 세부적으로는 교육공학 등에서 활용하는 것이다.

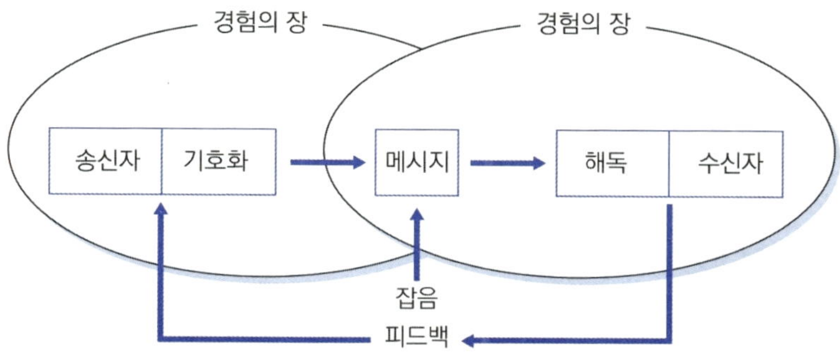

[그림 11-1] 쉐논과 쉬람(1964)의 통신 모형

쉐논과 쉬람의 의사소통 모형(Shannon & Schram)

예컨대, [그림 11-1]의 쉐논과 쉬람의 의사소통 모형(Shannon & Schram, 1964)은 교육공학 분야에서 자주 소개된다. 이 모형에서는 송신자와 수신자의 경험의 장이 의사소통에서 한 가지 중요한 요소로 포함된다. 메시지를 단순히 전달한다는 관점에서 벗어나 송신자와 수신자가 가지고 있는 상이한 경험의 장을 고려하는 의사소통 모형이다. 이러한 관점은 이후 다양한 의사소통 기법의 개발에 많은 시사점을 제시하였다. 상대방의 경험의 장 혹은 삶의 양식, 문화, 가치관을 이해하려는 차원에서 의사소통이 이루어져야 보다 효과적인 메시지 전달의 결과를 가져올 수 있다는 것이다.

경험의 장

상대방의 경험을 고려하는 의사소통 방법이 교육의 한 가지 원칙이 될 수 있음을 수업의 도입 과정에서 확인할 수 있다. 교사가 전달하고자 하는 메시지 혹은 주제와 학생들의 사전 경험과의 관련성을 확보할수록 수업의 초기 도입은 성공적으로 이루어지게 된다. 예컨대 중학교에서 '삼투압의 원리'를 가르치기 위한 도입 단계에서 학생들이 쉽게 관찰할 수 있는 가을철의 김치 담그기를 언급할 수 있다. 왜 소금을 이용하여 배추를 절이는지 그리고 그 과정은 어떻게 되는지에 관한 질문과 설명을 통하여 이후 다루게 되는 삼투압의 원리로 자연스럽게 유도할 수 있다. 이처럼 학생의 실제적 경험의 장을 고려할수록 메시지 전달 과정은 효과적이다.

잡음

한편 위의 모형에서는 경험의 장 이외에 피드백, 잡음 등을 의사소통 과정의 중요한 요소들로 고려하였다. 수신자가 제시된 메시지를 어떻게 받아들였는지에 관한 정보가 피드백 형태로 제시되며, 송신자는 이에 따라서 다시 메시지를 보낸다. 이 모형은 이러한 과정에서 잡음 요인으로 인하여 메시지가 정확하게 전달되지 못하는 상황이 발생할 수 있다는 것을 보여주고 있다. 요컨대 매체의 개발과 활용을 의사소통이라는 보다 거시적인 맥락에서 살펴보게 함으로써 교육용 매체에 관한 이해의 폭을 넓혀 주게 되었다.

의사소통이론에 관한 교육공학적 활용의 전통에서 살펴볼 수 있듯이 의사소통은 기본적으로 메시지 전달 과정을 다루고 있다. 송신자가 수신자에게 메시지를 전달하는 과정으로서의 의사소통 과정은 점차적으로 잡음, 피드백, 경험의 장 등의 다양한 개념적 요소들이 통합되는 과정을 거쳐왔다. 또한 보다 효과적인 의사소통을 위한 기법들이 다양한 이론적 배경(심리학, 사회학, 교육학 혹은 교육공학 등)을 바탕으로 하여 개발되어 왔다(권성호, 2000).

이 절에서 관심을 가지는 것은 수업 상황에서의 의사소통 모형과 기법이다. 일련의 수업 설계 활동의 연장선에 있는 실행의 과정을 효과적인 수업을 위한 의사소통의 전개 과정으로 살펴보려는 것이다. 지금까지 수업 설계의 활동에서 실행의 과정은 주로 형성평가의 자료를 획득하기 위한 단계로 인식되어 왔다(Dick, Carey, & Carey, 2009). 따라서 설계의 결과를 직접 실행하면서 학습자들의 반응을 수집하여 수업 설계안을 개선하려는 관점에서 이해되었으며, 실제적으로 어떻게 수업 혹은 강의를 이끌어 갈 것인가에 대해서는 구체적인 지식을 제공하지 못하였다. 여기서는 수업 설계의 실행 과정을 수업을 위한 실제적인 의사소통 구현의 장으로 파악하고 관련된 지식을 제시하고자 한다.

수업의 의사소통 모형

수업의 의사소통 모형은 다양한 유형의 교육적 활동에 응용될 수 있는 가능성이 있지만, 본 절에서는 가장 전형적인 교육적 활동으로서 수업의 상황에 각 모형이 적용될 수 있도록 하는 것을 원칙으로 한다. 수업의 과정을 의사소통의 과정으로 파악할 때 송신자와 수신자의 역할은 각각 교사와 학생이 맡게 된다([그림 11-2] 참조). 전달되는 메시지는 주로 교육 목표로 설정된 내용 영역이 된다. 송신자로서 교사의 주요한 의사소통 활동은 크게 '질문하기', '설명하기', '청취하기'로 구성된다. 질문하기는 교육적 의사소통 과정에서 매우 중요한 기능을 하는 것으로 알려져 왔다. 예컨대 소크라테스의 산파식 교육 방법에서 질문은 매우 중요한 역할을 한다. 가네(Gagné, 1970)의 '수업의 사태'에서 초기 주의집중 방법으로 효과적인 역할을 하는 것 중의 하나는 교과 내용과 관련된 질문하기이다.

질문하기

다음으로 설명하기는 가장 중요한 의사전달 활동이다. 효과적인 설명을 위한 방법에는 내용의 분할부터 시작하여 매체의 활용, 목소리, 몸동작 등 많은 요소가 포함된다. 마지막으로 청취하기는 수신자로서 학생들의 반응에 관심을 부여하는 것으로, 그 자체가 효과적인 교육 활동이면서도 교사의 추후 질문하기, 설명하기를 위한 주요한 정보 수집의 단계가 되기도 한다.

설명하기

청취하기

수신자로서 학생은 교사의 질문과 설명을 들으면서 대답을 하거나, 필요할 때 질문을 하게 된다. 학생이 설명할 때가 있지만, 이는 학생의 참여를 이끌어내기 위하여 부분적으로 활용된다고 볼 때 주요 행위로는 볼 수 없다. 교사는 학생의 이런 행동들을 유발하거나 참고하면서 효과적으로 의사소통을 하여야 한다. 다음의 각 절에서는 교사가 효과적인 의사소통을 위하여 보여주어야 하는 실행의 원리를 교수자 중심과 학습자 중심의 수업 실행으로 구분하여 다룬다.

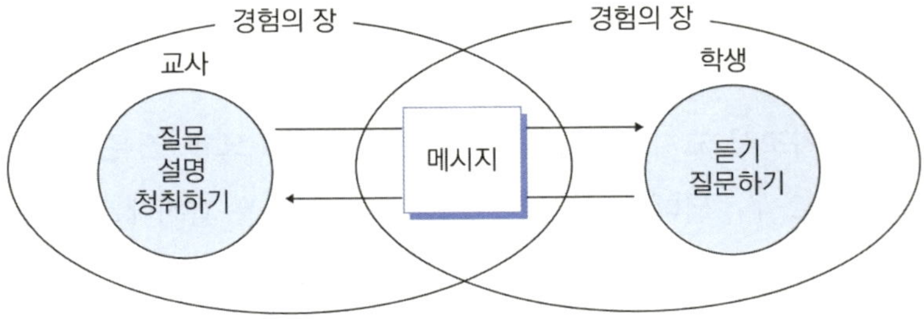

[그림 11-2] 의사소통 과정으로서의 수업모형

제2절 교수자 중심 수업 실행

교수자가 중심이 되어 실행되는 수업에서 교수자는 효과적으로 질문하기, 청취하기, 설명하기를 실행함으로써 교육의 목표를 달성하게 된다.

질문하기

1. 질문하기와 청취하기

교육적 상황에서 교사의 질문에 관한 효과 연구는 일관된 결과를 보여주고 있다. 적절하게 질문할 때 학습자의 참여수준, 동기 수준을 높이는 것은 물론이고, 이후 학습 과정을 효과적으로 안내하여 줄 수 있다는 것이다(권성호, 2000).

교육적 질문의 근본적인 목적은 학습자의 사고를 촉진하기 위한 것이다. 교사의 적절한 질문에 대답함으로써 학습자는 자신의 사고를 드러내고, 평가받는 시간을 가지게 된다. 또한 질문은 학습자의 주의집중을 촉진한다. 적절하게 준비된 질문은 다른 어떠한 주의집중 방법보다도 학습자의 참여를 촉진함으로써 학습 활동에 몰입하게 한다. 한 가지 예를 들어 보자. 중학교 함수 단원의 초기 도입 시 '함수의 개념(대응성)'을 설명하려는 수업이다. 교사가 특정 색깔이 나열된 슬라이드 자료를 보여 준 후(예, 노란색과 빨간색의 사각형), 파란색을 제시하면서 각각의 사각형의 색깔이 파란색과 혼합되었을 때 나올 수 있는 색깔이 어떠한 것이냐고 질문한다(이 경우 녹색과 보라색이 나오게 된다). 이 때 학생들은 미술 시간에 다룰 법한 것을 왜 수학 시간에 다룰까 생각하면서 주의를 집중하게 되는 것을 예상할 수 있다. 학생들의 대답을 들은 후 교사는 대응성의 관점에서 이러한 활동이 어떠한 의미가 있는지를 설명하고, 이후 함수의 특성에 대하여 설명하게 된다.

1) 질문의 유형

교사들이 활용할 수 있는 질문의 유형은 여러 가지 방식으로 분류할 수 있다(이성호, 1986; Frey & Fisher, 2010). 그중에서 특히 카너(Carner, 1967)의 사고의 수준에 따른 질문의 유형과 아미돈과 헌터(Amidon & Hunter, 1967)의 구분, 갤러거(Gallagher, 1965)의 구분을 통합한 질문의 유형(이성호, 1986)이 유용하다. 질문의 유형

카너(1967)에 의하면 인간의 사고는 구체적 사고, 추상적 사고, 창의적 사고로 구분된다. 따라서 질문도 이러한 각각의 사고를 유발하는 기능에 따라서 구분될 수 있다. 구체적 사고를 촉발하는 질문은 대체로 관찰할 수 있는 것에 대한 질문으로서 비교적 단순한 아이디어, 개념, 원리를 묻게 된다. 어디서, 무엇을, 누가, 언제와 같은 의문사들이 자주 사용된다. 예컨대 영어의 현재 분사를 다루는 수업 시간에 '구르는 돌에는 이끼가 끼지 않는다'라는 속담을 도출하여 낼 수 있는 그림을 보여주고 해당되는 속담과 영어 표현("A rolling stone gathers no moss")을 학생들에게 질문하여 볼 수 있다. 구체적 사고

추상적 사고를 촉발하는 질문은 특정 문제의 방법과 이유를 다룬다. 어떠한 사건의 발생 이유나 원인을 추론하도록 하는 것, 결론을 도출하도록 묻는 것, 설명의 타당성을 묻는 것 등이 여기에 포함된다. 예컨대 사회과 시간에 최 추상적 사고

근 귀농 인구의 증가를 보여주는 통계치를 제시하고는 이러한 현상이 왜 발생하였는가를 학생들에게 대답하게 한다. 창의적 사고를 촉발하는 질문은 새로운 개념을 재조직하기 위한 것으로서 대체로 정답이 없다. 학습자들에게 어떠한 문제에 대한 가능한 대답들을 모두 다 탐구하도록 조장하는 질문을 한다.

아미돈과 헌터(Amidon & Hunter, 1967) 그리고 갤러거(Gallagher, 1967)의 분류 체계에 따르면 질문은 크게 제한형 질문과 확장형 질문으로 나뉜다.

제한형 질문

제한형 질문은 폐쇄적 질문이라고도 불리는 것으로서 간단한 사실적 응답을 기대하는 질문이다. 여기에는 크게 인지·기억 수준을 다루는 질문과 수렴적 수준을 다루는 질문이 있다. 인지·기억 수준의 질문은 사실, 개념, 정보의 재생을 요구하는 질문이다. “산업혁명은 언제 발생하였는가?”, “채소와 과일의 차이점은?”, “돌고래는 어류에 속하는가?”와 같은 질문이 여기에 속한다. 수렴적 수준을 다루는 것은 대체로 어떠한 관계를 기술하거나 설명을 요구하는 것으로 정답이나 최선의 대답이 있다. “왜 이러한 관계는 함수 관계가 아닌가?”, “굴광성을 나타내는 이유가 무엇인가?”, “수요공급의 법칙에 따라서 정부의 추곡 수매 개입 현상을 설명하여 보라” 등이 여기에 속한다.

확장형 질문

확장형 질문은 개방형 질문이라고도 불리는 것으로 학습자의 다양한 반응을 기대하는 것이며 따라서 정답을 설정할 수 없다. 학습자의 사고 과정을 촉진하기 위한 질문이라고 볼 수 있다. 대체로 학습자의 생각, 의견, 판단이 드러나게 된다. 이 질문은 다시 발산적 사고를 다루는 질문과 평가적 사고를 다루는 질문으로 나뉜다. 발산적 사고를 다루는 질문은 어떠한 상황에 대한 이해를 위한 추론의 과정을 드러나게 한다. 예컨대 “낙동강 유역의 환경 오염을 방지하기 위해서는 정부 혹은 지방 자치 단체에서 어떠한 노력을 했어야 하는가?”와 같은 질문을 통하여 문제의 원인에 대한 다양한 가설과 해결 방안을 탐색하게 할 수 있다. 평가적 사고를 유도하는 질문은 가장 고차원적인 사고를 드러나게 한다. 즉 앞에서 다룬 인지·기억 사고, 수렴적 사고, 발산적 사고의 과정을 포함하여 자신의 판단, 가치 선택에 대한 입장을 분명히 하는 것을 요구하기 때문이다. "정보화 사회 도래에 따라서 학교교육의 목적을 어떻게 재설정하여야 하는가?"와 같은 질문이 여기에 속한다. 한편 프레이와 피셔(Frey & Fisher, 2010)는 다른 방식으로 질문의 유형을 구분하고 있다. 그들에 따르면 질문은 유도형, 정교형, 명료형, 확산형, 발견형, 제안형처럼 다양한 목적에 따라서 구분된다. 지금까지 제시된 질문 유형을 표로 정리하면 다음과 같다. 질문 유형

〈표 11-1〉 질문의 유형

<table>
<tr><th colspan="2">질문유형</th><th>정의</th><th>사례</th></tr>
<tr><td rowspan="3">카너
(Carner,
1967)의
사고의
수준에
따른 질문</td><td>구체적 사고</td><td>비교적 단순한 아이디어, 개념, 원리를 묻게 된다. 어디서, 무엇을, 누가, 언제와 같은 의문사들이 자주 사용된다.</td><td>동물의 예를 보여 주면서 (예: 거미), 이것이 곤충에 포함되는가를 물어본다.</td></tr>
<tr><td>추상적 사고</td><td>어떠한 사건의 발생 이유나 원인을 추론하도록 하는 것, 결론을 도출하도록 묻는 것, 설명의 타당성을 묻는 것</td><td>사회과 시간에 최근 귀농 인구의 증가를 보여주는 통계치를 제시하고는 이러한 현상이 왜 발생하였는가를 대답하게 한다.</td></tr>
<tr><td>창의적 사고</td><td>학습자들에게 어떠한 문제에 대한 가능한 대답들을 모두 다 탐구하도록 조장하는 질문</td><td></td></tr>
<tr><td>아미돈과
헌터
(Amidon
& Hunter,
1967)의
구분과
갤러거(Ga
llagher,
1963)의
구분을
통합한</td><td>제한형 질문
(폐쇄적 질문)</td><td>• 인지·기억 수준을 다루는 질문
• 수렴적 수준을 다루는 질문</td><td>"산업혁명은 언제 발생하였는가?", "채소와 과일의 차이점을 설명하라", "돌고래는 어류에 속하는가?", "왜 이러한 관계는 함수 관계가 아닌가?", "굴광성을 나타내는 이유가 무엇인가?", "수요공급의 법칙에 따라서 정부의 추곡 수매 개입 현상을 설명하여 보라"</td></tr>
</table>

<table>
<tr><th colspan="3">질문유형</th><th>정의</th><th>사례</th></tr>
<tr><td rowspan="2">질문</td><td rowspan="2">확장형 질문 (개방형 질문)</td><td>발산적 사고</td><td>어떠한 상황에 대한 이해를 위한 추론의 과정을 드러냄</td><td>“낙동강 유역의 환경 오염을 방지하기 위해서는 정부 혹은 지방 자치 단체에서 어떠한 노력을 했어야 하는가?”</td></tr>
<tr><td>평가적 사고</td><td>인지·기억 사고, 수렴적 사고, 발산적 사고의 과정을 포함하여 자신의 판단, 가치 선택에 대한 입장을 분명히 함</td><td>“정보화 사회 도래에 따른 학교교육의 목적을 어떻게 재설정하여야 하는가?”</td></tr>
<tr><td rowspan="6">프레이와 피셔의 유형 (Frey & Fisher, 2010)</td><td colspan="2">유도형</td><td>사실에 입각한 지식을 확인하기 위한 질문</td><td>“누가?”, “무엇을?”, “언제?”, “어디에서?”, “왜?”, “어떻게?”</td></tr>
<tr><td colspan="2">정교형</td><td>답변을 확장시키기 위한 질문</td><td>“방금 말한 것에 대해 좀 더 설명해줄 수 있습니까?”, “제가 알아야 할 다른 정보는 무엇입니까?”</td></tr>
<tr><td colspan="2">명료형</td><td>보다 자세한 답변을 얻음으로써 지식을 명료화하기 위한 질문</td><td>“왜 그 답을 선택했습니까?”, “그 정보의 출처는 어디입니까?”</td></tr>
<tr><td colspan="2">확산형</td><td>기존의 지식을 활용하여 새로운 이해를 형성하는 방법을 알아내기 위한 질문</td><td>“왜 호수는 파랗게 보이지만 유리는 맑게 보일까요?”, “나비와 나방의 공통점은 무엇입니까?”</td></tr>
<tr><td colspan="2">발견형</td><td>학습자의 문제해결능력을 파악하기 위한 질문</td><td>“이 단어의 의미를 알아내기 위해 어떤 방법을 사용할 것입니까?”, “이 책에서 봄에 대한 정보를 찾고 싶다면, 어디에서 찾을 수 있습니까?”</td></tr>
<tr><td colspan="2">제안형</td><td>상상력을 자극하기 위한 질문</td><td>“이 책을 누구에게 추천하시겠습니까?”, “만약 당신이 과거로 돌아간다면, 역사적 인물에게 어떤 충고를 하겠습니까?”</td></tr>
</table>

2) 질문의 원리

수업의 실행 과정에서 활용할 수 있는 효과적이고 적절한 질문의 세 가지 원리는 다음과 같다.

첫째, 가급적 사고를 촉진하는 확장형 혹은 개방형 질문을 사용해야 한다. 질문을 잘못 사용하는 가장 대표적인 경우는 학생에 대한 통제, 평가, 검사의 수단으로 질문을 사용하는 것이다. 우리의 교육 환경을 돌이켜 볼 때 질문은 교사들이 학생들을 효과적으로 통제하는 수단이 되어 온 것을 부인할 수 없다. 주로 복습의 차원에서 전 시간에 배웠던 특정한 것을 질문하고 만약 대답을 제대로 하지 못하면 벌이나 창피를 주는 경우가 여기에 속한다. 이러한 질문 사용은 학생들로 하여금 질문을 일종의 혐오적 자극으로 인식하게 하거나, 교사에 의하여 질문이 제시되면 일단 불안한 태도를 보이게 하였다. 확장형 질문

[그림 11-3] 확장형 질문을 위한 그림 활용의 예: 증기기관차의 증기의 발생 과정을 통하여 이상 기체(ideal gas)의 온도, 압력, 부피 간의 변화를 설명하기 위한 그림

질문을 가장 효과적으로 사용하기 위해서는 질문이 학생의 사고 과정을 촉진하거나 혹은 해당 학습 내용과 관련된 학습자의 선수 지식 혹은 경험을 활성화시켜야 한다. 따라서 질문은 원칙적으로 학습자가 대답할 수 있는 혹은 자신의 사고 과정을 드러내는 것을 안내하는 것이어야 하며, 확장형 혹은 개방형 질문이어야 한다. 특히 수업의 초기 도입 단계에서 적절하게 선정된 확장형 질문은 학생들의 사고를 활성화할 뿐만 아니라 주의집중, 이후 학습 과정과의 연계를 유도한다는 점에서 매우 중요한 기능을 한다. 예컨대 [그림 11-3]을 활용하여 증기 기관차가 어떻게 증기를 활용하여 움직이는가를 물어볼 수 있다. 개방형 질문

개방형 질문의 한 가지 예를 들어 보면 다음과 같다. 중학교 과학 교과에서 '역학적 에너지'의 개념을 제시하기 위하여 교사는 학생들에게 스키를 타는 사람의 모습이 있는 장면을 파워포인트 자료나 혹은 비디오 자료를 통하여 보여준다([그림 11-4] 참조). 이후 학생들에게 처음 정상에서는 속도가 없다가 점점 내려오면서 속도가 빨라졌는가를 대답하도록 한다. 학생들의 다양한 대답을 운동에너지와 위치에너지의 개념을 이용하여 정리한다.

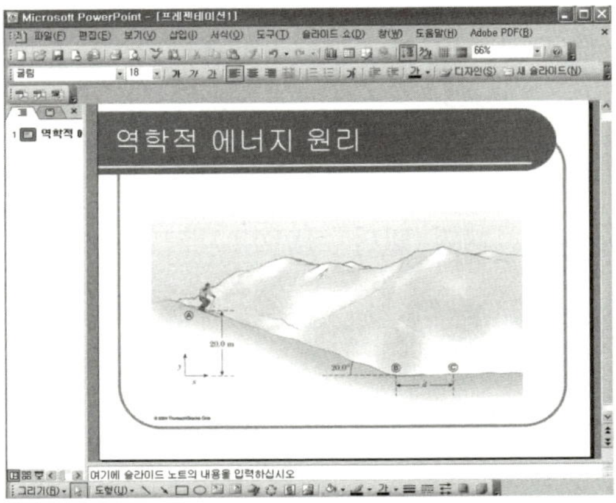

[그림 11-4] 파워포인트를 이용하여 역학적 에너지 개념을 설명

학생들에게 운동에너지와 위치에너지 개념을 설명하기 위해서 스키를 타는 그림 자료를 이용한다.

둘째, 학습자를 방어적으로 만드는 질문은 하지 말아야 한다. 질문하는 방식과 관련된 여러 연구 결과 중 한 가지 흥미로운 것은 학습자에게 "왜"라는 질문을 자제하라는 것이다. 쉐드(Shedd, 1971; 이성호, 1986에서 재인용)에 의하면 "왜"를 질문하는 것은 학습자에게 압력을 가하고, 긴장을 초래하며, 자신을 무조건 방어하려는 태도를 형성시키게 되기 때문에 가능한 한 사용하지 말라고 주장한다. 원칙적으로 "왜"라는 질문은 고차적인 사고를 유도할 수 있게 한다. 그러나 이러한 질문에 제대로 대답을 하지 못하는 경우가 빈번히 발생할 경우 학습자들이 이러한 질문에 대하여 부정적인 태도를 가지게 될 것임을 쉽게 예상할 수 있다.

그렇다고 해서 무조건 “왜”라는 질문을 하지 말아야 한다는 것으로 해석하는 것은 “왜”라는 질문 혹은 그와 유사한 유형의 질문이 지니고 있는 교육적 가능성을 무시하는 것이라고 볼 수 있다. 학습자의 사고 과정을 드러내는 것이 중요하고 필요하다면 “왜”라는 질문을 할 수가 있다. 그러나 이때 학습자를 방어적으로 만들지 않도록 세심한 배려를 해야 한다. 예컨대 질문을 하기 전에 반드시 자신이 제시하는 질문에 대한 학습자들의 대답은 하나같이 존중될 것이며, 평가의 과정은 배제될 것이라는 점을 밝힌다. 또한 대답할 수 있는 충분한 시간을 준다거나 대답을 유도할 수 있는 단서를 제공하는 방법 등도 고려할 수 있다. 요컨대 학습자들에게 심리적인 자신감을 갖도록 할 때 “왜” 혹은 그와 유사한 질문이 효과적으로 이루어질 수 있다. 이것은 궁극적으로 학습자의 사고 과정을 드러내며 학습자를 존중하는 교육적 활동으로 귀결된다.

셋째, 질문에 대한 학습자의 반응을 존중해 주어야 한다. 교육적 장면에서 질문은 평가의 과정이 되기보다는 학습자의 학습을 촉진하는 과정이어야 한다. 학습자는 보다 편안한 마음으로 자신의 지식, 생각, 의견을 제시할 수 있어야 하며, 그러한 것들이 교사나 다른 학습자들에 의하여 존중받아야 한다. 학습자의 반응을 존중하는 방법으로 두 가지를 고려할 수 있다. 하나는 질문 후 바로 학습자의 반응이 있기를 기대하여서는 안 된다는 것이다. 연구 결과에 의하면 교사들은 일반적으로 질문 후 학생들이 1초 안에 응답하지 않으면, 질문을 반복하거나, 다른 학생을 지명한다(Rowe, 1973; Lake, 1973; 이성호, 1986에서 재인용). 이러한 대응은 학습자에게 충분한 사고의 기회를 주지 않는 것이며, 때로는 앞의 “왜”라는 질문을 함부로 하는 경우와 똑같은 심리적 불안감을 학습자들에게 갖게 한다. 교육적 상황에서 질문의 목적은 전술한 바와 같이, 사고의 과정을 촉진하고 드러내게 하는 데 있다. 따라서 학습자의 진지한 사고의 과정을 촉진하기 위해서라도 질문 후 일정 시간을 기다리는 것이 필요하다.

마지막으로, 질문에 대하여 학습자가 대답을 할 때, 교사는 수동적으로 듣기만 하지 말고 적극적으로 경청하고 있음을 보여주어야 한다. 예컨대 학생의 답변을 간략하게 요약하면서 칠판 등에 적을 수 있다. 학생의 대답을 그저 듣기만 하면 학습자의 대답은 공간 속으로 사라지며, 따라서 학습자의 표현이 인정받은 순간이 제한되게 된다. 그러나 일단 자신의 대답이 칠판에 적히거나, 교사에 의하여 다시 한번 반복될 때 학습자는 심리적인 만족감을 느끼게 된다. 물론 이렇게 함으로써 다른 학생들이 대답을 하는 학생의 답변을 분명하게 이해할 수 있다는 장점이 있고, 추후 학습 내용의 전개 시 비교할 수 있는 자료가 되기도 한다. 또한 긍정적인 답변에 대해서는 고개를 끄덕이는 등 행동을 보여주면서 칭찬을 하는 것도 효과적이다. 만약에 답변이 적절하지 않은 경우에는 왜 그러한 답변이 가능한가를 간략하게 물어보고 나름대로의 의견을 존중할 수 있도록 한다.

경청

효과적인 질문

효과적인 질문을 위한 원칙들을 요약하면 다음과 같다.

① 가능하면 사고를 촉진하는 확장형 혹은 개방형 질문을 사용한다.
② 학습자를 방어적으로 만드는 질문을 하지 말아야 한다.
③ 질문에 대한 학습자의 반응을 존중하여야 한다. 다음의 네 가지 방법을 활용하여 본다.
  - 긍정적인 대답에 대해서는 고개를 끄덕이면서 칭찬을 한다.
  - 만약에 대답이 적절하지 않더라도 학습자의 답변이 무엇을 근거로 하였는지 분명히 한다.
  - 학습자의 답변을 간략히 요약한다.
  - 학습자의 답변을 칠판 등에 간략하게 적어 본다.

[질문에 대한 학생의 대답을 이끌어 내는 방법]

학생들에게 질문을 하고 대답을 이끌어 내는 방법을 하나 소개한다. 수업 초반부에 학생들의 흥미와 관심을 이끌어 내기 위하여 주제와 관련된 질문을 할 수가 있다. 이때 다양한 의견들이 곧바로 제시되면 문제가 없으나, 때때로 학생들이 대답을 주저하기도 한다. 이 경우를 예상하여 미리 학생들에게 질문에 대한 답을 할 때 두 명 혹은 세 명씩 짝을 지어서 서로의 의견을 나누어 보도록 요청할 수 있다. 이럴 경우 학생들은 대체로 활발하게 자신의 의견을 다른 학생들에게 제시하게 된다. 즉 혼자서 교사에게 의견을 말하는 것은 꺼리지만 그룹으로 여러 명이 의견을 나누라고 하면 바로 참여하게 된다. 이른바 그룹 역동성(group dynamics)이 작동하는 것이다. 이렇게 서로의 의견을 공유한 후, 교사가 답변을 요청하게 되면 그룹에서 정리된 자신의 의견을 발표하기 쉬워지며, 학생들이 활발하게 의견을 제시하게 된다. 또한 질문에 답변을 하게 할 때 손을 들게 하여 답변자를 명확히 지적함과 동시에 대답하는 학생도 사전에 준비하게 하는 것도 매우 간단하지만 효과적이다.

3) 청취하기

교사에 의한 설명 이외에 학생들의 적극적인 참여 여부는 수업의 원활한 진행과 학습의 성패에 중요한 영향을 미친다. 학생의 적극적인 참여를 확보하면 할수록 수업의 성공과 의미 있는 학습 결과를 기대할 수 있다. 학생의 적극적인 참여는 학생들의 질문과 대답을 통하여 이루어진다. 이때 교사가 할 수 있는 매우 효과적인 대응 행동이 바로 청취하기이다. 청취하기는 학생의 대답 및 의견에 대한 존중의 표시이다. 또한 교사의 후속 활동을 위한 명료화 과정이 포함될 수도 있다. 학생의 의견이 교사나 다른 학생에 의하여 재진술되거나 칠판 등에 적히게 되면서 이후 학습 과정의 단서를 찾을 수 있다. 청취하기

교사는 학생의 의견을 적극적으로 청취하기 위해서는 몇 가지 구체적인 행동을 보여주어야 한다. 다음에 적극적 청취의 네 가지 원칙을 제시한다.

① 눈 맞춤을 유지하도록 하라.

학생에게 질문을 한 후 학생들이 대답을 할 때 교사가 다른 행동을 하여서는 안 된다. 자료에 눈길을 주거나 다른 곳을 보는 것은 적절하지 않다. 눈 맞춤을 유지하는 것은 "나는 너의 의견을 존중하고 있다"라는 메시지를 강하게 보내는 것이다. 그렇지 않을 경우에는 "나는 너의 의견을 제대로 듣고 있지 않다"라는 메시지를 보내는 것으로 이해될 수 있다.

② 약간 앞쪽으로 기대듯이 서 있도록 한다.

대답을 들을 때 뒤로 물러서듯이 듣는 자세는 학생으로 하여금 "지금 교사가 내가 하는 말을 듣기 싫은가 봐" 하는 인상을 준다. 앞으로 약간 기대는 듯한 자세는 적극적인 청취 의사를 보여준다. 그리고 가능하다면 대답을 하는 학생 쪽으로 몸을 움직일 수 있도록 한다.

③ 학생의 대답에 긍정의 표시를 한다.

학생이 대답을 하면, 고개를 끄덕거리거나 혹은 재진술을 하여 준다. 가능하다면 학생의 대답을 칠판에 정리하여 다른 학생들도 같이 볼 수 있도록 한다.

④ 추가 질문을 함으로써 학생의 대답을 분명하게 하라.

학생의 대답을 듣는 중에 혹은 대답을 다 듣고 난 후 간단한 질문을 함으로써 불분명한 것을 확인한다. 이 과정은 학생들의 대답을 보다 존중하는 것으로 비춰질 수 있다.

설명하기

2. 설명하기

전형적인 수업의 전개는 교사에 의한 도입 질문으로부터 시작하여 학생의 대답을 청취하고 이어서 설명하는 과정으로 연결된다. 설명은 수업이 완성되는 단계에서 이루어지는 교사의 활동이다. 그리고 교사의 준비된 능력이 드러나는 활동이기도 하다. 효과적인 설명을 하기 위해서는 교과 내용에 대한 체계적인 분석과 수업 과정안의 설계에 그쳐서는 안 된다. 효과적인 설명을 위한 원칙들을 준수하면서 사전에 일정한 수준의 연습 기회를 가져야 한다. 여기서는 효과적으로 설명하기 위한 상세한 원칙들을 다룬다.

설명하기는 수업의 핵심적 활동이다. 교사는 설명을 통하여 핵심적인 교수 메시지를 전달하기 때문이다. 다음에 설명을 효과적으로 실행하기 위한 원칙들을 제시한다.

1) 긴장의 통제

학생들 앞에서 수업을 실행하는 것은 여전히 긴장되는 상황이다. 특히 수업 경험이 별로 없거나, 새로운 주제를 다루거나, 혹은 새로운 교수 방법을 활용할 때 그 긴장의 정도는 더하다. 긴장을 통제하는 효과적인 방법으로 두 가지를 들 수 있다(임철일, 최정임, 1999).

① 하나는 호흡법이다. 심호흡만큼 긴장을 쉽게 가라앉히는 좋은 방법이 없다. 천천히 길게 들이마시고, 천천히 내쉰다. 수업 시작 전에 사용할 수 있으며, 이는 또한 수업 도중에도 잠깐씩 할 수 있다. 이때는 학생들도 잠시 여유를 가질 수 있다.

호흡법

② 다른 하나는 '역설적인 인정(paradoxical admission)'이라는 심리적 기제를 활용할 수 있다. 이것은 학생들에게 솔직하게 "이번에 이것을 처음으로 하는 것이라 망칠 것 같아 걱정이야. 자, 선생님 좀 도와줘"와 같이 말하는 것을 의미한다. 이러한 자기 고백을 하게 될 때 오히려 수업을 자신감 있게 실행할 수도 있다.

역설적인 인정
(paradoxical admission)

2) 설명의 실시

(1) 자세

응시(eye contact)

① 학생들을 정면으로 바라보도록 하여 교사의 얼굴 표정을 학생들이 볼 수 있도록 한다([그림 11-5] 참조). 얼굴 표정을 환하게 하고, 학생들을 응시하는가 여부에 따라서 설명의 효과성이 많이 좌우된다. 학생을 응시(eye contact)하면서 설명을 하는 것은 학생들이 현재 자신이 설명하는 것을 제대로 이해하고 있는지 여부를 확인하는 좋은 방법이다. 학생들의 상태를 파악하면서 설명의 속도와 강조점을 조정할 수 있다.

[그림 11-5] 표정을 환하게 하고, 학생들을 정면으로 응시한다.

② 가능한 한 손은 호주머니에 넣지 않으며, 팔은 뒤로 돌리지 않고 옆에 있게 한다.

③ 가능한 한 칠판을 바라보면서 동시에 설명을 하지 않도록 한다([그림 11-6] 참조). 이렇게 하면 학생들의 시선을 놓치게 된다. 먼저 칠판에 글자를 쓴 후 학생들을 바라보면서 설명하도록 한다. 최근에는 대형 스크린이나 텔레비전을 활용하여 설명하는 경우가 있는데, 이때에도 학생들을 주로 바라보면서 설명을 하고 스크린의 내용을 지속적으로 쳐다보면서 설명하는 것은 피해야 한다. 왜냐하면 이럴 경우 학생들과 눈 맞춤을 하지 못하기 때문이다.

[그림 11-6] 칠판보다는 학생들을 바라보면서 설명한다.

④ 교탁을 이용할 경우에는 교탁 뒤에만 있지 말고, 교탁의 한 측면으로 나가 선다([그림 11-7] 참조). 이렇게 함으로써 보다 자신감 있으면서도 친근감 있게 학생들에게 다가설 수 있다. 또한 때때로 교탁을 벗어나서 교탁의 앞 등으로 나아갈 수 있다.

[그림 11-7] 교탁 뒤에만 있지 말고 교탁의 한 측면으로 다가선다.

⑤ 적절히 움직이면서 설명하도록 한다. 전혀 움직이지 않고 설명하다 보면 긴장하게 된다. 또한 움직이면서 역동적으로 설명할 때 설명에도 힘이 실리게 되며, 학생들의 주의력도 어느 정도 높아진다.

판서의 방법

판서의 방법

칠판을 이용한 판서는 여전히 가장 기본적인 설명 보조 방법이다. 그러나 판서를 제대로 하기 위해서는 몇 가지 원칙을 고려할 필요가 있다.

- 조직적인 판서
  먼저 공간에 따른 시선 집중도를 고려하는 것이 중요하다. 대부분의 학생들은 왼쪽 위부터 시선을 집중한 뒤 오른쪽 아래로 내려오기 때문에(권성호, 2000), 그 원리에 의해 강의 주제나 제목을 써내려 가는 것이 효과적이다.

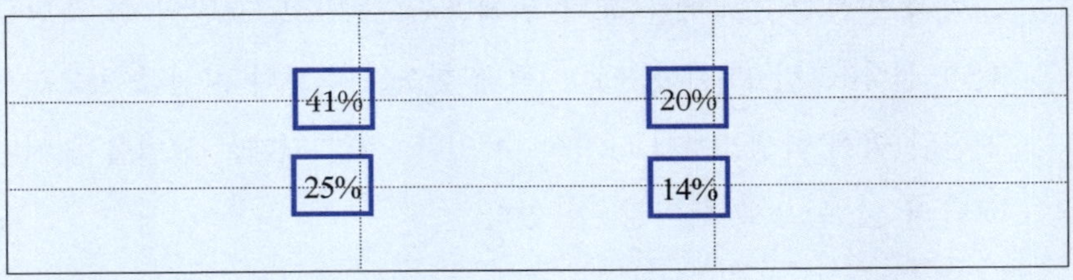

- 핵심 정보 제시
  칠판을 사용할 때는 핵심 정보만 제시한다. 양이 많거나 복잡한 내용에 대해서는 유인물 혹은 파워포인트나 OHP를 활용하는 것이 적절하다.
- 변화의 활용
  판서를 할 때 적절하게 색깔의 변화를 주도록 한다. 밑줄, 동그라미 등을 활용하여 강조를 할 수도 있다. 그러나 지나치게 다양함을 주면 오히려 주의 집중을 방해할 수 있음을 유념한다(이지연, 2005).

목소리

(2) 목소리

① 교과서, 슬라이드 혹은 자료에 있는 내용을 그대로 읽지 마라. 부연 설명을 하는 방식으로 이용해야 한다.

② 목소리의 다양한 음색이나 억양을 이용하라. 일정한 음을 듣다 보면 학생들은 지루하게 느낀다.

③ 고음 및 저음을 적절히 사용하라. 특히 강조하는 부분에 대해서는 고음을 낼 수 있도록 한다.

④ 천천히 말하도록 한다. 설명을 하게 되면 대부분 말을 빨리 한다. 의도

적으로 천천히 말을 한다는 의식을 하면서 말을 하도록 해야 한다.

⑤ 학습 내용을 설명한 후 잠시 멈추는 것은 중요한 내용을 강조할 때 매우 효과적인 방법이다.

(3) 눈 맞춤

눈 맞춤

① 학생들과 눈 맞춤을 시작한 후에 설명에 들어가라([그림 11-8] 참조). 눈 맞춤을 통하여 일대일 방식의 수업이 되는 것 같은 분위기를 만들 수 있다.

[그림 11-8] 학생들과 눈 맞춤

② 눈 맞춤을 위한 한 가지 효과적인 방법은 한 사람당 대체로 3초 정도의 시선을 주면 된다. 스쳐 지나가듯이 전체 학생을 바라보는 것이나 맨 뒤의 벽을 바라보는 것은 효과적이지 않다.

③ 오른손잡이의 경우, 대체로 오른쪽 앞에 앉아 있는 학생들을 주시하는 경향이 있다. 의도적으로 중앙, 왼쪽, 그리고 맨 뒤쪽의 학생들을 골고루 주시할 수 있도록 연습해야 한다.

(4) 몸동작(제스처)

몸동작(제스처)

① 대화하는 것처럼 자연스러운 몸동작이 나올 수 있도록 연습해야 한다.

② 손을 적절하게 활용하라. 제스처 중에서 손은 매우 중요한 역할을 한

다. 설명하고자 하는 바를 강조할 때 등에 손을 활용함으로써 보다 역동적인 수업을 할 수 있다.

③ 호주머니 속에 손을 넣거나 뒷짐 지지 않도록 해야 한다.

④ 손과 팔을 흔들흔들하지 말아야 한다.

⑤ 펜이나 다른 물건들을 만지작거리면서 설명하지 말아야 한다.

지금까지 제시된 질문하기, 청취하기, 설명하기와 관련된 원칙적인 제안들을 자연스럽게 효과적으로 실천하기 위해서는 반드시 체계적인 연습이 필요하다. 이해의 차원에서 벗어나 실천적인 연습과 수정의 과정이 요구된다. 예비교사나 현직 교사 스스로 수업 현장을 손쉽게 녹화할 수 있는 기자재(예: 캠코더 등)를 대학이나 학교 현장에서 이용할 수 있으므로 자신의 수업 행위에 대한 녹화와 성찰이 가능해지고 있다(임철일, 2006).

수업 실행의 중요 원칙

[수업 실행의 중요 원칙들]

- 교사와 칠판이 중심이 되고, 파워포인트는 필요시에만 제시하라.
  기술의 활용은 그것이 수업의 진행에 도움이 될 때 의의가 있다. 만약에 파워포인트 등을 활용하여 주의집중을 일으키려면 특정한 경우에만(도입 등) 사용하는 것이 효과가 있다. 나머지는 교사의 잘 준비된 설명과 칠판을 활용한 상호작용적 수업 진행이 필요하다.
  파워포인트가 특별히 효과가 있는 것은 쉽게 보여 줄 수 없는 그림, 동영상, 애니메이션 등을 제시할 때이다. 이것은 특별히 과학 교과에서 잘 확인할 수 있다. 또한 연습문제를 제시할 때도 파워포인트가 효과적이다. 물론 답안은 학생들이 노트 등을 이용하거나 발표하는 방식을 취하면 된다.
- 활동지 등 유인물을 잘 준비하여 활용하라.
  활동지는 학습자의 참여에 매우 효과적이며, 특히 팀별로 작성하게 하고, 상호간에 의견을 나누게 하는 등 몇 가지 기술을 활용하는 것이 효과적이다. 이 경우에는 반드시 학생들에게 사전에 무엇을 어떻게 하는지 안내를 하여야 하며, 사후에는 전체적으로 정리하는 단계가 필요하다.

• 학생들에게 질문한 후 정리를 효과적으로 하라.
대부분의 교사가 학생들에게 질문은 잘 하지만 학생들의 대답에 대하여 제대로 대처하는 것이 부족하다. 적극적 경청 기법을 잘 활용하여야 한다. 긍정의 제스처, 간략한 요약, 그리고 가능하면 칠판에 학생의 대답을 적기 등을 실천할 수 있다.

제3절 학습자 중심 수업 실행

학습자 중심 수업 실행

학습자 중심 수업, 예컨대 문제 중심 학습이나 디자인 씽킹 과정안 설계를 바탕으로 수업을 실행하는 것은 앞의 교수자 중심의 수업 실행과는 다른 교수자의 역량을 요구한다. 기본적으로 학습자 주도의 활동을 지원하고, 촉진하는 역할을 중심으로 수업 실행이 이루어져야 한다. 즉 학습자 중심 수업에서 교수자는 학습의 촉진자(facilitator) 역할을 효과적으로 수행해야 한다.

튜터(tutor)의 역할

학습자 중심 수업을 효과적으로 실행하기 위한 지침으로 문제 중심 학습의 활동을 촉진하기 위한 튜터(tutor)의 역할을 규명한 배로우스(Barrows, 1988)의 제안이 유용하다(최정임, 장경원, 2015). 교수자 대신 튜터의 개념을 제안하는 배로우스는 문제 중심 학습이 효과적으로 운영되기 위한 튜터의 역할을 강조한다. 그에 따르면 튜터는 학습자에게 직접 정보를 제공하는 것이 아니라, 학습자의 학습을 안내하고 도와줌으로써 학습자 중심의 학습환경을 제공한다. 학습자의 학습 촉진 역할을 튜터로서 수행하는 교수자는 문제 중심 학습 활동에서 다음 〈표 11-2〉와 같이 전체 단계에 걸쳐서 세밀하게 필요한 개입을 적시에 할 필요가 있다. 이 점은 학습자 중심의 수업이 교수자 중심의 수업 이상으로 고도의 교수 역량을 필요로 함을 보여주고 있다.

〈표 11-2〉 PBL 과정에서 튜터의 역할

<table>
<tr><th>단계</th><th>PBL 활동</th><th>튜터의 역할</th></tr>
<tr><td>도입 단계</td><td>초기 활동</td><td>• 교육 방법 소개하기
• 허용적 분위기 형성하기
• 학습자와 튜터의 역할 안내하기</td></tr>
<tr><td rowspan="4">문제 해결 단계</td><td>문제 제시</td><td rowspan="4">• 학습자의 학습 촉진을 위한 질문하기
• 학습자의 교육적 난점 진단 및 중재하기
• 학습자의 고른 참여 유도하기
• 학습자의 학습 속도와 수준 조절하기
• 그룹 내 대인 관계 조정 유도하기</td></tr>
<tr><td>문제 확인 및 학습과제 도출</td></tr>
<tr><td>문제 해결을 위한 자료 수집</td></tr>
<tr><td>문제 재확인 및 문제 해결안 도출</td></tr>
<tr><td rowspan="2">학습 정리 단계</td><td>문제 해결안 발표</td><td rowspan="2">• 평가 활동 안내하기
• 학습 내용 정리하기</td></tr>
<tr><td>학습 결과 정리 및 평가</td></tr>
</table>

도입 단계

1. 도입 단계에서 튜터의 역할

도입 단계에서 튜터로서 교수자는 새로운 교육 방법을 안내하면서, 교수자와 학습자의 역할을 소개하게 된다. 이 과정은 전체적으로 허용적인 분위기에서 이루어지게 된다. 먼저 교수자는 학습자가 중심이 되는 문제 중심 학습이 무엇이며, 매 단계별로 어떻게 진행되는가를 간략하게 소개한다. 문제 중심 학습의 개발 배경과 관련 실제적 사례 및 경험을 한 학습자들의 평가와 생각을 제시하는 것이 효과적이다. 특히 문제 중심 학습 과정이 잘된 경우와 조금 운영이 잘되지 못한 경우를 사례로 들면서, 어떻게 하는 것이 효과적인가를 설명하게 된다.

소개의 과정은 간단한 체험 활동을 통하여 이루어질 수도 있다. 특히 학습자의 주도적이고 자유스러운 의견 제시가 가능한 허용적 분위기가 기본이 된다는 점을 체험하면 좋다. 문제 중심 학습의 기본 취지를 설명한 후 그에 비추어서 자신의 학습 경험을 포함하는 자기소개 활동을 가져볼 수 있다. 자기소개 활동 이후 간단한 팀워크 형성을 위한 아이스브레이킹(ice breaking) 활동을 함으로써 학습자 구성원들 간에 이해와 공유를 가능하게 할 수도 있다.

2. 문제 해결 단계에서 튜터의 역할

문제 해결 단계

1) 학습자의 학습 촉진을 위한 질문하기

본격적인 문제 해결 단계에 진입하면 학습자들은 제시된 문제에 대하여 '생각', '사실', '학습과제', '실천 계획'의 영역을 고려하여 문제를 확인하고, 학습과제를 도출하며, 자료 수집 활동을 하게 된다. 이 과정에서 교수자는 튜터로서 매우 중요한 역할을 하게 되는데, 먼저 학습자의 학습 촉진을 위한 질문하기를 할 수 있다.

질문하기는 앞의 교수자 중심의 수업 실행에서와 같이 학습자의 인지 과정을 활발하게 하는 매우 중요한 교수 방법 중 하나이다. 문제 중심 학습의 문제 해결 단계에서 학습자들은 자신들의 독특한 결과물들을 도출하게 되며, 이에 대한 검토 및 상호 공유 시간을 팀 내 혹은 전체 학습자 앞에서 갖게 된다. 이때 튜터로서 교수자는 학습자의 학습 과정과 결과에 대하여 다양한 질문을 하게 되는데, 크게 지식 수준의 질문과 초인지 수준의 질문으로 구분된다(Torp & Sage, 2002).

지식 수준의 질문은 객관적 사실에 해당하는 것으로 학습자가 문제 해결 과정에서 분명히 알고 있는가를 묻는 것이다. 예컨대, "어떻게 알았나요?", "여기서 더 알아야 할 것은 무엇인가요?"와 같은 질문을 통해서 학습자가 분명히 알고 있는지를 확인하게 된다.

초인지 수준의 질문은 학습자가 알아 가는 과정에 대하여 물어보는 것으로서 학습자가 좀 더 깊이 있는 사고를 할 수 있도록 한다. 예컨대 학습자가 특정의 생각과 필요한 학습과제를 제안하였을 때 교수자는 "어떻게 하면 이것에 대해 더 배울 수 있을까요?", "왜 이것이 중요한가요?", "목표에 도달하였나요? 그렇게 생각한 이유가 무엇인가요?"와 같은 질문을 통하여 학습자의 사고 과정과 논리를 다시 한번 검토하게 할 수 있다.

이러한 질문은 학습자가 과정과 결과에 대하여 발표하는 과정 중, 후로 구두상으로 할 수도 있지만, 학습자들의 문서화된 결과물 혹은 온라인 자료에 대한 피드백 형태로 제시될 수도 있다. 특히 최근에는 온라인 환경에서 학습자들의 학습 활동(예컨대, 학습관리체제(learning management system)의 토론방을 통한 활동)이 활발하게 이루어지고 있는바, 그곳에서 학습자들이 산출해 낸 결과물에 바로 질문 형태의 피드백이나 댓글을 제공할 수 있다. 이 과정은 학습자 전체를 대상으로 할 수도 있고, 개별 그룹 혹은 상황에 따라서 개인 학습자에게만 이루어질 수 있다. 이러한 질문은 학습자들의 학습 과정과 결과물에 대하여 다시 한번 생각하게 하여 준다.

2) 학습자의 교육적 난점 진단 및 중재하기

문제 중심 학습에서 교수자는 학습자가 학습 과정에서 겪게 되는 어려움에 주목해야 한다. 학습자 주도의 문제 해결 과정에서 학습자는 다양한 어려움에 직면하게 된다. 사실적 지식들에 너무 집중한 나머지 적절한 추론 활동을 제대로 하지 못하거나, 관련된 지식과 정보를 정확하게 이해하지 못하거나, 문제 해결에 도움이 되는 자료들을 찾지 못하는 경우가 생긴다. 이런 경우가 방치되면 학습자들은 적절하지 못한 결론에 이르거나, 문제 중심 학습에 부정적인 태도를 갖는 등 부작용이 생기기 때문에 교수자는 학습자의 어려움을 다양한 방법으로 모니터링하면서 적절하게 중재를 하여야 한다.

특히 PBL이 복수의 학습자 그룹으로 이루어질 경우 교수자가 모든 그룹의 문제해결 과정에 직접적으로 참여할 수 없기 때문에 학습자가 겪게 되는 어려움을 다른 경로를 통해서 확인하는 과정이 필요하다. 예컨대 '과제수행계획서'에 학습자들이 작성한 결과를 모니터링하면서 지식의 오해, 관련 자료 탐색의 어려움 정도를 확인할 수 있다. 또한 개별적인 성찰 일지는 학습자의 지식에 대한 오해와 필요한 도움이 어떤 것인가를 알게 하여 준다. 성찰 일지가 학습자의 어려움을 확인할 수 있는 장치가 되기 위해서는 성찰 일지 안에 자신이 겪는 학습 과정상의 어려움을 때때로 적게 하는 것도 한 가지 방법이 될 수 있다.

3) 모든 학습자의 참여 유도하기

참여 유도하기

문제 중심 학습이 효과를 가져오기 위해서는 다른 팀별 활동과 마찬가지로 특정한 학습자만 주도하고, 몇몇 학습자들은 소극적으로 참여하거나, 무임승차(free ride)를 하는 문제에 대하여 교수자가 적절하게 중재하여야 한다. 모든 학습자의 적극적인 참여를 유도하기 위하여 교수자는 팀 역할을 최적화하는 방안을 적절하게 활용할 필요가 있다.

무엇보다도 팀의 문제 해결 활동을 전체적으로 안내하는 규칙(일명 ground rule)을 상호 간에 협의하는 과정을 요구하고, 실제 잘 지켜지고 있는가를 확인해야 한다. 팀 내 활동 규칙으로는 "역할 분담을 나누어 실행한다", "해당 과제를 완수하고, 그렇지 못할 때는 팀원의 양해를 구하도록 한다", "상대방의 의견에 대하여 일단 수용한다"와 같은 것을 포함할 수 있다. 이렇게 정한 팀 내 규칙이 제대로 지켜지고 있는가를 일정한 간격을 두고, 상호 간에 익명으로 평가하는 과정을 요구할 수도 있다. 팀 간 평가 결과는 교수자에게 전달될 수 있으며, 결과를 토대로 교수자는 적절하게 중재할 수 있다.

4) 학습자의 학습 속도와 수준 조절하기

문제 중심 학습에서 앞에서 언급한 학습자가 경험하는 어려움을 확인하고 적절하게 중재하는 것 못지않게 학습자의 학습 속도와 수준을 조절하는 것도 매우 중요하다. 문제 중심 학습이 적정한 긴장을 유지한 채 실행되기 위해서 교수자는 학습자의 학습 과정이 너무 쉽거나 느린지 아니면 너무 어렵거나 빠른지를 면밀하게 살펴볼 필요가 있다.

학습자가 학습하는 과정이 너무 느리거나 쉽다고 판단하는 경우에 교수자는 학습의 깊이를 심화시키기 위하여 앞에서 언급한 다음과 같은 초인지 질문을 할 수 있다. “왜 그렇다고 생각하는가요?”, “그렇게 말하는 것의 근거가 무엇인가요?”, “종합적으로 고려할 것 중에서 빠진 것은 혹시 없나요?” 또한 학습자가 너무 어려운 영역까지 파고들게 될 경우에는 학습의 초점과 속도를 조절하기 위하여 다음과 같은 질문을 할 수 있다. “여기까지만 일단 다루고 기존 자료를 조금 더 읽어보거나, 전문가와 이야기하는 시간을 가져보는 것은 어떨까요?”, “지금은 보다 큰 Big Picture에만 집중하는 게 좋아 보이는데, 어때요?” 이러한 중재 과정을 통해서 학습자들은 자신의 수준에 적합한 영역을 중심으로 문제 해결 활동을 하게 된다.

5) 그룹 내 대인 관계 조정 유도하기

팀 단위로 문제 중심 학습이 이루어지는 과정에서 흔치 않게 팀 내 구성원 간에 불협화가 생길 수 있다. 초기 PBL 소개 단계에서는 팀 내 문제가 드러나지 않지만, 이후 문제해결 활동이 진행되면서 대체로 3~4주 정도가 지나면 팀 내 개인 간의 차이점(행동, 습관, 가치, 견해, 욕구 등)으로 인하여 팀 활동이 지장 받는 경우가 나타날 수 있으며, 교수자는 이에 대한 대비를 통하여 문제를 최소화하거나 해결할 수 있도록 도와주어야 한다.

교수자는 무엇보다도 이런 문제가 발생할 수 있다는 점을 사전에 안내하고, 팀 자체 내에서 해결할 수 있도록 노력해야 함을 강조한다. 학습자들이 학습 공간에서 경험할 수 있는 이런 일들이 실제 사회의 여러 분야에서도 발생할 수 있기 때문에 안전한 학습 공간에서 그러한 문제를 인지하고 상호 간 해결 방안을 찾는 것이 중요하다는 점을 안내한다.

사전 안내를 했음에도 팀 내 문제가 발생할 수 있는데, 이때 교수자는 직접적으로 개입하기보다는 학습자 스스로 그 문제를 해결할 수 있도록 다음과 같은 초인지 질문을 할 수 있다. 예컨대 "어떤 일이 팀 활동에서 있다고 생각하나요?" "그 문제를 해결하려면 어떤 노력을 우리가 해야 하나요?" 이 과정을 통하여 대체로 학습자들의 그룹 내 대인 관계가 어느 정도 조정될 수 있다. 만약에 해결되지 않을 정도의 심각한 문제라면 잠정적으로 문제 해결 활동을 중지하고 전문적 도움을 요청하는 것이 적절할 수 있다.

3. 학습 정리 단계

1) 평가 활동 안내하기

평가 활동 안내하기

문제 중심 학습의 학습 정리 단계에서 학습자들은 상호 간에 과정 및 결과에 대하여 평가를 하게 된다. 교수자가 평가를 하는 과정에서 학습자 상호 간에 평가를 하는 것은 문제 중심 학습에서 매우 중요한 기능을 담당하고 있다. 이 과정에서 교수자는 학습자에게 평가의 모형을 보여주어야 한다. 학습자들은 아직 전문적으로 평가하는 활동에 익숙하지 않기 때문에, 다른 학습자의 과정 및 결과물에 대하여 '잘했습니다', '좋았습니다'와 같은 일상적 평가 용어를 사용할 수 있다. 이에 대하여 교수자는 어떻게 평가를 하는 것인지 사전에 관련 사례를 보여줄 수도 있고, 실제 평가 과정에서 교수자가 먼저 평가 시범을 보여줄 수도 있다. 예컨대 "~~ 한 부분을 고려한 점이 돋보였어요", "~~ 아이디어가 문제를 해결하는 큰 도움이 된 것으로 보입니다", "~~에 대하여 추가적인 설명을 하여 보세요"와 같이 구체적으로 평가와 의견을 제시함으로써 학습자들의 평가 활동을 안내하게 된다.

학습 내용 정리하기

2) 학습 내용 정리하기

문제 중심 학습의 마지막 학습 내용 정리하기 단계에서 교수자는 전체 학습 과정을 돌아보면서 평가를 하면서 교수자로서의 의견을 제시하게 된다. 특히 문제 중심 학습을 통하여 확인된 핵심 개념, 원리, 절차가 전체적으로 어떻게 조직화될 수 있는가를 제시함으로써 학습자의 주도적인 정리 과정을 도와주어야 한다. 즉 각각의 개별 활동이 어떻게 종합적으로 연결될 수 있는가를 보여주는 것이 필요하다.

이상에서 제시한 학습자 중심의 수업 실행 과정을 전체적으로 안내하는 방법은 다음과 같은 교수자의 대표적 질문으로 정리될 수 있다.

〈표 11-3〉 문제 중심 학습 실행 과정에서 교수자의 역할: 대표적인 질문

단계	대표적 질문
팀 구성 후 팀빌딩 과정	• 팀을 하나로 만들려면 무엇을 해야 하나요? • 우리 팀의 강점은 무엇인가요?
문제에 대한 이해를 촉진하려고 할 때	• 문제에서 현재 상황이 가지고 있는 독특한 특징은 무엇인가요? • 이 문제에서 다루어야 하는 추가적인 면은 무엇일까요?
문제 확인 및 학습과제를 도출할 때	• 아이디어 중에서 여러분이 이미 알고 있는 것은 무엇인가요? • 문제를 해결하기 위하여 어떤 자료를 찾아야 할까요? • 우리가 앞으로 공부해야 할 것은 무엇인가요? • 필요한 자료를 얻기 위해서는 무엇을 해야 하나요?
탐색이나 분석을 촉진할 때	• 이러한 현상의 원인은 무엇인가요? • 이렇게 된다면 결국 어떤 결과가 발생할까요? • 그 대안의 장단점은 무엇인가요?
학습을 유도할 때	• 우리가 알아야 할 것은 무엇인가요? • 새로운 것을 확인하기 위해서는 무엇을 학습해야 할까요?
새로운 시각을 촉진할 때	• 왜 그렇게 생각하나요? • 그 문제를 다른 관점에서 볼 수 있나요?
과제 마무리 이후 성찰할 때	• 과제를 수행하면서 무엇을 배웠나요? • 과제를 통해서 학습한 것을 어디에 적용할 수 있을까요?

출처: 최정임, 장경원(2015)의 내용 수정.

제4절 마이크로티칭과 성찰

이상에서 제시한 수업 실행의 원칙을 제대로 실천하기 위해서는 실제로 수업을 시연(demonstration)하여 보고, 자신의 수업 활동 및 과정에 대하여 평가 및 피드백 과정을 받는 것이 중요하다. 이 부분은 전통적으로 수업 관찰과 장학(변영계, 김경현, 2005) 차원에서 현직 교사의 연수 활동의 일환으로 지속되어 왔으며, 방법론적으로는 마이크로티칭(micro-teaching)에 의하여 구현되기도 하였다(유혜령, 1997). 본 절에서는 앞에서 제시한 수업 실행 원칙을 시연하는 과정을 종합적으로 안내하고, 피드백할 수 있는 방법론으로 마이크로티칭의 유형과 실시 방법 그리고 그에 따른 성찰 과정을 수업컨설팅 측면에서 간략하게 소개한다.

1. 마이크로티칭의 특징

마이크로티칭

마이크로티칭은 1960년대 초기에 미국 스탠퍼드 대학교에서 교사 연수 방법으로 처음 소개된 이후 현재까지 교사의 수업 역량을 향상시키는 방법으로 사용되고 있다. 마이크로티칭에서 '마이크로(micro)'는 일반적인 교실 수업보다는 훨씬 작은 수업 목표와 짧은 수업 시간, 그리고 압축된 수업 사태를 실습한다는 점을 강조하고 있다(유혜령, 1997). 따라서 교육대학이나 사범대학에서 교육 실습생의 직전 교육 및 현직 교사의 연수 과정 그리고 최근에는 대학 교수의 강의법 지원 전략으로 잘 활용되고 있다(조용개 외 5인, 2009).

마이크로티칭은 학습자가 실제 학생일 수도 있으며, 동료 교사일 수도 있다. 먼저 실제 학생을 대상으로 마이크로티칭을 하게 되면, 실제 학생들과 생생한 상호작용을 하게 됨으로써 어떤 교수 방법이나 전략들이 어떤 학생들에게 효과적인가 여부를 경험적으로 확인하게 된다. 또한 현직의 교사들에 의하여 이루어질 경우, 학습의 정규 수업 시간에 맞추어서 정해진 교육 내용을 그대로 가지고 진행할 수 있어서 편리하다.

그러나 학생들을 대상으로 하는 마이크로티칭은 단점도 지니고 있다. 첫째, 실제 교육현장에서 이루어지기 때문에 마이크로티칭 수업 상황을 쉽사리 통제하거나 조정할 수가 없다. 둘째, 학생들이 수업 자체보다는 비디오카메라나 녹음기 등에 더 많은 관심을 보일 수 있다. 셋째, 대상 학교가 예정된 수업 일정에 지장이 있을까 염려하여 예비교사들인 교육실습생들에게는 수업 시간 배당을 꺼릴 수 있다.

따라서 이런 문제점을 고려하여 동료들을 대상으로 마이크로티칭을 하는 경우가 적지 않다. 사범대학의 경우 교육실습을 나가기 전에 강의실에서 중등학교 교실 상황을 연출하여 교육실습생이 교사 역할을, 나머지 동료들이 학생 역할을 하는 경우가 여기에 속한다. 이 방법은 학교의 협조를 요구할 필요가 없이 간단히 마이크로티칭을 할 수 있는 것 이외에도 교육실습생들이 학생과 교사의 역할을 번갈아 하면서 수업 상황에 대한 폭넓은 이해와 체험을 할 수 있는 장점이 있다. 또한 교육실습생들이 동료들이 가르치는 장면을 관찰할 수 있는 기회를 주며, 수업 상황의 여러 변인들을 보다 쉽게 조정하고 통제할 수 있다.

마이크로티칭의 주된 피드백 형태는 비디오를 활용한 피드백이다. 즉 수업 장면을 촬영한 후 수업 행동을 다양한 측면에서 분석하게 되는데, 이때 언어적 표현 이외에도 각종 비언어적 행동에 대한 세밀한 분석이 가능하다. 예컨대 어떤 표현을 주로 사용하는지, 어느 부분을 주로 쳐다보는지, 어떻게 움직이는지와 같은 것을 포함하여 억양과 말의 속도 등에 대하여 객관적으로 평가하게 된다. 최근에 마이크로티칭이 주목을 받는 이유 중 하나는 이런 비디오 촬영과 피드백을 예전보다도 쉽게 할 수 있다는 데에 있다. 즉 각종 디지털 형태의 비디오 자료의 촬영, 편집, 검토를 손쉽게 할 수 있는 기술적 변화가 뒷받침되고 있는 것이다.

비디오 피드백
체크리스트

비디오 피드백 이외에도 체크리스트를 활용하면서 외부 전문가에 의하여 피드백이 이루어지거나, 동료들이 학습자 혹은 교수자 입장에서 피드백을 제공하는 형태도 있다.

2. 마이크로티칭의 실행 및 평가 기준

마이크로티칭을 효과적으로 실시하기 위해서는 일반 교실보다는 전문화된 수업행동 분석실을 활용하는 것이 적절하다. 최근에는 일반 학교 및 대학에서 수업행동 관찰 및 분석실을 기본적으로 갖추는 추세이다. [그림 11-9]는 최신 수업행동 분석실의 한 가지 형태를 보여주고 있다. 수업행동 분석실

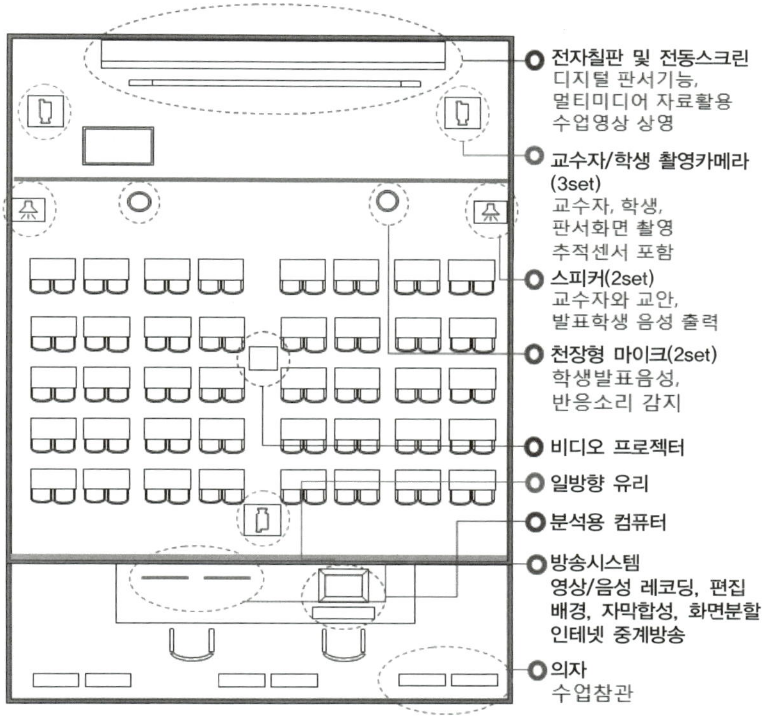

[그림 11-9] 수업행동 분석실의 구성 예시

이 수업행동 분석실은 교사와 학생의 행동을 촬영하는데 기본적으로 3대의 카메라가 작동한다. 즉 교사, 학생, 그리고 판서 화면을 촬영하게 되는데 이때 추적 센서 기술을 이용하여서 움직임을 자동적으로 추적하게 된다. 또한 천장에 마이크가 설치되어서 학생의 발표 음성 및 반응 소리를 감지하여 녹음하게 된다. 따라서 별도의 촬영 기사가 필요 없이 자연스럽게 수업이 진행될 수 있다.

교실의 뒷면에는 수업 장면을 녹화하는 장비가 있으며, 필요시 편집 등을 하게 된다. 이곳은 일방향 거울로 처리되어 있어서 외부의 교사와 학생들은 특별히 의식하지 않고 수업 및 학습 활동을 하게 되며, 관찰자들도 이곳에서 교사와 학생을 간섭하지 않고 관찰 및 기록을 쉽게 할 수 있다.

자신의 수업을 준비하는 과정에서 다른 교사들이나 학생들의 수업을 관찰하고 분석하는 것은 좋은 간접적 경험 기회를 제공하여 줄 수 있다. 웹 기반 지원시스템을 통하여 분석 및 성찰 과정을 체계적으로 도와줄 수 있으며, 자신의 수업 활동을 촬영하여 분석하는 기회를 통하여 실질적인 수업실행 기술을 향상시킬 수 있다.

마이크로티칭을 실시할 때 평가자들은 앞에서 다룬 교수 방법과 교수 실행 원칙들이 제대로 지켜지고 있는가를 평가하여 그 결과를 수업 실행자에게 제시하게 된다. 다음에 제시된 〈표 11-4〉는 이러한 평가 과정에 사용될 수 있는 기준을 예시적으로 보여주고 있다. 평가표에 제시된 기준은 크게 수업의 일반 구성, 수업 분위기, 매체의 활용, 목소리, 몸동작의 하위 요소로 나뉘며, 해당 영역에서 세부 항목별로 평가가 이루어질 수 있다. 마지막으로 질적인 측면에서 평가를 하면서 최종 종합적인 의견을 적게 된다.

평가표

수업의 구성은 수업의 도입, 전개, 마무리 단계별로 교수 방법이 효과적으로 적용되었는가를 다룬다. 이 부분은 본서의 '제4장 가네의 수업의 사태의 아홉 가지 활동'을 반영한 것으로 볼 수 있다. 초기 주의집중과 수업 목표 제시 여부를 확인하는 것으로 시작하여, 내용의 구성, 중요 내용의 포함 여부, 학습자 참여수준, 피드백 제공, 수업 정리 등이 이루어졌는가를 평가한다. 각 하위 항목별 수준을 기입하고, 하단의 특징란에 간략하게 질적 평가를 추가하게 된다.

수업 행동 분석 평가표

〈표 11-4〉 마이크로티칭에 활용되는 수업 행동 분석 평가표 사례

<table>
<tr><td>일 시</td><td colspan="2">20 년 월 일 요일</td><td>평가자(소속)</td><td colspan="2"></td></tr>
<tr><td>교수자</td><td colspan="2">이름</td><td>소속(전공)</td><td colspan="2"></td></tr>
<tr><td>주제</td><td colspan="5"></td></tr>
<tr><td colspan="6">주요 진단 항목 (그렇다: ○, 보통이다: △, 그렇지 않다: ×)</td></tr>
<tr><td rowspan="8">수업 구성</td><td rowspan="2">도입</td><td colspan="3">• 수업 시작 시 목표를 제시하고, 수업 진행을 안내하는가?</td><td></td></tr>
<tr><td colspan="3">• 학습 동기를 유발하는가?</td><td></td></tr>
<tr><td rowspan="5">전개</td><td colspan="3">• 수업 목표에 맞게 내용이 체계적으로 구성되었는가?</td><td></td></tr>
<tr><td colspan="3">• 중요한 내용이 부각되었는가?</td><td></td></tr>
<tr><td colspan="3">• 학생들이 참여할 기회를 주는가?</td><td></td></tr>
<tr><td colspan="3">• 학생들에게 피드백을 적절히 제공하는가?</td><td></td></tr>
<tr><td colspan="3">• 지루하지 않도록 다양한 교육방법을 활용하는가?</td><td></td></tr>
<tr><td>마무리</td><td colspan="3">• 수업 종결 시 요약 및 정리를 통해 마무리를 하는가?</td><td></td></tr>
<tr><td rowspan="4">수업 분위기</td><td>• 수업에 대한 열의가 느껴지는가?</td><td></td><td rowspan="4">목소리</td><td>• 목소리 크기가 적절한가?</td><td></td></tr>
<tr><td>• 모든 학생들을 살펴보고 관심을 기울이는가?</td><td></td><td>• 말하는 속도가 적절한가?</td><td></td></tr>
<tr><td>• 학생들을 주의 집중시키는가?</td><td></td><td>• 발음은 명확한가?</td><td></td></tr>
<tr><td>• 학생들이 적극적으로 수업에 참여할 수 있도록 허용적인 분위기를 조성하는가?</td><td></td><td>• 목소리에 변화가 있는가?</td><td></td></tr>
<tr><td>매체의 활용</td><td>• 멀티미디어 자료가 효과적으로 제작되었는가?</td><td></td><td>몸동작</td><td>• 몸동작이 자연스럽고 효과적인가?</td><td></td></tr>
</table>

	• 멀티미디어 자료 및 교구를 적절히 활용하는가?			• 자연스럽게 움직이면서 수업하는가?	
	• 칠판을 적절하게 활용하는가?			• 학생들에게 시선을 주고 있는가?	
특징					
장점					
개선할 점					
종합 의견					

이 평가 기준의 특징 중 하나는 수업의 구성 이외에 '수업 분위기'를 포함한 것이다. 교사가 학생들과 상호작용적으로 수업을 진행하는가를 교사의 열의, 학생들에 대한 관심, 주의집중 노력 측면에서 평가를 하게 된다. 또한 마이크로티칭을 통하여 구체적인 수업 행동에 대한 피드백을 제공하기 위하여 목소리, 몸동작, 그리고 매체의 적절한 활용 측면을 평가하게 된다. 목소리는 교사의 수업 전달 행위의 핵심을 차지하는 것으로 목소리의 크기, 속도, 발음의 명확성, 변화 등을 평가하게 된다. 몸동작도 학습자의 주의집중과 수업의 역동성을 좌우하는 중요한 평가 지표이며, 마지막으로 매체를 적절하게 개발하여 활용하는가를 평가하게 된다.

다음에 제시되는 〈표 11-5〉는 앞에서 다룬 평가표의 핵심적인 평가 기준을 교사의 수업 행동 측면에서 제시하고 있다. 언어적 표현으로부터 학습자들과의 관계 측면의 하위 영역별로 수준을 평가하면서, 개선이 필요한 부분을 평가하게 된다.

〈표 11-5〉 마이크로티칭에 활용되는 수업 행동 분석 평가표 사례 2

항목		잘함	보통	개선 필요함
언어적 표현	발음이 정확한가?			
	말하는 속도가 적절한가?			
	목소리 크기가 적절한가?			
	내용에 따라 목소리의 높낮이를 잘 구사하는가?			
얼굴표현	얼굴 표정은 부드러운가?			
	미소를 띠고 있는가?			
	모든 학습자를 골고루 둘러보는가?			
	학습자들에게 시선을 주고 있는가?			
몸동작	자세는 바른가?			
	몸동작이 자연스럽고 적절한가?			
	긴장하지 않고 적절하게 움직이고 있는가?			
	긍정적인 느낌을 줄 수 있는 태도를 취하는가?			
시청각자료 활용하기	시각적으로 보기 좋은가?			
	자료의 수준은 적합한가?			
	내용을 중복하지 않고 보충 혹은 심화하는가?			
수업 진행	수업에 열의가 있는가?			
	수업 속도와 흐름은 적절한가?			
	수업 시간 조절은 잘하고 있는가?			
강의 구성	수업에 시작이 있는가?			
	수업에 끝맺음이 있는가?			
	수업에 여유가 있는가?			
	수업이 호기심을 유도하는가?			
	가장 중요한 내용이 부각되는가?			
학습자들과의 관계	질문을 주고받는가?			
	학습자의 의견을 존중해 주는가?			
	학습자에게 참여할 기회를 주는가?			
	학습자가 잘했을 때 칭찬해 주는가?			
	학습자가 잘 못했을 때 격려해 주는가?			

3. 성찰과 수업컨설팅

마이크로티칭 과정을 통해서 평가자들은 수업 실행자, 즉 교수자에게 세부 평가 영역과 종합적인 평가 결과를 제공하게 된다. 교수자는 이 평가 자료를 토대로 전체적인 성찰 과정을 거치게 된다.

성찰 과정

성찰 과정은 전문가로서 교사가 성장하는 과정에서 매우 중요한 활동이다. 자신의 전문성을 향상하는 과정에서 겪게 되는 문제들의 해결 경험으로부터 자신이 무엇을 할 수 있고, 무엇을 해야 하는가를 생각하는 기회를 주기 때문이다. 교사들은 쉽게 해결하기 힘든 교육적 상황에서 수업 행위를 하게 되는데, 이 과정에서 현재 자신의 교육 방법이 적절한가 또는 새로운 교육 방법을 적용할 필요가 있는가를 성찰 차원에서 물어보게 된다.

수업컨설팅

수업 장학

이러한 성찰은 개인적인 수준에서 일어날 수 있지만, 최근에는 수업컨설팅 차원에서 공식적으로 일어나기도 한다. 교사는 자신의 수업 실제와 관련하여 학교 내외의 전문가 그룹을 통하여 문제 해결을 의뢰하고 도움을 받는 컨설팅 과정에 참여하게 된다(이상수, 강정찬, 이유나, 오영범, 2012). 수업컨설팅은 수업 장학과는 구분되는 개념으로 학습자의 학습 개선에 초점을 두고, 수업 문제를 해결하기 위해서 수업을 체제적 관점에서 보고 체계적으로 접근하는 컨설턴트와 컨설팅, 즉 수업 전문가와 교수자 간의 협력적 문제해결 과정으로 파악된다(이상수, 2010).

마이크로티칭

앞에서 다룬 마이크로티칭은 전체 수업 개선 활동 중 실제 수업 장면에 초점을 두고, 교수자의 다양한 수업 설계 및 실행 역량을 평가하고 그에 따른 개선 방향을 성찰하는 것이라면, 수업컨설팅은 그것보다는 포괄적이고 체계적인 관점에서 교육과 수업 실천을 분석하고 해결책을 찾는 과정으로 볼 수 있다. 이 과정에서 교사는 수업 전문가에게 자신의 의견, 상황, 자료 등을 제공하면서 협력적으로 문제 해결안을 찾게 된다. 교사의 수업 실행 중에 어떠한 행동을 하거나, 수업 설계를 어떻게 할 것인가와 함께 학습자에게 필요한 변화, 예컨대 자기관리기술의 안내와 같은 개입안 등을 도출하게 된다. 이 과정을 통하여 교사는 보다 종합적으로 수업 설계와 관련된 요인들을 파악하게 되어 최적화된 해결안을 도출하는 전문가로서 성장할 수 있다.

성찰과 수업컨설팅은 학습자 중심의 문제 기반 학습 과정에서도 일어날 수 있다. 문제 기반 학습에서 교수자는 자기 스스로 수업을 평가하는 활동을 하게 된다(최정임, 장경원, 2015). 앞에서 제시한 문제 중심 학습에서 튜터로서의 제 역할을 다하였는가를 자가 진단을 할 수 있다(Leung, Lue, & Lee, 2003). 예컨대 학습자의 경험에 대해서 적극적으로 경청하였는가와 같은 질문에 스스로 답을 하게 된다.

이러한 자기 진단 자료를 포함하여 문제 중심 학습에서 교수자는 성찰을 실행한 후, PBL 수업 포트폴리오를 만들기도 한다. 이 포트폴리오는 PBL 수업에서 이루어진 가르침과 배움에 대한 교수자의 경험과 성찰을 자료화한 것이다. 왜 교수자가 PBL에 관심을 갖고 이를 수업에 활용하게 되었는지에 초점을 두고 개발하게 된다. PBL 수업 포트폴리오에는 대체로 교과목에 대한 소개, 자신의 수업설계의 이론적 근거, 교과목 운영에 대한 교수자의 성찰, 수업 실제에 대한 성찰, PBL 맥락과 내용, 학습자 활동, 교과목 전체에 대한 활동이 포함된다. PBL 수업 포트폴리오는 교수자의 수업 행위에 대한 성찰 과정과 결과를 종합적으로 정리한 것으로 볼 수 있다. 이런 자료의 개발과 공유를 통하여 보다 전문적인 수업 실천이 가능해질 수 있다.

PBL 수업 포트폴리오

참고문헌

권성호 (2000). 하드웨어는 부드럽게, 소프트웨어는 단단하게. 서울: 양서원.

변영계, 김경현 (2005). 수업장학과 수업분석. 서울: 학지사.

유혜령 (역) (1997). 마이크로티칭. 서울: 문음사.

이상수 (2010). 수행공학을 적용한 수업컨설팅 모형. 교육공학연구, 26(4), 87-120.

이상수, 강정찬, 이유나, 오영범 (2012). 체계적 수업분석을 통한 수업컨설팅. 서울: 학지사.

이성호 (1986). 교수방법의 탐구. 서울: 양서원.

이지연 (2005). 명강의를 위한 효과적인 수업기술. 서울: 서현사.

임철일 (2006). 정보통신기술의 교육적 활용을 위한 예비 교사 준비교육프로그램 모형에 관한 연구. 교육공학연구, 22(4), 137-169.

임철일, 최정임 (역) (1999). 효과적인 의사소통을 위한 기술. 서울: 커뮤니케이션북스.

조용개, 심미자, 이은화, 이재경, 손연아, 박선희 (2009). 성공적인 수업을 위한 교수전략. 서울: 학지사.

최정임, 장경원 (2015). PBL로 수업하기(2판). 서울: 학지사.

Amidon, E., & Hunter, E. (1967). *Improving teaching: The analysis of classroom verbal interaction*. New York: Holt, Rinehart & Winston, Inc.

Barrows, H. S. (1988). *The tutorial process (3rd ed.)*. 서정돈, 안병현, 손희정(역) (2005). 하워드 배로우스 박사의 튜터식 교수법. 서울: 성균관대학교 출판부.

Carner, R. L. (1967). Levels of questioning. In Raths, J. et. al. (Eds.). *Studying teaching*. Englewood Cliffs, NJ: Prentice Hall, Inc.

Dick, W. & Carey, L., & Carey, J. O. (2009). *The systematic design of instruction (7th ed.)*. 최수영, 백영균, 설양환(역) (2003). 체제적 교수설계. 서울: 아카데미프레스.

Frey, N. & Fisher, D. (2010). Identifying instructional moves during guided learning. *The Reading Teacher, 64*(2), 84-95.

Gagné, R. N. & Briggs, L. (1979). *Principles of instructional design (2nd ed.)*. New York: Holt, Rinehart & Winston.

Gallagher, J. J. (1965). *Productive thinking in gifted children.* Urbaon, IL: Institute for research on exceptional children.

Lake, J. H. (1973). The influence of Wait-Time on the Verbal Dimension of Student Inquiry Behavior. Unpublished Doctoral Dissertation, Rutgers University.

Leung, K. K., Lue, B., H., & Lee, M. B. (2003). Development of a teaching style inventory for tutor evaluation for problem-based learning. *Medical Education, 37*, 410-416.

Rowe, M. B. (1973). *Teaching science as continuous inquiry.* New York: McGraw-Hill Book. Co.

Schannon, C. E. & Schramm, W. (1964). *The mathematical theory of communication.* Urbana, IL: The University of Illinois Press.

Shedd, M. R., et al. (1971). Yesterday's curriculum-today's world: Time to reinvent the wheel. In McClure, R. M. (Ed.). *The curriculum retrospect and prospect, 70th yearbook, Part I.* Chicago: The National Society for the Study of Education.

Torp, L. & Sage, S. M. (2002). *Problems as possibilities: Problem-based learning for K-12 education.* Alexandria, VA. ASCD.

제12장

4차 산업혁명 · 지능정보 사회와 교육공학적 수업의 새 지평

인터넷과 정보통신망이 일반 가정에 보급되기 시작한 지 불과 30여 년 지났고, 2007년 미국 애플사가 최초의 스마트폰인 아이폰2G를 출시한 지 10 여 년밖에 안 되었는데, 인간생활의 광범위한 분야에 인공지능, 사물인터넷, 빅데이터, 모바일 인터넷, 클라우드, 로봇 등 다양한 기술들이 활용되면서 지능정보 사회로 발전되고 있다. 2016년 제46차 세계경제포럼(World Economic Forum: 다보스포럼)에서 4차 산업혁명이란 용어를 최초로 사용하였다. '디지털 혁명'이라고 일컬어지는 3차산업혁명이 컴퓨터와 정보통신기술의 발달로 정보화 · 자동화 체제를 구축하였다면, 4차 산업혁명은 인공지능과 빅데이터의 연계 및 첨단 기술들이 융합되면서 '파괴적 혁신'이라고 불릴 정도로 사회환경을 급격하게 '지능정보사회'로 변화시키고 있다. 4차 산업혁명과 동시에 지능정보사회로 발전하면서 인간의 생활환경도 스마트 팩토리, 스마트 비즈니스, 스마트 워크, 스마트 교육 등으로 급변하고 있으며, 인간이 미래사회에서 살아가려면 지능정보사회에 적응하는 데 필요한 다양한 역량들을 길러야만 할 것이다.

지능정보사회

스마트 교육

현재 초 · 중 · 고등학교 학생들은 인공지능, 로봇, 첨단 정보통신기술과 디지털 기술의 발전으로 '초연결, 초지능, 초융합'의 4차 산업혁명 · 지능정보사회에서 생활하게 될 것이다. 미래사회에서는 인간의 생활양식도 지능정보화로 변화하게 될 것이며, 사회생활도 면대면 생활보다 비대면 생활이 급격하게 증가하게 될 것이다. 뿐만 아니라, 학생들도 4차 산업혁명 · 지능정보사회에 적응하려면 문제해결력, 융합창의적 사고력, 의사소통능력, 협업능력, 디지털기술 응용력 등의 역량들을 길러야만 할 것이다. 그러므로 현재 초 · 중 · 고등학교 학생들에게 지능정보사회에서 살아가는 데 필요한 '역량들'을 길러주는 것은 학교교육에서 조속히 해결하여야 할 당면과제이다.

오늘날 학생들은 인터넷, 인공지능, 첨단 정보통신기술을 자유롭게 활용할 수 있는 디지털 학습환경에서, 장소와 시간의 제약을 거의 받지 않고 필요한 지식과 정보를 자유자재로 획득할 수 있으며, 교실이라는 물리적 공간의 제약

디지털 학습환경

을 받지 않고 언제, 어느 곳에서나 학습활동을 수행할 수 있을 만큼 학습공간이 무한대로 넓어지고 있다. 뿐만 아니라, 온라인 수업이 일반화됨으로써, 교사들도 학생들을 위한 맞춤형 개별화학습, 학습자 중심 수업과 자기주도학습, 학습자원안내, 온라인-오프라인 학습의 설계와 운영 등과 관련된 지능정보기술을 숙달해야 하고, 또한 급속히 발전하고 있는 지능정보기술을 활용한 수업혁신과 학습컨설팅 역할도 수행할 수 있어야 한다.

맞춤형 개별화학습
학습자 중심 수업

목 표

1. 4차 산업혁명 · 지능정보사회의 사회환경 · 교육환경의 특징을 설명할 수 있다.
2. 4차 산업혁명 · 지능정보사회에서의 인재들이 갖추어야 할 핵심역량들을 열거할 수 있다.
3. 온라인 학습 · 디지털 학습과 전통적 학교학습과의 차이점을 기술할 수 있다.
4. 교육혁신 또는 수업혁신을 위하여 지능정보기술 및 디지털 기술의 활용 방안을 제시할 수 있다.

제1절 4차 산업혁명의 도래와 사회환경 · 교육환경의 변화

4차 산업혁명을 일으키고 있는 첨단 인터넷 기반 정보통신기술과 4차 산업혁명의 핵심기술인 인공지능, 사물인터넷, 클라우드 컴퓨팅, 빅데이터, 모바일 컴퓨팅 등의 지능정보기술의 활용이 급격히 확산되면서 사회환경과 교육환경도 대변혁을 일으키고 있다.

1. 4차 산업혁명의 도래와 사회환경의 변화

1990년대에는 컴퓨터와 정보통신기술의 혁신으로 지식의 부가가치가 증대되는 '지식정보사회'로 발전하였고, 2000년대에 접어들면서 인간생활의 광범위한 분야에서 인공지능이 결합된 지능정보기술의 활용이 보편화되는 '지능정보사회(Intelligent Information Society)'로 발전하고 있다. MSIP(2017, p. iii)의 내용을 참조하여, '지능정보사회(Intelligent Information Society)'의 정의를 기술하면 다음과 같다. 4차 산업혁명의 추동력인 "'지능정보사회(Intelligent Information Society)'란 고도화된 정보통신기술 인프라(예를 들면, 사물인터넷, 클라우드 컴퓨팅, 빅데이터 분석, 모바일 등)와 '인공지능(AI)'이 결합된 '지능정보기술'을 노동, 경제, 생활방식, 생활환경 등 전반적 분야에서 활용함으로써 경제발전과 함께 모든 사람에게 안녕과 행복을 이루는 사회"라고 정의할 수 있다.

지능정보사회

인공지능(AI)

인공지능기술을 활용한 로봇, 드론, 3D 프린팅 등이 우리 생활 속에서 다양하게 활용되고, 그동안 개별적으로 발달해 왔던 첨단 기술들이 융합되면서 3차산업혁명과는 비교할 수 없을 정도로 사회환경을 급격하게 변화시키고 있는 4차 산업혁명이 도래하고 있다. 세계경제포럼 회장인 슈밥(Schwab, 2016)은 4차 산업혁명은 3차산업혁명(일명 '디지털 혁명')의 연장선상에서 이루어지는

슈밥(Schwab)

선형적 수준이 아니라 파괴적 혁신이 이루어질 것으로 예상하여 '4차 산업혁명'이라는 용어를 최초로 사용하였다, 그 후 슈밥(2018)은 지능정보기술이 과학기술과 산업사회를 혁신적으로 발전시키는 것을 '4차 산업혁명'이라고 규정하였다.

4차 산업혁명의 추동력인 지능정보기술은 인공지능(AI: Artificial Intelligence)과 정보통신기술 인프라(ICBM)의 결합이라고 요약할 수 있다. 즉 **ICBM**은 사물인터넷(**I**oT: Internet of Things), 센서가 수집한 데이터를 클라우드(**C**loud)에 저장하고 축적된 빅데이터(**B**ig data)를 분석하여 적절한 모바일(**M**obile) 기기로 서비스하는 것이다. 지능정보기술의 핵심적 특징은 실시간으로 방대한 데이터를 수집 · 분석하고, 이러한 데이터를 기반으로 컴퓨터가 딥러닝(Deep learning)과 기계학습(Machine Learning) 과정을 통해 인간의 두뇌를 모방한 지적 활동(정보의 이해, 의미 파악, 추론, 문제해결 등)을 수행한다는 것이다.

정보통신기술 인프라(ICBM)
사물인터넷(IoT: Internet of Things)
빅데이터(Big data)
딥러닝(Deep learning)
기계학습(Machine Learning)

4차 산업혁명이 진전되면서 그동안 개별적으로 발달되어 왔던 다양한 기술들이 점차 융합되어 모든 것이 지능화되고, 연결되고 있다. 이에 따라 인공지능, 사물인터넷, 빅데이터, 클라우드 컴퓨팅, 모바일 등의 지능정보기술이 제조업과 서비스 산업에 융합되거나 생명공학, 재료공학, 나노기술, 로봇공학, 3D 프린팅 등 다양한 분야의 과학기술들과 융합하는 '초융합(hyper-convergence) 사회'가 이루어지고 있다. 또한 인터넷과 정보통신기술이 고도로 발전됨에 따라서 사람, 사물, 공간 등 모든 것들이 인터넷으로 서로 연결(networking)되고, 모든 것들에 대한 정보가 생성 · 수집 · 공유 · 활용되며, 언제 어디서나 인간과 인간, 인간과 사물, 사물과 사물들이 네트워크를 바탕으로 상호 유기적인 소통이 가능해지는 '초연결(hyper-connectivity) 사회'가 형성되고 있다. 모든 것이 연결되고 항시 접속 가능한 초연결사회에서는 산업, 경제, 사회, 문화 등의 다양한 분야에서의 생활방식이 디지털화, 지능화로 바뀌는 혁신적 발전이 이루어지게 되며, 물리적 일상세계뿐만 아니라 가상세계에서의 연결도 가능해지면서 사람들은 더 가까워지고 더 넓어지는 세계 속에서 살게 된다. 그리고 초연결성을

초융합(hyper-convergence) 사회
초연결(hyper-connectivity) 사회

지닌 인터넷과 모바일 플랫폼을 기반으로 사이버물리시스템(cyber physical system)과 인공지능을 기축으로 하는 사회시스템 간의 상호작용이 활성화되는 '초지능(hyper-intelligence) 사회'가 구축되고 있다.

초지능(hyper-intelligence) 사회

4차 산업혁명이 진전되면서 사회환경도 초지능 · 초연결 사회로 변화되어 감에 따라 모든 지식정보가 개방된 사회로 바뀌어 가고, 새로운 지식정보가 폭발적으로 증가하고 있으며, 인공지능, 로봇, 지능정보기술은 사회의 전반적 직업 분야의 자동화를 촉진시키고 있다. 뿐만 아니라, 인공지능과 로봇의 활용이 일반화되면서 기존의 직업 분야 및 전문 분야가 상당한 정도로 소멸되고, 동시에 인공지능과 로봇을 활용한 새로운 직업 분야와 전문 분야가 급격하게 창출되고 있다. 그동안 인간이 손수 하였던 많은 직업들이 인공지능을 갖춘 기계들에 의해 자동화되고, 더 나아가 단순반복 업무뿐만 아니라 지적인 노동이나 정밀한 육체노동 등도 점차 기계화로 대체되고 있다. 이에 따라 미래의 지능정보사회에서는 사무, 행정, 제조, 생산 분야의 직업은 급격히 감소하게 될 것이고, 기계들이 할 수 없는 새로운 지식을 활용한 산업 분야의 일자리는 증대될 것으로 전망된다. 특히 비즈니스 · 금융 및 경영, 컴퓨터와 수학 등과 관련된 직업 분야는 증가하게 될 것이며, 교육 관련 분야도 증가하게 될 것이다(World Economic Forum, 2016). 4차 산업혁명시대에는 산업 분야, 농수산업 분야, 공공 분야, 교육 분야에 이르기까지 인간생활의 모든 분야에서 유비쿼터스 모바일 인터넷, 인공지능, 그리고 로봇공학 등의 활용이 크게 확산된다. 특히 기계학습(machine learning)을 통해 의료, 금융, 자동차 분야에서 그동안 인간이 잘 수행하지 못하였던 직업들이 실현 가능하게 되고, 더 나아가 오감, 생체신호 등을 통해 인간의 감정을 파악하여 인간과 기계 간의 언어적 · 비언어적 소통도 가능하게 될 것이다. 이에 따라 지능정보기술의 활용으로 질병 진단 및 치료의 정확도가 향상되고 의료비용 절감 및 의료 품질 · 접근성을 향상시키고 있다. 또한 전자제품의 지능화로 인해 인간의 음성이나 동작을 인식하여

기계학습(machine learning)

지능정보기술의 활용

전자제품이 스스로 작동할 수 있도록 개발되고 있다.

4차 산업혁명으로 인한 새로운 사회·경제환경의 변화는 인간의 역량에도 큰 변화를 가져오게 될 것이다. 미래사회에서는 과학기술과 정보통신기술의 급진적 발달로 사회현상 및 생활양상이 첨단인공지능화, 특성화, 개별화, 소셜네트워크화(SNS), 자동화, 지능정보화, 온택트화(on-tact, untact)로 변화됨에 따라서 조직사회는 약화되고, 네트워크사회가 강화될 것이다. 네트워크사회에서는 인간들이 개인 간의 협력역량과 정보공유공동체 역량을 필수적으로 갖추어야만 한다. 뿐만 아니라, 빠른 속도로 변화하는 새로운 지능정보기술의 활용능력, 변화된 환경에서 인간과 인간, 인간과 기계 간의 소통 및 공감 능력이 강조되면서 교육 분야도 변화하지 않을 수 없게 되었다. 네트워크사회

따라서 급격하게 발전하고 있는 4차 산업혁명·지능정보사회에서 살아가게 될 학생들에게 '어떤 역량을 길러주어야 하며, 어떻게 학습시켜야 하는가, 그리고 교사는 어떤 역량을 갖추고 어떤 역할을 수행해야 하는가' 등은 시급하게 연구되어야 할 과제들이다(임종헌 외, 2017). 즉 인간생활의 전 분야에 깊숙이 확산되고 있는 초융합, 초지능, 초연결이라는 사회적 환경의 메가트렌드 변화에 부응할 수 있도록 학교교육에서도 학생들에게 4차 산업혁명·지능정보사회에서 요구하는 역량들을 길러주기 위하여 교육목적, 교육내용, 교육방법 등을 새롭게 혁신시켜야 할 것이며, 동시에 학생들을 가르치는 교사의 전문성과 역할도 이에 맞추어 변화해야만 될 것이다.

2. 4차 산업혁명의 도래와 교육환경의 변화

4차 산업혁명·지능정보사회가 도래하면서 인간생활의 전반적인 분야에서 지능정보기술과 디지털 기술의 활용이 일상화되고, 비대면 생활이 일상화되면서, 학교교육이나 학생들의 학습활동에서도 지능정보기술을 활용한 온라인

수업이나 학습자 중심 수업이 확산되고 있다. 특히 교육 분야에서는 인공지능, 빅데이터, 정보통신기술, 클라우드 컴퓨팅, AI 튜터, 교육용 로봇 등의 에듀테크(EduTech) 활용이 급격히 확산되면서 교수·학습환경이 급변하고 있다. 미래의 학교교육은 온라인 수업의 비중이 점차 확대될 것이다.

AI 튜터

에듀테크(EduTech) 활용

최근에는 학생들이 교실이라는 폐쇄공간의 학습환경을 벗어나, 개방된 디지털 학습공간에서 지식·정보 및 학습내용을 자유롭게 찾아보고 학습할 수 있게 되면서 학생들이 컴퓨터나 아이패드를 이용하여 교실 밖의 어느 장소에서나 학습활동을 수행하고 있는 모습을 쉽게 관찰할 수 있다. 특히 지능정보기술을 활용한 온라인 토론이나 줌(zoom) 활용 수업은 장소와 시간의 제약을 받지 않고 교과학습내용과 관련된 사회적 현상이나 자연현상에 대하여 탐구주제를 선정하고, 소집단 협력학습 방식으로 문제 기반 학습, 프로젝트 기반 학습, 토의·토론학습 등 학습자 중심 수업을 수행할 수 있게 되었다.

줌(zoom) 활용 수업

원격교육이 활성화되면서 최근에는 클라우드를 활용한 에듀테크 서비스가 각광을 받고 있다. 일례로 SaaS(Software as a Service) 기반 클라우드 서비스를 이용하면 사용자는 인터넷을 통해 클라우드 기반 앱에 연결되어 서비스를 받을 수 있다. SaaS는 클라우드 서비스 공급자로부터 구매하는 소프트웨어 솔루션으로, 서비스 공급자는 하드웨어 및 소프트웨어를 관리하고 서비스 계약을 통해 앱과 데이터의 가용성과 보안도 보장된다. 데이터가 클라우드에 저장되어 있으면 사용자는 인터넷에 연결된 컴퓨터 또는 모바일 디바이스에서 정보에 접근할 수 있으며, 앱 데이터가 클라우드에 저장되어 있으면 사용자의 컴퓨터나 디바이스가 작동하지 않는 경우에도 데이터가 손실되지 않는다는 장점이 있다.

인공지능과 빅데이터의 교육적 활용

인공지능과 빅데이터의 교육적 활용은 교육행정 업무를 자동화하고 신속·정확하게 교육행정 사무를 처리할 수 있으며, 특히 교사의 교수·학습을 위한 교육과정 설계와 수업계획, 수업자료 준비, 수업 실행, 성적 평가 등 제반 업무의 효과적 · 효율적 처리가 가능해진다. 또한 온라인 학습에서 학생들의 학습활동 수행에 대하여 빅데이터 분석을 하게 되면, 실시간 학습수행 특성이나 성향을 분석하고, 분석 결과에 따라서 개인별 맞춤형 학습(personalized adaptive learning)을 제공할 수 있다. 이미 학생들이 활용하고 있는 AI 튜터(AI Tutor)들은 모두 개인별 맞춤형 학습 플랫폼이다. 미국에서는 20여 년 전부터 중 · 고등학교 및 대학교 학생들을 대상으로 한 수학 · 과학 AI 튜터인 ALEKS, 수학과목 AI 튜터인 Knewton, 그리고 K-8 수학교과 AI 튜터인 Dreambox 등을 개발하여 교사와 학생들에게 교육서비스를 하고 있다.

4차 산업혁명 · 지능정보사회로 발전되면서 교육현장에서는 스마트폰, 태블릿 PC, e-Book 단말기 등 스마트 디바이스와 이러닝 신기술이 융합된 '스마트러닝(smart learning)'이라는 학습자 중심 맞춤형 수업방법을 도입하고 있다. 스마트러닝은 학습자가 누구든지 자신의 학습요구에 맞추어 스스로 콘텐츠와 서비스를 선택해서 제공받을 수 있기 때문에, 개별 학습자에게 적합한 선택적, 맞춤형 교육서비스로서 학습효율성과 학습효과성이 높을 것으로 기대하고 있다.

스마트러닝(smart learning)

한편 미래학자 버크민스터 풀러(Buckminster Fuller, 1981)의 '지식 두 배 증가 곡선(Knowledge Doubling Curve)'에 따르면, 2차 세계대전 이후에는 인류가 쌓아온 지식이 두 배로 증가하는 데 25년이나 걸렸는데, 전문가들은 말하기를 최근에는 지식 두 배 증가 주기가 단지 12~18개월 정도 걸리며, 그 주기는 점점 더 짧아지면서 지식정보가 폭발적으로 증가하고 있다는 것이다. 그러나 4차 산업혁명시대의 지식정보사회에서는 방대한 양의 지식정보를 기억해야 할 필요가 없어졌다. 최근에는 포털사이트에서 검색어만 입력하면 바로 원하는 지식정보를 손쉽게 찾아서 활용할 수 있다. 이와 같이 4차 산업혁명 · 지능정보사회가 진전될수록 학생들은 거의 무한대의 지식정보를 언제, 어디서나 학습하고 활용할 수 있는 개방적 학습공간에서 손쉽게 필요한 지식정보를 검색하여 학습하거나 과제해결에 활용할 수 있게 될 것으로 전망된다(최중혁,

버크민스터 풀러 (Buckminster Fuller)

지식 두 배 증가 곡선

2017). 그러므로 미래사회에서는 다량의 지식정보를 기억하는 능력보다는 '독창적 아이디어를 생각하는 능력'이 더욱 중요하고 필요하다. 다시 말하면, 당면 과제를 해결하거나 새로운 창출물을 고안하는 데 필요한 지식정보들을 포털사이트에서 찾아내어 새로운 고부가가치의 산출물이나 아이디어를 창출해 낼 수 있는 독창적 과제해결능력과 융합창의적 사고력을 길러야 한다.

독창적 과제해결능력
융합창의적 사고력

그동안 학교교육에서의 교사 중심 · 교과서 중심 수업은 학생들에게 지식을 효율적으로 전달하고 오랫동안 기억할 수 있게 하는 '지식정보의 기억'에 치중해 왔다. 그러나 컴퓨터, 인공지능, 지능정보기술이 고도로 발전된 4차 산업혁명시대에는 학생들이 많은 정보를 기억하기보다는 인터넷을 활용하여 필요한 정보를 찾아서 당면한 문제나 과제를 해결하고 고부가가치의 새로운 정보를 창출해낼 수 있는 역량을 길러주는 것이 중요하다. 다시 말하면, 학생들에게 지식정보의 기억보다는 당면한 문제나 과제들을 해결하는 데 필요한 융합창의적 사고력, 과제를 해결하려는 적극적 도전성과 집착력, 과제해결을 위한 협업과 리더십, 토론 · 토의 능력, 의사소통능력 등의 역량을 길러주어야 한다. 이러한 역량들은 교사주도 수업보다는 학습자중심 수업이나 학습자주도 수업을 통해서 더욱 효과적으로 길러줄 수 있다.

디지털 세대

현재 초 · 중 · 고등학교에 다니는 학생들은 어려서부터 컴퓨터와 인터넷, 첨단 정보통신기기의 활용에 익숙한 디지털 세대이기 때문에, 대부분의 학생들은 인터넷과 지능정보기술을 통하여 자신의 학습요구에 부응하는 학습내용과 학습방법을 자율적으로 선택하여 학습활동을 수행하게 될 것이며, 이미 개발되어있는 개별화 맞춤형 학습 플랫폼을 활용하는 학습활동도 점차 확산될 것이다. 다시 말하면, 4차 산업혁명 · 지능정보사회에서는 생활환경뿐만 아니라 교육환경에서도 컴퓨터와 지능정보기술 활용이 일반화되고 있으므로 교수 · 학습방법도 상당한 변화를 가져오게 될 것이다. 즉 기존의 교실수업에서 교사 중심, 교수자 주도 수업은 점차로 줄어들고, 상대적으로 학습자들이 디지털 기기를 활용한 자기주도 학습이나 학습자중심 수업이 활성화되고 증가하게 될 것이다. 특히 학생들이 디지털 기기의 활용 방법에 익숙해지면서 교수·학습방법도 온라인수업, 화상채팅, 줌 활용 토론수업 등 디지털기기의 새로운 기능을 활용한 새로운 유형의 학습자중심 수업이 점차 확대되고 일반화될 것이다. 또한 대부분의 초·중·고등학교 학생들이 인터넷, 아이패드, 스마트폰 등의 정보통신기기와 지능정보기술의 활용에 익숙해져서, 수동적으로 지식·정보를 전달받는 전통적 수업방식보다는 줌 화상 학습이나 랜선 강의를 통하여 직접 참여하고 체험할 수 있는 개방적이면서도 능동적인 학습자중심 수업을 선호하게 될 것이다(KnowledgeWorks Foundation & the Institute for the Future, 2010). 학습자중심 수업이란 학습자가 학습내용을 자기주도적으로 구조화하고 학습활동을 주체적으로 실행해 나가기 때문에, 교사는 학습자들에게 학습의 방향성이나 학습의 맥락을 이해시켜주는 역할을 수행하는 데 보다 더 관심을 쏟아야 할 것이다. 더 나아가서 교사는 학습자들에게 학습활동을 전개하는 데 필요한 학습자원정보(learning resources information)를 안내해 주고, 학생들에게 문제해결을 위한 정보탐색 기법이나 전략 등을 학습시키는 역할을 맡아야 할 것이다. 그러므로 지능정보기술이 도입되는 학습환경에서 교사의 중요한 임무는 학습자중심 수업의 설계자·안내자·보조자로서의 역할을 수행하는 것이다.

학습자중심 수업

학습자원정보

3. 4차 산업혁명사회와 미래 인재의 '핵심역량'

미래 인재의 핵심역량

4차 산업혁명을 선도해나갈 현재의 유치원·초·중·고등학교 학생들에게 길러주어야 할 핵심역량이 무엇인가를 알아보는 것은 미래교육의 방향을 설정하는 데 매우 중요한 일이다. 4차 산업혁명시대의 지능정보사회를 선도해 나갈 인재를 양성하는 데 무엇보다도 중요한 일은 미래 인재들에게 필요한 핵심역량을 길러주는 것이다.

World Economic Forum(2016)에서는 미래사회에서 학생들이 갖추어야 할 핵심역량들로서 '기본 문제해결력, 역량, 인성자질'이라는 세 가지의 범주와 16가지 기능을 제시하였다. '기본 문제해결력'은 학생들이 일상생활에 적용할 수 있는 가장 기본적인 능력으로서, 문제해결력, 수학능력, 과학적 문제해결력, ICT 문제해결력, 경제문제해결력, 문화 · 시민 문제해결력 등으로 구성된다. 그리고 학생들이 복잡하고 어려운 과제를 해결해 나가는 데 필요한 '역량들'은 비판적 사고력과 문제해결력, 창의성, 의사소통, 협력의 네 가지 역량으로 구성된다. 마지막으로 학생들이 변화하는 환경에 잘 적응하기 위한 '인성자질들'은 호기심, 진취력, 끈기, 적응성, 리더십, 사회 · 문화적 인식의 여섯 가지로 구성된다.

교육 2030 프로젝트

OECD 교육 2030 프로젝트(OECD, 2018)에서는 2018년에 중학교를 다니고 있는 학생들이 사회에 진출하고 취업하는 시기인 2030년경에 이들이 갖추어야 할 미래 핵심역량이 무엇이며, 학생들에게 미래 핵심역량을 어떻게 효과적으로 길러줄 수 있는가를 연구하였다. 이 연구에서는 학생들이 개인과 사회의 안녕과 행복을 추구하기 위해서 함양해야 할 '기본적 역량'과 사회 변혁을 이끌어갈 '변혁적 역량(transformative competencies)'을 제시하였다. 이 프로젝트에 따르면 2030년경 사회에 진출하게 될 현재의 학생들에게 신장시켜야 할 미래의 기본적 핵심역량들을 '지식, 기능, 태도와 가치'의 세 영역으로 구분하였다. 지식 영역은 교과목별 지식, 간학문적 지식, 인식론적 지식, 절차적 지식 등으로 구성되며, 기능 영역은 인지적 · 메타인지적 기능, 사회적 · 정서적 기능, 신체적 · 실용적 기능 등으로 구성되고, 그리고 태도와 가치 영역은 개인적 태도와 가치, 지역적 태도와 가치, 사회적 태도와 가치, 국제적 태도와 가치 등으로 구성된다. 그리고 미래사회의 주역이 될 인재들이 갖추어야 할 '변혁적 역량'들은 새로운 가치 창조하기, 긴장과 딜레마에 대처하기, 책임감 갖기 등이다. 특히 2030년대의 미래사회에서는 새로운 창조적 아이디어를 갖고 새로운

변혁적 역량 (transformative competencies)

삶의 방식에 책임의식을 갖고 적극적으로 대처할 수 있는 학습자 행위주체성(student agency)을 강조하고 있다(이상은 외, 2018; OECD, 2018).

미국의 Partnership for 21st Century Skills(2009)에서는 미래 인재의 핵심역량으로 '학습과 혁신', '정보통신기술', '생활적응'의 세 가지 측면에서 모두 12개의 역량을 제시하였다. 첫째, 학습과 혁신 측면에서는 4C's로 알려진 비판적 사고(Critical thinking)와 문제해결능력, 창의력(Creativity), 협업능력(Collaboration), 의사소통능력(Communication)을 제시하고 있다. 최근에는 4C's와 함께 컴퓨팅 사고능력(Computational thinking)도 포함하여 5C's로 제시하는 학자도 있다(임철일, 2019). 윙(Wing, 2008)은 '컴퓨팅 사고능력이란 컴퓨터가 스스로 효과적으로 실행할 수 있는 방법으로 문제를 규정하고, 그에 대한 해결방안을 제시하는 것까지 일련의 사고과정'이라고 정의하였다. 둘째, 정보통신기술 측면에서는 참된 정보를 찾는 정보 리터러시(Information Literacy), 매체의 기능적 특성을 적절하게 활용하는 능력인 미디어 리터러시(Media Literacy), 그리고 컴퓨터, 클라우드 컴퓨팅, 모바일 디바이스 등의 활용능력인 공학매체 리터러시(Technology Literacy) 등이 포함된다. 셋째, 생활적응 측면에서는 유연성(flexibility), 리더십(leadership), 진취성(initiative), 생산성(productivity), 사회적 기능(social skills) 등이 포함된다.

컴퓨팅 사고능력 (Computational thinking) 5C's

정보 리터러시

미디어 리터러시

공학매체 리터러시 (Technology Literacy)

한편, 우리나라 2015 개정교육과정(교육부, 2016)에서는 미래사회에서 지향해야 할 미래교육의 방향성을 '창의융합형 인재의 육성'으로 설정하고, 창의융합형 인재의 핵심역량들을 다음과 같이 6가지로 제시하였다. 첫째, 자기주도적으로 살아갈 수 있는 자기관리 역량, 둘째, 합리적 문제해결을 위한 지식정보처리 역량, 셋째, 다양한 경험을 융합적으로 활용해 새로운 것을 창출할 수 있는 창의적 사고 역량, 넷째, 공감 · 감수성을 바탕으로 삶의 의미와 가치를 발견하고 향유할 수 있는 심미적 감성 역량, 다섯째, 자신의 생각을 잘 표현하고, 타인의 의견을 경청 · 존중하는 의사소통 역량, 여섯째, 지역 · 국가 · 세계 등

창의융합형 인재

공동체 발전에 적극적으로 참여하는 공동체 역량 등이라고 밝히고 있다.

미래사회에서는 인간이 정보를 수동적으로 받아들이는 존재가 아니라 정보를 생산하는 주체자로 활동하게 될 것이다. 인간이 인공지능, 빅데이터, 사물인터넷을 활용하여 인간의 기억능력과 정신능력으로는 도저히 창출할 수 없는 고도의 지식네트워크나 지식체의 구조도를 분석해 냄으로써, 인간이 생각해 낼 수 없는 새롭고 가치로운 지식 · 정보를 창출해내게 될 것이다. 인간이 삶의 과정에서 직면하게 되는 다양한 과제나 문제의 해결방안과 아이디어를 유추해 내는 인간의 창의적 · 지적 사고력, 컴퓨터의 인공지능, 빅데이터의 분석력 등이 서로 결합되면서 상승효과를 나타낼 때, 인간의 상상력을 초월하는 독창적 문제해결방안이나 창의적 산출물을 얻을 수 있게 된다. 그러므로 미래사회에서 살아갈 인재는 인공지능이나 지능정보기술을 독창적으로 활용할 수 있는 '디지털기기 활용역량'을 갖추어야만 한다.

미래지향적 핵심역량

앞에서 살펴본 바와 같이, 4차 산업혁명 · 지능정보사회에서 살아가게 될 현재의 초 · 중 · 고등학교 학생들에게 길러주어야 할 핵심역량들을 학자들마다 상이하게 제시하고 있어서 미래지향적 핵심역량들을 간결하게 정리하기란 그리 쉽지 않다. 그러나 4차 산업혁명 · 지능정보사회에서 필요로 하는 인재의 핵심역량들을 제시한다면, 많은 지식 · 정보를 기억하기보다는 인터넷을 활용하여 필요한 정보를 찾아서 당면한 문제나 과제를 해결하고 고부가가치의 새로운 정보를 창출해 낼 수 있는 융합창의적 사고력 · 문제해결력, 과제를 해결하려는 적극적 도전성과 집착력, 과제해결을 위한 협업과 리더십, 토론 · 토의능력, 의사소통능력, 컴퓨팅 사고능력, 지능정보기술과 디지털기기 활용능력 등의 역량을 필수적으로 길러주어야 할 것이다. 이러한 역량들은 교사주도 수업보다는 지능정보기술을 기반으로 한 학습자중심 수업이나 학습자주도 수업을 통해서 더욱 효과적으로 길러줄 수 있다. 그리고 디지털 학습환경에서 학생들이 오프라인 교실수업과 학교 밖 온라인 학습을 성공적으로 수행할 수 있으려면, 자기주도학습 역량, 온라인 의사소통 및 토론·토의학습 역량, AI 튜터(AI tutor)와 디지털 에듀테크 활용 역량 등을 갖추어야만 할 것이다.

AI 튜터(AI tutor)

제2절 지능정보기술 · 디지털 기술 활용과 수업방법의 혁신

1. 맞춤형 교수 · 학습 플랫폼의 특징과 사례

1) '개인별 맞춤형 교수 · 학습 플랫폼'의 지능적 수업처방 기법

개인별 맞춤형 교수 · 학습 플랫폼

학생들은 누구나 기본적으로 능동적 학습과 수동적 학습이라는 두 가지 학습성향을 지니고 있다. 교육심리 관점에서 볼 때 수동적 학습보다는 능동적 학습이 더욱 효과적이라고 알려져 있다. 그러나 학생들은 학습환경이나 학습상황에 따라서 능동적, 자발적으로 학습을 하기도 하지만, 학습매력이나 학습흥미를 잃게 되면 능동적 학습 수행이 약화될 가능성이 많다. 그러므로 인공지능이나 지능정보기술을 활용하여 학생들에게 학습매력이나 학습흥미를 유발해 줄 수 있는 맞춤형 수업 플랫폼을 제공해주게 되면 약화된 능동적 학습 수행을 다시 강화시킬 수 있다.

인공지능(AI: Artificial Intelligence)

4차 산업혁명시대의 핵심기술인 인공지능(AI: Artificial Intelligence)이란 인간의 기억, 사고, 추론, 지각, 자연언어의 이해 등을 컴퓨터 프로그램으로 실현하여, 컴퓨터나 기계가 인간의 인식, 판단, 추론, 문제해결 등의 지능적 행동을 실행할 수 있도록 하는 기술을 말한다. 최근에 인공지능기술의 교육적 활용이 급증하고 에듀테크가 발전되면서, 일반적인 교실수업 방법을 탈피하여 인공지능기술을 활용한 혁신적 교수·학습방법을 도입하고 있다. 인공지능기술을 활용한 혁신적 교수·학습 방법은 교사와 학생들, 학생들과 학생들, 학습자들과 전문가들 간에 시간과 공간의 제약을 받지 않고 학습활동을 전개할 수 있다는 장점이 있기 때문에 학교교육이나 학생들의 학습활동에서 널리 활용되고 있는 추세이다.

맞춤형 학습공학 (adaptive learning technology)

인공지능기술을 이용한 가장 대표적인 혁신적 교수·학습방법은 '개인별 맞춤형 학습(personalized adaptive learning)'이다. 이는 인공지능기술과 데이터 분석기술을 이용한 맞춤형 학습공학(adaptive learning technology)의 개발과 온라인 학습공학(on-line learning technology)이 발전하면서 가능해졌다. 인공지능기술을 이용한 '개인별 맞춤형 학습'이란 온라인 학습 진행 중에 학습자의 각종 학습행동 데이터를 동시에 수집·분석하고, 분석한 결과에 기초하여 개별 학습자의 학습능력 수준에 적합한 학습자료와 학습전략 정보 등의 최적의 학습경로와 교육콘텐츠를 처방해 줌으로써 학습효과를 극대화시키려는 교수·학습전략이다. 개인별 맞춤형 학습 플랫폼인 AI 튜터(AI tutor)는 학생들이 자신이 설정한 학습방향과 학습목표를 성취하기 위하여 학습과제에 직면하기 전에 학습자의 학습요구나 학업수행능력 수준이나 선수 학습요소가 무엇인지를 진단평가한 결과에 따라서 학습자에게 최적의 학습과제를 처방해 준다. 그리하여 4차 산업혁명시대에는 학교교육에서도 인공지능, 빅데이터 분석, 지능정보기술 등을 활용하여 학습자중심 수업이나 자기주도학습을 할 수 있는 '개인별 맞춤형 교수·학습 플랫폼'의 활용이 점차로 확산될 전망이다.

개인별 맞춤형 학습 플랫폼

AI 튜터(AI tutor)

AI 튜터의 사례들

2) '개인별 맞춤형 학습 플랫폼'인 AI 튜터의 사례들

개인별 맞춤형 학습 플랫폼은 인공지능기술을 활용하여 학습과정의 방대한 데이터를 분석한 결과에 기초하여 교사나 학습자들에게 최적의 교수·학습 처방을 제공해 줌으로써 교수·학습의 효과성과 효율성을 극대화시켜 준다. 예를 들면, 학생들이 학습과정에서 어려움을 겪게 되는 원인이 선수학습요소의 결핍인지, 학습과제의 난이도가 부적절한지, 또는 학습흥미도가 결여되어 있는지 등을 분석하여, 온라인 학습상황에서 학생들에게 필요한 수업처방을 즉시적으로 제공해준다. 개인별 맞춤형 학습 플랫폼의 사례들을 살펴보면 다음과 같다.

① AI 튜터 'ALEKS'

AI 튜터 'ALEKS'

미국 McGraw-Hill 출판사에서는 2000년대 초부터 ALEKS라는 초·중·고등학교용 수학·과학 AI 튜터를 개발하여 온라인 자기주도학습용으로 학생들에게 서비스하고 있다(ALEKS, 2020). **ALEKS**는 '**A**'ssessment, and '**LE**'arning in '**K**'nowledge 'S'paces의 첫 글자를 따온 것이다. ALEKS는 학습분석 인공지능을 활용하여 개별 학습자에게 최적의 개별화 학습경로를 처방해 줄 수 있을 뿐만 아니라 지속적으로 학습향상 수준을 파악하여 최적의 학습수행 과제를 안내해 줌으로써 학업성취도를 증진시켜 준다. 인공지능과 빅데이터로 설계된 플랫폼인 AI 튜터 ALEKS는 개별 학습자의 학습요구에 대한 '빅데이터 학습분석'을 통해서 선수학습 수준이나 학습요구 분석을 실시간으로 진단하고 처방함으로써 개별 학습자에게 더욱 정교한 맞춤형 교수·학습 플랫폼(소프트웨어 애플리케이션)을 제공하고 있다.

② AI 튜터 'Knewton'

AI 튜터 'Knewton'

미국에서 초·중·고·대학생을 대상으로 개발된 수학·과학 맞춤형 학습 플랫폼인 AI 튜터 Knewton은 온라인 자기주도학습용으로 학생들에게 서비스하고 있다. AI 튜터 Knewton은 개별 학생의 학습활동에 관한 다양한 정보를 누적적으로 수집·분석하여 개별 학생에게 최적의 학습정보를 제공해주고, 특히 학생들이 알고 있는 것이 무엇인지와 어떻게 학습해야 효과적인지를 분석하여 개인별 맞춤형 학습 콘텐츠를 제공해주는 개인별 적응적 맞춤형 학습엔진이다. 특히 Knewton은 콘텐츠의 내용, 교수학습기법, 학습진행 속도 등에 관한 학생의 민감도와 숙련도 등을 측정하여 개별화 학습프로그램을 제공하며, 학습자의 학습수행수준에 적합한 다양한 콘텐츠를 안내해 준다(홍선주 외, 2016).

미국 뉴욕에 있는 Knewton 회사는 Ferreira가 2008년에 설립하였으며, 대학교의 수학, 과학, 공학, 기술 분야의 교과목 내용을 중심으로 개인별 맞춤형 학습(personalized adaptive learning) 코스웨어를 개발하여 Knewton 플랫폼으로 학생들에게 서비스하고 있다.

AI 튜터 'Dreambox Learning'

③ AI 튜터 'Dreambox Learning'

Dreambox Learning은 초·중학생들을 위한 맞춤형 수학학습 플랫폼으로서 수학 학습내용을 게임형으로 개발하여 제공하는 온라인 교육서비스이다. 이 플랫폼은 학생이 학습활동을 수행하는 중에 일어나는 사태들의 다양한 정보들을 데이터로 수집·분석한 결과를 교사와 학습자에게 피드백해줌으로써 기대하는 학업성취를 이루도록 지속적으로 학습관리를 서비스해주고 있다. 또한 이 플랫폼은 온라인 학습을 시작하면 지속적으로 몰입하게 되며, 학습활동 수행 중의 형성평가 현황을 계기판에 지속적으로 알려줌으로써, 1주일에 60분씩만 공부를 하여도 수학 성적이 60% 정도 향상된다는 점을 강조하고 있다.[1] 현재 미국 실리콘밸리를 중심으로 약 200만 명의 학생들이 수학보충교재로 활용하고 있다(김성열 외, 2017).

ALEKS, Knewton, Dreambox Learning 등과 같은 AI 튜터의 소프트웨어 애플리케이션들은 아직까지는 학생들이 학습하는 도중에 작용하는 다양한 수업 관련 변인들을 동시에 분석하고, 그 결과를 반영하여 목표도달학습(mastery learning)을 성취할 수 있도록 즉시적 효과적 수업처방을 해줄 수 있는 알고리즘(Algorithm)으로 처방하고 있다고 보기는 힘들다. 그러므로 학습실행 중에 상호작용하는 다양한 수업처방 변인들을 인공지능기술과 빅데이터 분석기법을 활용하여 동시에 수업처방할 수 있는 알고리즘을 구안해내야만, AI 튜터

AI 튜터 활용 학습

활용 학습이나 온라인 맞춤형 학습(on-line Adaptive learning)에서 성공적인

1) http://www.dreambox.com/blog/elementary-students-excited-math

학업성취나 목표도달학습을 실현할 수 있게 될 것이다. 1980년대 초반에 컴퓨터 기반 수업(computer-based instruction)에서의 지능적 수업처방 요인들 연구에서 밝혀진 학습계열(learning sequence)의 최적화, 학습량(amount of learning)의 적정화, 학습과정 피드백(feedback)의 다양화, 학습시간(learning time)의 효율화, 학습성취 동기화 정보제공(advisement information) 등의 수업처방 변인들(Tennyson, Christensen, & Park Seong Ik, 1984; 박성익, 1997)을 인공지능기술과 빅데이터 분석기법을 활용하여 동시에 수업처방을 해줄 수 있는 알고리즘을 찾아낸다면, 더욱 효과적 · 효율적으로 학습목표를 성취시킬 수 있는 지능적 튜터링 시스템(ITS: Intelligent Tutoring System)으로서의 AI 튜터를 개발할 수 있을 것이다.

학습계열(learning sequence)의 최적화

학습량(amount of learning)의 적정화

학습과정 피드백(feedback)의 다양화

학습시간(learning time)의 효율화

학습성취 동기화 정보제공(advisement information)

과학자이자 미래학자인 커즈와일(Kurzweil, 2006)은 2040년경 기술(technology)이 인간을 앞서는 순간을 '특이점(singularity)'이라고 명명하면서 유전공학(Genetics), 나노기술(Nanotechnology), 로봇공학(Robotics) 기술이 고도로 발전하게 되면 특이점의 시대가 올 것이라고 예언했다. 그는 미래에 인공지능이 비약적으로 발전해서 인간의 지능을 뛰어넘는 '특이점(singularity)' 시대가 오게 된다면, AI 튜터가 학생들을 가르치게 되는 시대가 올지도 모른다고 예견하였다.

커즈와일(Kurzweil)

특이점(singularity)

3) AI 튜터 플랫폼 활용 수업과 교사의 역할

인공지능기술을 이용하여 학생들의 학습수행 상황이나 학습결과에 대한 다양한 분석결과를 교사들에게 제공해줌으로써, 교사는 학생들에게 앞으로 무엇을 그리고 어떻게 학습해야 할지를 안내해 주고 지원해주는 전문적 학습관리자로서의 역할을 수행해야 한다. 그러므로 교사는 인공지능기술의 활용 역량을 충분히 갖추어야 하며, 동시에 온라인 수업과 오프라인 수업을 체계적으로 연계시키는 수업설계 역량도 갖추어야만 된다. 나아가서 지능정보기술과 블렌디드 러닝의 활용이 일반화될수록 교사는 더욱 전문적인 블렌디드 러닝 설계자로서의 역할을 수행해야 된다.

학습컨설팅

AI 튜터가 학생들에게 개인별 맞춤형 학습을 효과적으로 지원하게 된다면, 교사의 지식전달 강의부담을 어느 정도 덜어줄 수 있게 되므로, 교사는 학생들에게 학습컨설팅, 학습멘토링, 학습코칭, 학습디자인 등의 전문적 역할을 수행하는 데 필요한 시간을 더욱 많이 확보할 수 있게 된다. 또한 'AI 튜터'가 학생들의 기초학력을 성취시켜 준다면, 교사는 학생들의 창의성과 인성교육에 보다 많은 시간을 할애할 수 있게 될 것이다. 그리하여 교사가 수업계획 수립이나 수업실행 과정에서 다양한 종류의 온라인 수업자료들이나 또는 ALEKS 등과 같은 다양한 종류의 온라인 AI 튜터를 활용하여 수업을 하고자 할 때, 교사는 오프라인 수업(교실수업)과 AI 튜터 활용 온라인 수업 간의 학습내용과 학습수준을 효과적으로 연계시켜줄 수 있는 수업설계나 수업처방기법을 구안해야 할 것이며, 동시에 학생들의 선수능력 수준에 따른 학생들 간의 학력격차를 최소화할 수 있도록 AI 기반 블렌디드 러닝 시스템을 개발해야 기대하는 학업성취를 달성할 수 있게 될 것이다.

2. 혁신적 교수 · 학습방법: LMS, AR · VR, 플립교실

클라우드 기반 학습관리시스템(LMS)

1) 클라우드 기반 학습관리시스템(LMS)

최근 초 · 중 · 고등학교에서는 클라우드 환경에서의 소프트웨어 서비스(SaaS: Software as a Service)인 학습관리시스템(LMS: Learning Management System)의 활용에 관심이 높아지고 있다. LMS는 교육과정과 학습프로그램을 개발하고, 관리하고, 기록하고, 추적하며, 종합보고서를 만들기 위해 활용하는 소프트웨어 애플리케이션이다. 바꾸어 말하면, LMS는 '가르치는 사람'과 '배우는 사람'의 입장에서 교육효과를 극대화시키기 위한 도구(artifacts)와 체계(프로세스)를 소프트웨어 애플리케이션을 통해 구현하는 것이다. 'e-러닝' 시스템으로부터 시작되었다고 볼 수 있는 LMS는 컴퓨터와 인터넷을 활용하여 교수자의 콘텐츠 제공과 학습자의 콘텐츠 수용 간에 콘텐츠의 격차를 최소화하려는 데 그 목적을 두고 있다.

학생과 교원, 클래스, 성적 등과 같은 교육활동이 이루어지는 일련의 교수·학습 과정의 전반적인 관리기능이 1세대 LMS의 특징이라면, 교육에 필요한 콘텐츠 생성 및 관리, 그리고 소통이 그 뒤를 잇는 LMS의 주요 기능이다. 최근에는 LMS 내·외부에서 수집된 정보를 바탕으로 교육성과를 다각도로 분석하고, 더 나아가 기계학습에 기반하여 개인별로 최적화된 교육과정 및 콘텐츠의 구성도 시도되고 있다. LMS에서 제공될 수 있는 기능들을 제시하면 다음과 같다. ① 소셜 및 게임화(Social and Gamification): 소셜네트워크 기반 경쟁을 통한 동기부여, ② 사용자 관리: 교사, 학생, 학부모, 관리자, 기타 각각의 역할에 맞는 사용자 구분 및 관리, ③ 가상교실: 온라인에서 가상 클래스 개설 및 등록, 학생 관리, ④ 설문 및 피드백 관리: 수업 혹은 과정에 대한 교육자 및 피교육자의 반응 수집 및 대응, ⑤ 소통 및 협업: 팀 기반 학습의 도구로 활용되며, 또한 교육자와 피교육자 간의 생산적인 협력 제고 등이다(윤대균, 2019). 앞으로는 LMS, 콘텐츠, 학습도구를 하나로 연결하여, 모든 학교급에서 사용 가능한 플랫폼을 구축해 나가야 할 것이다(변태준, 2020).

LMS의 주요 기능

2) 가상현실(VR)과 증강현실(AR) 기술을 이용한 '공간적 현실변환 학습 체험'

가상현실(VR)
증강현실(AR)

최근 디지털 기술과 정보통신기술이 급격하게 발달하면서, 음성, 영상, 데이터와 같은 멀티미디어 정보와 인터넷, 통신과 같은 네트워크 간의 융합(conversions) 기술을 활용한 가상현실(VR: Virtual Reality)이나 증강현실(AR: Augmented Reality)은 인간에게 생동감 있는 동영상 정보와 함께 광범위한 고차적 지식정보를 획득할 수 있는 새로운 학습환경을 제공해주고 있다. 뿐만 아니라, 실제 세계에서는 전혀 경험해 볼 수 없는 생소하고 다양한 학습경험을 생동감 있게 체험하고 조작해 볼 수 있는 디지털 학습체험이 가능해졌다. 가상현실은 현실처럼 느껴지도록 실제와 동일한 3차원 형태로 생생하게 제공된다. VR과 AR은 현실에서는 공간적 물리적 제약으로 영상화하거나 조작해보기 힘든 콘텐츠를 시뮬레이션으로 가시화할 수 있고 또는 스토리를 부여하여 문맥화할 수도 있어서 교육적 활용가치가 매우 많다.

가상현실의 특징과 교육적 활용

① 가상현실의 특징과 교육적 활용

가상현실은 물리적 세계를 격리시키는 몰입경험(immersion experience)을 제공하는데, 이는 적절한 VR 고글을 착용한 사용자들이 국제 우주정거장, 수술실과 같은 광범위한 실제 세상 내지는 상상의 환경 속으로 이동할 수 있게 해준다(Holmes, W., Bialik, M., & Fadel, C., 2019). 이를테면, 가상현실은 실제 환경이나 실제 상황이 아니지만, 컴퓨터 등을 사용하여 실제 환경이나 실제 상황과 매우 유사한 가상의 환경을 만들어서 학습자들에게 실제와 유사한 공간적, 시간적 체험의 기회를 제공하는 것을 말한다. 특히 가상공간에서 현실에서와 같은 증강된 현실체험을 다양하게 경험할 수 있다. 가상현실의 활용 사례로는 비행기 조종사 훈련 시뮬레이션 프로그램을 들 수 있다. 이는 비행기를 타고 실제로 비행을 하는 것과 유사한 공간적, 시간적 조작을 체험해봄으로써 비행기술을 숙달시키는 가상 비행훈련 교육프로그램이다.

증강현실의 특징과 교육적 활용

② 증강현실의 특징과 교육적 활용

증강현실 기술은 직접 체험학습을 하려고 학교 밖의 다른 곳으로 갈 필요 없이 교실에서 체험형 학습을 극대화하여 학생들의 학습효과를 높일 수 있는 학습방법이다. 증강현실은 현실세계의 영상에 가상으로 만들어진 인위적 컴퓨터 그래픽 영상을 합성하여 현실세계의 변화 현상을 경험시켜주는 기술을 말한다. 다시 말하면, 증강현실은 실제의 물체와 디지털 영상의 가상물체를 동시에 상호비교가 가능하도록 하는 기술이다. 예를 들면, 비어있는 아파트에 가상의 가구를 다양한 방식으로 배치해 보도록 함으로써, 가구 배치 방식에 따라서 방의 구조가 어떤 모습으로 바뀌는가를 미리 구경해 볼 수 있는 장점이 있다. 증강현실에서는 특정 상황이나 대상에 대해서 매체를 통하여 시각적인 자료가 추가되거나 부가적인 정보나 자료가 제시된다. 증강현실은 상황이나 장소에 따라 실물과 관련된 다양한 형태의 자료가 제시되며, 실물에 이미지를 추가, 삭제, 변형한 화상을 보여줄 수도 있다. 증강현실을 활용한 기기로는 구글 글래스(Google Glass)와 Microsoft사의 홀로렌즈(Hololens) 등이 있다.

증강현실은 첫째로, 시각, 청각, 촉각 등의 다양한 감각을 통한 3차원의 입체적인 학습정보를 제공하며, 둘째로, 현실세계에서의 맥락성을 유지해 실제 환경에 가상의 정보를 더해 이음새 없이 가상세계와 현실세계를 넘나드는 자연스러운 인터페이스를 제공한다. 셋째로, 구체적인 실제 세계의 사물을 가지고 가상객체를 조작하는 실물형 인터페이스(TUI: Tangible User Interface)를 제공하는 독특한 특성도 지니고 있다. 이는 기존 데스크톱 PC에서 활용해 오던 아이콘과 마우스를 주축으로 한 그래픽 인터페이스(GUI: Graphic User Interface) 방식을 더욱 자연스럽게 전환해주며, 모든 것이 가상으로 구성된 가상현실 체험과는 또 다른 디지털 체험의 가능성을 열어준다(장상현, 2008). 증강현실은 실제 세계의 맥락을 유지하면서 부가된 증강정보를 보여준다는 면에서 교육적 활용 가치는 있지만 아직까지 증강현실을 학교수업에서 활용하고 있는 사례는 미미하다.

실물형 인터페이스(TUI: Tangible User Interface)

그래픽 인터페이스(GUI: Graphic User Interface)

플립교실
(Flipped Classroom)
플립러닝
(Flipped learning)

3) '플립교실(Flipped Classroom), 플립러닝(Flipped learning)'과 교사의 역할

블렌디드 러닝(blended learning, 혼합학습)

최근에 학교교육에서는 블렌디드 러닝(blended learning, 혼합학습)을 적극적으로 도입하고 있다. 2000년대 후반부터 미국의 일부 학교수업에서 활용해온 블렌디드 러닝은 온라인 학습과 오프라인 학습을 연계한 학습방식으로, 온라인 학습과 오프라인 학습 각각의 단점을 보완하고 장점을 살린 교수·학습 체제를 말한다.

존 버그만(Jon Bergmann)
애론 샘즈(Aaron Sams)

'플립교실(Flipped Classroom)'은 블렌디드 러닝의 한 유형으로서 2010년경에 소개되기 시작하였다. 플립교실은 2007년 미국 콜로라도에서 존 버그만(Jon Bergmann)과 애론 샘즈(Aaron Sams)라는 고등학교 과학교사가 개발하였다. Bergmann과 Sams(2012)의 최초 저서에서는 플립러닝이라는 용어는 찾아보기 힘들고, 플립교실이라는 용어를 사용하면서 플립교실의 실천 방안과 기법에 관하여 구체적으로 설명하였다. 플립교실은 개인별 플립 목표도달 수업모형(personalized flipped mastery model)(Bergmann & Sams, 2012, pp. 51-76)을 적용하여 '재택수업'과 '교실수업'을 효과적, 효율적으로 연계시키는 블렌디드 러닝 수업체제이다. 개인별 플립 목표도달 수업모델은 블룸(Bloom, 1971)의 목표도달 학습이론(mastery Learning)에 기초하여 개발된 것이다(Bergmann & Sams, 2012, pp. 51-53). '플립교실'이란 재택수업(school work at home)에서는 비디오나 온라인이나 디지털 교과서를 통하여 교사가 사전에 준비하여 제공하는 예습자료를 활용하여 개별적으로 강의를 듣기, 온라인 학습자료를 예습하기, 디지털 교과서 읽기, 온라인 토론에 참여하기, 탐구학습 등을 수행하게 되며, 교실수업(home work at school)에서는 기능 숙달하기(교사의 지도를 받는 경우도 있고 받지 않는 경우도 있음), 동료들과 토의·토론하기, 발표하기, 실험실에서 실험하기, 동료평가 및 재검토하기 등의 다양한 학습 활동을 수행하게 되며, 학습자가 재택수업에서 해결하지 못한 궁금증이나 학습

재택수업(school work at home)

교실수업(home work at school)

결손은 교실수업에서 보완하고 해결하도록 하는 개인별 플립 목표도달 수업 모형이다.[2)]

샘즈와 버그만 그리고 그의 동료들(2014)[3)]은 '플립교실'과 '플립러닝'이라는 용어는 분명히 구별해서 사용해야 하며, 절대로 서로 호환하거나 혼용해서 사용할 수 있는 용어가 아니라고 강조하였다. 또한 그들은 플립교실이 플립러닝을 실현시킬 수는 있지만, 반드시 그렇게 되는 것은 아니라고 지적하였다. 샘즈와 버그만 그리고 그의 동료들(Flipped Learning Network, 2014)은 플립교실의 취지를 성공적으로 실현시키기 위하여 '플립러닝(Flipped learning)'이라는 용어를 도입하면서, 플립러닝의 정의를 다음과 같이 제시하였다. '플립러닝이란 지시적 · 설명식 수업의 실행을 집단학습상황에서 개별학습상황으로 전환시켜주는 교육학적 접근으로써, 집단학습상황이 보다 역동적이고 상호작용적인 학습환경으로 변환될 수 있도록 함으로써, 학생들이 학습주제에 보다 창의적으로 몰입할 수 있도록 교사가 학생들을 지도하는 수업'이라고 정의를 밝혔다. 이 정의가 함의하고 있는 '플립러닝의 성공적 실현을 위한 네 가지 핵심요소(four pillars)'인 '**F-L-I-P**™'는 ① 다양한 학습방식을 수용할 수 있는 융통성 있는 학습환경(**F**lexible Environment), ② 학습자 중심 수업 풍토의 강화를 위한 학습문화(**L**earning culture), ③ 교사가 플립러닝 모델을 활용하기 위하여, 학생들에게 플립러닝의 개념과 절차적 유연성을 이해시키기(**I**ntentional Content), ④ 플립러닝의 실행과정에서 요구되는 교사의 다양한 전문성과 역할(**P**rofessional Educator) 등이다.

샘즈
버그만
플립러닝(Flipped learning)

플립교실은 재택수업과 교실수업 각각의 단점을 해소하고 장점을 살려서, 재택수업과 교실수업 간의 연계성을 잘 이루도록 함으로써 학습의 효과성과

플립교실

2) https://www.teachthought.com/learning/the-definition-of-the-flipped-classroom/

3) Flipped Learning Network (FLN). (2014) What is flipped learning?: The Four Pillars of F-L-I-P™: the FLN's board members: Aaron Sams, Jon Bergmann, Kristin Daniels, Brian Bennett, Helaine W. Marshall, Ph., www.flippedlearning.org/definition.

효율성을 최대로 높여주고, 아울러 이러닝이나 스마트 교육의 체제적 요소를 포함하여 '학습자중심 수업'을 실현하려는 데 목적을 두고 있다. 플립교실은 재택수업에서는 학생들이 학습해야 될 교과학습 내용에 관하여 교사가 준비해 놓은 기본적인 지식정보나 관련된 동영상 학습자료들을 미리 온라인으로 학습하고, 동시에 교사는 학생들에게 자율적으로 참여할 수 있는 과제나 쟁점 등을 제시해 준다. 그리고 학생들은 교실수업에서는 개별적 과제해결 또는 협동학습이나 소집단 토론 · 토의학습 등의 심화학습 활동을 통하여 과제를 해결하게 한다. 교사는 학생들의 학습활동을 관찰하면서 학습내용을 직접 가르치기보다는 학습내용에 관한 심화학습이나 사고력, 창의력, 협업능력 등의 역량 신장을 위한 학습코칭(coaching)이나 학습컨설턴트(consultant) 역할을 수행해야 한다(Bergmann & Sams, 2012, pp. 70-76).

플립교실

제3절 미래교육의 방향성과 교육공학적 수업방법의 과제

1. 지능정보사회와 교육공학적 수업방법의 혁신

미래교육의 방향성

1) 미래교육의 방향성

미래교육의 방향성은 보는 사람의 관점에 따라서 달라질 수 있다. 앞의 제1절에서 살펴본 바와 같이, 4차 산업혁명과 지능정보사회의 도래에 따른 사회적 환경과 교육환경의 변화 추세와 미래사회에서 필요로 하는 미래 인재들의 핵심역량들을 고려하면서, 미래교육의 방향성을 간략히 기술하면 다음과 같다. 교육목적으로는 지속적으로 새로운 지능정보를 수용하고 활용하는 데 핵심적 기술인 인공지능, 로봇, 빅데이터 활용역량, 논리 · 수학적 사고력과 추리력, 융합 · 창의적 문제해결역량, 과학기술 활용역량, 의사소통역량, 타인과 협력할 수 있는 사회적 역량, 자기주도적 학습능력과 평생학습 마인드 등을 길러주어야 한다. 교육과정운영은 사회변화와 요구를 시의 적절하게 반영할 수 있도록 개방성, 유연성, 다양성이 있어야 하며, 일상생활에서 직면하는 과제를 중심으로 교과영역 간의 통합과 융합이 이루어져야 한다. 그리고 교육방법은 학습자 중심 수업, 디지털 테크놀로지 활용수업, 인공지능과 로봇 활용수업 등이 강화되어야 하며, 교육평가는 융합창의적 산출물과 실행역량 평가에 중점을 두어야 한다.

미래에는 학습자원(learning resources)의 개념이 확대되어 다양한 학습자료, 학습장소, 첨단기기와 기술 등을 활용할 수 있는 지역사회기관들이 교육콘텐츠를 제공하게 됨으로써 유연한 학습장소와 시간, 지역탐방, 영상매체, 가상현실, 새로운 환경에서의 경험 등등의 요소들을 모두 교육인프라로 활용하게 된다. 그리하여 미래에는 지능정보기술 중심의 교수·학습환경에서 학습자들이 잘 적응할 수 있도록 학교교육의 역할이 바뀌어야 되며, 기본적인 지식·정보의 학습은 교육포털에 맡기고, 미래의 학교교육에서는 학생들이 공동체 삶의 체험, 사람들 및 지역사회 간의 네트워크 형성과 정서적 상호작용, 리더십, 협력학습 등의 역량을 신장시켜 줄 것을 요구한다(박영숙, 2010).

학습자원 (learning resources)

4차 산업혁명·지능정보사회가 진전될수록 학교교육이나 학생들의 학습활동에서 인공지능, 빅데이터, 사물인터넷, 3D프린팅, 로봇, 줌 화상 수업 및 줌 화상 토론학습 등의 활용이 확산될 것으로 전망된다. 따라서 지능정보사회에서는 전통적인 교육시스템을 더 이상 유지하기 어려울 만큼 교수·학습환경과 교수·학습방법이 획기적으로 변화하게 될 것이다. 뿐만 아니라, 교실수업 중심에서 오프라인 수업과 온라인 수업을 혼합한 블렌디드 러닝이나 플립러닝, AI 튜터, 로봇, 가상현실, 증강현실 등의 에듀테크 활용 학습도 증가하게 될 것이다.

줌 화상 수업

플립러닝

지능정보기술이 급속하게 발달하면서 일상생활의 양상이 첨단인공지능화,

소셜네트워크화, 자동화, 지능정보화, 온택트화로 변화하게 될 것이다. 조직사회는 점차 약화되고 네트워크 사회가 강화될 것이므로 미래사회의 발전을 위해 개인 간의 협력역량과 정보공유공동체 역량이 절실히 요구될 것이다.

지능정보사회에서는 산업 분야와 산업구조가 인공지능화 · 자동화로 급격히 발전함에 따라서 사회에서 필요로 하는 핵심역량들은 다량의 지식 · 정보 획득보다는 지식 · 정보들의 스키마(schema)적 이해능력, 창의적 문제해결력, 융합창의적 사고력, 의사소통능력, 협동심과 리더십을 들 수 있다. 또한 지능정보사회에서는 다량의 지식정보를 기억하는 능력보다는 '독창적 아이디어를 생각해내는 능력'을 필요로 하며, 당면과제를 해결하거나 새로운 창출물을 고안하는 데 필요한 지식 · 정보들을 포털사이트에서 찾아서 새로운 가치를 창출할 수 있는 복합문제해결력, 디자인적 사고력, 독창적 아이디어 구상력 등도 필요하다.

2) 지능정보사회에서 교육공학적 수업방법의 혁신과 교사의 새로운 역할

4차 산업혁명 · 지능정보사회에서는 학습생태계가 크게 바뀌게 된다. 즉 학생들이 학교에서 가르치는 지식 · 기능 · 역량들보다 개방된 인터넷 기반 온라인 학습을 활용하면서 훨씬 더 최신화되고 미래사회에 적응력을 지닌 지식 · 기능 · 역량들을 숙달하게 될 것이다. 그러므로 교사들은 학교 교육과정 중심 수업과 인터넷 지능정보활용 수업을 융합 · 통합하여 학생들의 지적 사고력과 융합창의적 사고력을 신장시킬 수 있는 수업운영 역량을 갖추어야 한다. 다시 말하면, 교사들은 오프라인 교실수업과 온라인 수업을 조화롭게 실행할 수 있는 교육과정 재구조화 역량, 교수체제설계 역량, 인공지능 및 에듀테크 활용 역량, 온라인 의사소통 역량, 수업리더십 역량 등을 갖추어야 할 것이다.

지능정보사회에서 교사들은 지금까지 시도되지 않았던 새로운 교수 · 학습

방법을 도입하고 수용하려는 자세와 노력이 필요하다. 전통적인 교실수업의 경우, 교사는 주로 강의 중심 수업, 교사 중심 수업, 지시적 수업방식으로 학생들에게 교과내용을 충실히 전달하는 지식전달자로서의 역할을 수행하여 왔다. 그러나 지능정보사회가 진전될수록 개인화·개별화된 맞춤형 학습이 보편화될 것이므로 단순히 교육과정의 지식을 전달하는 교사의 역할은 더 이상 중요하지 않게 될 것이며, 교사는 지식 전수가 아니라 왜 학습이 필요한지를 깨닫게 해주고 학습자가 스스로 학습하는 방법을 코칭해주는 역할이 훨씬 더 중요하게 될 것이다. 그러므로 교사는 가르치는 사람에서 지도·조언하는 멘토의 역할을, 학습자는 자기주도적인 학습자로서의 역할을 충실하게 수행하는 데 보다 열정을 쏟아야 할 것이다. 즉 지능정보기술과 에듀테크의 활용이 일반화되는 지능정보사회에서 교사는 지식전달자로서의 역할보다는 학생 개개인의 욕구나 수준에 유연하게 대처할 수 있는 역량을 갖추고, 학생들이 스스로 지식을 창출해 낼 수 있도록 학습자중심 수업을 촉진시켜주는 수업설계자, 수업운영자 역할과, 학습자중심 수업과 자기주도학습을 실행시켜주는 학습안내자, 학습컨설턴트의 역할을 수행해 나가야 할 것이다.

교사가 학생들에게 지식·정보를 전달하고 학습시키고자 할 때, 지능정보기술과 개인별 맞춤형 학습, LMS(학습관리시스템), AI 튜터, 교육용 로봇 등을 활용하게 되면, 학생들의 지식·정보 학습은 교사가 일방적으로 가르칠 때보다도 훨씬 더 빠르고 정교하게 이루어지게 될 것이며, 학업성취수준도 상당한 정도로 향상될 것이다. 따라서 4차 산업혁명·지능정보사회에서, 특히 에듀테크 활용 중심의 교육환경에서 교사는 인공지능과 빅데이터, 로봇 등을 이용하여 교실수업을 설계·운영하여야 하기 때문에, 높은 수준의 지능정보기술 활용역량을 갖추어야 한다.

AI 튜터

지능정보사회가 진전됨에 따라서 학생들에게 단순한 명제적 지식교육보다는 폭발적으로 증가하는 정보들을 융합하여 새롭고 의미 있는 정보를 창출할 수 있는 융합창의적 사고력을 지닌 인재를 길러야 하므로, 교사는 기존 교과 중심 교육과정을 융합적으로 재구조화할 수 있는 역량을 지녀야 하고, 교과목 내나 교과목 간의 내용들을 융합적·통합적으로 학습할 수 있는 수업실행 역량도 갖추어야 한다. 교사와 학생, 학생과 학생들 간의 튜토링(tutoring)도 수직적·위계적 관계가 아니라 공동체적·수평적 관계를 구축하여 창의적 사고력을 증진시켜야 한다.

미래사회는 첨단정보기술사회로 급변하면서 인간의 직업생활, 사회생활, 일상생활에 이르기까지 인간생활의 총체적 국면이 급진적으로 새롭게 변화하고 있기 때문에, 이러한 급진적 변화에 대처할 수 있는 도전정신은 그 어느 때보다도 중요하다. 특히 4차 산업혁명 · 지능정보사회에서 필요로 하는 인재를 키워내기 위한 교사의 역할 변화는 절실하게 요청된다. 교사들이 스스로 변화·혁신하면서 교육환경 변화의 거센 물결을 도전적으로 헤쳐 나가야 할 것이다.

또한 교사는 학교라는 제도화된 공간 속에서 미래사회에서 요구하는 학생들의 역량을 잘 길러낼 수 있는 안목과 지혜를 갖추어야 한다. 교사들은 학생들에게 물고기 잡는 방법을 가르치는 데도 역점을 두어야 하지만, 앞으로는 잡은 물고기를 고부가가치의 유익한 산물로 개발·활용할 수 있는 방법을 탐색하는 지혜를 가르치는 데 더욱 역점을 두어야 할 것이다. 교사는 학생들에게 끊임없는 창의성과 도전정신, 그리고 더불어 함께 사는 사회를 만들어가는 데 필요한 공동체 의식과 협동성을 신장시켜주는 데 최선을 다해야 할 것이다.

2. 지능정보기술의 교육적 활용과 교육공학적 수업의 과제

교사와 학생들 간에 면대면으로 서로 상호작용하면서 학습하는 경우에는 학생들이 의미 있고 실제적(authentic)인 지식 · 정보를 획득할 수 있을 뿐만 아니라 인성, 감성, 인간관계 등의 역량도 함양시킬 수 있다. 반면에 지능정보기술을 활용한 학습활동에서는 다음과 같은 교육적 약점이 있다는 것을 간과해서는 안 될 것이다. 학생들이 인터넷이나 온라인 학습과 같은 지능정보기술을 통하여 획득한 지식·정보는 직접 체험하여 얻은 유의미한 지식·정보와 달리, 비활성 지식·정보이며 또한 감성이 내재된 지식·정보라고 보기도 힘들며, 실제적(authentic)인 지식·정보라고 받아들이기도 어려울 것이다. 그러므로 이러한 문제점을 해결하기 위한 블렌디드 러닝 수업체제를 개발하는 것은 당면한 과제이다.

교육방송 e-학습터, EBS 온라인클래스 또는 일반적인 온라인 학습도구들을 활용하는 교수·학습에서는 학습자들 간에 협력학습이나 협동학습을 실행하는 것이 생각보다 쉽지 않다. 또한 면대면 교실수업에서는 학습자들 간의 언어적 의사소통뿐만 아니라 얼굴 표정과 몸짓을 통한 통합적 의사소통이 가능하지만, 비대면 온라인 플랫폼에서는 학습자들 간의 언어적 의사소통뿐만 아니라 얼굴 표정과 몸짓을 통한 통합적 의사소통이 제대로 이루어지기가 어렵다. 그리고 줌 영상학습이나 화상회의 플랫폼을 이용하게 되면, 학습자들이 개별 학생의 화면을 일일이 보아야 되기 때문에 상대방의 얼굴 표정을 읽어가며 자신의 생각을 말하는 '자연스러운 의사소통'이 이루어지기 어렵다. 그러므로 지능정보기술을 활용한 수업의 이러한 약점들을 보완할 수 있는 교육공학적 수업시스템이나 수업방법은 앞으로 강구해야 할 중요한 과제이다.

EBS 온라인클래스

온라인 플랫폼

AI 튜터와 에듀테크가 아무리 발전해도 교사의 역할을 대신해 줄 수는 없을 것이다. 에듀테크의 활용이 활발해지면, 교사와 학생, 또는 학습자들 간 감성적 상호작용이나 인간관계(네트워크) 형성이 약해지고 바람직한 인성 형성에도 부정적 영향을 미치게 될 것이라는 우려도 있다. 온라인수업, 줌 화상 수업, 화상채팅, AI 튜터, 가상현실(VR), 증강현실(AR), 인공지능, 로봇, 이러닝, 스마트러닝 등을 활용한 교수·학습과정에서는 감성, 인성, 인간관계 등의 역량

줌 화상 수업
가상현실(VR)
증강현실(AR)
스마트러닝

을 길러주기가 그리 쉽지 않다. 그러므로 교육현장에서 지능정보기술을 교육적으로 활용하여도 교사는 여전히 교육현장에서 매우 필요한 요인이며, 특히 디지털 교육 환경에서 교사는 학습촉진자, 학습컨설턴트, 학습멘토로서의 전문적 역할을 수행하는 필수 요인이다. 그러므로 학생들이 디지털 매체나 에듀테크를 활용하여 학습활동을 수행하는 동안에도 교사와 학생들 간에 학업수행 관련 정보의 공유가 잘 이루어질 수 있도록 디지털 교육시스템이나 지능적 교육시스템을 시급히 개발해야 할 것이다.

학습컨설턴트

지능정보기술이 확산되어도 롤모델(role model)로서의 교사의 역할은 여전히 중요하므로 교사는 교육현장에서 필수적 요인이다. 특히 바람직한 인성교육을 성취하기 위해서는 교사와 학생, 학생과 학생들 간의 집단탐구수업이나 프로젝트 기반 학습과 같은 협업수업 · 협력수업과, 지능정보기술과 에듀테크를 활용한 수업 간의 비중이 적절히 균형을 이루도록 해야 할 것이다. 더 나아가 조직사회는 점차 약화되고 네트워크 사회가 강화될 전망이므로 미래사회의 발전을 위해 개인 간의 협력역량과 정보공유공동체 역량이 절실히 요구된다.

에듀테크의 교육적 활용

지능정보기술과 에듀테크의 교육적 활용은 미래 교육의 모습을 혁신적으로 바꾸어 놓게 될 것이다. 특히 지능정보기술과 에듀테크의 활용은 많은 학생들을 대상으로 한 교수자 중심 · 강의 중심 수업에서 직면하게 되는 문제점들을 해결하고 취약점을 개선해 줄 수 있는 미래지향적 교육혁신 전략이다. 그러므로 4차 산업혁명의 추동력인 지능정보기술과 첨단 디지털 기기를 활용한 교수 · 학습방법의 혁신을 통하여 4차 산업혁명 · 지능정보사회에서 필요로 하는 인재들에게 미래지향적 핵심역량들을 신장시켜 줄 수 있는 교육공학적 교수 · 학습시스템도 조속히 개발해야 할 과제이다.

교육공학적 교수 · 학습시스템

연습 및 탐구 문제

1. 4차 산업혁명의 핵심기술들인 인공지능, 빅데이터, 사물인터넷, 지능정보기술, 정보통신기술의 교육적 활용 가치를 기술하고, 교육적 활용 방안을 구체적으로 설명하시오.

2. AI 튜터나 개인별 맞춤형 학습 플랫폼에서 고려해야 하는 수업처방 요인들을 설명하시오.

3. 미래교육의 방향성이라는 관점에서 교육공학적 수업방법의 발전과제를 논의하시오.

참고문헌

교육부 (2016). 2015 개정 교육과정. 교육부.

김성열, 한유경, 정제영 (2017). 지능정보기술 맞춤형 교육서비스 지원방안 연구. 교육부 정책 연구, 교육부 위탁 2017-27. p. 32.

박성익 (1997). 교수 · 학습방법의 이론과 실제(II). 서울: 교육과학사.

박영숙 (2010). 미래리포트 2020-교육. 패션저널 & 텍스타일라이프. 세계섬유신문사.

변태준 (2020). 포스트코로나시대 원격교육 현황과 향후 과제. 2020 KERIS 심포지엄, 중단없는 교육, 디지털 교육의 현재와 미래. 한국교육학술정보원, 국회교육위원회, 2020년 12월. p. 48.

이상은, 김은영, 김소아, 유예림, 최수진, 소경희 (2018). OECD 교육 2030 참여 연구: 역량의 교육정책적 적용 과제 탐색. 한국교육개발원 연구보고서 RR 2018-08.

윤대균 (2019). 클라우드 기반 학습관리시스템(LMS) 동향. 클라우드스토어 씨앗 이슈리포트, NIA(한국정보화진흥원), 2019. 6., Vol. 6, pp. 3-9.

임종헌, 유경훈, 김병찬 (2017). 4차 산업혁명사회에서 교육의 방향과 교원의 역량에 관한 탐색적 연구. 한국교육개발원, 한국교육, 44(2), pp. 5-32.

임철일 (2019). 미래사회와 교육을 위한 교육공학 연구 및 실천 영역의 재조명. 교육공학연구, 35(2), 253-287.

장상현 (2008). 증강현실 기술과 디지털 학습 체험. 전자신문, 2008. 2. 21.

최중혁 (2017. 12. 29.). 지식의 양보다 융합적 이해력이 필수. 교육부, 꿈트리 Vol.26. https://blog.naver.com/moeblog/221173835448

홍선주, 이명진, 최영인, 김진숙, 이연수 (2016). 지능정보사회 대비 학교교육의 방향 탐색. 한국교육과정평가원, 연구자료 ORM 2016-26-9.

ALEKS (2020). Assessment and Learning, K-12. https://www.aleks.com

Bloom, B. S. (1971). Mastery learning. In J. B. Block (Ed.). *Mastery learning: Theory and practice*. (pp. 47-63). New York: Holt, Rinehart & Winston.

Buckminster Fuller, R. (1981). *Critical Path*. New York: St Martin's Press.

Bergmann, J., & Sams, A. (2012). *Flip your classroom: Reach every student in every class every day.* Eugene Oregon · Washington, DC: ISTE (International Society for Technology in Education).

Flipped Learning Network (FLN). (2014). *What is flipped learning?: The Four Pillars of F-L-I-P™.* www.flippedlearning.org/definition.

Holmes, W., Bialik, M., & Fadel, C. (2019). *Artificial Intelligence in Education: Promise and Implications for Teaching & Learning.* Boston, MA: Center for Curriculum Redesign, 정재영, 이선복 (역) (2020). 인공지능 시대의 미래교육. 서울: 피와이메이트. p. 176.

KnowledgeWorks Foundation & the Institute for the Future (2010). *2020 Forecast: Creating the Future of Learning.*
http://knowledgeworks.org/resources/2020-forecast/

Kurzweil, Ray. (2006). *The Singularity is near.: When humans transcend biology*. New York: Penguin Books.

MSIP(The korean Ministry of Science, ICT and Future Planning) (2017, p. iii). *Mid-to Long-term Master Plan for the Intelligent Information Society*. Report, p. 70.

OECD (2018). *The future of education and skills: Education 2030*. OECD.

Partnership for 21st Century Skills (2009). *A Framework for Twenty-First Century Learning*. http://www.p21.org/

Schwab, K. (2016). *The Fourth Industrial Revolution.* World Economic Forum Annual Meeting 2016. Colony/Geneva, Switzerland.

Schwab, K. (2018). The Fourth Industrial Revolution. *Quality management Journal,* 25(2), 108-109.

Tennyson, R. D., Christensen, D. L., & Park, S. I. (1984). The Minnesota Adaptive Instructional System: A Review of its theory and research. *Journal of computer-Based Instruction,* 11(1), 2-13.

Wing, J. M. (2008). Computational thinking and thinking about computing. *Philosophical Transactions of the Royal Society A.: Mathematical, Physical and Engineering Sciences,* 366, 3717-3725.

World Economic Forum (2016). *The Future of Jobs: Employment, Skills and Workforce Strategy for the Fourth Industrial Revolution.* Colony/Geneva. World Economy Forum, January 2016.

찾아보기

|인명|

|내용|

• ㄱ •

• ㅈ •

• ㅍ •

• 기타 •

저자약력

■ 박성익(朴成益)

• 서울대학교 사범대학 교육학과(학사, 석사)
• 미국 University of Minnesota 대학원 교육과정 및 교수이론 전공(Ph. D.)

[경력] 한국교육공학회 회장 / 한국교육방법학회 회장 / 한국열린교육학회 회장 / 한국영재학회 부회장

[현재] 서울대학교 교육학과(2012년 정년) 명예교수

[저서] 수업방법 탐구 / 교수 · 학습 방법의 이론과 실제(제 I 권, 제 II 권) / 교육공학의 원리와 적용(공저) / 영재교육학 원론(공저) / 학습부진아 교육

[연락처] E-mail: seongik@snu.ac.kr

■ 임철일(林哲一)

• 서울대학교 사범대학 교육학과(학사) / 서울대학교 대학원 교육학과(교육학석사)
• 미국 Indiana University대학원 교수체제공학과(Ph. D.)

[경력] LG화학 인재개발팀 / 숭실대학교 교수 / 중앙공무원교육원 객원교수 / 한국교육공학회 회장 / 한국기업교육학회 회장 / 서울대학교 교육부처장, 교수학습개발센터 소장 / 서울대학교 교육행정연수원장

[현재] 서울대학교 사범대학 교육학과 교수

[저서] 효과적인 의사소통을 위한 기술(공역) /교수설계이론과 모형 / 원격교육과 사이버교육 활용의 이해 / 웹기반교육(편저) / 교수설계이론과 모형(공역) / 교육공학의 원리와 적용(공저) / 교육공학(공저) / 원격교육론(공저)

[연락처] 연구실: 02-880-7639 홈페이지: iled.snu.ac.kr
E-mail: chlim@snu.ac.kr

■ 이재경(李在京)

• 서울대학교 사범대학 교육학과(문학사) / 서울대학교 대학원 교육학과(교육학석사)

• 미국 Indiana University대학원 교수체제공학과(Ph. D.)

[경력] 미국 Andersen Consulting, Co. & SC, St. Charles(인턴) / 한국포스코경영연구소(연구위원) / 한국교육(EBS) 부설 멀티미디어교육지원센터(책임연구원) / 원광대학교 교육학과 교수 / 대학교육개발센터협의회 회장 / 숙명여자대학교 교육혁신원장

[현재] 숙명여자대학교 문과대학 교육학부 교수

[저서] 성공적인 수업을 위한 교수전략(공저) / 교육공학의 원리와 적용(공저) / 플립러닝기반 수업의 설계 및 운영 / 학습을 위한 수업의 설계 및 실제 / 교육공학 탐구의 새 지평(공저) / 협동학습을 위한 참여적 학습자(공역) 등

[연락처] 연구실: 02-710-9589
E-mail: jklee@sm.ac.kr

■ 최정임(催廷任)

• 서울대학교 사범대학 지리교육학과(문학사) / 서울대학교 대학원 교육학과(교육학석사)

• 미국 Florida State University대학원 교수체제공학과(Ph. D.)

[경력] 중학교 사회과 교사 / 한국교육개발원 컴퓨터 교육연구센터 연구원 / 미국 아더앤더슨 교육센터 인턴 / 서울대 교육연구소 특별연구원 / 한국교육공학회 부회장 / 가톨릭관동대학교 교육혁신원 원장, 사범대학 학장

[현재] 가톨릭관동대학교 교직과 교수

[저서] 인적자원개발을 위한 요구분석 실천 가이드 / 교육프로그램 개발 방법론(공저) / PBL로 수업하기(공저) / 교육공학의 원리와 적용(공저)/ 수업컨설팅(공저) 등

[연락처] 연구실: 033-649-7812 /
E-mail: choij@cku.ac.kr

■ 조영환(趙穎桓)

• 서울대학교 사범대학 교육학과(문학사) / 서울대학교 대학원 교육학과(교육학석사)

• 미국 University of Missouri 대학원 정보과학 및 학습공학(Ph.D.)

[경력] 싱가포르 National Institute of Education 선임연구원 / 한국교육공학회 상임이사 / 서울대학교 교육행정연수원 부장교수 / Asia-Pacific Education Review 편집이사

[현재] 서울대학교 사범대학 교육학과 교수

[저서] 테크놀로지와 함께하는 유의미학습(공역) / Authentic Problem Solving and Learning in the 21st Century: Perspectives from Singapore and beyond(편저) / 미래교육, 교사가 디자인하다(공저) / 문제해결과 학습 디자인: David H. Jonassen 교수님의 연구를 되돌아보며(편저)

[연락처] 연구실: 02-880-8937
E-mail: yhcho95@snu.ac.kr

〈제6판〉

교육공학과 수업

1999년 11월 30일 초판 1쇄 발행
2002년 2월 10일 초판 4쇄 발행
2003년 4월 20일 2판 1쇄 발행
2007년 1월 15일 2판 7쇄 발행
2007년 9월 10일 3판 1쇄 발행
2010년 9월 8일 3판 8쇄 발행
2011년 2월 25일 4판 1쇄 발행
2015년 2월 25일 4판 7쇄 발행
2015년 8월 25일 5판 1쇄 발행
2021년 2월 25일 5판 12쇄 발행
2021년 6월 25일 6판 1쇄 발행
2024년 9월 25일 6판 6쇄 발행

저 자 : 박성익 임철일
이재경 최정임
조영환
발행자 : 한 정 주
발행처 : 교육과학사

경기도 파주시 광인사길 71
전화(031)955-6956~8/팩스(031)955-6037
Home-page: www.kyoyookbook.co.kr
E-mail: kyoyookbook@daum.net
등록: 1970년 5월 18일 제2-73호

낙장 · 파본은 교환해 드립니다.
Printed in Korea.

정가 22,000원
ISBN 978-89-254-1599-4